SUPPLY CHAIN
RISK MANAGEMENT
AND
HUMANITARIAN
LOGISTICS

サプライチェーンリスク管理と人道支援ロジスティクス

久保幹雄・松川弘明 [編]

久保幹雄・小林和博・中島健一・花岡伸也・間島隆博・松川弘明 [共著]

近代科学社

◆ 読者の皆さまへ ◆

平素より，小社の出版物をご愛読くださいまして，まことに有り難うございます．

(株)近代科学社は 1959 年の創立以来，微力ながら出版の立場から科学・工学の発展に寄与すべく尽力してきております．それも，ひとえに皆さまの温かいご支援があってのものと存じ，ここに衷心より御礼申し上げます．

なお，小社では，全出版物に対して HCD（人間中心設計）のコンセプトに基づき，そのユーザビリティを追求しております．本書を通じまして何かお気づきの事柄がございましたら，ぜひ以下の「お問合せ先」までご一報くださいますよう，お願いいたします．

お問合せ先：reader@kindaikagaku.co.jp

なお，本書の制作には，以下が各プロセスに関与いたしました：

・企画：小山　透
・編集：石井沙知
・組版 (TeX)・印刷・製本・資材管理：藤原印刷
・カバー・表紙デザイン：藤原印刷
・広報宣伝・営業：山口幸治，冨高琢磨

●本書に記載されている会社名・製品名等は，一般に各社の登録商標または商標です．本文中の ⓒ，Ⓡ，TM 等の表示は省略しています．

・本書の複製権・翻訳権・譲渡権は株式会社近代科学社が保有します．
・ JCOPY 〈(社)出版者著作権管理機構 委託出版物〉
本書の無断複写は著作権法上での例外を除き禁じられています．
複写される場合は，そのつど事前に(社)出版者著作権管理機構
（電話 03-3513-6969，FAX 03-3513-6979，e-mail: info@jcopy.or.jp）の
許諾を得てください．

序　文

　東日本大震災の後のSC (Supply Chain, サプライチェーン) の途絶は，我が国だけでなく世界中に影響を与えた．当時，SCの途絶に対処するためのSCリスク管理 (SCRM: Supply Chain Risk Management) と名付けられた学問体系は黎明期であり，主に事例の収集や抽象論を展開するだけであった．

　そこで，この分野を確立し，かつ実践するためにSCRMフォーラム (Supply Chain Risk Management Forum) が設立された．その後，災害後のロジスティクス活動に関わる人道支援ロジスティクスが，SCRMと同じ構造をもつことから，並行して研究を進めるようになり，研究者と実務家の両者が知恵と情報を出し合うことによって，実現可能でかつ有効な技法の体系化を目指して活発に研究が行われた．SCRMフォーラムの主な目標は，以下の2点である．

- 大規模途絶に対して，頑強かつ柔軟かつ復元性に富んだSCを設計・管理・運用するための技法と手順を確立する．
- 大規模災害時における効率的かつ効果的なロジスティクスを実現するための理論体系である人道支援ロジスティクスを進化させることによって，従来の箱物的な防災でなく，効率的かつ効果的な「準備」と「対応」の技法と手順を確立する．

　対象とする研究分野は膨大であり，研究はまだ道半ばであるが，いままでの成果をまとめておくことは，今後我が国に訪れるであろう大規模災害への準備のために必要であると考え，出版物として世に問うことにしたのが本書である．

　本書は大きく2部から構成される．第1部は，SCRMに関する研究成果である．第1章の「サプライチェーン見える化」(松川弘明, 慶應義塾大学) では，SCにおけるリスク・レジリエンスの概念の明確化，見える化の重要性について述べた後，著者らの最近の研究である「見える化システム」について詳述するとともに，物品識別コードの標準化と事業継続のマネジメントについて解説している．

　第2章の「サプライチェーンリスク管理」(久保幹雄, 東京海洋大学) では，SCにおけるリスク・在庫の分類について述べた後，SCRMに対する種々の数理モデルを提案し，実験的解析によって実務に有効であると考えられる

様々な知見を得ている．

　第3章の「リバース・サプライチェーンにおけるリスクマネジメント」（中島健一，神奈川大学）では，リバース・サプライチェーンの概念とその基礎になる製品ライフサイクルと分解・再製造モデルを解説した後で，不確実性リスクを考慮したリバース・サプライチェーンモデルを提案している．

　第2部は，人道支援ロジスティクスに関する研究成果である．第4章の「人道支援ロジスティクスの国際研究動向と東日本大震災における空港運用の実態と課題」（花岡伸也，東京工業大学）では，人道支援ロジスティクスの基礎概念の解説ならびに従来の研究の詳細な分析を行った後で，東日本大震災における空港運用の実態と課題について事例分析を行っている．

　第5章の「災害時における救援物資の輸送体制とシミュレータ」（間島隆博，海上技術安全研究所）では，（東日本大震災を含む）我が国の過去の大震災におけるロジスティクスの詳細な分析を行った後で，国や自治体が策定している計画の概要をまとめている．さらに，著者によって構築された災害時輸送用に開発された物資輸送シミュレータと，それを元にしたシミュレーション結果について述べている．

　第6章の「人道支援サプライチェーンにおける数理モデル」（小林和博，海上技術安全研究所）では，数理計画についての基礎理論とリスクへの対処法について概観した後で，通常時のSCにおける数理モデルと人道支援SCにおける数理モデルを紹介している．特に，途絶状況下での指標の整理と人道支援SC特有のモデリングについては，多くの紙面を割いて丁寧に解説している．

　SCRMも人道支援ロジスティクスも，我が国にとっては最重要課題であり，行うべき研究も実践も課題が山積みである．SCRMフォーラムは継続して実施したいと考えており，共にこの難しい課題に取り組みたいと考えている研究者ならびに実務家の方なら誰でも歓迎する．フォーラムと本書のサポートページは

　　http://www.logopt.com/scrm/

である．

　最後に，SCRMフォーラムへの著者たち以外の参加者の皆様，石川友保（福島大学），岩田由紀夫（三井化学），奥村誠（東北大学），開沼泰隆（首都大学東京），五代浩志（三井化学），小林啓二（宇宙航空研究開発機構），鈴木定省（東京工業大学），真道雅人（宇宙航空研究開発機構），武田朗子（東京大学），渡部大輔（東京海洋大学）（五十音順，敬称略），ならびに，本書が完成するまでの間に激励を頂いた近代科学社の小山透社長に感謝の意を表したい．

2015年7月

編者　久保幹雄，松川弘明

目　次

第I部　サプライチェーンリスク管理に関する研究成果

第1章　サプライチェーン見える化

- 1.1　はじめに　………………………………………………　3
- 1.2　サプライチェーンにおけるリスク　……………………　5
  - 1.2.1　リスクとサプライチェーンリスク　……………　5
  - 1.2.2　SCRの分類　……………………………………　10
  - 1.2.3　SCRM研究の分類　………………………………　13
- 1.3　レジリエンス　……………………………………………　15
- 1.4　サプライチェーン見える化の必要性　…………………　17
  - 1.4.1　サプライチェーン見える化　……………………　17
  - 1.4.2　企業内見える化とサプライチェーン見える化　…　18
  - 1.4.3　リスクマネジメントと見える化　………………　19
- 1.5　サプライチェーン見える化システム　…………………　21
  - 1.5.1　見える化システムのニーズ　……………………　21
  - 1.5.2　サプライチェーン見える化システム　…………　22
  - 1.5.3　サプライチェーン見える化システムの有効性　…　27
- 1.6　物品識別コードの標準化　………………………………　29
  - 1.6.1　サプライチェーンにおける物品識別コードの標準化　…　30
- 1.7　事業継続のマネジメント　………………………………　39
  - 1.7.1　BCM：事業継続マネジメント　…………………　40
  - 1.7.2　効率的リスクマネジメント　……………………　41
  - 1.7.3　BCMと標準化　…………………………………　42
  - 1.7.4　BCMの手法　……………………………………　43

第2章　サプライチェーンリスク管理

- 2.1　はじめに 51
- 2.2　リスクの分類 52
- 2.3　リスクに対する対処法と戦略 56
- 2.4　リスクを考慮した最適化モデル 60
- 2.5　リスクを考慮したサプライチェーン最適化モデル 64
- 2.6　在庫の分類 66
    - 2.6.1　輸送中在庫 66
    - 2.6.2　サイクル在庫 67
    - 2.6.3　ロットサイズ在庫 67
    - 2.6.4　作り置き在庫 67
    - 2.6.5　安全在庫 68
    - 2.6.6　途絶在庫 68
    - 2.6.7　投機在庫 69
- 2.7　経済発注量モデル 69
- 2.8　確率的在庫モデル 73
    - 2.8.1　途絶を考慮した新聞売り子モデル 73
    - 2.8.2　CVaRを評価尺度とした新聞売り子モデル 78
    - 2.8.3　静的発注量モデル 81
    - 2.8.4　適応型モデル 82
    - 2.8.5　多段階モデル 88
    - 2.8.6　複数調達モデル 90
- 2.9　安全在庫配置モデル 92
- 2.10　動的ロットサイズ決定モデル 97
- 2.11　スケジューリングモデル 100
    - 2.11.1　分類 101
    - 2.11.2　資源制約なしのモデル 102
    - 2.11.3　柔軟スケジューリングモデル 107
    - 2.11.4　資源制約付きスケジューリングモデル 110
- 2.12　ロジスティクス・ネットワーク設計モデル 114
    - 2.12.1　集合 114
    - 2.12.2　入力データ 116
    - 2.12.3　変数 117
    - 2.12.4　定式化 117
- 2.13　運搬スケジューリングモデル 119

 2.14 動的価格付けモデル 122
  2.14.1 途絶を考慮しないモデル 123
  2.14.2 CVaR を評価尺度としたモデル 129
  2.14.3 途絶を考慮したモデル 131
  2.14.4 参照価格を考慮したモデル 133

第3章　リバース・サプライチェーンにおける リスクマネジメント

 3.1 はじめに 145
 3.2 リバース・サプライチェーンの概念 146
 3.3 製品ライフサイクルと分解・再製造モデル 148
  3.3.1 製品ライフサイクルと環境配慮設計 148
  3.3.2 リバース・サプライチェーンの課題 150
  3.3.3 分解・再製造工程モデル 151
 3.4 マルコフ決定過程 153
 3.5 リバース・サプライチェーンのコストマネジメント . . 156
  3.5.1 再製造システムの最適化 156
  3.5.2 分解工程におけるかんばん方式モデル 160
 3.6 おわりに 161

第II部　人道支援ロジスティクスに関する研究成果

第4章　人道支援ロジスティクスの国際研究動向と 東日本大震災における空港運用の実態と課題

 4.1 はじめに 167
 4.2 人道支援ロジスティクスの国際研究動向 168
  4.2.1 人道支援ロジスティクスの特徴 168
  4.2.2 人道支援ロジスティクス研究のレビュー 174
  4.2.3 まとめ 180

  4.3 東日本大震災における空港運用の実態と課題 180
    4.3.1 はじめに 180
    4.3.2 災害時の航空機運航に関する組織と体制 182
    4.3.3 東日本大震災時の空港運用の実態と取組み 183
    4.3.4 災害時に求められる空港の役割 192

第5章　災害時における救援物資の輸送体制とシミュレータ

  5.1 はじめに 201
  5.2 過去の大震災の物資輸送 202
    5.2.1 支援物資輸送の概観 202
    5.2.2 輸送要素 203
    5.2.3 要請の流れと物資の流れ 204
    5.2.4 帰宅困難者 209
    5.2.5 今後の対策 212
  5.3 防災に関する制度，計画 214
    5.3.1 国の制度・計画 214
    5.3.2 東京都の制度・計画 218
  5.4 災害時物資輸送シミュレータ 222
    5.4.1 シミュレータの概要 222
    5.4.2 シミュレータの解析例 224
    5.4.3 シミュレータの応用例 228
  5.5 まとめ 232

第6章　人道支援サプライチェーンにおける数理モデルとその既存研究

  6.1 はじめに 235
  6.2 数理計画 236
  6.3 リスクへの対処法 238
    6.3.1 予防 239
    6.3.2 応答 240
    6.3.3 確率計画による定式化 242
  6.4 リスク管理で有用な数理最適化手法 245
    6.4.1 ローリング・ホライズン方式 245
    6.4.2 再最適化 246
    6.4.3 事前最適化 246
    6.4.4 ロバスト最適化 247

- 6.5 通常時のサプライチェーンモデル 251
  - 6.5.1 配送計画モデル 251
  - 6.5.2 施設配置モデル 254
  - 6.5.3 在庫管理モデル 258
  - 6.5.4 複数の要素を含むモデル 259
- 6.6 途絶状況下での評価指標 262
  - 6.6.1 配送計画問題の目的関数 262
  - 6.6.2 多目的計画としての定式化 265
- 6.7 途絶状況下でのサプライチェーン最適化モデルの例 268
  - 6.7.1 World Food Programme のアンゴラへの食料の緊急配送モデル 268
  - 6.7.2 ラストマイル輸送 269
  - 6.7.3 水配布地の決定と配送計画 270
  - 6.7.4 CARE International における事前配置倉庫位置決定 271

索 引　　275

第1部

サプライチェーンリスク管理に関する研究成果

第1章
サプライチェーン見える化

1.1 はじめに

　サプライチェーンマネジメント (SCM: Supply Chain Management) におけるキーワードとして「全体最適化」がある．しかし，一般論としての「全体最適化」は必ずしも正しくない．なぜなら，全体最適化を行うためには全体最適の意思決定をサポートする情報を一元管理しなければならず，情報を完全に一元管理するためには組織を統合しなければならないからである．ここで，組織を統合することは異なる企業同士が合併することを意味し，このような合併を繰り返すことで究極的には独占企業になることを意味する．このような組織統合は本質的に「計画経済」と同じであり，一般論としての「全体最適化」には「計画経済」と同様の弊害，たとえば，組織の硬直化，官僚化，従業員のモチベーション低下，モラルハザードの発生などにより企業の競争力が損なわれ，結果的に全体最悪化になってしまう危険がある．

　一方，日本には「企業内サプライチェーン」という言葉がある．「全体最適化」はこの「企業内サプライチェーン」の枠組では正しい．たとえば，営業部門と製造部門の間には長年にわたり生産計画の策定を巡った対立が存在している．日本企業だけではない．アメリカの企業も同じである．営業部門はプロフィットセンター (profit center) として位置付けられ，適正価格の設定および売り上げの向上が最重要課題となる．したがって，営業部門は欠品を防ぐために生産量を増すことを好む傾向がある．しかし，製品が売れ残った場合には売れ残りの処分費用を製品コストに計上するために，**コストセンター** (cost center) とし位置付けられている製造部門は適正生産量を求め，営業部門に正しい需要予測を迫る．このような問題に対処すべく，現在多くのグローバル製造企業ではSCM部門が設置され，営業部門と製造部門の両方の情報を集約した年間生産計画（大日程計画）が作成されるようになっている．

　異なる企業同士が取引を行う際に重要なことは，両者にとってメリットが

あるような製造販売の意思決定を行うことである．これを実現するためのより有効な方法は組織を統合することではなく，両者にとってメリットがある意思決定を可能にする情報の共有である．近年SCMの理論研究では情報共有のメリットについて多くの論文が発表され，情報共有のメリットを疑う人はいない．しかし，実務の世界においては取引の交渉で有利な立場に立つために，自社の情報を包み隠す傾向があり，契約を結んだ後も「隠れた行動」をとる企業があるために，両者にとってメリットがある意思決定を行い，実行することは実務的に簡単なことではない．特に，顧客と直接接する販社は個人情報保護法を守らなければならないために，自社情報を他社に提供することを躊躇する．お互いにメリットがある情報を共有するとしても，多くの情報の中から取捨選択しなければならないのでコストがかかる．

しかし，近年情報共有に関する意識が変わってきている．その理由の1つは価値のある情報は売れるということである．**POS**(point of sale) データも，個人情報を削除したものはお金で買えるようになっている．また，戦略的パートナシップ協定を結んだ企業の間では，顧客データや技術データも共有するなど，情報を選択的に共有する企業は確実に増えている．

特に，東日本大震災以降，ダイアモンド型サプライチェーンの存在が明らかになり，情報共有をベースとしたサプライチェーン見える化のニーズが高まっている．トヨタは10次下請けまでの1万3千社の3万拠点の名前，住所および緊急連絡先情報を含むデータベースを構築している[1]．グローバル競争に勝つための重要なポイントは想定外のリスクにも耐え得るサプライチェーンを構築することであり，生産物流の効率だけにこだわる経営は危険である．かつての**世界大恐慌**(the great recession, black Thursday) のような経済不況や景気循環サイクルが再度訪れる可能性は低いが，不景気により多くの企業が淘汰されるのと同じように，想定外のリスクの発生により大企業であっても淘汰される可能性があり，各種人災（テロ，戦争，ハッキングなど）と天災（地震，ハリケーン，火災など）の発生回数の増加とともに，その確率は確実に高まりつつある．生き残るためには自社内部のリスクマネジメントだけでなく，SCM全体を見渡したリスクマネジメントが必要になっており，そのためにはとりわけ自社の部品の供給路線を知っておく必要がある．これが「サプライチェーン見える化」である．

本章ではまず，**サプライチェーンリスク管理** (**SCRM**: Supply Chain Risk Management) に関する理論研究について調査し，体系化を行う．次に，想定外のリスクに対処するための知恵，すなわち「**レジリエンス** (resilience)」に関する理論研究について調査し，体系化を行う．そして，著者らが開発した「見える化システム」について詳述するとともに，見える化システムで蓄積される膨大なデータを効率良く分析（情報処理）するために，物品識別コー

---

[1] トヨタ災害時の情報網, 日本経済新聞, 2015年3月9日, 1面トップ.

ドの標準化と事業継続のマネジメントについて解説する.

1.2 サプライチェーンにおけるリスク

　サプライチェーンには，需要リスクや供給リスクが存在している．これらのリスクにはリスクを引き起こす原因があり，人災と天災に大別できる．たとえば，原発事故やテロは人災であり，台風や地震は天災である．これらの原因によりリスク事象が誘発され，結果として需要の欠如や供給の途絶が発生し，サプライチェーンが機能しなくなり，企業は損失を被るのである．近年は特に小さなリスクが連鎖的にサプライチェーン全体へ波及し，多くの企業に間接的被害を与えることが問題視されている．たとえば，1997年ボーイング社は，2つの部品の納期遅れにより26億ドルの損失を被り，また，Knight and Pretty[31] は，サプライチェーン途絶の影響により企業の株価が約8％下落し，復旧には50日間もかかる問題を指摘している．

1.2.1 リスクとサプライチェーンリスク

(1) リスク

　リスクの語源はイタリア語の "risicare" に由来していると言われている．"risicare" は勇気を持って挑むことを意味しており[2]，リスクは自らの選択であると言える．

　また，リスクについて学術的な研究が始まったのは17世紀であり，フランスの数学者であるPascalとFermatのギャンブルに関する議論が最初の研究であると言われている[29]．その後リスクに関する研究は，学問の広がりとともに，保険，財務，心理学，マネジメントなど多くの分野に広がり，リスクの定義も研究の分野や対象によって異なる定義が行われるようになっている．たとえば，保険分野ではリスクを損失，損害などの発生確率（特に分散）で評価しており[59]，財務分野では，期待収益率を実現する可能性と投資先を分散することによって得られる利得として評価している[1]．Coxは，マーケティングの視点からリスクを消費者の期待と購買結果のミスマッチであると定義し，また法務分野ではリスクを企業活動また個人生活において法令などに違反することから発生する損失として定義している．また，心理学では，リスクを感情などの個人要素によって引き起こされる不確実性とその結果であると定義している[35]．

　一方，マネジメント分野ではCourtneyらがリスクを確実に見通せる未来，

他の可能性もある未来，可能性の範囲が見えている未来とまったく読めない未来に分類し，リスク分析の1つの枠組みとして定義している[69].

このようにリスクに関する定義は各分野に広がっていったが，その後共通的性質を用いて一般的な定義としての再帰が見られるようになっている．たとえば，Harlandらは，各分野におけるリスクの定義を概観し，リスクを危険，損害，傷害などの望ましくない結果が発生する可能性と定義しており，Kerstenら[3]は，ある主体が予期できない結果に遭遇する可能性を意味する概念であるとしている．また，Mitchell[40]によると，リスクとは事件あるいはその結果の発生確率と主体（組織，個人）に与えるインパクトであり，発生確率とそのインパクトとを乗じたものの総和で定量的に測定することを提唱している．

このようにリスクに関する定義は様々であるが，以下のような共通特徴がある．

1) リスクの普遍性

リスクは分野によってその定義，構成要素や原因が異なるが，リスクの存在は時空を超えて普遍的である．近年，社会環境の変化は激しく，経済のグローバル化とともにリスクを引き起こす原因は多くなり，発生したときのインパクトも大きくなっている．また，近代化と文明の進歩に伴い，人間は階層，階級，家族，男女差別から解放され，さらに，従来の標準的であった生き方が崩れ，キャリアパスの選択肢が増え，したがって，個人であっても失業，離婚，事件や事故といった多種多様なリスクにさらされるようになっている[64].

このように現代社会を取り巻く環境は，社会全体としても個人としても，リスクのない領域が少なくなっており，我々は既に超不確実社会，あるいは超リスク社会を迎えてきたと言える[72].

2) 客観性と主観性の併存

リスクにおける客観性と主観性の論争は多くの研究から見られる．科学技術分野のリスクは，客観的計測可能なモノであった．たとえば，The Royal Societyでは，多くの工学者，物理学者達がリスクを客観的に測定可能で，制御できるものとしている[29].

一方，社会学分野では，リスクを数理的手法で把握することは困難であり，経験や直感などの主観で対処する余地が十分存在すると主張されている．Waring and Glendon[61]は，個人であっても専門家であっても，社会，政治，文化などの諸要因の影響を一様に受けており，リスクに対して誰もが主観的に認知するものであると指摘している．また，Williamsら[62]は，多くのベ

ンチャー・ビジネス，投資プロジェクトなどのビジネスが立ち上がる理由は，この主観的認知のバラツキによるものであると指摘している．

また，一部の研究者は，科学的かつ客観的根拠をもとにした主観による情報選択や判断が必要であると主張している．たとえばベックは，客観と主観を融合してこそリスクを正しく認知できると指摘した上で，そうしたリスク認知が社会的・政治的ダイナミズムを生じさせることを示している[64]．

このように，リスクは主観性と客観性の二面性を持っており，リスクに正しく対処するためには，その意思決定のプロセスにおいて，特定リスク要因に対する主観的分析および客観的分析の両方からの分析が必要になる．

3) 損失と利益の併存

リスクは，「危険なもの」，「事故や事件発生の可能性」と認知される場合が多い．たとえば，Schwing and Albers[49] はリスクを事故の発生確率とその重大な損失としており，また，Mitchell[40] はリスクの大きさは損失の重大さに等しいとしている．一方，保険理論ではリスクを損失発生の可能性，あるいは事故発生の可能性としており，好ましくない状態の発生をリスクとしている．

また，"risk taking" や冒険を好む人にとっては，リスクは自ら覚悟して冒す危険という意味をもち，積極的な行動を意味する．すなわち，リスクはその語源にあるように勇気を持って挑むことを意味し，未知の世界に入り，大胆に挑戦することを意味する場合もある．その結果は損失を被る危険がある一方，大きな成功や利益を得る機会もある．High risk, high return（危険が大きいほど，高い利得が期待できる）という言葉は，リスクにおける損失と利得の併存を表す代表的な言葉であると言えよう．

このように，リスクの概念は数世紀にわたり様々な定義が行われているが，普遍的ですべての分野を網羅する定義は存在せず，サプライチェーンリスクを考える場合も，上記3つの特性，すなわち，リスクの普遍性（時間，空間，対象），リスクの客観性と主観性（主体），そしてリスクによる損失と利益の併存（結果）を分析の手掛かりとし，具体的なリスクをさらに分析，分類，測定することで，より効率的なリスクマネジメントを実現することが可能になる．

(2) サプライチェーンリスク

サプライチェーンリスク (SCR) に関する研究は，Kraljic ら[32] の研究から始まっていると言われている．その後，Elloitt-Shircore and Steele[19] が供給リスクを中心に Kraljic の研究を拡張している．また，Min and Galle[39]

およびSmeltzer and Siferd[51]は納品遅れ，Morris and Calantone[42]はサプライチェーンの財務リスク，Bowenら[4]は自然災害リスク，Lonsdale[34]はアウトソーシングのリスクをそれぞれ取り上げ，SCRの研究を発展させている．

2000年以降，大規模な人災（テロ，ストライキ，戦争）や自然災害が頻発し，サプライチェーン途絶のリスクが高くなり，SCRの研究がさらに注目されるようになっている．Brindley[5]によると，SCRに関する研究論文数は，2000年までは20本未満であったが，2003年までに80本に急増している．

Juttnerらの研究[28]は，体系的にSCRを考察した最初の論文であると言える．Juttnerらは，March and Shapira[36]によるリスクの定義を参考に，サプライチェーンにおける機能要素を取り入れて拡張を行い，SCRを供給と需要のミスマッチによる影響とその発生確率であるとしている．Zsidisin[63]は，Juttnerらと同じようにリスクの評価要素である発生確率とインパクトの大きさに着目し，サプライチェーンの失敗をリスク事象が発生する可能性およびそれが関連企業に及ぼす財務的損失で評価しようとしている．

SCR発生時のインパクトのみに着目した研究もある．たとえば，Manuj and Mentzer[35]は，SCRは量的損失と質的損失の両方から構成されるとし，量的損失は財務損失を用いて測定し，質的損失は顧客からの信頼失墜，サプラヤーとのビジネス関係の破綻を用いて測定することを提案している．Pfohlら[46]は，SCRを「部品・情報のフロー，ファイナンスネットワーク，および社会ネットワークから生じる障害である」とし，その悪影響には，企業の業績悪化，顧客価値失墜，生産コストの増加，調達時間の遅れ，製品品質の低下があり，さらにその悪影響がサプライチェーン全体に波及することが特徴であると指摘している．またKerstenら[3]によると，SCRはサプライチェーンにおけるビジネス活動が妨害されることであり，Kerstenらはサプライチェーン全体のサービスレベル，適応力，および関連コストを用いてSCRを評価すべきと主張している．

発生確率とインパクトの大きさ以外についてもいくつかの研究がある．たとえば，Ghadgeら[21]は，「SCRはサプライチェーン途絶の原因として，サプライネットワーク全体の効率性に影響を与える」と指摘しており，Cranfield School of Management[13]では，「SCRはサプライチェーンの脆弱性であり，サプライチェーンにおける正常な活動を妨げ，コストを増加させ，さらにサプライチェーンの途絶を引き起こす原因である」としている．

このように，サプライチェーンリスクについては様々な定義や特徴があるが，まとめると以下のような共通の特徴があると言えよう．

1) 普遍性と客観性

近年，グローバル経営やコアコンピタンス経営の発展と共に，サプライチェーンは広くかつ長くなっており，ネットワークとして複雑に挙動している．したがって，SCM において SCR を無視することはできない．Tang and Musa[57] は，(1) 製品ライフサイクルの短縮と顧客需要の多様化，(2) グローバル化の進行に伴うアウトソーシング生産方式の普及，(3) リーン生産方式の普及，および (4) 情報・通信技術 (ICT) の普及，といった 4 つの項目からサプライチェーン脆弱性の高まりを解説している．また，Moeinzadeh and Hajfathaliha[41] が述べたように，リスクのないサプライチェーンは存在しない．

一部の SCR については，それを定量的に把握することができる[29]．たとえば，SCR は損失の発生確率とインパクトの積で表すことができ，著者らはこれをリスクの客観性と呼ぶことにする．近年，リスク分析の手法として，FMEA(failure mode effect analysis), CBA(cost benefit analysis), RBA(risk benefit analysis) などが開発され，いずれも SCR を定量的に評価する方法として有力なツールである．測定できるものはマネジメントできる[17] という見地からも，このような測定可能な SCR はマネジメントできると言える．

2) 相互接続性と波及性

Chopra and Sodhi[8] によると，SCR は常に因果関係を持っている．サプライチェーンでは各企業が物流，商流，金流でつながっているために，SCR はサプライチェーン上で波及する特長がある．たとえば，新潟県中越沖地震の時，エンジン部品のピストンリングと変速機部品のシール材を供給していたリケンの柏崎工場が被災したため，トヨタ，日産などの大手自動車メーカの車組立てラインが一時操業停止に追い込まれたことがあり，相互接続性と波及性の典型例であると言える．

近年，サプライチェーンはグローバル化しており，多くの製造業者，運輸業者，倉庫業者，流通業者，販売業者の協業により製品やサービスを顧客に届けるようになっている．実世界におけるサプライチェーンでは複数の業者が複雑につながっており，それぞれが一定の脆弱性をもち，そのため小さなリスクでもサプライチェーン上に波及していく過程においてそのインパクトが増幅し，システム全体の脆弱性が大きくなってしまう場合がある[65]．たとえば，1997 年 2 月 1 日，大手自動車部品メーカであるアイシン精機の刈谷工場の中央生産ラインで火災が発生した際，初期対応が遅れたため火災が拡大し，トヨタ向けのプロポーショニング・バルブ生産が完全に停止し，トヨタに減産 7 万台の損失を与えたのである．

3) 複雑性と多様性

1つのSCRには複数の原因があり，1つの原因にはさらに複数の原因があるという錯綜した複雑な構造をSCRの複雑性と呼ぶことにする．

Kraljic[32] は，資源の枯渇や原材料の稀少，供給市場での政治混乱や政府介入，競争激化，技術変化の加速により，現代企業は前例のない複雑性に対応せざるを得なくなっていると指摘している．

リスクの原因はリスクドライバーと呼ばれることがある[69]．リスクドライバーは，直接・間接要因，内部・外部要因など多種多様であり，曹ら[70] は，既存研究に頻繁に現れるSCRドライバー40種類をサプライチェーンの機能とプロセスの2つの観点で分類している．また，ハンドフィールドとマコーマック[71] はリスクマップを作成し，財務リスク，災害リスク，オペレーショナルリスク，戦略リスク，および企業リスクの5つの分野から，約70種類のSCRドライバーをリストアップし，SCRの多様性を解説している．

1.2.2 SCRの分類

(1) 既存研究におけるSCR分類

既存研究を整理すると約30種類のSCRの分類方法がある．しかし，よく吟味すると類似した方法が多く見られ，これらのリスクを14種類にまとめることができる．

Davis[16] は生じるリスクを納期遅れ，機械故障，オーダーキャンセルと在庫増加に分類しており，Pearsonら[6] は，中国に生産拠点を移した企業に注目してSCRをサプライヤーによる責任感の欠如と納品信頼性の欠如の2種類に分類している．Smeltzer and Siferd[51] は，取引コストとリソースの依存関係をSCRとして取り上げ，Mason-Jones and Towill[37] は，供給リスク，生産プロセスリスク，コントロールシステムリスク，および需要リスクに分類している．また，Svensson[54] は，川上企業の部品，原材料の供給不足を引き起こす量的リスク，サプライチェーン全体の部品，原材料の供給不足を引き起こす質的リスクに分類している．

2000年以降，テロ，ストライキ，戦争，ハッキングなどの人災も増えており，サプライチェーンの外部に生じるリスク事象をSCRに取り入れる研究が増えている．Juttnerら[28] は，自然災害，社会・政治の不安などである環境リスクをSCRとして取り上げ，企業を取り巻くSCRを環境リスク，ネットワークリスクと組織リスクとして分類することを提案している．Christopher and Peck[9] は，サプライチェーンのプロセスに着目し，SCRを需要リスク，供給リスク，プロセスリスク，コントロールリスクと環境リスクに細分し，

Juttner らの研究を拡張している．

Gaonkar and Viswanadham[20] は，SCR をサプライチェーン内部のリスク，およびサプライチェーンの構造変化を引き起こす人災，自然災害など，サプライチェーン全体を途絶させる想定外リスクに分類している．Chopra and Sodhi[8] は，納品遅れ，途絶，システムリスク，予測リスク，調達リスク，知的財産権リスク，顧客数と購買力リスク，在庫リスクとキャパシティリスクなど，9つのタイプに分類しており，Kleindorfer and Saad[30] は SCR を供給と需要のミスマッチによるリスクおよび途絶リスクとし，また途絶は，偶発的なオペレーショナルリスク，自然災害リスクと社会的リスクに分類している．

Tang and Tomlin[55] は，SCR を供給リスク，需要リスク，知的財産権リスク，プロセスリスク，企業・従業員行動リスク，社会・政治リスクに分類している．Moeinzadeh and Hajfathaliha[41] は，「リスクの分類索引」を作成し，SCR を計画とコントロールリスク，需要リスク，供給リスク，プロセスリスクと環境リスクに分類している．また，Oke and Gopalakrishnan[44] は，SCR を供給リスク，需要リスクとその他のリスクに分類しており，Pfohl ら[46] は，SCR をプロセスリスクとコントロールリスクを含む特定の企業内に潜んでいるリスク，供給リスクと需要リスクなど企業と企業間に介在するリスク，および人災・天災などサプライチェーンの外部環境に潜んでいるリスクに分類している（表1.1）．

企業内リスクには，在庫リスク，オペレーショナルリスク，戦略リスクが含まれている．在庫リスクは，死蔵在庫による廃棄損失，在庫不足による機

表 1.1: SCR の分類の体系化（企業内リスク）

	企業内リスク		
	在庫リスク	OP リスク	戦略リスク
Davis(1993)[16]	×	×	
Pearson ら (1998)[6]	×		
Mason-Jones and Towill(1998)[37]		×	
Smeltzer and Siferd(1998)[51]			×
Svensson(2000)[54]	×		×
Juttner ら (2003)[28]		×	
Christopher and Peck(2004)[9]	×	×	×
Gaonkar and Viswanadham(2004)[20]			
Chopra and Sodhi(2004)[8]	×	×	×
Kleindorfer and Saad(2005)[30]	×		
Tang and Tomlin(2008)[55]		×	
Moeinzadeh ら (2009)[41]		×	×
Oke and Gopalakrishnan(2009)[44]			
Pfohl ら (2010)[46]		×	×

注：OP リスク＝オペレーショナルリスク

会損失を表し，特に「出来ちゃった在庫」が問題になっている．オペレーショナルリスクは，狭義的には，事務ミス，システム障害などにより損失を被るリスクを指し，広義的には，狭義に加えて，従業員の不正，コンプライアンス体制の不備，災害などによりオペレーションが中断した場合の損失，さらにそれらに伴う評判の低下，訴訟などを受けるリスクで定義できる．オペレーショナルリスクには，製品の設計・製造・流通などのプロセスに関連するプロセスリスク，意思決定の失敗などに起因するコントロールリスクを含める場合もある．

戦略リスクは，策定された商品企画，事業計画，設備投資などの経営戦略そのものに欠陥があるか，あるいは想定された戦略の条件と現実にズレが生じることにより発生するリスクである．

企業外リスクは，主に供給リスクと需要リスクに分類できる（表1.2）．供給リスクは，サプライヤーのビジネスの失敗，製品の品質不良，サプライヤーの設備能力不足，技術革新の遅れ，製品デザインの突然変更などの原因により，部品やサービスの供給が途絶するリスクである．供給リスクについて，Kraljic[32] は，重要部材やコンポーネントの長期供給を確保し，供給障害を防ぐために供給側から生じる不確実性に対して事前に対策を用意しておくべきであると主張している．需要リスクには，顧客企業の倒産，物流の途絶，突発的需要などに起因する需要の急変や製品の供給と顧客の需要のミスマッチなどがある．

環境リスクは自然災害，政治，経済，社会心理など，企業の努力により回避または軽減することが困難なリスクと定義することができる（表1.3）．環境リスクは，サプライチェーンの外部で発生する天災や人災のリスクである

表 1.2: SCR の分類の体系化（企業外リスク）

	企業外リスク	
	供給リスク	需要リスク
Davis(1993)[16]		×
Pearson ら (1998)[6]	×	
Mason-Jones and Towill(1998)[37]	×	×
Smeltzer and Siferd(1998)[51]	×	
Svensson(2000)[54]	×	
Juttner ら (2003)[28]	×	×
Christopher and Peck(2004)[9]	×	×
Gaonkar and Viswanadham(2004)[20]	×	×
Chopra and Sodhi(2004)[8]	×	×
Kleindorfer and Saad(2005)[30]		
Tang and Tomlin(2008)[55]	×	×
Moeinzadeh ら (2009)[41]	×	×
Oke and Gopalakrishnan(2009)[44]	×	×
Pfohl ら (2010)[46]	×	×

表 1.3: SCR の分類の体系化（環境リスク）

	環境リスク	
	人災	自然災害
Davis(1993)[16]		
Pearson ら (1998)[6]		
Mason-Jones and Towill(1998)[37]		
Smeltzer and Siferd(1998)[51]		
Svensson(2000)[54]		
Juttner ら (2003)[28]	×	×
Christopher and Peck(2004)[9]	×	×
Gaonkar and Viswanadham(2004)[20]	×	×
Chopra and Sodhi(2004)[8]	×	×
Kleindorfer and Saad(2005)[30]	×	×
Tang and Tomlin(2008)[55]	×	
Moeinzadeh ら (2009)[41]	×	×
Oke and Gopalakrishnan(2009)[44]		
Pfohl ら (2010)[46]	×	×

が，サプライチェーン内部にも大きな影響を与える[28]．環境リスクによる被害には，近年のサプライチェーンのグローバル化に伴い，より広範囲にドミノ倒し的に広がっていく傾向がある．

1.2.3 SCRM 研究の分類

(1) SCRM のプロセスの分類

SCRM は，企業の協力関係や業務プロセスの効率化，高いレベルの情報共有などを通じてリスクを最小にし，混乱・途絶の発生可能性を低減することを目的としている．SCRM の研究は，サプライチェーンのプロセスに着目した場合，(1) リスクの特定，(2) リスクの評価，(3) リスクのコントロール，および (4) リスクからの回復に大別でき，ここではそれぞれの既存研究を概観し，特徴を分析する．

リスクの特定は，サプライチェーンに潜んでいるリスクを洗い出すプロセスであり，SCRM の第一歩である[47]．この段階では定性的な手法がよく使われており，実証的研究も少なくない[44, 47, 48]．

リスクの評価は，洗い出されたリスクのインパクトの大きさと発生確率を測定するプロセスである．既存研究においては，リスクマッピングが多く使われている．たとえば，Hallikas ら[22] はリスク発生確率を，(1) とても起こりそうもない，(2) 起こりそうもない，(3) 起こり得る，(4) かなり起こり得る，の 4 つのカテゴリに分類し，リスクインパクトの大きさを，(1) 取るに足りない，(2) 小さい，(3) 深刻，(4) 破壊的，の 4 つのカテゴリに分類した

上で，発生可能なリスクを総合的評価している．

一方，Norrman and Jansson[43] はリスクの影響を視覚的に分かりやすく表示する方法として，発生確率を浅い色，普通，深い色の3種類に，また，インパクトをその大きさにより，赤色，オレンジ色，黄色，緑色の4色に分け，色の組合せによりリスクの影響を表示することを提案している．

リスクコントロールは，リスクの発生を防止し，発生した場合にはそのインパクトを最小限に抑えるプロセスである．既存リスクコントロール関連研究をモデルと手法に基づいて分類した場合，(1) リスク転嫁，(2) リスク軽減，(3) リスクテイク，の3つのタイプに分類することができる[8]．

リスクからの回復は，サプライチェーンの各種機能を迅速に復旧するプロセスである．Sheffi[65] はこのようなリスクから回復する力を高めるためには，冗長性，柔軟性，およびSCRMの企業文化の3つの要素が必要であると主張している．そのうち，冗長性は余分の在庫をもつことや，輸送のマルチモード化，そして情報システムの多重化を意味し，被災時に素早く他のモードに切り替えることにより，システムの機能低下を回避または迅速に復旧する能力である．サプライチェーンの柔軟性を高める方法には，汎用部品を多く使うことや並行作業を増やすことなどの方法が挙げられる．また，企業文化としてSCRMを重視する傾向がある企業では，従業員が普段から危機感を持って仕事をしており，想定外のリスクが発生しても早急に回復する能力を備えている．リスクからの回復には，Sheffi による3つの構成要素の他にも，再構築，機敏性，堅牢性などの分類方法が提案されている[52]．

(2) SCRM 研究手法の分類

SCRM の研究手法は，概念的研究，実証的研究，および定量的研究の3つに大別でき，ここではそれぞれの既存研究について概観し，特徴を分析する．

概念的研究の多くはSCRM に関する基礎概念を明確にすることを目的としている．たとえば，Juttner ら[28] はSCR に関する諸概念を概観し，研究の方向や課題を提示している．Manuj and Mentzer[35] は，サプライチェーンのグローバル化により生じるリスク，および対処法を考察している．概念的研究には，リスクマネジメントの手法を調査した研究もある．Gaonkar and Viswanadham[20] は，サプライチェーンにおけるリスクを逸脱，途絶とカタストロフィックの3種類に分類し，戦略，戦術とオペレーションの3つのレベルでそれらのリスクの対処方法を提案している．Cucchiella and Gastaldi[14] は，SCR による損失を最小に抑えるためのフレームワークを構築し，サプライチェーンの柔軟性を強化することで損失の発生確率を効果的に抑えることができる，"risk option" というアプローチを提案している．

実証研究は，文献研究と事例研究を含む．著者らは今回の文献調査を通

じて，いままでの SCRM に関する研究論文で実証研究が最も多いことが分かった．たとえば，SCRM 文献研究の代表例として，Tang[55]，Tang and Musa[57]，Ghadge ら[21]，Meixell and Gargeya[38]，Singhal ら[50] などが挙げられる．これらの研究は，SCRM 分野に関する文献をレビューし，年代別に発表された論文数，リスク分類手法，SCRM 手法など様々な視点から SCRM を概観したものである．また，事例研究においては，電子部品産業，自動車産業，玩具産業，化学産業など多くの産業の事例が報告されており，リスクに対処するための方法が提案されている[6, 27, 30, 43]．

SCRM に関する定量的研究には，Chan and Kumar[7]，Levary[33] らによる AHP 法を用いた研究，Han and Chan[23]，Datta ら[15]，Sohn and Lim[53]，Colicchia ら[12] などによるシミュレーション手法を用いた研究，Huang ら[25]，Hennet and Arda[24] などによるゲーム理論を用いた研究，Tomlin[58] によるマルコフ連鎖と Deleris ら[18] による **GSMP**(Generalized Semi-Markov Process) などを用いた研究がある．

いままでの SCRM の研究には，概念的，実証的研究が多く，全体の 78%を占めている[56]．概念的研究においては Juttner ら[28] の研究が代表的であり，分野全体に研究の土台を作り上げたと言える．一方，定量的研究論文数はまだ少なく，研究が始まったばかりであると言える．

1.3 レジリエンス

レジリエンスの語源は物理学における回復力である．物理学では外力の働きにより物質が歪んだときに元の状態に戻ろうとする力をレジリエンスと定義している[45]．心理学の分野においては 1970 年代から，戦争や自然災害などの強いショックに晒されたにも関わらず，抑うつ症状や心的ストレス障害のような心理的な病気を発症しない人が持っている，保護的，緩衝的能力要因の研究に使われるようになった[11, 60]．そして近年，米国における 2001 年の同時多発テロや，2008 年のリーマンショック，国内では 2011 年の東日本大震災などに伴う企業活動の中断を背景に，組織や企業の事業継続の力を表す用語として使われるようになっている．

レジリエンスは他にも生態学における Elasticity（弾力性），Amplitude（限界値），Hysteresis（対称性），Malleability（順応性），Damping（減衰性）などの定義があり，レジリエンスを普遍的な概念として定義するのは困難である．

経済分野を対象にした和訳としては，WEF(world economic forum) の『グローバルリスク報告書』[68] や経済産業省の『ものづくり白書』における「弾

力性」，国土交通省の『国土強靱化基本計画 (2014)』における「強靱性」が参考になる．

　レジリエンスを弾力性としても強靱性としても用語は符号に過ぎず，重要なのはどのようにそれを評価測定し対策を取るかである．残念ながら今現在は国家レベルでも，企業レベルでもレジリエンスを直接測定する方法はなく，レジリエンスを強化する体系的な方法論もない．ただ，2011年に公表されたフィンランドの国家プロジェクト "Seven Shocks Finland" がレジリエンスを評価測定，強化する方法論として参考になるかもしれない．特に，数百人の産官学の専門家の意見を集約するというマネジメントのアートの側面と，ロバスト・ポートフォリオなどマネジメントのサイエンスの側面を融合した点では大いに評価できる[2]．

　一方，レジリエンスを直接評価測定できないのであれば，その構成要素を特定し，構成要素を評価測定することでレジリエンスを評価測定することも考えられる．たとえば，丸山[73]はシステムレジリエンスの構成要素として適応性，冗長性，多様性を取り上げ，Ilmolaら[26]は適応性，迅速性，**同化性 (assimilation)** を取り上げている．また，WEFの『グローバルリスク報告書』[68]では世界経済を対象に冗長性，堅牢性，臨機応変性，対応力，回復力をナショナル経済のレジリエンスの構成要素としている．しかし，いずれもその構成要素をどのように評価測定し，どのように強化するかについては体系的な方法論を提示していない．

　サプライチェーンマネジメントに関連したレジリエンスの構成要素についてはChristopher and Peckの研究[10]がある．彼らは，サプライチェーンのレジリエンスの構成要素として，

(1) サプライチェーンの再編性
(2) サプライチェーンの協調性
(3) サプライチェーンの俊敏性
(4) サプライチェーンにおけるリスクマネジメント文化

の4つを挙げている．

　ここで，サプライチェーンの再編性とは，サプライヤと顧客の関係をよく理解し，常に効率的なサプライチェーンの**再構築 (reconfiguration)** を考え，再構築が効率的に実現できること，サプライチェーンの協調性とは，調達先と情報の共有ができ，運用の同期化もできていること，サプライチェーンの俊敏性とは，需要と供給の想定外の変化に俊敏に対応できること，サプライチェーンにおけるリスクマネジメント文化とは，普段からリスクマネジメントの意識や行動が定着していることをそれぞれ表している．

---

[2] このレポートは市販されていないが，X Center Network (http://xcenternetwork.com/) に連絡して入手することができる．

1.4 サプライチェーン見える化の必要性

1.4.1 サプライチェーン見える化

SCM は生産物流過程における調達，製造，販売，輸配送など，多段階生産物流システム全体の効率を高めることを目的としている．そのために，生産物流に伴う各段階における金流，商流（情報流）を横断的に統合・協調し，また，調達から輸配送まで縦断的に統合・協調することが求められる．

物流，金流，商流の横断的な統合においては，商流により物流が発生し，物流が発生すれば金流が発生するといった不可逆的な関係に束縛された受動的な対応から脱却し，金流と物流の逆転や，商流と物流の逆転など，各段階における利益を最大にするための新しい**ビジネスモデル**を構築することを意味する．たとえば，デルはパソコンのインターネット販売をいち早く導入し，注文と支払を受けてから組立て販売を行うことで，キャッシュフローを黒字スタートとし，リスクフリーの生産物流モデルを構築した．日本では自動車業界でも受注生産方式が広く採用されており，調達においては内示と調達 KANBAN を併用することで生産と調達の**同期化**を実現している．

一方，調達から生産・輸配送までの縦断的な統合・協調においては，吸収合併などによる組織の統合に比べて，最終段階の需要情報，各段階におけるリードタイム情報と在庫情報を共有できる戦略的提携の方が有利な場合もある．生産販売に関する正しい意思決定には上記の 3 つの情報が必要であり，各段階が協力することで，サプライチェーン上のブルウィップ効果，ボトルネック効果，およびダブルマージナリゼーションの影響を軽減することができる．

たとえば，輸配送延期や製造延期など各種**時間延期** (postponement) 戦略を用いることで，サプライチェーン下流に位置するセットメーカーでは**受注生産** (MTO: Make To Order) の比率を上げ，上流では下流における需要情報に基づいて部品生産計画を立てることで適切在庫水準を確保することができ，上流企業も下流企業も利益を上げることができる．

川上段階が川下段階における在庫情報，需要情報，およびリードタイム情報を知ることができれば，エシェロン在庫を用いて最適な発注量および発注時期を決めることができ，サプライチェーン上におけるブルウィップ効果を抑えることで，物流効率を大きく向上させることができる．

一方，川下段階が川上段階の位置情報，リードタイム情報，在庫情報，取引時間と量の情報を知ることができれば，川上段階において供給途絶が発生した場合に素早くそのリスクを評価し，対策を取ることができるので，損失

を最小限に抑えることができる．

このように，サプライチェーンにおいては，川上段階と川下段階における双方向の情報共有が重要であり，これを実現するためにはまず情報共有ができる仕組みとしての戦略的提携，次に効率良く情報を取得する手法としての見える化システムが必要である．

SCMの目的は，第1に利益の観点からの売り上げの増加，すなわち，サプライチェーンに関わるすべての企業が協力してより多くの最終顧客を獲得すること，第2にコストの観点からのサプライチェーンに介在する無駄の排除，生産物流の同期化，需要変動への迅速な対応，供給途絶への迅速な対応であり，これらの目的を実現するための基礎的な手法がサプライチェーンの見える化である．

1.4.2　企業内見える化とサプライチェーン見える化

見える化は特に新しい概念ではない．実際，企業内部ではいままで多くの見える化の努力が行われてきた．たとえば，設備の自動化を行う際，自動化を人間中心の自動化として位置付け，設備はあくまで道具として使い，品質不良に対する責任は人間がもつこと，品質保証のための設備メンテナンス，故障の処理，不良対策については，人間が行うことにしている．そのために，多くの企業では設備の不具合を作業者や協力者に知らせる「アンドン」を導入し，設備トラブルの見える化を行っている．この見える化により品質を工程で作りこむ原則が保障される．

このような企業内の見える化の延長線にあるのがサプライチェーンの見える化である．経済産業省による調査によると，東日本大震災時に調達先の調達先を知っていた企業は6割程度で（経済産業省『2011年度モノづくり白書』），サプライチェーン全体を把握している企業はほとんどなかった．特に注目すべきことは，ダイアモンド型サプライチェーンの存在である．震災前は誰もがサプライチェーンはセットメーカーをトップに，ピラミット型になっていると信じていた．しかし，実際には最下層にある企業は激しい競争で淘汰が進み，生き残った会社には「うちしか作れない」部品を作る会社が多く，おおもとの1社が被災すると中間部品製造会社が生産中止に追い込まれ，さらにその中間部品を使用するセットメーカすべてが生産中止に追い込まれていき，被害が逆ピラミット型に広がっていた．

近年，サプライチェーンのグローバル化に伴い，地震，津波，火災，台風，竜巻，雷，豪雨，地滑りなどの天災，テロ，ストライキ，スキャンダル，犯罪，意思決定の失敗などの人災による事業の中断の頻度が高くなっており，

10階層もある自動車産業においては，毎年多くの事業中断が発生していると言われている．どこで何が起きて，それが自社にどのような影響を及ぼすかを迅速に評価することは事業中断や減産のリスクを減らすために非常に重要であり，その意味でサプライチェーン見える化はSCRMにおいて真っ先に取り組むべき重要課題である．

1.4.3 リスクマネジメントと見える化

リスクマネジメントにおいてはたびたび統計学が登場する．なぜなら，リスクはSCMの対象となっている需要や生産量，または利益の不確実性に対して，平均値や分散，あるいは片側損失確率で定義されることが多いからである．このような統計分析では，多くの場合，リスクが特定されていて，しかもデータが取れていることを前提としている．

しかし，実際リスクの発生にはなんらかの原因が存在する場合が多く，この原因を突き止めることができれば，損失を未然に防ぐこともできる．特に，サプライチェーンは調達ネットワークでつながっているために，他社のリスクと自社のリスクの間には強い因果関係が存在し，したがって管理対象となっている要因の因果関係を明らかにすることがリスクマネジメントにおいて最初に取り組むべき課題である．

サプライチェーン見える化を実現した上で，リスクの因果関係に続いて各種リスク要因の関連データを収集し，統計学やOR，シミュレーションなど，科学的な手法を駆使してより的確な意思決定をすることも可能である．

サプライチェーン見える化は見える化の主体により2種類に分類できる．第1種の見える化は，消費者に近い川下企業が素材に近い川上企業の情報を共有する**供給の見える化**であり，第2種の見える化は，素材に近い川上企業が消費者に近い川下企業の情報を共有する**需要の見える化**である．

近年，経済活動のグローバル化に伴い，多くの製品が生産能力過剰になっており，したがって顧客に近い川下企業の力が強い．一般的にバイヤーである川下企業はサプライヤーである川上企業との取引を有利に進めるために，川上企業に対して自社の情報を隠す傾向があり，力関係がそれを可能にしている．したがって，需要の見える化においては戦略的提携など，情報共有の仕組みを先に導入する必要がある．たとえば，キャンベルスープ社とウォルマート社は**CRP**(Continuous Replenishment Planning)システムを導入することにより，キャンベルスープ社がウォルマート社における自社商品の販売データをリアルタイムで観測できるようにした．キャンベルスープ社は販促（割引）を中止し，常に販促時と同じ低価格で商品を供給し，ウォルマート社

は常に安い価格で販売するEDLP(Every Day Low Pricing)方式を導入した．これにより販促時に買い溜めする必要がなくなり，ブルウィップ効果もなくなった．ブルウィップ効果がなくなれば需要の大きな変動がなくなり，したがって生産の平準化を実現することで生産物流コストを削減することができ，両社とも利益を上げるWin-Win関係を実現することができたのである．

一方，東日本大震災後に問題になっているのは供給の見える化である．供給の見える化が実現できれば，川下企業はサプライチェーン途絶を予知できるからである．たとえば，ある部品製造企業が被災するとその部品を使用する川下企業が生産中止に追い込まれ，被害が連鎖的に広がる可能性がある．もし，川下のセットメーカが事前に調達先の調達先が被災したことを分かれば，他の企業に緊急手配するなど，早めに手を打つことで自社の生産ラインの停止や減産を防ぐことができる．

サプライチェーン見える化は構築と運用の見地から，ネットワークの見える化と運用の見える化に分類することもできる．ネットワークの見える化は物流の見える化であり，どこから仕入れてどこに販売するかを把握することだけを目的としている．一方，運用の見える化は，供給と需要サイドの各種運用情報，たとえばリードタイム，在庫水準，生産サイクルなど物流以外の情報を見えるようにするものであり，自然災害や人災が発生した際に，その影響がどれぐらいのスパンで自社に伝わってくるかを予測することを可能にする．この意味で，ネットワークの見える化が静的であるとすれば，運用の見える化は動的であると言える．

サプライチェーン見える化には2つの重要な課題がある．1つは見える化を可能にする仕組みであり，もう1つは効率的に各種情報を取得かつ更新する手段である．仕組みについては組織論的，手法については最適化技法や情報技術のアプローチが必要になる．見える化をサポートできない企業関係，たとえば，利害衝突があるライバルである場合，サプライチェーン見える化の仕組みを導入することは困難である．また，何らかの契約や文化により，情報共有や見える化が制限されている場合，見える化の範囲は一部の企業に限定されることもある．たとえば従来の系列企業がそれである．しかし，これは見える化を否定するものではない．

仕組みが存在している場合，サプライチェーン見える化の方法は人海戦術ですべての情報を日々調査し，自社システムに入力してその情報を共有する方法が考えられる．しかし，この方法では変化する市場における変化するサプライネットワークに対して常に人海戦術で情報を更新しなければならないので，非効率的であると言わざるを得ない．

効率良くサプライチェーン見える化を実現するためには，新しいビジネスモデルと情報システムが必要である．

1.5 サプライチェーン見える化システム

　サプライチェーン見える化システムは情報共有のための道具であり，リスクマネジメントのための情報取得方法である．この道具は生産ラインにおける機械同様，まず道具を使う人がどのように使うかを決める必要があり，生産ラインというシステムの中にどのように組み込むか，特にサプライチェーンという複雑なネットワークの中で何を目的に，どのような情報を取得するために使用するかが重要である．

1.5.1 見える化システムのニーズ

　製造業では製造物責任法（PL法）の規制により，製品がどこで製造され，どこで使われているかを把握することに対するニーズがある．特に，どこでどれぐらい売れているかを把握できれば生産量と生産時期をより的確に決められるため，最終需要に対する見える化，すなわち「需要の見える化」のニーズがある．

　一方，RoHsやWEEEなど環境関連法規制はEU諸国との貿易に影響を与えるため，できるだけ源流まで遡り，どこで何がどのように造られているかを把握したいというニーズがある．同時に，人災や自然災害のリスクが供給途絶にどのように影響するかを事前に把握したいという「供給見える化」のニーズもある．

　さらに，セットメーカーでは自社製品の調達先，そして調達先の調達先など，「ネットワーク見える化」のニーズがあるが，現実的には企業間の利害関係が絡み合い，しかもネットワーク上のすべての企業と戦略的提携を締結することは不可能であるので，ネットワークにおけるすべての物流を見える化することは困難である．石油化学産業などプロセス型産業では，製品のレシピに調達BOM（Bill Of Materials，**部品展開表**）が含まれているために，調達BOMが技術情報の一部となり，したがって調達BOMの公開，すなわちサプライチェーン見える化の実現がさらに困難になることもある．

　見える化システムはあくまで情報共有の手段に過ぎず，この手段を活用するための仕掛けや仕組みは人間の努力により成し遂げなければならない．情報公開に内容を限定したり，公開範囲を規定するのも1つの方法であり，また，情報対称性の原則に基づいてお互いに追跡したい情報を公開する取り決めも1つの方法であろう．

　一方，「供給の見える化」については，リスクマネジメントの観点から，手

持ち在庫，リードタイム，および調達 BOM 情報が重要である．調達 BOM が分かれば見える化システムを用いて取引を行うことで，複雑なサプライネットワークの中で特定商品の物流経路を特定することができ，手持ち在庫情報およびリードタイム情報を共有できれば，ある特定サプライヤーが被災した場合にその影響がどれぐらいのスパンで自社に波及してくるかを推定できる．

本節では SCRM のための見える化，すなわち上記「供給の見える化」を対象に，自動的にネットワーク見える化を実現するシステムを紹介する．

1.5.2 サプライチェーン見える化システム

見える化システムでは調達 BOM を用いて企業内の製品物流と部品物流情報をつなげ，さらに企業間における取引情報を用いて企業間物流情報をつなげていく必要があるので，生産管理システムと販売システムを一体化することが望ましい．また，情報化が進んでいない中小零細企業では，まず情報化を進めることが求められる．

生産販売管理システムの導入には初期費用と運営費用が必要になるが，初期費用には，ソフトウエア費用とハードウエア費用があり，運営費用には人件費やシステム保守費用がある．

著者らはサプライチェーン見える化と中小企業の情報化を同時に進め，さらに運営効率も考えてデータの標準化も取り入れ，パソコンとスマホなど携帯端末で動く無料の実験用見える化システムを開発した．パソコンで動く見える化システムは XEAD を用いて開発し，携帯端末で動くシステムは HTML，JAVA，PHP を用いて開発した後に，monaca[3] を用いてアプリに変換した．物流データを収集・保管し，見える化サービスを提供するために，クラウドのデータセンターシステム（以下センター）を構築し，収集した取引データには ISO15459 シリーズの物品標準化コードに基づいたセンター品番を自動配番するようにした．

[3] https://ja.monaca.io/

(1) XEAD

XEAD[zi:d] は Xml-based Enterprise Architecture Designer の略であり，プログラミングをせずにシステムを開発するツールである．たとえば生産管理システムを開発する場合には，Modeler でワークフローやデータモデリングなどの設計を行い，XEAD Editor で設計を読み込んで機能配置などの編集を行ってから XEAD Driver をかければシステムが完成する．

XEAD Modeler で作成されるモデル情報は，バイナリ形式ではなく XML

様式のテキストデータとして保管されており，様式の仕様書も公開されているため，中小零細企業の生産販売システムの無料開発に役に立つだけでなく，中堅企業などの既存システム定義情報を取り込んで既存システムとの連携を実現することもできる．

分析手法は企業システムの設計に特化した3要素分析法を用いている．

- 要素1：業務プロセス
- 要素2：データモデル
- 要素3：機能設計

(2) 見える化システムの構造

図1.1はサプライチェーン見える化システムの構造を示したものである．

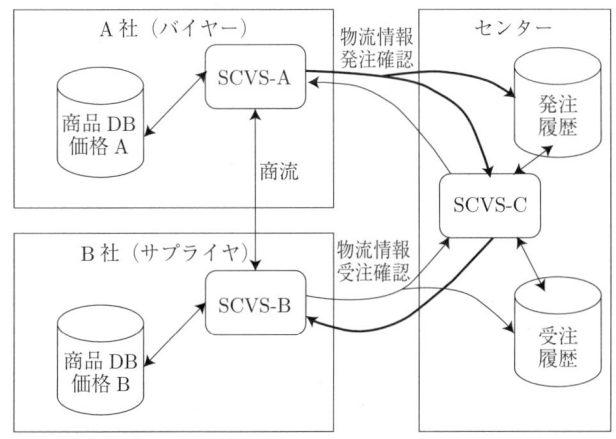

図 1.1: 見える化システム構造

見える化システムは生産管理システムと販売管理システムで構成され，主なデータはローカルDB（データベース）に保管し，物流の可視化のための必要最小限のデータのみをセンターと同期化させる．必要最小限のデータは企業プロフィル，調達BOM，および受発注情報の3項目とし，価格交渉や技術情報などは基本的にシステムに取り込まないようにする．システムはあくまで物流の流れを把握し，モノがどのように流れているかを示す **SC-BOM**(Supply Chain Bill Of Materials)を自動的に構築し，それをもとに各種見える化サービス，たとえば全国地震情報データベースから自社製品のサプライチェーンの頑健性を推定，ある場所で地震が発生した際にその影響がどれぐらいのスパンで自社に伝わってくるかを推定する際に必要な物流情報を提供する．

一歩進んだ見える化サービスには，より広範なネットワークの見える化，より繊細な運営の見える化が必要であるが，いずれも参加企業の物流情報の公開が前提となっており，まずは2社同士で情報共有の仕組みを作り上げ，物流情報をお互いに共有（公開）する必要があることは言うまでもない．

(3) 生産管理システム

見える化システムに組み込む生産管理システムはシンプルである．図 1.2 は生産管理の業務フローの一例を示したものである．サプライチェーン見える化システムを無料で使用できることは情報化が進んでいない中小零細企業にとっては好都合である．一方，すでに生産管理システムを導入している企業は，見える化システム中の生産管理の機能をオフにし，調達 BOM をインポートするソケット，受発注取引情報をインポートするソケットを用意すればよい．

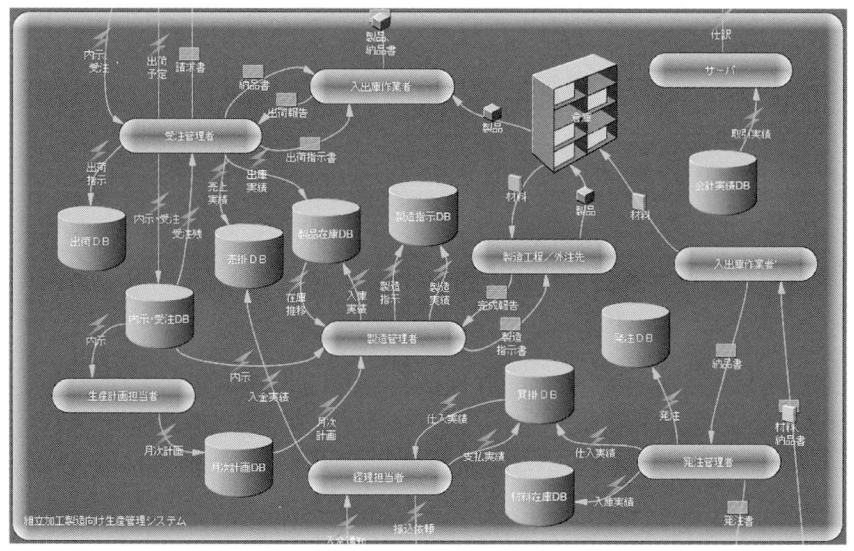

図 1.2: 生産管理の業務フローの例

(4) 販売管理システム

見える化システムの目的はサプライチェーンにおける物の流れを見える化することであり，そのためにセンターに SC-BOM を自動的に作成する機能をもたせる．SC-BOM の作成には調達 BOM が必要不可決であるが，企業と企業の間で行われる錯綜した物流の中で，どの製品とどの部品が結びついているかを明確にするためには，受発注データをセンターに取り込む必要があ

る．センターではこの取引情報と調達 BOM 情報を用いて，最終製品と部品を次々とつなげていき，SC-BOM を自動的に作成する．

在庫システムにも販売システムにもデータベースが必要になる．図 1.3 に各社で管理するデータベース概略モデル，図 1.4 にセンターで管理するデータベース概略モデルを示す．

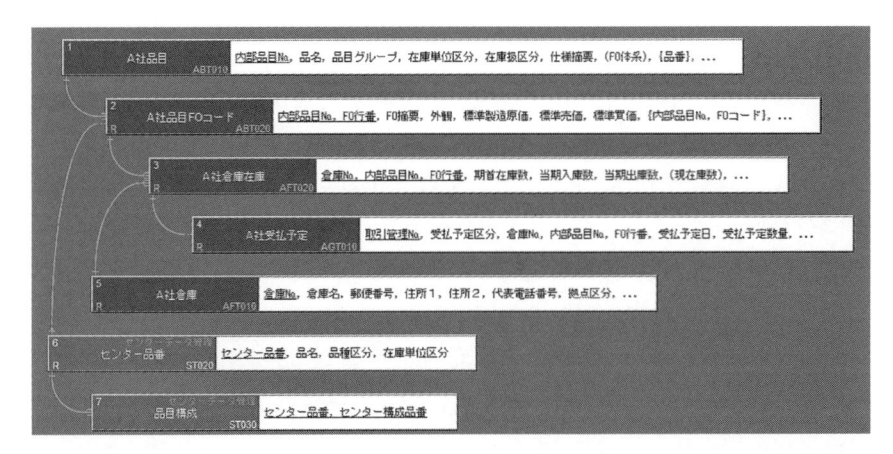

図 1.3: 各社データ管理

図 1.4: センターデータ管理

(5) 機能モデル

最後に，機能モデルを紹介する．見える化システムはセンターにおいて，企業プロフィル，調達 BOM，受発注情報から SC-BOM を自動的に作成するが，これを実現するためには企業が生産管理や販売管理において見える化シ

ステムを使うか，あるいは既存のシステムから必要なデータをインポートする機能を導入する必要がある．以下，見える化システムにおけるユーザー側の機能の一部を紹介する．

1) 品番検索

品番検索を行う場合，自社品番を入力すると該当する製品が表示される（図 1.5）．該当品番を選択してクリックすると，その商品を供給する企業の事業所，在庫量などが表示される（図 1.6）．次に調べたい企業や事業所を選択すると，その企業や事業所の在庫量の変動が表示され，さらに検索対象品を選択するとその製品の構成品が表示される．このように，サプライチェーンにおける企業が見える化システムを導入することで，自動的に SC-BOM が構築され，センターは SC-BOM を用いて開示を許可した情報を開示先企業に提供する．自社の情報を公開したくない場合には，別名や暗号を使うことで他社に実態が分からないようにすることもできる．しかし，自社情報を公開しない場合には，外注部品の追跡も含めて他社情報を見ることができないので，情報公開をどのように行うかについては社内で情報公開ポリシーを決める必要がある．

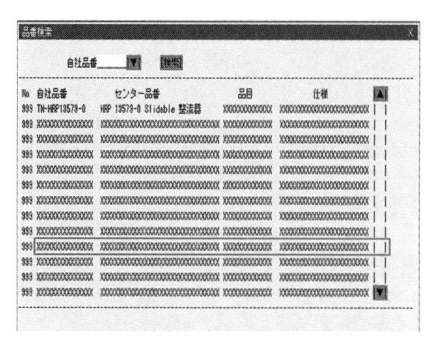

図 1.5: 品番検索

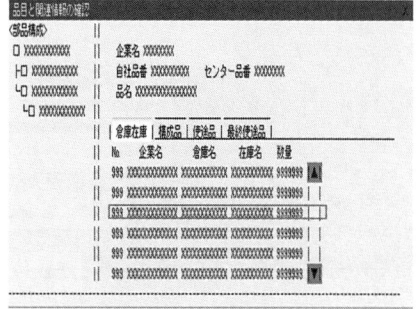

図 1.6: 倉庫在庫

2) 企業検索

見える化システムを用いて企業検索をすることもできる（図 1.7）．人災や天災などの災害を想定して企業を検索する場合，住所で検索することが効率的である（図 1.8）．住所を入力するとマッチした企業リストが表示され，取引がある企業を選択してから，影響を調べたい自社製品コードを入力するとそれと関連する部品があるかを調べることができる．この機能は SC-BOM とセンター品番にサポートされるものである．

また，関心のある企業の取り扱い商品を調べることもできる．これは見え

図 1.7:　メニュー 2

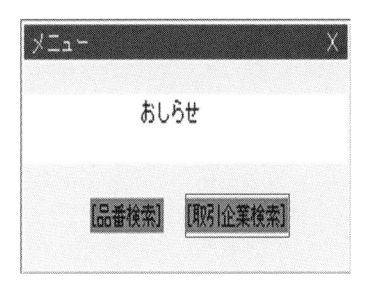

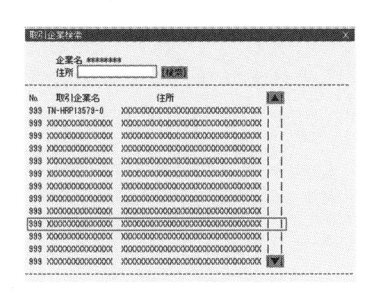

図 1.8:　企業検索

る化システムを導入した中小企業の販売促進にもなる．関心のある企業を選ぶと，その企業が取り扱っている製品リストから関心のある製品を選択して仕様を検索することができる．

1.5.3　サプライチェーン見える化システムの有効性

サプライチェーン見える化の有効性を疑う人は少ない．ただ，実現可能性については疑問をもつ人が少なくない．しかし，一部の産業やサプライチェーンの一部で見える化システムを導入することができれば，その部分だけの局所的メリットはある．特にセットメーカーにとっては見える化による供給リスク管理のメリットが大きい．さらに，見える化情報を用いるとサプライチェーンの評価や在庫配置の動的最適化など，科学的意思決定への支援も可能になる．

中小零細企業でも製品情報をセンターに登録しておけば，製品検索機能を介して製品情報を広く配布することになるので，引き合いの機会を増やすことができ，無料の広告となる．

サプライチェーンの中間に位置する加工企業であれば，セットメーカー同様に供給リスク管理のメリット，そして零細企業同様に自社製品の広告のメリットを享受することができる．しかし，仕入れ先情報を販売先に知られたくないケースもあるので，見える化システムの普及においては，どのように中間に位置する企業が見える化システムのメリットを理解し，情報をつなげてくれるかが成功のポイントになると思われる．

いずれにしても，見える化システムのメリット・デメリットについては導入して使ってみないと分からない部分があり，ここではまずは導入のためのデータ提供の意味で，需要リスクと供給リスクに分けて，見える化システムの基本的なメリットを評価する実験結果を紹介する．

実験では，見える化システムを用いると，川上企業は川下各段階における製品在庫情報，リードタイム情報，最終顧客の需要予測情報が見えるように

なり，逆に川下企業も自社製品のサプライチェーン上の各段階における製品在庫情報およびリードタイム情報が見えるようになるものとした．

実験は需要が突然変動する場合，サプライチェーンの途絶（一定期間生産が中断する）が発生しない場合と発生する場合の 2 つのケースについて行った．

実験用サプライチェーンを以下の図 1.9 のように設定した．また，製品のBOM 情報と企業の調達リードタイムは図 1.9，図 1.10 に示したとおりである．ここで，A,B,C は企業名，a,b,c は部品名を表す．

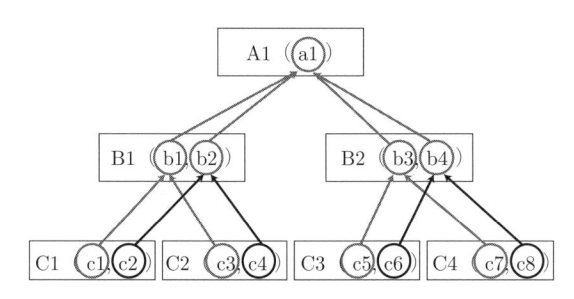

図 1.9: 想定するサプライチェーン構造

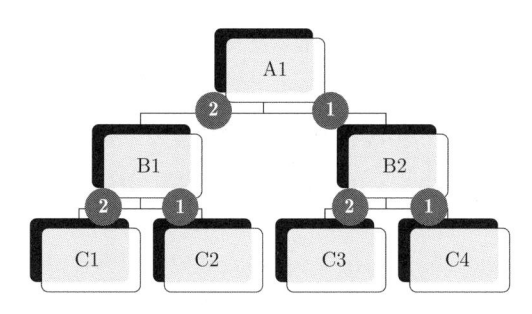

図 1.10: サプライチェーン調達リードタイム

K 大学の大学院生 14 名に協力してもらい，1 人 1 社の受発注を担当してもらった．また被験者が真剣に取り組んでもらえるように，上記の実験用サプライチェーンの受発注システムを 2 つ用意し，コンペティション形式で行った．この実験システムでは内製部品に対しては受注したら自動的に製造指示が出されるとし，被験者は外部企業との間での受発注だけに集中するようにした．パフォーマンスは利益で評価し，2 グループの対応企業担当者同士で競い合う．

(1) 実験結果

図 1.11，図 1.12 から，見える化システムを導入することにより，需要が変

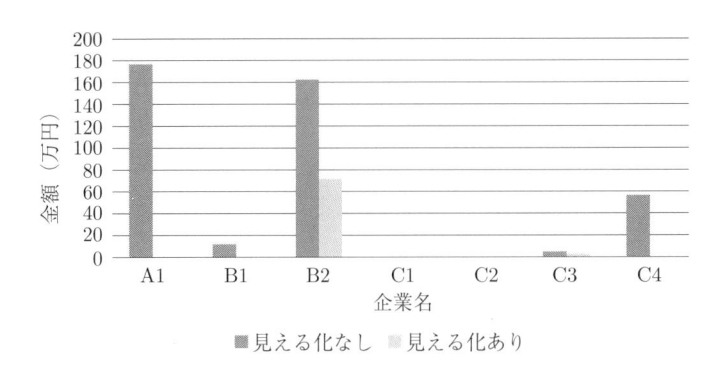

図 1.11: 実験結果（機会損失）

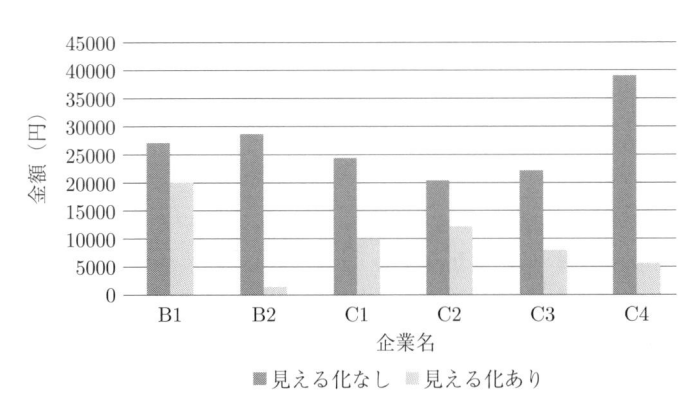

図 1.12: 実験結果（在庫コスト）

化した時の機会損失，在庫コストが小さくなっていることが分かる．これは見える化により，川上企業が最終顧客の需要情報やリードタイム情報を知ることができたため，効率的に調達の意思決定を行うことができたからである．

1.6 物品識別コードの標準化

サプライチェーン見える化システムは，ローカル生産販売管理システムとセンターシステム（センター）から構成されている．ローカル生産販売システムはPC版とモバイル版の2種類を用意し，センターはクラウドサーバーで構成する．センターは企業プロフィル，調達BOMおよび受発注履歴情報など，ネットワーク見える化および運用見える化に必要な最小限の情報をローカルサーバから吸い上げ，同期化する．受発注情報はセンター経由で相手に伝達されるので，取引が行われるたびに発注者と受注者をつなげ，発注を行う企業と受注する企業のどの製品同士がつながるかについて，各企業が

事前に登録した製品コードを用いて検索を行う．この検索において重要なのが商品コードの標準化である．

市場では多くの商品が取引されており，それぞれの製品は各企業において異なる体系のコードが振られる．そのため，同じコード番号であっても企業によって異なる製品を指すため，商品がどのようにつながっているかを表すSC-BOMを自動生成する際に検索効率が悪い．また，見える化サービスを提供するにあたり，自社製品番号を入力することで，他社の関連製品情報を検索するときにも支障が生じる．すべての企業のコード変換テーブルを用意すれば問題は解決するが，多くの企業と取引を行う際には変換テーブルの量が爆発的に増え，これもあまり効率が良くない．

そこで登場するのがセンター品番である．センター品番はISO物品識別コードの標準化を用いることが望ましい．ISO物品識別コードの標準化では，コードをいくつかのブロックに分ける．たとえば，企業コードブロックでは企業数に合わせて桁数を用意し，決まったブロックにそのコードを格納する．日本に99万社の企業が存在しているとしたら，6桁のデータ領域を確保する必要があり，そのデータを6番から11番のブロックに格納すると決めればよい．このコードを用いると決まった場所から企業コードを読み取ることができるので，情報機器を用いて自動的に製造業者の名前を取得できる．

この物品識別コードの標準化についてはすでに自動認識技術を背景としたISO15459シリーズコード体系が存在しており，このコード体系には国コードや企業コードも含まれているために，グローバルサプライチェーンマネジメントの効率を向上させることもできる．さらに，RFIDなど自動認識技術を用いて，物流における包装，荷役，輸送，配送，保管などの作業における情物一体化を実現することも可能であり，輸配送の効率や品質管理，トラブル防止にも役に立つ．

1.6.1　サプライチェーンにおける物品識別コードの標準化

ここからの内容は，JAISA（日本自動認識協会）の物品識別化コード標準化に関連する資料および柴田氏の論文[66, 67]をもとに物品識別コードの標準化に関する世界の動向の概略をまとめたものである．また，図は慶應義塾大学理工学部の時文氏の卒業論文から本人の同意を得て転用したものである．

サプライチェーンには物流，商流，金流があるが，物流が基本であり，物流は企業内物流と企業間物流によりつながっていき，サプライチェーンを構成する．企業内では見える化システムを用いることで物流を追跡し，企業間の出荷と入荷においては，見える化システムに加えてバーコードやQRコー

ドなどのデータキャリアを用いて,物流データを正確かつ効率良くハンドリングできるようにする.そのために必要になるのがデータキャリアの標準化と物品識別コードの標準化である.

企業間の出荷と入荷のプロセスにおいて,製品は裸の製品,包装,箱詰め,パレット,コンテナ,自動車など輸送機器順にまとめられて遠隔地に運ばれ,逆過程を経て顧客の手元に届く.この集散過程に送り出す側から順番に階層番号を付けると,以下のようになる.

- 階層 5　輸送手段レベル
- 階層 4　海上コンテナレベル
- 階層 3　RTI[4] レベル
- 階層 2　輸送単位レベル
- 階層 1　包装レベル
- 階層 0　製品レベル

[4] リターナブル輸送資材,容器.

出荷の際には階層 0 から階層 5 の順,入荷の際には階層 5 から階層 0 の順でモノが流れる.多くの製品はこの 6 つの段階を経て集散するが,すべての製品が必ずこの 6 つの段階を経るとは限らない.たとえば,自動車は出荷時に階層 0 から直接階層 5 に行き,需要地では階層 5 から階層 0 に戻される.各階層を通るか通らないかを 2 通りで数えると,各階層のつながりは合計 16 通り存在する(階層 0 と 5 は必須).図 1.13 に物流階層のつながりを表す構造を示す.

これらの階層には複数の会社が介在することが多く,時間,空間,数量単位も異なる場合が多い.そのために,各階層を区別できるようにコード体系

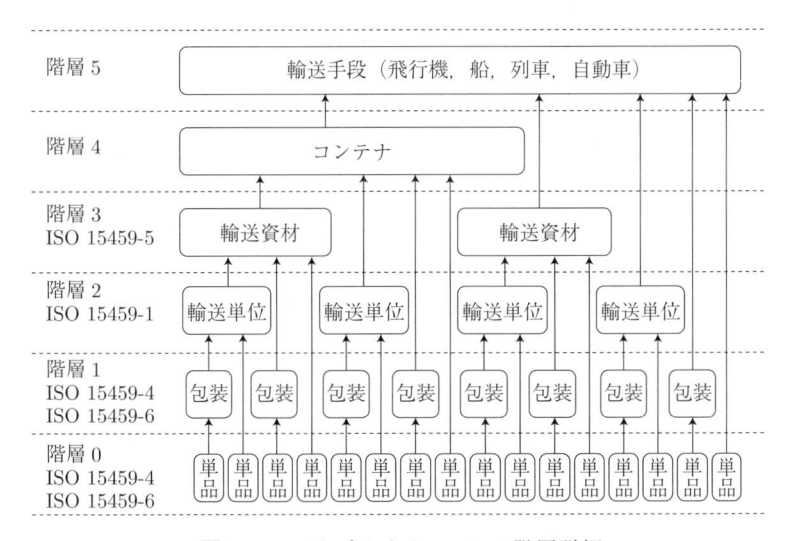

図 1.13: サプライチェーンの階層詳細

を設計する必要がある．たとえば，輸送業者はコンテナ単位で商品を運ぶ場合が多く，製造企業は裸の製品と個装された商品を取り扱う場合が多い．一般的に製造と輸送など異なる工程では必要とするデータの種類と桁数が異なるため，階層を識別する必要がある．ISO や JIS などの標準化においては，階層 0 を製造工程に，階層 1 を梱包工程に，階層 2 と階層 3 は出荷工程や輸送工程にそれぞれ対応させてコードを設計している．階層を識別するためにはコードに階層識別子を導入する必要がある．

サプライチェーンの関連国際規格は 4 種類（階層）に分類されている．各階層は下から「データキャリア規格」，「データキャリアへのデータ格納方法規格」，「対象の識別規格」と「アプリケーション規格」である．図 1.14 に各階層に関連する標準化団体および主要標準化対象を示す．

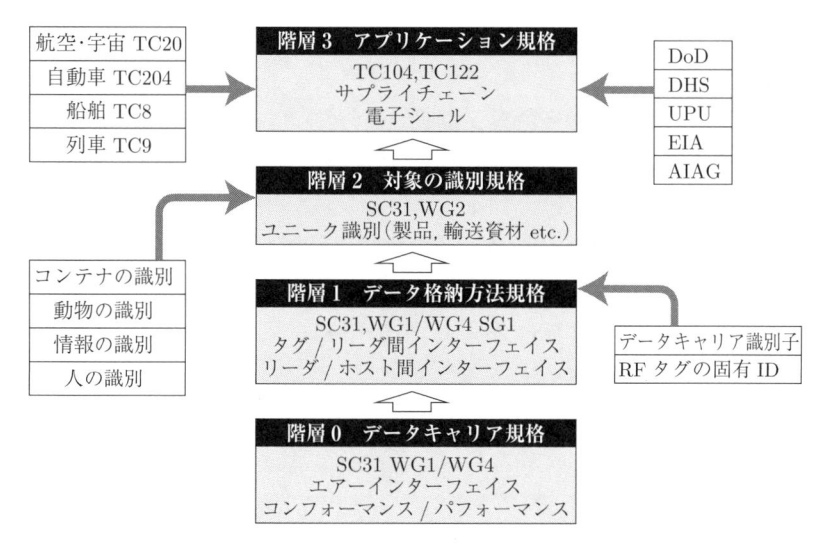

図 1.14: サプライチェーンにおける規格の階層

データキャリア規格には，1 次元シンボルに 5 種類，2 次元シンボルに 7 種類，RFID に各周波数帯におけるプロトコルやメモリ構造を含めて 11 種類が存在している（表 1.4）．1 次元/2 次元シンボル規格は文字コードとバー，ス

表 1.4: データキャリアの各階層の規格

1 次元シンボル	インターリーブド 2 オブ 5，EAN/UPC，コード 39，コード 128，GS1 データバー
2 次元シンボル	QR コード，データマトリクス，マキシコード，PDF417，マイクロ PDF417，アズテックコード，GS1 コンポジット
RFID	135HKz 未満（2 種類），13.56MHz（3 種類），433MHz（1 種類），860〜960MHz（3 種類），2.45GMHz（2 種類）

ペースやビットパターンの変換方法を規定しているのに対して，RFID の規格は NFC(Near Field Communication) のように本来の無線通信のエアインタフェースのみを規定しているのではなく，メモリ構造なども規定している．周波数の異なる RFID に対しては，マルチリーダが必要にとる．一方，1 次元/2 次元シンボルはリーダーが自動判別して読み取れるようになっている．

データキャリアへのデータ格納規格については，1 次元シンボルでは「識別子データ，識別子＋データ」の構造でデータが格納される．2 次元シンボルではメッセージ，フォーマット，データをそれぞれ決まった位置に格納する．RFID ではタグのメモリ構造が異なるものが多く，共通的なデータ格納方法はない．このことは RFID の普及を妨げる 1 つの要因であるとも言われている．

対象の識別規格については，グローバル企業が世界最適調達を行なう場合，調達品の番号が世界各国の生産拠点のコンピュータで処理されるため，企業，製品や資産などのコード体系を統一する必要がある．日本では，流通業を除くほとんどの企業はユニークな番号体系を使用していない．たとえば，A 社が自動車部品企業 B 社に製品を納入する場合，A 社の部品番号が B 社の番号と重複が発生する可能性があるため，B 社は A 社のコードをそのまま使用することができない．そのため，B 社は A 社のコードを使用せず，同じ製品に自社の番号を割り振り，B 社内でのユニーク性を確保する．A 社と B 社が同じ製品に異なる番号を割り振っているので，A 社のどの製品が B 社のどの製品に組み込まれているかを自動的に特定することはほぼ不可能であり，それが現在の物流におけるトレーサビリティを困難にしている．

一方，アプリケーション規格は作成団体によって使用環境が異なる．いまは主に 1 次元シンボルが企業間物流の各階層で使用されているため，海外からの荷物には物流段階の数だけ多くの 1 次元シンボルが貼り付けられている．物流の各段階に多くの異なる仕様のデータベースが存在し，1 つのデータキャリアで物流各段階の異なるデータベースに対応できる情報を書き込むメモリをもつデータキャリアがないので，アプリケーションの規格も物品識別コードの標準化に合わせる必要があり，このようなアプリケーション規格を標準化するためには，関連業界に大きな影響力を持った組織の存在が不可欠である．

(1) データキャリアの標準化現状

データキャリアの標準化は 1980 年代初頭が第 1 の転換期であると言われている．PC の登場に伴い情報がデジタル化され，1 度入力したデータをデータベースに格納し，各プロセスや段階で繰り返し使用することができるようにしたので，紙媒体を使用するより情報処理効率が著しく向上したのであ

る．また，データの入力も自動的に行うことで，モノや実空間情報を効率よくデータベースに取り組む技術，すなわち自動認識技術が登場し始めたのがこの時期である．

第2の転換期は1995年頃にインターネットによる情報通信ネットワークの広がりにより，分散データベースや情物一体化の概念や技術が登場した時期である．

第3の転換期は2005年頃である．2003年には携帯電話にQRコードリーダが搭載され，2005年には電子マネーなどRFID技術を用いたデータキャリアが個人用としても広く普及し，従来にないB2Cのビジネスモデルが普及し始めた時期である．

(2) 1次元シンボル[66]

1次元シンボル関係の国際規格開発はほぼ終了している．規格はシンボル規格，リーダ/デコーダ関連規格，ホストコンピュータとのインターフェイス規格に分類することができる．現在ISO国際標準となっている1次元シンボルは，

- ISO/IEC 15417（コード128）
- ISO/IEC 15420（EAN/UPC）
- ISO/IEC 16388（コード39）
- ISO/IEC 15390（インターリブド2オブ5）
- ISO/IEC 24724（GS1データバー）

の5種類である．

1次元シンボルは，バーコードキャラクタを構成するエレメントの幅の種類によって，2値幅シンボル体系と(n,k)シンボル体系の2種類に分類される場合もある．2値幅シンボル体系は，エレメント幅の種類が太いものと細いものの2種類で構成されるシンボル体系である．

(n,k)シンボル体系は，エレメント幅の種類が3種類以上で構成されるシンボル体系で，現在は4〜9種類の幅をもつシンボルが規格化されている．(n,k)シンボル体系のnは，データキャラクタを構成するモジュール数を，kはバーおよびスペースの組数をそれぞれ表している．EAN/UPCは$n=7$, $k=2$で，コード128は$n=11$, $k=3$となっている．

2値幅シンボル体系は，比較的読み取りが容易であり，(n,k)シンボル体系は，シンボルの長さが短くなるという特徴がある．

1次元シンボルは，分離形か連続形かに分類することができる．分離形はバーコードキャラクタをフォントとして管理できるため印刷が容易であり，連続形はキャラクタ間ギャップがない分シンボル全体が短くなるという特徴

がある．

(3) 2次元シンボル[66]

2次元シンボル関係の規格開発もほぼ終了している．2次元シンボルの規格は，シンボル規格，リーダ/デコーダ関連規格，およびホストコンピュータとのインタフェース関連規格に分類することができる．

国際標準になっている2次元シンボルには，

- ISO/IEC 15438（PDF417）
- ISO/IEC 16022（データマトリックス）
- ISO/IEC 16023（マキシコード）
- ISO/IEC 18004（QRコード）
- ISO/IEC 24723（GS1コンポジット）
- ISO/IEC 24728（マイクロPDF417）
- ISO/IEC 24778（アズテックコード）

の7種類がある．

2次元シンボルの特徴は，1次元シンボルに比べて10倍から100倍の情報量をもつこと，1次元シンボルがフルアスキーでの情報表現しかできなかったことに対し，2次元シンボルは，フルアスキーはもとより，かなや漢字も表現できるようになったことである．

しかし，情報量が多くなることによって新たな問題が発生した．それは，2次元シンボルが読めなかった場合のリカバリ手段である．1次元シンボルは，読み取れなかった場合に備え，シンボルの下部には人が読み取れる英数字が印字されている．読めなかった場合は1次元シンボル下部の英数字を人がキーボードからコンピュータに入力すればよい．一方，2次元シンボルの場合は，300桁の情報をシンボル周辺に印字することは困難であり，人がタイプして入力するのは効率が悪く，ミスも出やすい．そこで考えられた対策が誤り訂正機能である．ISO/IECの国際標準になっている大部分の2次元シンボルは，アメリカのNASAで開発されたリードソロモンという誤り訂正機能をもつ，シンボルの種類によって異なるが，最大で約95%の情報が欠損しても情報を復元できるシンボルも存在する．この機能によって，ユーザーは安心して2次元シンボルを用いることができる．

(4) RFID

RFIDは5つの周波数帯が国際標準化されている．それぞれの周波数は135kHz未満，13.56MHz，2.45GHz，860〜960MHz(UHF)，433MHzである．グローバルサプライチェーンの効率を上げるためには，この周波数帯の国際

標準化が重要な意味をもつ．この標準をRFIDエアインタフェース標準と呼ぶ．RFID周波数関連規格は以下のとおりである．

- ISO/IEC 18000-2，135kHz未満
- ISO/IEC 18000-3，13.56MHz
- ISO/IEC 18000-4，2.45GHz
- ISO/IEC 18000-6，860-960MHz(UHF)
- ISO/IEC 18000-7，433MHz（コンテナ用）

タグとシステムの間で同じ周波数で通信しデータの読み取りを可能にしても，読み取り方法とデータのコード（物品識別コード）が標準化されていないと，同じデータを異なるコンピュータで同じデータとして読み取ることができない．そのために，物品識別コード以外に，読み取り方法に関する以下の標準が存在するわけである．

- ISO/IEC 18047シリーズ，リーダ・ライタのコンフォーマンス規格（5規格）
- ISO/IEC 18047シリーズリーダ・ライタのパフォーマンス規格（3規格）
- ISO/IEC 15961シリーズデータプロトコル規格（4規格）
- ISO/IEC 24791シリーズ，ソフトウエアシステムインフラストラクチャア規格（5規格）
- ISO/IEC TR24729シリーズ，インプレメンテイションが井戸ライン規格（4規格）

サプライチェーンのRFID国際規格 (ISO 173564〜ISO 17367) では，短距離交信にはISO/IEC 18000-3M3(13.56MHz)，長距離交信にはISO/IEC 18000-63(860〜960MHz) が推奨されている．これは，上記2つの規格におけるメモリ構造が同じであるため，上位システムとの接続が容易であるためである．

(5) 物品識別コード標準化[67]

物品識別コードの中で基本的な構造を示しているのは製品コードである．日本は経済産業省が公表した「商品とレーサビリティの向上に関する研究会」報告書をベースに，商品コードに関する標準規格案を作成し，ISOのSC31に提案し，修正と投票を得て2012年に国際標準として成立した (ISO/IEC15459-4)．

ISO/IEC 15459-4の基本的な考え方は「業際性」，「国際性」，「既存のコード体系が使えること」である．特に，現在使用しているコード体系がそのまま使用できることが重要である．なぜなら，使用している品番点数が少ない

場合はコードの変更に伴うコストは少ないが，1000万点の番号を管理している企業にとってはコード体系の変更に莫大なコストが発生するため，実質的にコード体系の変更が不可能であるからである．したがって，コード体系をユニークにする具体的方法は，現在企業が使用している番号体系に発番機関コードと発番機関が管理する企業番号を付加すればよいことになる．

ISO15459 シリーズで規定する識別子の例を表 1.5 に示す．表 1.5 にはデータ識別子とアプリケーション識別子が記述されている．一般的に流通業界のコード体系ではアプリケーション識別子を使用しており，産業界のコード体系ではデータ識別子を使用している．

表 1.5: サプライチェーンモデルの階層と ISO/IEC15459 シリーズの識別子の例

階層	規格番号	データ識別子	アプリケーション識別子
3	ISO/IEC 15459-5	25B,55B	8003,8004
2	ISO/IEC 15459-1	J,1J〜6J	00
1	ISO/IEC 15459-4	25S,3I	8004
0	ISO/IEC 15459-4	25S,3I	8004
0	ISO/IEC 15459-6	25T	01+10

ここに示す識別子とそのデータは電子商取引で扱われるデータであり，1次元シンボル，2次元シンボルおよび RFID に格納されて利用される．そのため，リーダからデータキャリアの情報を読み取り，ホストコンピュータに転送するデータフォーマットなどを整合性の取れた形式にする必要がある．

表 1.6 に識別子 25S の場合の製品コードのデータ構造を示す．この構造は既存の企業コードシステムの先頭に発番機関コード (IAC)，企業識別番号 (CIN)，および 25S を追加したものである．

表 1.6: 製品コードのデータ構造

25S	IAC	CIN	SN
3桁	最大3桁	最大12桁	最少 50−18=32 桁

発番機関コード (IAC) は，登録機関から発番機関として認定された組織・団体・企業を識別するための最大 3 桁のコードである（ISO/IE 15459-2 準拠）．発番機関コードには，LA(JIPDEC/CII)，VTD（帝国データバンク），UN（東京商工リサーチ）や OD(ODETTE EUROPE) などがある．

企業識別番号 (CIN) は，企業をユニークに識別するために発番機関が所管企業に割り当てる番号である．発番機関はそれぞれ独自の CIN フォーマットを持っており，企業がその一部を決めることができるものもある．

IACとCINに企業が割り振る商品シリアル番号(SN)を加えると，その商品に対するユニークな番号となる．シリアル番号は，数字または英文字で構成されている．このように，裸の製品の物品識別コードの構成は，データ識別子に続いて最大3桁の発番機関コードと最大12桁の企業識別コード，そして32桁のシリアル番号から構成することができる．ISO/IEC 15459シリーズで規定されるコードの最大桁数表は表1.7に示すとおりである．

表 1.7: ISO/IEC 15459-4 について

階層	規格番号	データ識別子	最大桁数
3	ISO/IEC 15459-5	25B,55B	50桁
2	ISO/IEC 15459-1	J,1J〜6J	50桁
1	ISO/IEC 15459-4	25S,3I	50桁
0	ISO/IEC 15459-4	25S,3I	50桁
0	ISO/IEC 15459-6	25T	50桁

ISO/IEC15459シリーズで使用されているキャラクタセットはISO/IEC646で規定される7ビットアスキーの内英大文字と数字である．一方，コンピュータシステムではいろいろな種類のキャラクタセットが使用されている．たとえば，ISO/IEC10646に基づく16ビットコードや，ISO/IEC8859シリーズに基づく8ビットコードなどがあるが，データキャリアシステムではISO/IEC646で規定される7ビットアスキーコードの最上位ビットに0を付加し8ビットコードで扱うのが一般的である．アジア圏における国際物流の効率を考える場合にはカナや漢字コードが使えるように8ビットに変更することが望ましい．

サプライチェーンで使用されているデータ構造は，基本的に「識別子＋識別子で規定されるデータ」の形である．AI識別子で比較的よく使用されるのは，梱包識別コード(00)，商品管理コード(01, 02,...)，計量単位コード(310〜369)，日付コード(11〜17)，顧客管理コード(241, 400)，業務管理コード(410〜427, 8003〜8019)などであり，DI識別子で比較的よく使用されるのは，区分2の輸送資材識別コード，区分4の日付コード，区分10の輸送単位識別コード，区分12の原産国コード，区分16の製品識別コード，区分17の数量コード，区分19と20のトレーサビリティコード，区分22の製造者コードである．

見える化システムでは基本的に階層0におけるISO15459シリーズのコード体系を使用することになるが，物流においてはバーコードやQRコードが広く使われており，以下で階層0〜3までのバーコードおよびQRコードに関連する既存国際標準を簡単に紹介する．

1) 階層 2〜3：ISO15394

ISO15394 は「出荷，輸送および荷受け用ラベルのための 1 次元シンボルおよび 2 次元シンボル」を規定している．主に，輸送単位に付けるラベルのデータ内容やその要件を規定している．データ内容については，AI(00,SSCC) と DI(J,1J〜7J) を用いている．また，データ内容は必須データ科目と任意データ項目に分かれている．

必要なデータ項目は，ユニークな識別を可能にするために，発番機関コード，企業コードおよび連続梱包番号で構成している．使用できるキャラクタは数字および英大文字で，最大 18 キャラクタである．任意のデータ項目には輸送をスムーズに行うための輸送者のデータベースのキーデータおよび顧客のデータベースのキーデータなどが含まれる．具体的には輸送先の名前，住所や出荷元の名前などが挙げられる．輸送者のキーデータとしては，輸送者が付与する荷物追跡番号，出荷識別コードおよび輸送単位識別コードなどがある．

2) 階層 1：ISO22742

階層 1 では ISO22742 に準拠したコードを用いる．ISO22742 は「製品包装用 1 次元シンボルおよび 2 次元シンボル」コード用に設計され，主に製品包装に付けるラベルのデータ内容やその要件を規定している．必須データ項目は製品識別コード，数量コード，およびトレーサビリティコードであり，任意データ項目は供給者コード，原産国コード，日付コード，有効期限などの情報が含まれている．

3) 階層 0：ISO28219

階層 0 は裸の製品を対象としている．ISO28219 では裸の製品に付ける 1 次元と 2 次元シンボルなどのラベルやダイレクトマーキングのデータ内容およびその要件を規定している．必須データ項目は製品識別コード，トレーサビリティコード，および供給者コードであり，任意データ項目には原産国コード，日付コードと構成要素の識別コードなどが含まれる．

1.7　事業継続のマネジメント

事業継続のマネジメントにおける重要課題に，需要のリスク，供給のリスク，およびシステム（設備，施設など）の故障のリスクへの対応がある．たとえば，リコールにより顧客の信用を失うと，需要が大きく減少し，事業を再編せざるを得ないことがある．また，大地震が発生して部品工場が被災す

れば，最終製品の組立てラインが操業停止に追い込まれる可能性があり，それにより企業は数百，ないし数千万円の損失を被ることがある．

事業継続マネジメントではリスクを発生確率と影響の度合いによって4（2×2水準）カテゴリー，または9（3×3水準）カテゴリーに分類し，対策と合わせてリスクマッピングを行うが，その中でも近年注目されているのは想定外の事象としてのリスク，すなわち発生確率は非常に小さいが，いったん発生するとその影響が企業の存続を脅かすほど大きいリスク事象である．

特に，東日本大震災後のサプライチェーンを見れば分かるように，現在のSCMでは，生産物流の効率性を高めるマネジメントだけでなく，想定外の事象が発生してサプライチェーンが途絶したときのリスクマネジメントも含めた事業継続のマネジメントが求められている．サプライチェーン途絶による被害を回避または軽減するためには，

1. 途絶リスクの高いラインを明らかにする
2. 事前に対策を用意する
3. 途絶を早く察知する
4. 素早く対策を打つ

など4つのアクションが必要である．サプライチェーン見える化は途絶を分析したり，途絶を早く察知するのに役に立つ．

1.7.1　BCM：事業継続マネジメント

米国の9.11同時多発テロ事件以降，電機業界を中心に開発されてきた**BCM**(Business Continuity Management)では，リスクを，頻度と影響度を軸にリストアップしてから，それぞれのリスクに対してどのように対策を取るかを計画し，さらにリスク意識を高めるための各種企業内訓練を行うことを提唱している．IT業界では特に自然災害だけではなく，ハッカーやテロなど人災による被害を想定したWar Gameが注目されており，バックアップシステムを用意するなど，多少冗長でコストがかかるが，想定外の事象に強いシステムを構築する企業が増えている．

一方，製造業では作業分析など日々の改善の努力を経て，乾いたタオルを絞るほど製造現場の無駄を排除し，生産効率を上げている．このような改善努力は現代競争の起点であり，不確実なリスクに対処するために生産効率を犠牲にすることは現場管理に馴染まない．バックアップの生産設備を導入することで需要が上振れるリスクや，供給途絶のリスクに対処することは可能であるが，需要が下振れる確率の方が高い場合や，供給途絶のリスクが低い

場合には投資効果が低くなり，利益を圧迫することになる．

　実際，大手自動車メーカーは一般的に数千社以上からなるサプライチェーンにサポートされ，サプライチェーン全体としては平均毎週のようにどこかで火災や事故が発生している．被災した企業がどの階層にいるかにもよるが，部品会社の製造が止まってもその影響が翌日すぐセットメーカーに伝わってくるわけではない．サプライチェーン上には多くの企業が存在しており，それぞれの企業では一定の製品在庫を保有しているために，途絶の影響はその波及過程において遅延される．そのために，数日間で被災した企業の製造を復旧すれば，セットメーカーが被害を受けることはない．したがって，ある部品会社が被災し，その企業が自社のサプライチェーン上にある場合には，その都度素早く応援チームを派遣した方が経済的で，リスクに対処するための投資リスク（リスクのリスク）を減らすことができ，効率的リスクマネジメントを実現することができる．

　当然ながら，リスク要因によっては事前に訓練を行い，緊急時対応マニュアルを作成する必要もある．たとえば，東日本大震災のような非常時には通常管理システムをストップさせ，素早く非常時対応システムを起動し，時々刻々と変化する環境に素早く対処する必要がある．BCMでは非常時対応システムとしてERT(Emergency Response Team)を立ち上げることを提唱しており，全社レベルから事業所，作業班レベルまで組織階層ごとにERTを設置すべきであるとしている．

　BCMは経済のグローバル化とともにますます重要になっている一方，それぞれの企業の実態に合わせた事業継続計画の策定が求められており，効率の良いBCMが成功の決め手となる．特に，BCMにおいては自社だけに注目するのではなく，サプライチェーンを縦貫した鳥瞰的な視野でのリスク分析が求められ，まずはどこで何がどうなっているかを把握すること，すなわちサプライチェーンが見えるようにすること（問題発見）がリスクマネジメント問題解決の第一歩である．

1.7.2　効率的リスクマネジメント

　効率的リスクマネジメントとは，効率とリスクを対立した概念として捉えるだけでは良いリスクマネジメントができないことを意味する．

　リスクマネジメントでは生産性としての効率とコストとしての効率を区別すべきである．BCMではリスクと効率を対立した概念として記述しているが，これは必ずしも正しくない．効率の意味が生産性である場合，生産性を高めるために在庫を減らした結果SCMがリスクに弱くなる場合があるが，

これはリスクと生産性の対立であり，リスクと効率の対立ではない．効率の意味がコストである場合，低コストで実現するリスクマネジメントは明らかに高コストで実現するリスクマネジメントより効率が高い．効率はマネジメントが追及する永遠の課題であり，効率を犠牲にするマネジメントは失敗の始まりである．

いま多くの企業が BCM 導入を検討しているが，やはりコスト対効果，すなわちリスクマネジメントの効率が問題になっている．効率良く BCM を導入・運営する企業もあれば，莫大な資源を導入しながら緊急事態にうまく対処できない企業もある．効率良く BCM を導入・運営するためには，リスクを知り，自社の能力と置かれている環境を知り，さらにサプライチェーンも知ることが大前提である．

1.7.3 BCM と標準化

現在 BCM は国際規格 ISO22301 として批准されており，日本でも「社会セキュリティ―事業継続マネジメントシステム―要求事項」として日本工業規格 (JISQ22301) に登録されている．これに関連する規格には，危機対応時のマネジメントの要求事項を定めた国際規格 ISO22320 と日本工業規格 JISQ22320（社会セキュリティ―緊急事態管理―危機対応に関する要求事項），および社会セキュリティの用語を定めた国際規格 ISO22300 と日本工業規格 JISQ22320（社会セキュリティ―用語）があり，JIS の 3 規格は 2013 年 10 月 20 日に制定・公示されている．

JISQ22301 では，BCM を導入する組織が事業の中断を引き起こす要因の特定，発生確率の低減，発生した時には素早く対処し，事業を早く復旧するための計画を立て，実施組織を立ち上げ，計画を実施，チェック，評価，維持，改善するための要求事項を規定している．JISQ22301 の主な規定内容には，以下の項目がある．

- 適用範囲
- 引用規格
- 用語および定義
- 組織の状況（BCM システムの適用範囲の決定）
- リーダーシップ（経営者のコミットメント，方針，組織の役割，責任および権限）
- 計画（事業継続目的およびそれを達成するための計画）
- 支援（資源，コミュニケーション，文書化した情報）
- 運用（事業影響度分析およびリスクアセスメント，事業継続戦略，事業

継続手順の確立および実施，演習および試験の実施）
- パフォーマンス評価（内部監査，マネジメントレビュー）
- 改善

　BCM にはサプライチェーンリスク管理に関する記述はなく，外部のリスクを体系的に分析するスキームがない．経営者にとって一番の悩みは需要のリスクとそれに起因する投資意思決定の失敗であり，テロや自然災害など発生確率は小さいが影響が大きい供給途絶リスクについては，BCM を導入しても高いパフォーマンスが期待できない．なぜなら外部の供給途絶のリスクは突然やってくるのではなく，サプライチェーン上で時間をかけてゆっくり伝わってくる場合があるからである．実際，震災における被害の多くは外部のリスクを体系的に分析せず，調達先の調達先を知らなかったために発生した間接被害である．

　外部のリスクを体系的に分析するためには，自社の部品がどのような経路で調達されているかを見えるようにし，その次にリスクの原因のさらなる原因を分析するリスクドライバーの構造分析，想定外のリスク事象が発生してもしぶとく生き延びる力（レジリエンス）の評価と強化策の立案，そしてロバストサプライチェーン・コンフィグレーション，在庫配置の動的最適化など，リスクマネジメントの意思決定をサポートする科学的手法の導入が求められる．

　サプライチェーン見える化を実現すれば，新製品開発・設計時にサプライチェーン途絶リスクを考慮した設計が可能になり，調達先を選定する段階でサプライチェーンリスクを軽減することができる．すなわち，調達先は安全であっても調達先の調達先が安全でなければ，その調達先の部品を設計から外せばよい．あるいはリスクの高い部品については 2 社購買を徹底する意思決定を行うこともできる．

1.7.4　BCM の手法

　BCM では想定外のイベント（リスク）にどのように対応するかが問題になる．想定外のイベントに対する典型的な対応策に，冗長性，柔軟性，および頑健性がある．ここでは，シミュレーションにより想定外の事象が発生した際の 3 つの対策を評価してみることにする．シミュレーションでは冗長性，頑健性，および柔軟性を以下のように具体化し，サプライチェーンは見える化できていて，部品調達経路が分かるものとした．

- 冗長性強化：在庫水準を引き上げる

- **頑健性強化**：普段からすべての部品に対して2社購買を実施する
- **柔軟性強化**：ある調達先が途絶した際に他社に切り替えることができる

対応策は冗長性強化，頑健性強化，柔軟性強化に加えて，冗長性と柔軟性の組合せ，頑健性と柔軟性の組合せ，の5つとし，緊急発注先を事前に用意しない現状と比較することにより行った．現状とそれぞれの強化策の詳細は以下のとおりである．

- 現状
  - A1はB1から，B1はC1から商品を調達する．
  - 地震発生と同時に企業C1が被災し，すべての生産能力を失うと同時に在庫もゼロになる．
  - 緊急発注先との交渉および生産計画への追加などに2週間かかるとし，2週目に元の5%，3週目に10%，以降毎週5%ずつ増やしていく．
  - 被災企業C1は90日後に完全復旧し，発注量はもとの状態に戻る．

- 冗長性強化
  - 地震発生と同時に企業C1が被災し，すべての生産能力を失うと同時に在庫もゼロになる．
  - 緊急発注先との交渉および生産計画への追加などに2週間かかるとし，2週目に元の5%，3週目に10%，以降毎週5%ずつ増やしていく．
  - 企業Bは現状の2倍の在庫をもつ．
  - 被災企業C1は90日後に完全復旧し，発注量はもとの状態に戻る．

- 頑健性強化
  - 地震発生と同時に企業C1が被災し，すべての生産能力を失うと同時に在庫もゼロになる．
  - 緊急発注先との交渉および生産計画への追加などに2週間かかるとし，2週目に元の5%，3週目に10%，以降毎週5%ずつ増やしていく．
  - B1は，企業C1とC2から部品を調達し(50:50)，生産能力はそれぞれ通常時の120%まで増やすことができる．
  - 被災企業C1は90日後に完全復旧し，発注量はもとの状態に戻る．

- 柔軟性強化
  - 地震発生と同時に企業C1が被災し，すべての生産能力を失うと同時にの在庫もゼロになる．
  - 事前に緊急発注先と提携し，緊急発注時には毎週10%ずつ供給量を増やして頂く．
  - 被災企業C1は90日後に完全復旧し，発注量はもとの状態に戻る．

図 1.15 にシミュレーション結果を示す．図 1.15 から分かるように，震災後多くの企業が検討している冗長性強化策は，機会損失額を現状より抑えることができているが，在庫費用が高くなっており，途絶期間の長さにも依存するが利益は現状より低くなる場合もある．これは震災直後は在庫が役に立つが，平常時には在庫コストが大きな負担になるためである．商品のライフサイクルが短い場合にはさらに廃棄費用が発生する場合があるので，多くの在庫をもつことに対しては商品の売れ行きも考慮して慎重に検討すべきである．

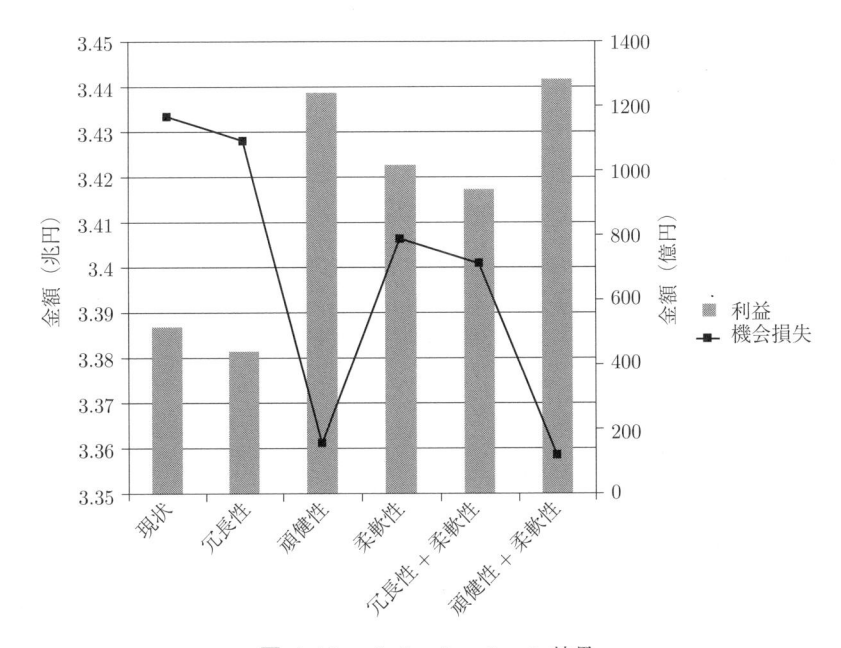

図 1.15: シミュレーション結果

また，平常時サプライチェーンで在庫を保有する場合，理論的にはできるだけ川下に近いところに保有したほうがサービス水準を下げずに機会損失を減らせるが，途絶が発生する場合には必ずしも川下に配置することが最適であるとは限らない．在庫は途絶が発生する可能性や，サプライチェーンの同期化を考慮して，配置量と場所を分散させるなど適切に決定することが望ましい．

次に，単一の手法の中では頑健性強化策が最も効果的であることが分かる．サプライチェーン上のすべての企業が 2 社購買を行えば，途絶リスクが軽減され，川下企業における生産停止のリスクが小さくなる．川下企業が操業し続けることができれば，サプライチェーン上のすべての企業が操業し続けることができ，したがって最終製品の製造企業の利益が高くなる．事業継続の

メリットは単に想定外のリスクが発生した際に利益を確保できることだけでなく，顧客から信頼され続けるメリットがより大きい．長期的には顧客から信頼され続ける方が総利益が大きいからである．

当然ながら2社購買にはコストと手間がかかるが，在庫を多く抱えるよりはコストがかからず，メリットがデメリットより大きいことは明らかである．

次に，柔軟性強化も現状と比較して利益を増すことができている．このことから事前にサプライチェーンの途絶リスクが高い箇所を特定し，しっかりとした事業継続計画を策定することの重要性が分かる．また，柔軟性強化の機会損失額が冗長性強化の機会損失額より小さいことから，事前に多く蓄えるよりは，迅速に対応するようにしたほうがメリットが高くなることが分かる．

対策の組合せの効果を見ると，頑健性と柔軟性の組合せが最も良い対策となっている．すなわち，事前対策あるいは事後対策だけに依存するのではなく，両者を組み合わせることで途絶の影響をさらに軽減できることが分かる．

以上のシミュレーション結果はパラメータ設定に依存するので，普遍的な原理原則にすることはできない．冗長性強化が有効であるか，柔軟性や頑健性強化が有効であるかは，対象となる製品の性質に強く依存し，最適化やシミュレーションを用いてどのような対策が有効であるかを事前に分析し，最善な意思決定を行うべきである．

参考文献

[1] Beaver, W. H.: Financial ratios as predictors of failure, *Journal of Accounting Research*, Vol. 4, No. 3, pp. 71–111, 1966.

[2] Bernstein, P.: *Against the Gods The Remarkable Story of Risk*, Wiley, 1996.

[3] Blecker, T., Kersten W. and Ringle C. M.: *Managing the Future Supply Chain Current Concepts and Solutions for Reliability and Robustness*, Josef Eul Verlag Gmbh, 2012.

[4] Bowen, F. E., Cousins, P. D. and Lamming, R. C.: The role of risk in environment related supplier initiatives, *International Journal of Operations and Production Management*, Vol. 24, No. 6, pp. 554–565, 2004.

[5] Brindley, C.: *Supply Chain Risk*, Ashgate, 2004.

[6] Carter, J. R., Pearson, J. N. and Peng, L.: Alliances logistics barriers and strategic actions in the people's republic chain, *International Journal of Purchasing and Materials Management*, Vol. 34, No. 2, pp. 27–36, 1998.

[7] Chan, F. T. S. and Kumar, N.: Global supplier development considering risk factors using fuzzy extended ahp-based approach, *OMEGA*, Vol. 35, No. 4, pp. 417–431, 2007.

[8] Chopra, S. and Sodhi, M. S.: Managing risk to avoid supply chain breakdown, *MIT Sloan Management Review*, Vol. 46, No. 1, pp. 53–62, 2004.

[9] Christopher, M. and Peck, H.: Building the resilient supply chain, *International Journal of Logistics Management The*, Vol. 15, No. 2, p. 42018, 2004.

[10] Christopher, M. and Peck, H.: The five principles of supply chain resilience, *Logistics Europe*, Vol. 12, No. 1, pp. 16–21, 2004.

[11] Cicchetti, D., Luthar, S. S. and Becker, B.: The construct of resilience a critical evaluation and guidelines for future work, *Child Development*, Vol. 71, No. 3, pp. 543–562, 2000.

[12] Colicchia, D., Dallari, F. and Melacini, M.: Increasing supply chain resilience in a global sourcing context, *Production Planning and Control*, Vol. 21, No. 7, pp. 680–694, 2010.

[13] Cranfield School of Management: *Creating Resilient Supply Chains*, DFT Publications Wetherby, 2003.

[14] Cucchiella, F. and Gastaldi, M.: Risk management in supply chain a real option approach, *Journal of Manufacturing Technology Management*, Vol. 17, No. 7, pp. 700–720, 2006.

[15] Datta, P., Christopher, M. and Allen, P.: Agent-based modelling of complex production/distribution systems to improve resilience, *International Journal of Logistics Research and Applications*, Vol. 10, No. 3, pp. 187–203, 2007.

[16] Davis, T.: Effective supply chain management, *Sloan Management Review*, Vol. 34, No. 4, pp. 35–46, 1993.

[17] Druker, P. F.: *The Practice of Management Harper Business*, 2006.

[18] Elkins, D., Deleris, L. A. and Pate-Cornell, M. E.: Analyzing losses from hazard exposure a conservative probabilistic estimate using supply chain risk simulation, *Proceedings of the 2004 Winter Simulation Conference*, Vol. 2, pp. 1384–1391, 2004.

[19] Elloitt-Shircore, T. I. and Steele, P. T.: Procurement positioning overview, *Purchasing and Supply Management*, Vol. December, pp. 23–24, 1985.

[20] Gaonkar, R. and Viswanadham, N.: A conceptual and analytical framework for the management of risk in supply chains, In *International Conference on Robotics and Automation '04.*, pp. 2699–2704, 2004.

[21] Ghadge, A., Dani, R. and Kalawsky, R.: Supply chain risk management, *Present and Future Scope International Journal of Logistics Management*, Vol. 23, No. 3, pp. 313–339, 2012.

[22] Hallikas, J., Karvonen, I., Pulkkinen, U., Virolainen, V., Tuominena, M.: Risk management processes in supplier networks, *International Journal of Production Economics*, Vol. 90, No. 1, pp. 47–58, 2004.

[23] Han, M. and Chen, J.: Managing operational risk in supply chain, In *Wireless Communications, Networking and Mobile Computing, 2007.*, pp. 4919–4922, 2007.

[24] Hennet, J. C. and Arda Y.: Supply chain coordination a game-theory aproach, *Engineering Applications of Artificial Intelligence*, Vol. 21, No. 3, pp. 399–405, 2008.

[25] Huang, Z., Zhu, J., Li, S. X. and Chau, P.: Cooperative advertising game theory and manufacturer retailer supply chains, *Omega*, Vol. 30, No. 5, pp. 347–357, 2002.

[26] Ilmola, L. and Casti, J.: Case study seven shocks and finland, *Innovation and Supply Chain Management*, Vol. 7, No. 3, pp. 112–124, 2013.

[27] Johnson, E.: Learning from toys lessons in managing supply chain risk from the toy industry, *California Management Review*, Vol. 43, No. 3, pp. 106–124, 2001.

[28] Juttner, U., Peck, H. and Christopher, M.: Supply chain risk management outlining an agenda for future research, *International Journal of Logistics Research and Aplications A Leading Journal of Supply Chain Management*, Vol. 6, No. 4, pp. 197–210, 2003.

[29] Khan, O. and Burnes, B.: Risk and supply chain management creating a research agenda, *The International Journal of Logistics Management*, Vol. 18, No. 2, pp. 197–216, 2007.

[30] Kleindorfer, P. R. and Saad, G. H.: Managing disruption risks in supply chains, *Production and Operations Management*, Vol. 14, No. 1, pp. 53–68, 2005.

[31] Knight, R. F. and Pretty, D. J.: *The Impact of Catastrophes on Shareholder Value*, The Oxford Executive Research Briefings Templeton College Oxford, 1996.

[32] Kraljic, P.: Purchasing must become supply management, *Harvard Business Review*, Vol. 61, No. 5, pp. 109–117, 1983.

[33] Levary, R. R.: Using the analytic hierarchy process to rank foreign suppliers based on supply risks, *Computer and Industrial Engineering*, Vol. 55, No. 2, pp. 535–542, 2008.

[34] Lonsdale, C.: Effectively managing vertical supply relationships a risk management model for outsourcing, *Supply Chain Management An International Journal*, Vol. 4, No. 4, pp. 176–183, 1999.

[35] Manuj, I. and Mentzer, J. T.: Global supply chain risk management, *Journal of Business Logistics*, Vol. 29, No. 1, pp. 133–155, 2008.

[36] March, J. G. and Shapira, Z.: Managerial perspectives on risk and risk taking, *Management Science*, Vol. 33, No. 11, pp. 1404–1418, 1987.

[37] Mason-Jone, R. and Towill, D. R.: Shrinking the supply chain uncertainty circle, *Control September*, Vol. 24, No. 7, pp. 17–22, 1998.

[38] Meixell, M. J. and Gargeya, V. B.: Global supply chain design a literature review and critique, *Transportation Research Part ELogistics and Transportation Review*, Vol. 41, No. 6, pp. 531–550, 2005.

[39] Min, H. and Galle, W. P.: International purchasing strategies of multinational us firms, *International Journal of Purchasing and Materials Management*, Vol. 27, No. 3, p. 42022, 1991.

[40] Mitchell, V. W.: Organizational risk perception and reduction a literature review, *British Journal of Management*, Vol. 6, No. 2, pp. 115–133, 1995.

[41] Moeinzadeh, P. and Hajfathaliha, A.: A combined fuzzy decision making approach to supply chain risk assessment world academy of science, *Engineering and Technology*, No. 60, pp. 519–535, 2009.

[42] Morris, M. H. and Calantone, R. G.: Redefining the purchasing function an entrepreneurial perspective, *International Journal of Purchasing and Materials Management*, Vol. 27, No. 4, p. 42044, 1991.

[43] Norrman, A. and Matsypura, D.; Ericsson's proactive supply chain risk management aproach after a serious sub-supplier accident, *International Journal of Physical Distribution and Logistics Management*, Vol. 34, No. 5, pp. 434–456, 2004.

[44] Oke, A. and Gopalakrishnan, M.: Managing disruptions in supply chain a case study of a retail supply chain, *International Journal of Production Economics*, Vol. 118, No. 1, pp. 168–174, 2009.

[45] Payne, V. M., Davidson, J. R. and Connor, K. M.: Trauma, resilience, and soliostasis effects of treatment in post-traumatic stress disorder, *International Clinical Psychopharmacology*, Vol. 20, No. 1, pp. 43–48, 2005.

[46] Pfohl, H., Kohler, H. and Thomas D.: State of the art in supply chain risk management research empirical and conceptual fndings and a roadmap for the implementation in practice, *Logistics Research*, Vol. 2, No. 1, pp. 33–44, 2010.

[47] Rao, S. and Goldsby, T. G.: Supply chain risks a review and typology, *International Journal of Logistics Management*, Vol. 20, No. 1, pp. 97–123, 2009.

[48] Rotara, K., Neiger, D. and Churilov L.: Supply chain risk identification with value focused process engineering, *Journal of Operation Management*, Vol. 27, No. 2, pp. 154–168, 2009.

[49] Schwing, R. C. and Albers, W. A.: *Societal Risk Assessment How Safe is Safe Enough?*, Nough Plenum Press, 1980.

[50] Singhal, P. Agarwal, G. and Mittal, M. L.: Supply chain risk management review classification and future research directions, *Journal of Business Science and Applied Management*, Vol. 6, No. 3, pp. 16–41, 2011.

[51] Smeltzer, L. R. and Siferd, S.: Proactive supply management the management of risk, *International Journal of Purchasing and Materials Management*, Vol. 34, No. 4, pp. 38–45, 1998.

[52] Smith, R.: Operational capabilities for the resilient supply chain, *Supply Chain Practice*, Vol. 6, No. 2, pp. 24–35, 2004.

[53] Sohn, S. Y. and Lim, Y.: The effect of forecasting and information sharing in scm for multi-generation products, *European Journal of Operational Research*, Vol. 186, No. 1, pp. 276–287, 2007.

[54] Svensson, G.: A conceptual framework for the analysis of vulnerability in supply chains, *International Journal of Physical Distribution and Logistics Management*, Vol. 30, No. 9, pp. 731–750, 2000.

[55] Tang, C. and Tomlin, B.: The power of flexibility for mitigating supply chain risks, *International Journal of Production Economics*, Vol. 116, No. 1, pp. 12–27, 2008.

[56] Tang, C. S.: Perspectives in supply chain risk management, *International Journal of Production Economics*, Vol. 9, , pp. 51–62, 2006.

[57] Tang, O. and Musa, N. S.: Identifying risk issues and research advancements in supply chain risk management, *International Journal of Production Economics*,

Vol. 133, No. 1, pp. 25–34, 2011.

[58] Tomlin, B.: On the value of mitigation and contingency strategies for managing supply chain disruption risks, *Management Science*, Vol. 52, No. 5, pp. 639–657, 2006.

[59] Wagner, S. M. and Bode, C.: An empirical examination of supply chain performance along several dimensions of risk, *Journal of Business Logistics*, Vol. 29, No. 1, pp. 307–325, 2006.

[60] Wagnild, G. M and Young, H. M.: Development and psychometric evaluation of the resilience scale, *Journal of Nursing Measurement*, Vol. 1, No. 2, pp. 165–178, 1993.

[61] Waring, A. E. and Glendon, A. I.: *Managing Risk*, Intl Thomson Business Press, 1998.

[62] Williams Jr., Smith, L. and Young, C.: *Risk Management and Insurance*, McGrow-Hill, 1995.

[63] Zsidisin, G. A.: Managerial perceptions of supply risk, *Journal of Supply Chain Management*, Vol. 39, No. 4, pp. 14–22, 2003.

[64] 阪口祐介：リスクの社会的形成要因にかんする考察リスクの普遍化論の検討と分析枠組みの提示，『大阪大学大学院人間科学研究紀要』，Vol. 37, pp. 1–18, 2011.

[65] シェッフィ，Y.（渡辺研司 黄野吉博訳）：『企業のレジリエンシーとBCM』，日刊工業新聞社，2004.

[66] 柴田彰：サプライチェーンにおけるデータキャリアの利用法データキャリアの標準化，『自動認識』，Vol. 26, No. 5, pp. 48–52, 2013.

[67] 柴田彰：サプライチェーンにおけるデータキャリアの利用法物品識別，『自動認識』，Vol. 26, No. 6, pp. 51–57, 2013.

[68] 世界経済フォーラム：『2013年度グローバルリスク報告書』，世界経済フォーラム，2013.

[69] 曹徳弼，秋奉成：サプライチェーンリスクマネジメント，『経営システム』，Vol. 19, No. 6, pp. 237–243, 2010.

[70] 曹徳弼，森泉沙蘭，秋奉成：サプライチェーンリスクマネジメントの最前線，『計測と制御』，Vol. 50, No. 7, pp. 463–468, 2011.

[71] ハンドフィールド，R.，マコーマック，K.（東京海上日動リスクコンサルテイング（株）ビジネスリスク事業部訳）：『サプライチェーンリスクマネジメント入門』，日科技連出版社，2010.

[72] ベック，U.（東廉，伊藤美登里訳）：『危険社会—新しい近代への道』，法政大学出版局，1998.

[73] 丸山宏：レジリエンス科学，『JIMA春季大会予稿集』，2013.

第2章 サプライチェーンリスク管理

2.1 はじめに

　我々は通常の生活の中でも様々なリスクに直面している．そして，リスクを回避した行動をとり，リスクに備えて準備をし，万が一に備えて保険をかける．リスクを上手に管理することによって，良い人生を送ることができるからだ．サプライチェーンも，我々の人生と同様に，様々なリスクに直面している．リスクを上手に管理することは，サプライチェーンの効率化と同様に重要なのだ．リスクを無視して効率だけを目標としたサプライチェーンは，継続性・永続性の意味で弱く，脆弱なサプライチェーンであると考えられる．

　近年のサプライチェーンのグローバル化に伴い，リスクの要因は増加しており，世界で発生する様々なリスクが，サプライチェーンに大きな影響を与えるようになってきている．さらに我が国は，地震や津波や台風などの自然災害の危険性が大きく，リスクを無視したサプライチェーンはギャンブルに他ならない．

　サプライチェーンの効率性だけでなく，リスクを考慮して柔軟かつ頑強なサプライチェーンを設計，管理，運用するための理論体系が，**サプライチェーンリスク管理** (SCRM: Supply Chain Risk Management) である．本章では，サプライチェーンリスク管理に関する基礎的な知識を紹介した後で，数理最適化理論の適用を考える．特に数理最適化に基づく実験的解析[1])を行い，実問題に対する知見と洞察を得ることを目的とする．

　本章の構成は以下のようになっている．

　2.2 節では，リスクの大まかな分類法について述べる．

　2.3 節では，リスクに対処するための戦略の一般論について論じる．

　2.4 節では，リスクを考慮した最適化モデルの一般論について論じる．

　2.5 節では，リスクを考慮したサプライチェーン最適化モデルの一般論と意思決定レベルについて述べる．

---

1) **実験的解析** (experimental analysis)[24] とは，近似解法の性能評価の比較的新しいパラダイムであり，旧来の理論的な保証をもつ最悪値解析や確率的解析では評価が難しい問題に対して適用された経緯をもつ．実験的解析は，パラメータの適正値を求めるための予備実験と，近似解法の評価のための本実験から構成される．リスクを考慮したサプライチェーン最適化は，解析的モデルによる理論的な評価は困難であるため，本章では，数理最適化を用いパラメータを変化させることによる感度分析を行うが，以下ではその類似性から実験的解析と呼ぶことにする．

2.6 節では，在庫の動機別の分類を行う．ここで解説する在庫の分類は，従来の分類基準に途絶リスクに関する在庫を追加したものである．

2.7 節以降では，サプライチェーンにおける様々なモデルに途絶リスクを付加したモデルを考え，これらのモデルに対して重要な従来の研究を紹介するとともに，リスク最適化のための数理最適化モデルを示す．

まず，2.7 節では，途絶する環境の下での経済発注量モデルを考え，従来の理論（解析的）モデルな結果を紹介するとともに，実務での利用の際の注意を与える．

2.8 節では，確率的在庫モデルを途絶リスクを導入したものに拡張する．特に，拡張性ならびに汎用性に富んだ数理最適化に基づくモデルを提案し，途絶の影響に関する知見を得るために実験的解析を行う．

2.9 節では，安全在庫配置モデルにリスク最適化の枠組みを適用したモデルを提案する．

2.10 節では，動的ロットサイズ決定モデルに資源の途絶を考慮したモデルを考え，実験的解析を行う．

2.11 節では，不確実性下のスケジューリングモデルについて考え，数理最適化モデルに基づく実験的解析を行う．

2.12 節では，ロジスティクス・ネットワーク設計問題にリスク最適化の枠組みを適用したモデルを示す．

2.13 節では運搬スケジューリングモデルに対する途絶最適化について考える．

2.14 節では，動的価格付けモデル（生産・在庫と価格の決定を同時に行うためのモデル）に対する数理最適化モデルを提案し，それを用いた実験的解析によって様々な知見を得る．

2.2 リスクの分類

ここでは，サプライチェーンのリスクに対する（何通りかの）分類を行う．

サプライチェーンのリスクは，日常発生する定常的リスクと，滅多に起きないが影響の大きい非定常的リスクに分類できる．後者をサプライチェーンの**途絶** (disruption) と呼ぶ．定常的リスクには，需要のばらつき，リード時間の変動，生産時間の変動，品質不良，天候不順や渋滞による輸送の遅れ，為替レートの変動などが挙げられる．非定常的リスク（途絶）には，地震，津波，テロリストによる攻撃，ストライキ，重要な供給業者の倒産，急激な為替レートの変動などがある．為替レートの変動が両方に含まれていることからも分かるように，この分類は主観的なものである．定常的リスクと非定

常的リスクの境界は曖昧であり，企業や意思決定者によって異なるのだ．定常的リスクについては，旧来のサプライチェーンの理論体系でも対処可能であるが，非定常的リスク（サプライチェーンの途絶）に関しては，リスクに対処するための新しいモデルが必要になる．

　リスクは，強度（影響度）と頻度（発生確率）によって分類される．強度と頻度を軸とした2次元グラフ上に，考えられるリスクを配置したものをリスク・マッピングと呼ぶ．リスク・マッピングは対象とするサプライチェーン（ならびに企業）によって異なるので，個別に作成されるべきである．図 2.1 に，仮想の企業におけるリスク・マッピングの例を示す．当然，すべてのリスク要因を列挙することは難しいので，ブレインストーミング[2]などで可能な限り可能性を列挙し，どのような対処法があるかを整理しておくことが重要である．

[2] 大勢でアイディアを自由闊達に出し合うことによって，発想の誘発を期待する技法．

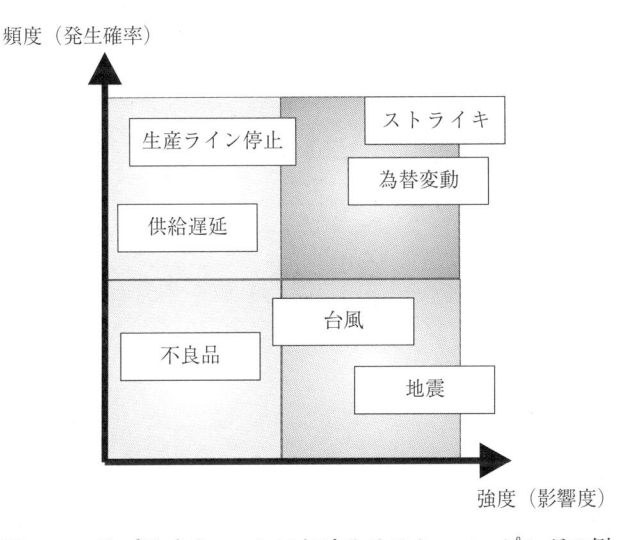

図 2.1: サプライチェーンにおけるリスク・マッピングの例

　リスク・マッピングでは，配置されたリスクをいくつかの領域に分けて考える．通常は図 2.1 のように，強度と頻度を2つに（全体として4つの領域に）分けて分析する．

　まず，この企業では，強度大・頻度大の領域に頻発するストライキと急激な為替変動を入れた．最近の為替レートの変動は激しく，1日で数億円も損失が出ることがしばしばであり，また発展途上国に移転した部品工場では，賃金値上げの圧力によりストライキが日常化していたからだ．次に，強度大・頻度小の領域に台風と地震の自然災害を入れた．台風や地震の発生確率はそれほど高くはないと予測されるが，その被害は甚大になり，最悪の場合には

主力工場の生産停止が危ぶまれるからである．強度小・頻度大の領域には，生産ラインの停止と供給遅延を入れた．生産ラインの故障や部品工場からの遅延は頻繁に発生していたが，その影響はそれほど大きくないと判断されたためである．最後に，強度小・頻度小の領域には，不良品のリスクを入れた．この企業では不良率はそれほど高くはなく，影響も小さいからである．

また，サプライチェーンのリスクは，供給リスク，需要リスク，内部リスクの3つに分類できる（図 2.2）．他にも環境（外部）リスクを追加する場合もあるが，環境リスクはサプライチェーンの外部で発生するリスクであり，サプライチェーンの内部に影響を与えるものであると考える．（たとえば，自社のサプライチェーンと関係のない国で発生したテロは，需要や供給に影響を与えないならば無視して考えることができる．）

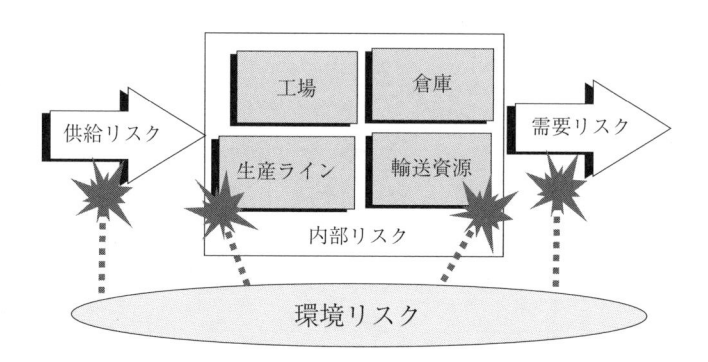

図 2.2: サプライチェーン位置によるリスクの分類

供給リスク： 供給途絶の原因としては，供給先の破産，生産容量の不足，製品設計の変更，政治的理由，ストライキ，輸送の途絶，製品の品質の問題など様々なものが考えられる．輸送途絶とストライキの例として，2002年9月におけるアメリカ西海岸の港湾労働者のストライキと，それに対する報復措置としての港湾封鎖が挙げられる．この結果，多くの小売業者やメーカーへの供給が停止し，小売店の商品不足やメーカーの生産停止など多大な影響を与えた．

供給先の破産の例として，イギリスの四輪駆動車メーカーとして知られるランドローバー社の例が挙げられる．これは，ランドローバー社が，シャーシの唯一供給先である UPF トンプソンズ社から供給を受けていたにも関わらず，注意を怠っていたことに起因する．UPF トンプソンズ社は，2001年にベンチャー企業への投資の失敗から破産してしまったのだ．ランドローバー社のように単一ソーシング戦略をとる場合には，供給者との連携を深めておく必要があり，卵を1つのバスケットに入れて

おく場合には，注意深く運ぶ必要があるのである[3]．

需要リスク： 需要の不確実性が需要リスクの代表例である．サプライチェーンでは，鞭効果に焦点を当てていたが，需要の途絶は，より劇的な需要の変動を指す．需要途絶の原因としては，様々なものが考えられる．需要が急激に落ち込んだ例として2001年9月11日のアメリカ同時多発テロによる航空需要の大幅な減少が挙げられる[4]．

需要の途絶は，需要の急激な減少だけでなく，急激な増加の場合もある（disruptionには途絶・中断の意味だけでなく混乱の意味もある）．たとえば，東日本大震災に伴って発生した福島原子力発電所のメルトダウンの影響で，水道水に含まれる放射能が基準値を超えていたというニュースを受けて，ペットボトルの飲料水の需要が急激に増大したことも需要途絶と考えられる．ちなみにこの需要途絶は，風評と買い占めによる影響が大きい．このような非常事態の場合には，政府による販売の制限を行うことが，需要途絶の影響を小さくするためには重要である．また，危険性を含んだ商品の販売によるリコール後には，当然需要は劇的に減少する．リコールの際に適切な顧客関係管理を行わないと，これに風評が重なり需要途絶の影響はさらに広がることになる．

内部リスク： 需要側と供給側を除くすべてのリスクを内部リスクと呼ぶ．サプライチェーンにおける途絶要因には，活動，資源，点，枝，製品など様々なものがあるが，通常は，点（施設）や資源（輸送手段や機械）の途絶を考慮すべきである．たとえば，輸送モード（船や航空機）の途絶は，枝の途絶ではなく枝上に定義された輸送資源の途絶と考えればよい．

リスク（特に途絶）は，原因別に以下のように分類することもできる．ちなみに，以下の分類は排他的なものではなく，いくつかの原因が複合したリスクも存在する．

災害： 言うまでもなく，多くの災害がサプライチェーンのリスク要因になる．どのような災害がどのような確率で発生するかは，地理的・地政学的に分析することによってある程度の情報が得られる．たとえば，地震，土砂災害，噴火などの災害については，危険地帯，避難所，避難路などの情報を記述した**ハザードマップ** (hazard map) を利用することができる[5]．また，台風やハリケーンが影響を与える地域も気象情報から容易に分析できる．

政治的リスク： 政治的な思惑によって被るリスクを政治的リスクと呼ぶ．たとえば，2003年と2006年の貸金業法（通称，ヤミ金融対策法）の改正によって，繁栄を極めた消費者金融が急速に衰退したことは記憶に新し

---

[3] 我が国においては，牛丼チェーンの吉野家が，アメリカ産牛肉のみを使用していたため，2003年の牛海綿状脳症（BSE; いわゆる狂牛病）に起因するアメリカ産牛肉の輸入禁止の影響をもろに受けたことは記憶に新しい．競合他社がオーストラリア産牛肉に切り替える中，アメリカ産にこだわった吉野家は2008年まで主力の牛丼を販売することができなくなり，業績が大幅に悪化することになった．

[4] 我が国においては，腸管出血性大腸菌（O157やO111）に起因する食中毒がしばしば発生し，原因になった食材の需要が途絶することが数年おきに発生している．中には，1996年のカイワレ大根のように，実際には原因食材でなかったにも関わらず，報道や政府対応のミスによる風評被害で需要途絶が拡大したケースもある．

[5] ハザードマップについては，自治体の役所に行けば印刷物がもらえるので，自宅と職場近辺のものは準備しておくとよいだろう．

い．なお政情不安定な国を対象とした政治的リスクは，カントリーリスクとも呼ばれる．政策の変更によって外資規制や為替政策が変更されたり，法律の変更によって企業資産の接収，国有化された例もある．国別の政治的リスクは地政学的な分析によってある程度予測できる．後で述べる知的所有権に関するリスクも国に固有である場合が多く，カントリーリスクの1つと考えられる．カントリーリスクが高い国に進出する際には十分な情報収集を行い，対処法を事前に検討しておく必要がある．

社会的リスク： 社会的に不適切な行為をしたことによる社会的制裁は会社にとって大きなリスクとなる[6]．社会的リスクを低減することは，他のリスク要因と比べると比較的容易であり，要は**企業の社会的責任 (CSR: Corporate Social Responsibility)** をしっかり果たすことが対処法になる．

知的所有権： 海外で生産を行う際のリスクとして知的所有権の流出が挙げられる．似ても似つかないまがい物の違法販売なら笑って済ますこともできるが，全く同じ製品がアウトソーシングしていた会社で製造されることは多大なリスクと考えられる．別の知的所有権に関するリスクとして，著作権を所有している商標を事前に登録されることによって，その国内での販売ができなくなることが挙げられる[7]．

2.3 リスクに対する対処法と戦略

リスクに対処するための方法は，大きく**予防 (proactive) 活動**と**応答 (response) 活動**に分けられる．サプライチェーンにおける途絶の前に行う活動が予防であり，途絶の後に行う活動が応答である．図2.3にサプライチェーン途絶の発生の前後での操業度（サプライチェーンの性能）の時系列的な変化と対処法を示す．

途絶には，事前に発生確率が分かっているものとそうでないものがある．たとえば，地震や暴風雨は（地震，天気）予報によって，地域ごとの発生確率を得ることができる．ストライキや供給先の倒産などは，発生確率を得ることは難しいが，注意深く観察をしていれば何らかの兆候を得ることができるので，ある程度は予測可能である[8]．

途絶には突然発生するものと，事前に予兆があるものがある．たとえば，テロリストによる攻撃は突然やってくるが，我が国にやってくる台風は，どのような経路を進むか，どのような大きさなのかは，天気予報を見ていれば容易に分かる．また，地震は突然やってくるが，遠くで発生した地震による津波は，ある程度の時間差をもってやってくる．

これらの事前情報を用いて途絶の直前に行う準備的な予防活動を，特に事

---

[6] 例として，ナイキ (Nike) 社が，発展途上国にある委託工場で児童労働をさせていたことが1997年に発覚し，ナイキ製品の不買運動が発生したことや，2007年にアパレル大手のGAPが，児童労働によって製造されていた製品の販売を中止したことが挙げられる．

[7] 例として，漫画「クレヨンしんちゃん」から「青森」，「鹿児島」などの地名に至るまで様々なものが中国で商標登録されており，オリジナルの商品の販売が禁止されていることが挙げられる．

[8] 2010年6月に中国のトヨタ系列の部品工場において発生したストライキの場合には，予測は可能であった．当時は，「同一労働，同一賃金」を経営側に求める賃金法が中国国内で成立する見通しから，中国各地でストライキが起きており，実際に同年5月には，ホンダも部品工場のストライキのため，4つの完成品工場が操業停止に追い込まれていた．トヨタにとっても対岸の火事ではなかったのだ．

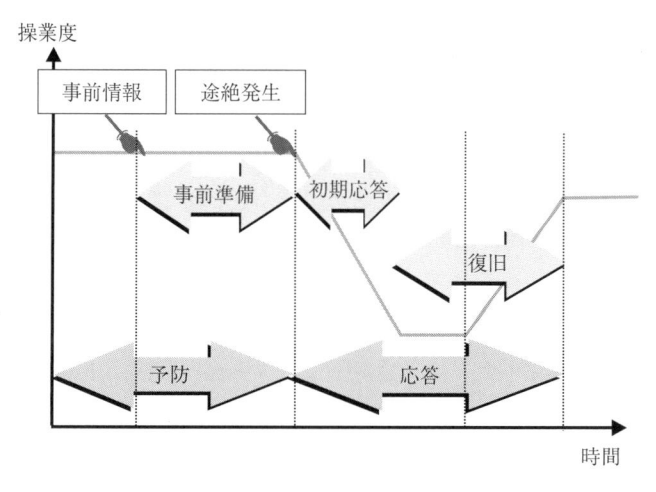

図 2.3: サプライチェーン途絶の時系列的な流れ

前準備と呼ぶ（図 2.3）．これはサプライチェーンの意思決定レベルにおいては，タクティカルからオペレーショナルレベルに対応する意思決定である．

事前準備ではない予防としては，耐震補強，避難訓練，避難場所の選定，災害時に必要な物資の備蓄，ダム建設，消防署の配置などが挙げられる．（ただし，事前情報を用いて備蓄品を移動させておくことや避難場所を変更することは事前準備に相当する．）これはサプライチェーンの意思決定レベルにおいては，ストラテジックからタクティカルレベルに対応し，関連する意思決定項目としては，サプライチェーン全体のネットワークを頑強かつ柔軟に設計しておくことや，安全在庫の適切な配置，部品や原材料の供給地点の選定などが含まれる．これには，通常のロジスティクス・ネットワーク設計モデルや安全在庫配置モデルに，リスク要因を加味したモデルが必要になる．具体的には，**部品展開表** (Bill Of Materials: BOM) に地域情報を付加したグローバル部品展開表とサプライチェーンの途絶をシナリオとして準備し，シナリオごとに対策を考える「**もしこうなったら分析**」(what if analysis) を行う．

与えられた途絶の発生確率が分かっている場合には，確率最適化によるモデル化が可能になる．確率最適化においては，予防に関する意思決定は**即時決定変数** (here and now variable) として，途絶発生後の（後述する）初期応答に関する意思決定は**リコース（償還請求，遡及）変数** (recourse variable) として定式化される．確率最適化の拡張であるリスク最適化モデルについては，2.4 節で詳述する．

応答は，途絶発生直後の初期応答と，安定期から現状復帰を目指す復旧に分けられる（図 2.3）．

初期応答では，途絶に対して事前に決められていた行動をとることが多

い．これは**緊急時対応計画** (contingency plan) もしくは**減災計画** (mitigation plan) と呼ばれる[9]．初期応答はサプライチェーンの意思決定レベルにおいては，タクティカルからオペレーショナルレベルに対応する意思決定である．また，応答の仕方を事前に決めておくのではなく，途絶の状況に応じた再最適化を高速に行うことも重要である．災害などのサプライチェーン途絶が発生した際に，途絶要因の情報を更新し，かつ現状で変更不能な変数を固定し，再最適化を行う．これを行うためには，迅速な情報の収集が必要であり，用いる最適化モデルは高速に解くことができる比較的単純なものが望ましい．応答のための最適化モデルは，**途絶最適化** (disruption optimization) と呼ばれる．途絶最適化とその拡張であるリスク最適化モデルについては，2.4 節で詳述する．

　復旧活動は，一種の大規模プロジェクトであると考えられるので，プロジェクト管理の手法が使える．具体的には，操業度を元通りにするために必要な活動とそれに必要な資源をもとに，どの活動を優先して行うのか，どの活動がボトルネック（スケジューリングにおけるクリティカルパス）になっているのかを分析し，できるだけ早い時間での復旧を目指す．ただし，操業度は途絶前と同じ状態になるとは限らない．東日本大震災の際も，地震を理由に旧製品の製造中止を行ったり，増えすぎた製品ラインアップの大幅な見直しを行う企業が多く出た．

　予防フェイズにおけるリスクに対応するための戦略は，以下のように分類できる．

回避戦略： サプライチェーンのリスク要因を除去する．具体的には，リスクのない（少ない）プロセスへの変更，リスクを含んだプロセスの除去などが挙げられる．しかし当然のことながら，避けられないリスクも存在する．

移転戦略： サプライチェーンのリスクに対して保険をかけることによって，リスクを移転させる．一般に大規模災害に対する保険は高額になり，保険によってすべてのリスクに対処することは不可能である場合が多い．

提携戦略： 供給側や需要側と緊密な関係を築き，リスクや利益を分け合う契約をしておくことによって，リスクを軽減させる．適切な顧客関係管理を行うことも提携戦略に含まれる．

強化戦略： サプライチェーンに望ましい性質を付加することによって強化する．ここで望ましい性質には，以下に示すような頑強性，復元性，冗長性，柔軟性，互換性がある．

頑強性 (robustness)： 途絶の発生確率が小さく，かつ途絶時に影響度が小さいサプライチェーンは頑強であると考えられる．これは通常，安全な位

---

[9] 緊急時対応計画については，単に分厚いマニュアルを作成するだけで，実際にはあまり役に立たないという批判もある．

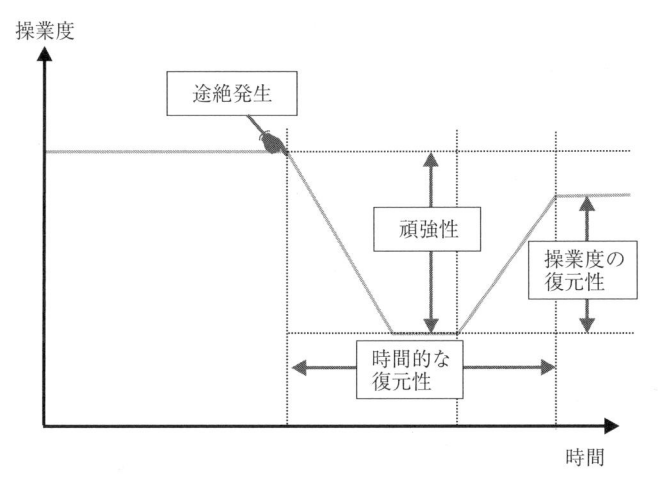

図 2.4: 頑強性，操業度の復元性，時間的な復元性

置に施設を建てたり，安全な輸送手段を選択することによって達成される．頑強性は，人間にたとえると身体や精神の丈夫さや疾病へのかかりにくさに相当する．頑強なサプライチェーンでは，途絶が発生しても操業度があまり低下しない．丈夫さを維持するためには，普段から身体を鍛えておくことが大事なのと同じように，サプライチェーンの頑強性を高めるためには，予防保全（故障が発生する前に行うメンテナンス），リード時間の短縮，ポカヨケ[10]，改善活動などを行う必要がある．

復元性 (resiliency)： 復元性は，サプライチェーンが元通りに戻る能力を指す．これは，人間にたとえると疾病からの回復のしやすさに相当する．復元性は，操業度の復元性と時間的な復元性に分けられる．操業度の復元性は，途絶前の操業度にどれだけ回復するかを表し，時間的な復元性は，途絶がどれだけ早く復旧するかを表す（図 2.4）．復元性は，後で述べる冗長性，柔軟性，俊敏性を複合することによって，強化することが可能になる．

冗長性 (redundancy)： 余裕をもったサプライチェーンを冗長であるという．冗長性は，人間にたとえると身体に多少の脂肪がついていることに相当する．現代医学では，多少の脂肪がついている人の方が長生きすると言われており，山で遭難したときに生き残る確率は，まったく脂肪がついていない人より高くなる．冗長性には，在庫（製品の冗長性），資源の冗長性，ネットワークの冗長性，施設容量の冗長性，情報システムの冗長性（情報システムの多重化）などが挙げられる．特に，需要の不確実性に対する安全在庫ではなく，供給途絶に対する安全在庫は，冗長性による予防の代表的な戦略である．

10) 単純なミスを予防するための工夫．英語でも"Poka-yoke"と呼ばれる日本発祥の用語である．

柔軟性 (flexibility)： 後で述べる応答戦略のとりやすさをサプライチェーンの柔軟性と定義する．柔軟性は，人間にたとえると身体の柔らかさに相当する．普段からストレッチを行って柔軟性を高めておくと，転んだときに怪我をしにくくなり，たとえ怪我をしたとしても軽傷で済む．サプライチェーンの柔軟性を高めるための方法として，製造プロセスの柔軟化，輸送の柔軟化（多モード化），調達の多重化（特に，複数調達 (dual sourcing) や製造・アウトソーシングの混合），遅延差別化などが挙げられる．柔軟性は，冗長性と重なる部分もあるが，冗長性と較べて余分な費用をかけずにサプライチェーンを強化することができる点が異なる．なお，**適応性** (adaptability) という用語もしばしば使われるが，ここでは柔軟性と同じと考えることにする．

互換性 (compatibility)： 設備，部品，資源の標準化・共通化が進んだサプライチェーンは互換性に富むものと考えられる．インテル (Intel) 社がまったく同じ工場を世界中にもっていることは，設備の互換性の一例である．互換性は，柔軟性を増すための 1 つの手段と解釈することができる．

途絶発生後から復旧活動が始まる前までを応答と呼ぶ．冗長性と柔軟性がないと適切な応答はできないので，上で述べた予防と独立には考えられない．適切な応答戦略のためには，サプライチェーンに以下の性質を付加することが重要になる．

俊敏性 (agility)： 応答の素早さを俊敏性と定義する．俊敏なサプライチェーンは，途絶時における応答時間が短くなり，適切な応答を行えば，復旧に要する時間も短縮できる．

可視性 (visibility)： 途絶時におけるサプライチェーン全体の情報を正しく把握できる能力を可視性と定義する．可視性は，情報伝達の能力を高めるいわゆる「見える化」によってある程度は強化できる．しかし，サプライチェーンの複数の階層を遡って情報を得ることは容易なことではなく，可視性を高める方法には限界がある．

以下では，上の戦略を具体的に最適化モデルに組み込む方法について考える．

2.4 リスクを考慮した最適化モデル

ここでは，リスクを考慮した最適化モデルの一般論について論じる．

まず，定常的リスクに対処するための古典的な最適化理論の枠組みである

確率最適化[3] について述べる．簡単のために 2 段階の確率最適化を考える（図 2.5）．将来の不確実事象は，シナリオの集合として与えられているものと仮定する．ここで，シナリオの集合を S，シナリオの発生確率を p_s とする．

2 段階の確率最適化においては，いますぐに決定しなければならない変数を即時決定変数と呼ぶ．ここでは，即時決定変数をベクトル x で表す．これは，リスクに対する予防行動をモデル化したものである．一方，シナリオが実現した後で決定できる変数をリコース変数と呼ぶ．ここでは，リコース変数をシナリオ s ごとに定義されたベクトル X_s で表す．これは，リスクに対する応答行動をモデル化したものである．

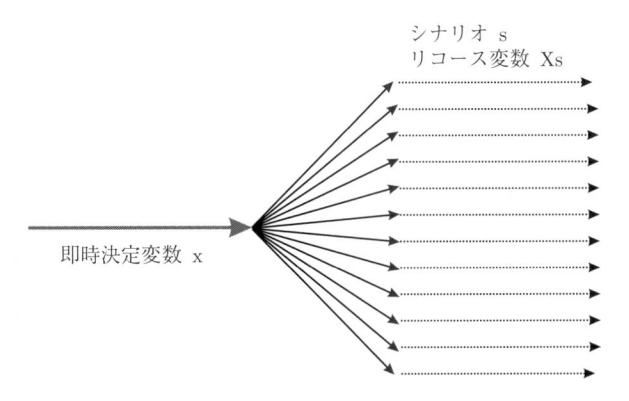

図 2.5: シナリオを用いた確率最適化の概念図

即時決定変数に関する費用関数を f，実行可能解の集合を $\mathcal{F}$ とする．また，シナリオ s におけるリコース変数に関する費用関数を g_s，実行可能解の集合を即時決定変数 x の関数として $\mathcal{G}_s(x)$ とする．ただし，$\mathcal{G}_s(x)$ が空にならないように実行可能解を緩和し，元の実行可能解の集合からの逸脱をペナルティとして g_s 内に加えてあるものと仮定する．

上の記号を用いると，2 段階の確率最適化モデルは以下のように書くことができる．

$$\begin{aligned}
\text{minimize} \quad & f(x) + \sum_{s \in S} p_s g_s(X_s) \\
\text{subject to} \quad & x \in \mathcal{F} \\
& X_s \in \mathcal{G}_s(x) \qquad \forall s \in S
\end{aligned}$$

上のモデルは，期待値を評価尺度としたものであり，**リスク中立** (risk neutral) と呼ばれる．不確実性に基づく意思決定を繰り返し行う際には，期待値の最小化でもよい場合が多いが，一度だけ意思決定を行う場合には，期

待値だけでは不十分な場合もある．たとえば，期待値だけを見ると，保険は負の利益しか生まないので必要ないということになるが，実際には人生は1度だけであるので保険をかけて大きな損失を被る危険を避ける人が多い．このように，リスクを避けるような行動をとる評価尺度を**リスク回避** (risk averse) と呼ぶ．対称な分布をもつ場合には，分散を最小化するような古典的なモデル（たとえばポートフォリオ理論）も考えられるが，ここでは，よりモダンなリスクを考慮したモデルとして，**CVaR**(Conditional Value at Risk) 最小化モデルを考える．

VaR(Value at Risk) は，以下のように定義される評価尺度である．いま，費用が連続な確率変数であると仮定する．意思決定者は，費用が確率 β で閾値以下になるようにしたい（言い換えればそのような変数を求めたい）．この閾値を VaR と呼ぶ．これは与えた確率 β によって変わるので，β-VaR とも記される．たとえば，β を 0.95 とすると，95% の確率で費用が VaR 以下であることが保証されることになる[11]．

11) 費用が連続でないときには，ちょっと定義がややこしくなるが，本質は同じである．一般的な定義は以下のとおり．与えられた確率 $0 < \beta < 1$ に対して，費用が閾値 α を超えない確率が β 以上になるような最小の α を β-VaR と呼ぶ．

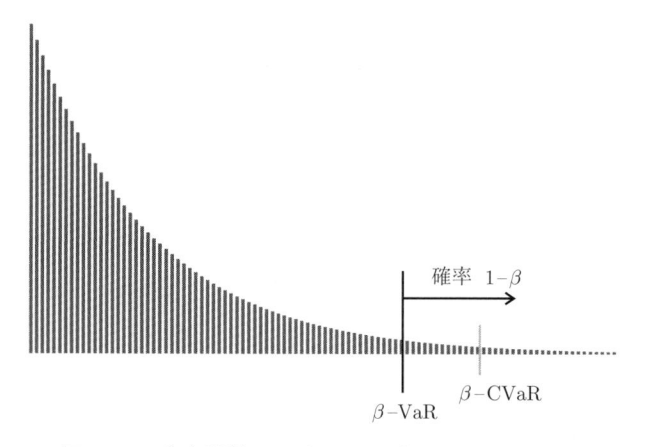

図 2.6: 密度関数における VaR と CVaR の説明図

費用が VaR を超えたときの費用の期待値を CVaR（**条件付き VaR**; Conditional Value at Risk）と呼ぶ．図 2.6 に示すように，CVaR は VaR の上界を与える．これも確率 β の関数であるので，β-CVaR と記されることもある．VaR を最小化する問題は解きにくいが，CVaR は以下の最適化問題を解くことによって計算できる[18]．

$$\begin{aligned}
\text{minimize} \quad & y + \frac{1}{1-\beta}\sum_{s\in S} z_s \\
\text{subject to} \quad & z_s \geq f(x) + \sum_{s\in S} p_s g_s(X_s) - y \quad \forall s \in S \\
& z_s \geq 0 \quad \forall s \in S \\
& x \in \mathcal{F} \\
& X_s \in \mathcal{G}_s(x) \quad \forall s \in S
\end{aligned}$$

ここで y と $z_S\ (s \in S)$ は補助変数であり，それぞれ CVaR を最小化する解における VaR の値と，シナリオ s が発生したときの費用が VaR を超過した量を表す．また，$\beta = 0$ のとき，CVaR 最小化は期待値最小化と同じになる．

次に，非定常的リスク（途絶）に対処するための途絶最適化[22] について述べる．途絶最適化は，主に，航空機や鉄道の時刻表（ダイヤ）の乱れに対する復旧に対して適用されてきたが，以下はそれを一般化したものである．

シナリオ集合の中に途絶が発生しないことを表すシナリオが 1 つ存在し，その発生確率が十分に大きいと仮定する．このシナリオを通常シナリオと呼ぶ．通常シナリオの下での変数を x とし，費用関数を f，実行可能解の集合を $\mathcal{F}$ とすると，通常シナリオの下での最適解 x^* は，以下のようにして得ることができる．

$$\begin{aligned}
x^* = \quad & \text{arg min.} \quad f(x) \\
& \text{subject to} \quad x \in \mathcal{F}
\end{aligned}$$

途絶最適化の目的は，与えられた途絶シナリオに対して x^* から「比較的遠くない」解 X を得ることである．ちなみに，スケジューリングの分野では，x^* を基スケジュールもしくは予防スケジュール，X を応答スケジュールと呼んでいる（2.11.2 項参照）．X の費用関数と実行可能解の集合は x と同じであるとすると，途絶最適化モデルは，費用関数と通常シナリオにおける最適解 x^* からの逸脱ペナルティ h の和を最小化する問題として定式化できる．

$$\begin{aligned}
\text{minimize} \quad & f(X) + h(\xi_+, \xi_-) \\
\text{subject to} \quad & X \in \mathcal{F} \\
& x^* + \xi_- - \xi_+ = X \\
& \xi_-, \xi_+ \geq 0
\end{aligned}$$

ここで ξ_- と ξ_+ は，X の x^* からの逸脱量（ξ_- が不足量，ξ_+ が超過量）を表すベクトルである．

最後に，上の 2 つのモデルを統合したモデル（リスク最適化モデル）を構

築する．

確率最適化と同様に，変数 x は即時決定変数，X_s はシナリオ s におけるリコース変数である．変数 x は即時決定変数であるが，途絶最適化と同様に逸脱ペナルティを支払うことによって，シナリオごとに X_s に変更可能であると仮定する．（変更不可能な変数に対しては，ペナルティを大きく設定すればよい．）即時決定変数に対する費用関数を f，実行可能領域を $\mathcal{F}$，リコース変数に対する費用関数を g_s，実行可能領域を $\mathcal{G}_s(x)$，変数 x からの逸脱ペナルティを h とする．なお，$\mathcal{G}_s(x)$ が空にならないように実行可能解を緩和し，元の実行可能解の集合からの逸脱をペナルティとして g_s 内に加えてあるものと仮定する．

これらの記号を用いると，リスク最適化モデルは以下のように書くことができる．

$$\begin{aligned}
\text{minimize} \quad & f(x) + \sum_{s \in S} p_s \left\{ g_s(X_s) + h(\xi_+^s, \xi_-^s) \right\} \\
\text{subject to} \quad & x \in \mathcal{F} \\
& X_s \in \mathcal{G}_s(x) && \forall s \in S \\
& x + \xi_-^s - \xi_+^s = X_s && \forall s \in S \\
& \xi_-^s, \xi_+^s \geq 0 && \forall s \in S
\end{aligned}$$

ここで ξ_-^s, ξ_+^s は，X_s の x からの逸脱量（ξ_- が不足量，ξ_+ が超過量）を表すベクトルである．

また，CVaR 最小化を目的関数としたリスク最適化モデルは，以下のように書ける．

$$\begin{aligned}
\text{minimize} \quad & y + \frac{1}{1-\beta} \sum_{s \in S} z_s \\
\text{subject to} \quad & x \in \mathcal{F} \\
& X_s \in \mathcal{G}_s(x) && \forall s \in S \\
& x + \xi_-^s - \xi_+^s = X_s && \forall s \in S \\
& \xi_-^s, \xi_+^s \geq 0 && \forall s \in S \\
& z_s \geq f(x) + \sum_{s \in S} p_s g_s(X_s) - y && \forall s \in S \\
& z_s \geq 0 && \forall s \in S
\end{aligned}$$

2.5 リスクを考慮したサプライチェーン最適化モデル

以下では，上のリスク最適化の枠組みにしたがって，代表的なサプライチェーン最適化モデルにリスクを加味したモデルを構築する．

サプライチェーンにおけるモデルは，通常，ストラテジック（長期），タクティカル（中期），オペレーショナル（短期）の3つの意思決定レベルに分解して考える．意思決定レベルによってモデルに含まれる変数の種類が異なってくる．

ストラテジック (strategic) レベルにおいては，長期の意思決定を行うため，従来は即時決定変数のみを用いてモデルを組み立てていた．リスク最適化の枠組みでは，途絶発生後に変更可能な変数は，リコース変数としてモデル化を行う．また，即時決定する必要があるが，途絶発生後にペナルティを支払うことによって変更可能な変数（これを準リコース変数と呼ぶ）も適宜用いる必要がある．ストラテジックレベルにおける代表的なモデルであるロジスティクス・ネットワーク設計モデルでは，輸送手段を表す資源の確保が準リコース変数に相当する．船やトラックなどの輸送手段は，長期的な契約に基づき確保している場合でも，(多少の超過料金を支払えば) 短期的に変更可能だからである．

タクティカル (tactical) レベルでは，中期の意思決定を行う．ストラテジックレベルと同様に，途絶発生後に変更可能な変数は，リコース変数としてモデル化を行う．タクティカルレベルにおける代表的なモデルであるロットサイズ決定モデルでは，生産量や段取りを表す変数が準リコース変数となる．近い将来における生産量は変更しにくいので，即時決定変数に近くなるように変更ペナルティを大きくし，遠い将来における生産量は変更可能であるので，リコース変数に近くなるように変更ペナルティを 0 に近づける．

オペレーショナル (operational) レベルでは短期の意思決定を行うため，途絶が発生した後の応答をモデル化する際には，リコース変数のみを用いた途絶最適化が行われてきた．リスク最適化の枠組みでは，短期的な応答をとりやすくするための準備に相当する変数も加えたモデルを構築できる．

以下で構築する種々のモデルに対する，準備フェイズと応答フェイズにおける戦略，ならびに途絶要因をまとめたものを，表 2.1 に示す．

表 2.1: リスクを考慮したサプライチェーン最適化モデル群

モデル名	準備フェイズ	応答フェイズ	途絶要因
経済発注量	在庫		供給途絶
確率的在庫	複数調達/在庫	適応発注/緊急発注	供給途絶
安全在庫配置	複数調達/在庫	調達先・リード時間変更	生産（移動）時間変動
ロットサイズ決定	多モード/複数調達/在庫	モード選択/生産量調整	資源途絶/生産時間変動
スケジューリング	多モード/余裕時間/余裕資源	モード選択/リスケジューリング	資源途絶/作業時間変動
配送計画	余裕時間/余裕資源	緊急配車/リスケジューリング	移動時間変更/資源途絶
ネットワーク設計	多モード/余裕資源/在庫	モード選択/リルーティング	資源途絶/生産・輸送時間変動
収益管理	安全在庫/価格設定	価格変更	需要途絶・供給途絶

準備フェイズにおける複数調達や多モードは，柔軟性を増すための準備戦略と考えられ，安全在庫や余裕時間・資源は，冗長性を用いた準備戦略と考えられる．応答フェイズでは，準備フェイズで強化された柔軟性や冗長性を用いて，応答のための行動を行う．これは，確率最適化におけるリコース行動と考えられ，数理最適化でモデル化する際には，リコース変数として定式化される．

2.6 在庫の分類

サプライチェーン内を流れる物資が時間が経過しても移動せずに滞留しているときに，在庫は発生する．一般に，在庫はサプライチェーン内では潤滑油の働きをすると言われるが，実際には在庫をもつ動機は様々である．たとえば，調達の責任者は，まとめ買いをすると単価が下がるために在庫を増やし，販売責任者は顧客が欲しいときに商品がないと困るので，十分な在庫をもつことを倉庫の責任者に要求する．一方，生産責任者はピークの需要に生産が間に合わないと困るので，空いた時間で生産をすることによって在庫を積み増しする．このように，現場の在庫は色々な意思決定者の色々な動機によって積み上げられていき，その合計として目に見える在庫となるのである．現場に積まれている商品の在庫を一緒くたに捉えていては，最適化は不可能である．在庫を最適化するには，在庫を要因別に分類し，在庫とトレードオフ関係にある要因を発見し，個別にモデルによって最適化を行う必要がある．以下では，在庫の分類を行う．

2.6.1 輸送中在庫

輸送中在庫 (transit inventory) もしくは**パイプライン在庫** (pipeline inventory) は，サプライチェーン内を品目が移動しているときに必然的に発生す

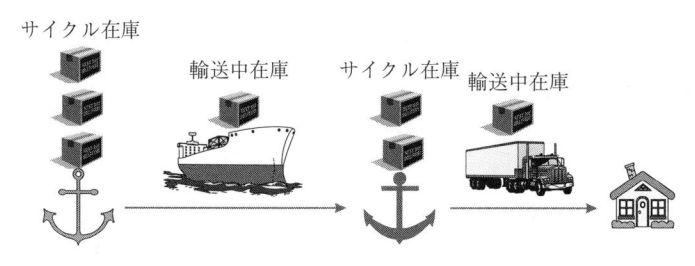

図 2.7: 輸送中在庫とサイクル在庫

る在庫である（図 2.7）．これを削減するためには，輸送時間が短い輸送モードで運ぶ必要があるが，輸送時間の短縮のためには，高速な輸送手段を用いるので，それなりの費用がかかる．すなわち，輸送中在庫費用は，輸送のスピードのための費用とトレードオフ関係がある．このトレードオフ関係は，ストラテジックレベルの意思決定であるロジスティクス・ネットワーク設計モデルで輸送モードの選択として考慮される．

2.6.2 サイクル在庫

サイクル在庫 (cycle inventory) とは，輸送や生産が定期的に行われているときに発生する在庫を指す（図 2.7）．たとえば，1 週間に 1 度だけある港から別の港に輸送を行う船を考えたとき，両方の港では，最大で 1 週間の需要量分の在庫をもつことになる．これがサイクル在庫である．サイクル在庫を減らすためには，輸送を頻繁に行えばよいが，輸送には固定費用がかかるので，そのための費用が増大する．すなわち，サイクル在庫費用は，輸送の固定費用とトレードオフ関係にあると言える．

同様に，生産ラインにおいても同じ品目だけをずっと生産し続けるのでなく，定期的に別の品目に切り替える必要がある．生産の切り替えの際には，段取り費用と呼ばれる固定費用がかかり，生産におけるサイクル在庫は，この段取り費用とトレードオフ関係にあると言える．このトレードオフ関係は，ストラテジックレベルでは，ロジスティクス・ネットワーク設計モデルにおける輸送モードの選択として考慮され，オペレーショナルレベルでは，経済発注量モデルや確率的在庫モデルで考慮される．

2.6.3 ロットサイズ在庫

需要のスピードが一定でない場合には，輸送や生産の頻度もまちまちになる．このような場合には，輸送や生産をまとめて行う際に発生する在庫の意味で，ロットサイズ在庫 (lot size inventory) と呼ばれる．ロットサイズ在庫も，サイクル在庫と同様に，輸送や生産の際の固定費用とトレードオフ関係があり，このトレードオフ関係は，ロットサイズ決定モデルで適正化される．

2.6.4 作り置き在庫

作り置き在庫（seasonal inventory，季節在庫）は，季節変動をもつ需要に対して，限られた資源で対応するために発生する在庫の総称である．たとえ

ば，夏場に需要が集中する清涼飲料水の缶は，春先から製造を開始して，倉庫に保管をしておくのが常であるが，これは作り置き在庫の典型例である．

ジュースの原料の果物のように，供給側が季節変動するために発生する在庫も，やはり作り置き在庫と定義する．作り置き在庫は，ピーク時に対応できる生産資源があれば 0 にできるので，生産資源を確保するための固定費用や残業代などの資源超過費用とトレードオフ関係にあると考えられる．このトレードオフ関係は，ストラテジックレベルでは（多期間の）ロジスティクス・ネットワーク設計モデルで，タクティカルレベルではロットサイズ決定モデルで最適化する．

2.6.5 安全在庫

安全在庫 (safety inventory, safety stock) は，需要や供給の不確実性（定常的リスク）に対処するために保持する在庫の総称である．

将来における顧客需要の予測は「必ず」と言ってよいほど外れる．そのため，品切れをなくし，かつ顧客のニーズに迅速に対応するためには，ある程度の在庫を抱えておく必要がある．顧客サービスを定量化することは一般には難しいが，いつでも，すぐに，確実に商品が手に入ることと定義しておくと，安全在庫は，このような顧客サービスとトレードオフ関係にあると考えられる．このトレードオフ関係は，ストラテジックレベルではロジスティクス・ネットワーク設計モデルに，タクティカルレベルでは安全在庫配置モデルに，オペレーショナルレベルでは確率的在庫モデルに組み込まれ最適化される．

2.6.6 途絶在庫

途絶在庫 (disruption inventory) とは，非定常的リスクに対応するための在庫の総称である．非定常的リスクには，長期に渡る供給途絶や生産停止などがあり，サプライチェーン全体に与える影響は大きい．そのため在庫だけで対応することは困難であり，サプライチェーンの冗長性，柔軟性，互換性などを同時に考慮する必要がある．

途絶在庫を考慮したモデルに対する従来の研究は少ないが，以下の節ではそれらを紹介するとともに，新たに数理最適化モデルに基づくモデルを提案する．定常的リスクとは異なり，非定常的リスクに対する予測は極めて困難である．そのため，数理最適化モデルでは，想定されるシナリオを事前に列挙することによるリスク最適化モデルの枠組み（2.4 節）を用いる．

2.6.7 投機在庫

投機在庫 (speculative inventory) とは，将来の品目の価値の増大を期待して保持する在庫の総称である．例としては，ビンテージワインやバブル前の東京の土地などが挙げられる．このタイプの在庫に対しては，将来における品目の価値の予測が重要であり，最適化の対象とはなり得ない．そのため，本章ではこの要因に基づく在庫は，無視して考える．

2.7 経済発注量モデル

ここでは，供給がある確率で停止（途絶）する環境の下での**経済発注量モデル** (economic ordering quantity model) を考える．このモデルは以下の仮定に基づく．

1. 品目は一定のスピードで消費されており，その使用量（これを需要量と呼ぶ）は 1 日あたり d 単位である．
2. 品目は発注を行うと同時に調達される．言い換えれば発注リード時間（注文してから品目が到着するまでの時間）は 0 である．（リード時間が定数 L の場合には，在庫が 0 になる L 日前に注文すればよい．）
3. 調達先は，稼働しているか，途絶しているかの 2 つの状態をもつ．稼働しているときには，発注した品目はすぐに調達されるが，途絶しているときには品目は届かず，次の稼働開始のときに発注した量が届く（図 2.8）．稼働している期間の分布はパラメータ λ の指数分布[12]とし，途絶している期間の分布はパラメータ μ の指数分布とする．
4. 発注の際には，発注量によらない固定的な費用（これを発注費用と呼ぶ）K 円が課せられる．
5. 在庫保管費用は保管されている在庫量に比例してかかり，品目 1 個あた

[12] パラメータ $\lambda(>0)$ の指数分布 $\mathrm{Exp}(\lambda)$ は，密度関数

$$f(x) = \begin{cases} \lambda e^{-\lambda x} & x \geq 0 \\ 0 & x < 0 \end{cases}$$

で定義される連続確率変数である．期待値と分散はそれぞれ，$1/\lambda, 1/\lambda^2$ となる．無記憶性をもつ唯一の確率分布である．

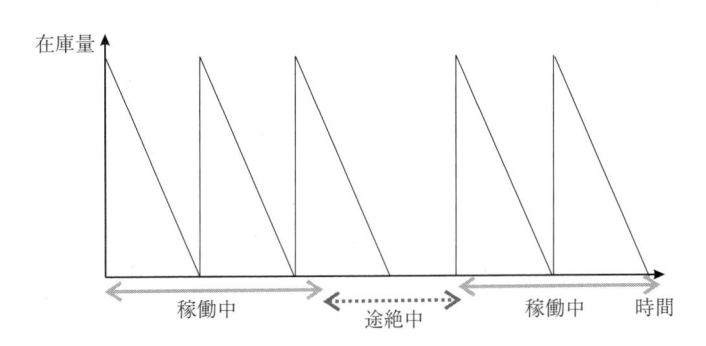

図 2.8: 途絶がある場合の経済発注量モデルの在庫の変化

りの保管費用は 1 日で h 円とする．
6. 品切れは，発注時に供給先が途絶しているときのみ発生するものとする．すなわち，意図的な品切れは考えず，在庫が 0 になった瞬間に発注するものとする．
7. 品切れ費用は品切れ量に比例してかかり，品目 1 個あたりの品切れ費用は 1 日で b 円とする．
8. 考慮する期間は無限期間とし，1 日あたりの平均費用を最小化する．
9. 初期在庫は 0 とする．

この経済発注量モデルは，準備フェイズにおけるサイクル在庫のみを考え，応答フェイズでは何もしないと仮定した単純なモデルである．以下では，解析の結果のみを示す．

最適化すべき変数は，発注量 Q ならびにサイクル時間（発注周期）T である．これらの間には，$Q = dT$ の関係があるので，どちらかを最適化すれば十分である．総費用はサイクル時間 T の関数として，

$$f(T) = \frac{K + hdT^2/2 + bd\beta(T)/\mu}{T + \beta(T)/\mu}$$

ただし

$$\beta(T) = \frac{\lambda}{\lambda + \mu}\left(1 - \exp^{-(\lambda+\mu)T}\right)$$

と書くことができる[2]．ここで $\beta(T)$ は在庫が 0 になったときに途絶している確率を表す．$1/\mu$ は途絶期間の期待値であるので，$f(T)$ の分母の $T + \beta(T)/\mu$ は 1 周期の期待値となる．$f(T)$ の分子は 1 周期あたりの総費用であり，第 1 項は発注費用，第 2 項は在庫費用，第 3 項は品切れ費用を表す．なお，費用関数 $f(T)$ は，途絶が発生しないときには $\mu \to \infty$ であるので，通常の経済発注量モデルにおける費用関数

$$f(T) = \frac{K}{T} + \frac{hdT}{2}$$

と一致する．

$f(T)$ を最小にする T は解析的には求めることができない．そこで $\beta(T)$ を

$$\beta = \frac{\lambda}{\lambda + \mu}$$

で近似することを考える．これは，Q が d とくらべて相対的に大きいとき（すなわちサイクル時間 T が大きいとき）に良い近似になると従来の研究[21]では言われている．

近似を用いると最適サイクル時間は，

$$T^* = \frac{\sqrt{(\beta h)^2 + 2h\mu(K/d\mu + b\beta)} - \beta h}{h\mu}$$

最適発注量は,

$$Q^* = T^*d = \frac{\sqrt{(\beta dh)^2 + 2h\mu(Kd\mu + d^2b\beta)} - \beta dh}{h\mu}$$

となる. これは,

$$Q^* = \sqrt{\frac{2Kd}{h} + 定数}$$

と書けるので, 通常の経済発注量モデルと類似していることが分かる[13].

[13] 通常の経済発注量モデルにおける最適発注量の公式は,

$$Q^* = \sqrt{\frac{2Kd}{h}}$$

である.

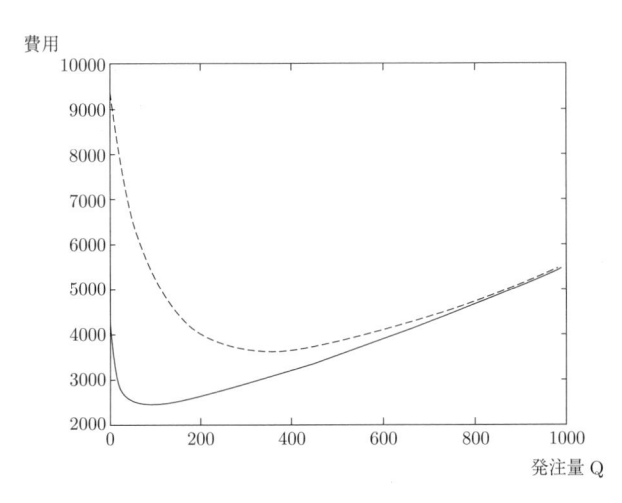

図 2.9: $\lambda = 0.05, \mu = 0.2, K = 300, d = 100, h = 10, b = 100$ の場合の費用関数（実線）と近似式を用いた場合の費用関数（点線）

実際に $\lambda = 0.05, \mu = 0.2, K = 300, d = 100, h = 10, b = 100$ の場合の（厳密な式を用いた場合と近似式を用いた場合の）費用関数を図示すると, 図 2.9 のようになる. これから数値的に最適発注量を計算すると, $Q^* = 100$ となるが, 近似を用いた場合には 365 となり, 全く異なる値になっていることが分かる. したがって, 上で示した近似公式は実務では使わない方がよいというのが結論である.

付加条件がついたリスクを考慮した経済発注量モデルを数理最適化で求解する場合には, 厳密な費用関数を用いることが推奨される. 幸い, 費用関数は凸関数であるので, 数理最適化ソルバー[14] を用いれば容易に求解できる.

ちなみに, 途絶を考慮しない場合の経済発注量の公式を用いると, 最適発注量 Q^* は

[14] 非線形関数をそのまま用いたい場合には非線形最適化ソルバーを用い, 通常の線形最適化ソルバーを用いる場合には区分的線形近似を行えばよい. 凸関数なので整数最適化ソルバーは（半端な発注量を許す場合には）必要ない.

$$\sqrt{\frac{2 \cdot 300 \cdot 100}{10}} = \sqrt{600} \approx 77$$

となり，途絶を考慮した場合より小さくなっていることが確認できる．より詳細に調べるために，途絶を表すパラメータ λ, μ による最適発注量の変化を図 2.10 に示す．ここでは，途絶していない期間を表すパラメータ λ （λ が大きいほど稼働期間が短い）を $0.01, 0.5, 0.1$ とし，途絶している期間を表すパラメータ μ （μ が大きいほど途絶期間が短い）を 0.01 から 1.5 まで 0.01 刻みで変化させて最適発注量 Q^* を計算している．

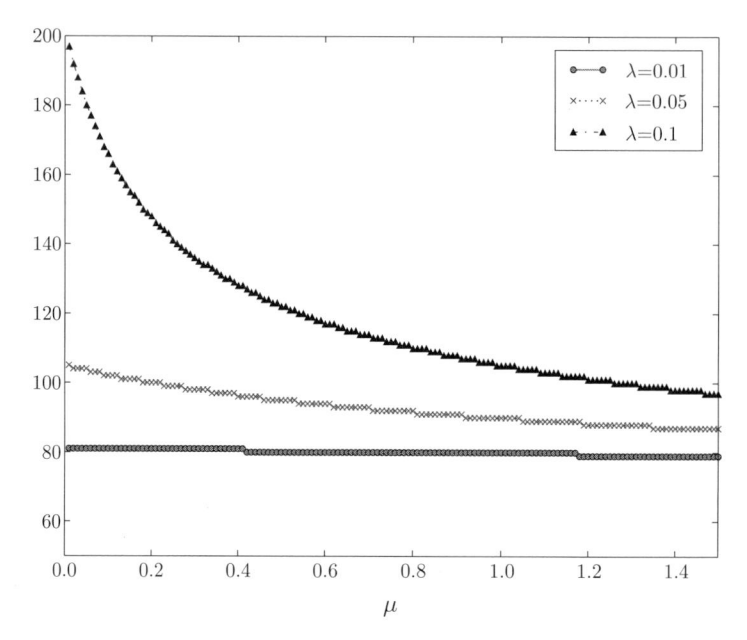

図 **2.10**: 途絶期間パラメータ μ を変えたときの最適発注量 Q^* の変化

この結果から以下の知見が得られる．

1. パラメータ μ を変えたときの最適発注量 Q^* は区分的線形関数であり，μ を大きくすると途絶期間の期待値 $1/\mu$ は小さくなるので Q^* は小さくなる．
2. パラメータ λ が小さいときは，途絶していない期間が長いので最適発注量は小さく，λ が大きくなるにつれて最適発注量は大きくなる．これは，発注量を大きく（言い換えればサイクル時間を長く）することによって，在庫が 0 になったときに途絶している確率を小さくするためである．
3. $\mu \to \infty$ もしくは $\lambda \to 0$ とすると，途絶期間が 0 に近づくので，途絶を考慮しない場合の最適発注量 77 に漸近する．

2.8 確率的在庫モデル

ここでは，途絶を考慮した確率的在庫モデルについて考える．リスクを考慮した確率的在庫モデルに関しては，供給の途絶をモデルに加味したものを中心として，理論的な研究が近年進んでいる．主に，古典的確率的在庫モデルを基礎とした動的計画[15] の拡張や，洞察を得るための理論モデルが数多く提案されている[20]．しかし，それらのモデルは拡張性に乏しく，実務への適用は難しいと考えられる．以下では，拡張性ならびに汎用性に富んだ数理最適化に基づくモデルを中心に解説する．

本節の構成は以下のとおり．

2.8.1 項では，単一期間単一品目の在庫モデルである新聞売り子モデルに途絶を加味したモデルを考え，従来の解析的モデルと数理最適化に基づくモデルを示す．また，数理最適化モデルを用いた実験的解析の結果と，そこから得られた知見についても述べる．

2.8.2 項では，途絶を考慮した新聞売り子モデルに対してCVaR(Conditional Value at Risk) を評価尺度としたモデルを考え，2.8.1 項と同様に，数理最適化モデルを構築し実験的解析を行う．

2.8.3 項では，途絶を考慮した多期間の確率的在庫モデルを考え，即時決定変数だけを用いた静的発注量モデルを示す．

2.8.4 項では，途絶を考慮した多期間の確率的在庫モデルに対して，発注量を過去の情報に対するアフィン関数として定義した適応型モデルについて考える．また，数理最適化モデルに基づく実験により，静的発注量モデルを用いたローリングホライズン方式との比較，容量制約を加味した場合の拡張モデルとの比較，途絶の影響に対する解析を行う．

2.8.5 項では，途絶を考慮した多段階の確率的在庫モデルを考え，数理最適化モデルを構築し，実験的解析を行う．

2.8.6 項では，複数調達を考慮した確率的在庫モデルを考え，サプライチェーンの柔軟性に関する実験的解析を行う．

2.8.1 途絶を考慮した新聞売り子モデル

新聞売り子モデル (newsboy problem) において，調達先の途絶を考慮することを考える．ここで新聞売り子モデルとは，以下のようなシナリオに基づく古典的在庫モデルである．

新聞の売り子が，1 種類の新聞を販売している．新聞が売れる量（需要量）

---

[15] 動的計画 (DP: Dynamic Programming) は 1953 年に Richard Ernest Bellman によって提唱された最適化手法の一種．解を表に記録し，表を埋めていく形で計算していく点が特徴である．メモリが無限にあれば万能薬であるが，通常は問題の構造を巧く利用しないと玩具問題しか解けない．

は，経験からある程度推測できると仮定し，確率変数として与えられているものとする．いま，売れ残りのときの在庫費用と，品切れのときの品切れ費用の和が最小になるように仕入れ量を決めるものとする．どれだけの量を仕入れればよいだろうか？

以下では，新聞の調達先（新聞社）が途絶することを考える．前節で考えた経済発注量モデルとは異なり，離散的な期（日を想定）を考え，発注を行うのは期の始めとする．実際には古新聞は販売できないが，ここでは需要は消滅せず，途絶終了後に途絶中のすべての需要が発生すると考える[16]．

モデル化に必要な記号を導入する．

h: 新聞 1 部が売れ残ったときに課せられる在庫費用．
b: 新聞 1 部が品切れしたときに課せられる品切れ費用．
$D(n)$: 需要が定常であると仮定したときの，n 期分の需要量の合計を表す確率変数．

各期ごとに調達先が途絶する確率を α，途絶から回復する確率を β とする．これらの確率は独立と仮定したとき，n 期連続で途絶する確率 π_n を計算する．以下では確率 α を**途絶確率** (disruption probability)，確率 β を**復帰確率** (recovery probability) と呼ぶ．

まず，途絶していない確率 u と，途絶している確率 d を求める．途絶していない状態 (up) と途絶中 (down) の 2 つの状態をもつ有限マルコフ連鎖を考える．推移行列は，

$$\begin{pmatrix} 1-\alpha & \alpha \\ \beta & 1-\beta \end{pmatrix}$$

であるので，マルコフ連鎖は定常分布

$$(u,d) = \left(\frac{\beta}{\alpha+\beta}, \frac{\alpha}{\alpha+\beta} \right)$$

に収束する．

途絶状態に推移した後，調達先がちょうど n 期目で回復するのは，成功する確率が β の独立試行が n 回目で最初に成功する分布（ファーストサクセス分布）になる．ファーストサクセス分布 $Fs(\beta)$ の確率関数 $p(n)$ は $\beta(1-\beta)^{n-1}$ であるので，n 期連続で途絶する確率 π_n は，以下のようになることが分かる．
（途絶していない状態）

$$\pi_0 = u = \frac{\beta}{\alpha+\beta}$$

（$n=1,2,\ldots$ 期連続で途絶している状態）

---

[16] 新聞売り子ではなく，マンガ雑誌売り子と考えればよい．

$$\pi_n = dp(n) = \frac{\alpha\beta}{\alpha+\beta}(1-\beta)^{n-1}$$

π_n が与えられたとき，その分布関数

$$F(n) = \sum_{t=0}^{n} \pi_n$$

は，以下のように計算できる．

$$F(n) = 1 - \frac{\alpha}{\alpha+\beta}(1-\beta)^{n-1}$$

これは，途絶している期間が n 期以下である確率を意味する．

上で計算した π_n を用いると，新聞の仕入れ量[17] が s のときの総費用の期待値 $C(s)$ は，以下のように書ける．

$$C(s) = \sum_{n=0}^{\infty} \pi_n \mathrm{E}\left[h[s - D(n+1)]^+ + b[D(n+1) - s]^+\right]$$

ここで，$[\cdot]^+$ は $\max\{0, \cdot\}$ を表す．

[17] これを以下では**基在庫レベル** (base stock level) と呼ぶ．

需要が一定で各期あたり μ と仮定すると，上式の $D(n+1)$ は $(n+1)\mu$ となり，期待値をとる部分を省くことができる．このとき，$C(s)$ は μ の整数倍で折れ曲がる区分的線形関数となる．最適な基在庫レベル s^* は，折れ曲がった箇所になるので，需要量の平均値の自然数倍になる．つまり，s^* は $\mu, 2\mu, 3\mu, \cdots$ のいずれかになることが分かる．

基在庫レベルが s から $s+\mu$ に増えたときの費用の差分 $C(s+\mu) - C(s)$ が 0 以上になる最小の s を求めることによって最適な基在庫レベルを求めよう．

費用の差分

$$\begin{aligned}
C(s+\mu) - C(s) &= \sum_{n=0}^{\infty} \pi_n \left\{h[s - n\mu]^+ + b[n\mu - s]^+\right\} \\
&\quad - \sum_{n=0}^{\infty} \pi_n \left\{h[s - (n+1)\mu]^+ + b[(n+1)\mu - s]^+\right\} \\
&= \sum_{n=0}^{\infty} \pi_n h \left\{[s - n\mu]^+ - [s - (n+1)\mu]^+\right\} \\
&\quad + \sum_{n=0}^{\infty} \pi_n b \left\{[n\mu - s]^+ - b[(n+1)\mu - s]^+\right\}
\end{aligned}$$

は，$n\mu < s$ のとき

$$[s - n\mu]^+ - [s - (n+1)\mu]^+ = \mu$$

であり，それ以外 $(n\mu \geq s)$ のとき

$$[n\mu - s]^+ - [(n+1)\mu - s]^+ = -\mu$$

となるので,

$$\begin{aligned}C(s+\mu) - C(s) &= \mu\left\{h\sum_{n=0}^{s/\mu-1}\pi_n - b\sum_{n=s/\mu}^{\infty}\pi_n\right\}\\ &= \mu\left\{(h+b)F\left(\frac{s}{\mu}-1\right) - b\right\}\end{aligned}$$

となる. これが 0 以上になる条件から, 最適な基在庫レベル s^* は,

$$s^* = \mu + \mu F^{-1}\left(\frac{b}{b+h}\right)$$

となる[20].

上式は需要だけが不確実性をもつ（途絶を考慮しない）モデルの式と類似した式になっており, これは途絶していない確率を臨界率 $\omega = b/(b+h)$ に一致させるような期数分の在庫を持てばよいことを示している[18].

調達先の途絶だけでなく, 需要も不確実性をもつ場合には, 陽的な公式を得ることは難しいが, 以下の簡単な数理最適化モデルを用いることによって, 最適な基在庫レベルを求めることができる.

数理最適化モデルの定式化で用いる記号は, 以下のとおり.

S: 途絶と需要のシナリオの集合；シナリオを表す添え字を s と記す. n 期連続で途絶するシナリオは, 確率 π_n で発生するものとし, その際には, $n+1$ 期分のバックオーダーされた需要量が発生するものとする.

d_s: シナリオ s における品目の需要量；基本となる需要が各期ごとに独立な正規分布 $N(\mu, \sigma^2)$ と仮定した場合には, n 期連続で途絶するシナリオに対しては, 平均 $\mu(n+1)$, 標準偏差 $\sigma\sqrt{n+1}$ の正規分布に従う.

p_s: シナリオ s の発生確率；n 期連続で途絶するシナリオは, 確率 π_n で発生させる. n が大きくなると π_n は小さくなるので, 有限個のシナリオを生成するために適当な n で打ち切り, 各 n に対して定数個のランダムな需要シナリオが等確率で発生するように設定する.

x: 発注量（基在庫レベル）を表す（即時決定）変数.

I_s: シナリオ s における在庫量を表す（リコース）変数.

B_s: シナリオ s におけるバックオーダー量を表す（リコース）変数.

上で定義した記号を用いることによって, 途絶を考慮した新聞売り子モデルは, 以下のように定式化できる.

---

18) 需要だけが不確実性をもつ（途絶を考慮しない）新聞売り子モデルにおいては, 新聞の需要量を表す確率変数の分布関数を $F(x)$ としたとき, 最適な仕入れ量は,

$$s^* = F^{-1}\left(\frac{b}{b+h}\right)$$

となる.

$$\begin{aligned}
\text{minimize} \quad & \sum_{s \in S} p_s \left(h I_s + b B_s \right) \\
\text{subject to} \quad & x + B_s = d_s + I_s && \forall s \in S \\
& x \geq 0 \\
& I_s \geq 0 && \forall s \in S \\
& B_s \geq 0 && \forall s \in S
\end{aligned}$$

上のモデルを用いることによって，途絶リスクと基在庫レベルの関係に対する洞察を得ることができる．数理モデルの目的は数値ではなく，そこから得られる洞察であるという格言があるが，この実験的解析の目的も途絶の発注量に対する影響に対する洞察を得ることである．なお，以下の実験で用いるプログラミング言語は Python，数理最適化ソルバーは Gurobi[23] である[19]．

[19] http://www.gurobi.com/

各期の需要は平均 μ，標準偏差 σ の正規分布に従うものとして実験を行う．途絶する確率 π_n に従って n 期連続で途絶するシナリオを作成し，各々に対して正規分布 $N(\mu(n+1), \sigma^2(n+1))$ のランダムな需要が等確率で発生するものとし，シナリオを生成する．ただし，需要が負になるのを避けるために，需要量が負の場合には 0 に設定する．ランダムに生成した需要は各 π_n に対して 100 個であり，シナリオ s の発生確率 p_s は $\pi_n/100$ と設定する．

需要の平均は $\mu = 100$，在庫費用は $h = 1$，品切れ費用は $b = 100$，復帰確率は $\beta = 0.3$ に固定する．標準偏差 $\sigma = 0, 4, 8$ に対して，途絶確率 α を 0 から 0.01 まで 0.0001 刻みで変えたときの発注量の変化を図 2.11 に示す．

この実験から以下の知見が得られる．

1. 需要の不確実性がない場合には，解析的モデル[20] の結果と一致し，途絶確率を増加させていくと基在庫レベルは $\mu, 2\mu, \ldots$ と階段状に増加していく．

2. 途絶確率 α が一定値（約 0.003）より小さいときには，需要のばらつきが増加すると標準偏差 σ に比例して基在庫レベルが増加する．これは，途絶を考慮しない新聞売り子モデルの結果と一致する．

3. 需要の標準偏差 σ が大きくなると，基在庫レベルの変化は，凹費用関数と階段関数を合成した関数となる．

4. 途絶確率が大きく，かつ σ が大きいときには，需要のばらつきがない場合の最適な基在庫レベルより小さく設定する領域から大きく設定する領域への相転移が発生する．たとえば，需要のばらつきがない場合の最適な基在庫レベルが 400 の領域（$\alpha \in [0.0061, 0.0081]$）では，相転移は $\alpha = 0.0073$ で発生する．

5. $\sigma = 0$ のときに基在庫レベルが一定の領域の幅は，$\alpha(\geq 0.003)$ の範囲で

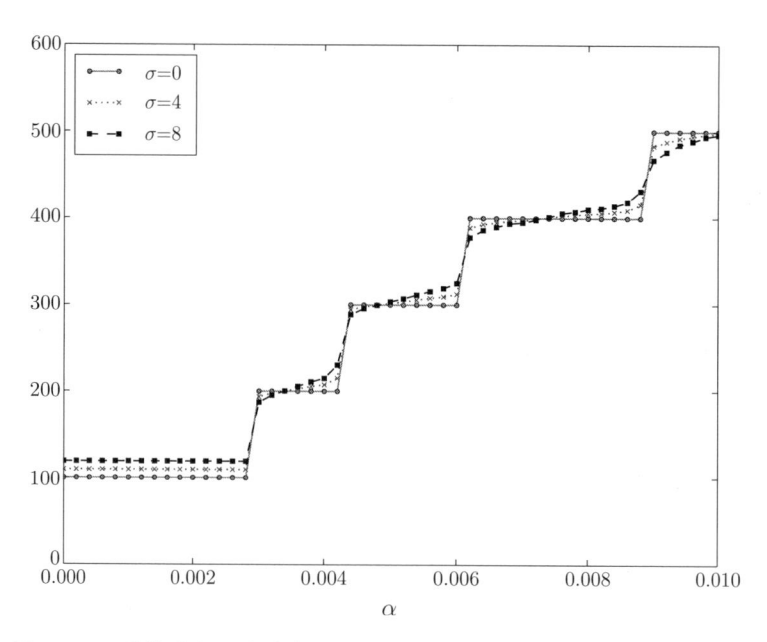

図 2.11: 途絶確率 α を変えたときの最適発注量（基在庫レベル）の変化

は，徐々に拡大する．また，相転移の場所は領域の左端から右端へと移動していく．

2.8.2 CVaR を評価尺度とした新聞売り子モデル

リスク要因を考慮するためには，CVaR(Conditional Value at Risk) 最小化モデルが有効である．ここでは，上で考えた途絶を考慮した新聞売り子モデルに対して CVaR を評価尺度としたモデルを考える．

与えられた確率 $0 < \beta < 1$ [20) に対して，費用が閾値 y を超えない確率が β 以上になるような最小の y を β-VaR と呼ぶ．β-VaR は計算しにくいので，代用品として β-VaR を超えた条件の下での期待値である β-CVaR を用いる[21)．シナリオ s における費用を表す変数 f_s，f_s が α を超過する量を表す変数を V_s とすると，CVaR 最小化モデルは，以下のようになる．

[20) 前項では途絶からの復帰確率を表すのに記号 β を用いていたが，本項では VaR を定義するために用いる．本項では復帰確率は明示的には用いない．

[21) CVaR の詳細については，2.4 節を参照されたい．

$$\begin{aligned}
\text{minimize} \quad & y + \frac{1}{1-\beta}\sum_{s\in S} p_s V_s \\
\text{subject to} \quad & f_s = hI_s + bB_s && \forall s \in S \\
& V_s \geq f_s - y && \forall s \in S \\
& x_t + B_s = d_s + I_s && \forall s \in S \\
& x \geq 0 \\
& I_s \geq 0 && \forall s \in S \\
& B_s \geq 0 && \forall s \in S \\
& V_s \geq 0 && \forall s \in S
\end{aligned}$$

上のモデルに対して実験的解析を行う.

まず,途絶が発生しない場合を考え,β を変えたときの挙動を分析する.需要は平均 100,標準偏差 10 の(負の値は 0 とした)切断正規分布とし,需要が 0 から 999 までの確率を密度関数から計算して 1000 個のシナリオを生成する.在庫費用は $h=1$,品切れ費用は $b=100$ とし,β を 0 から 0.99 まで 0.01 刻みで変えて実験を行う.結果を図 2.12 に示す.

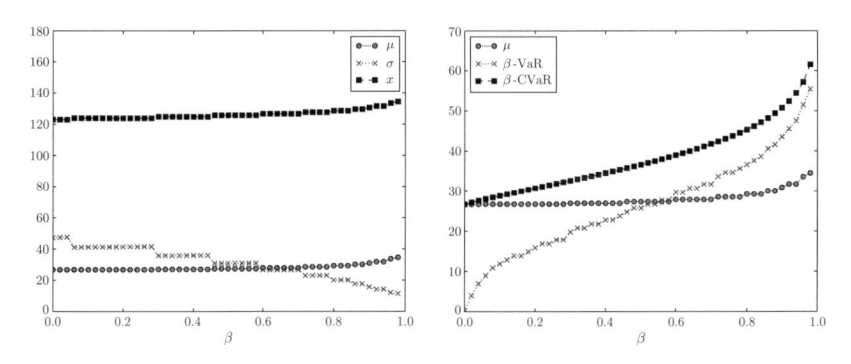

図 2.12: CVaR モデルに対する実験.β を変えたときの期待費用 μ,費用の標準偏差 σ,最適発注量 x(左)と平均費用 μ,β-VaR($=y$),β-CVaR(右)の変化.

図 2.12 の左図に示したのは,期待費用 μ,費用の標準偏差 σ,最適発注量 x である.ここで期待費用 μ は最適解における f_s の期待値($\mu = \sum_{s\in S} p_s f_s$)であり,$\sigma$ はその標準偏差である.図 2.12 の右図には,各 β に対する費用 μ,β-VaR,β-CVaR の変化を示している.ここで β-VaR は最適解における y の値であり,β-CVaR は最適目的関数値である.

この実験から以下の知見が得られる.

1. β を変化させることによって,期待値最小化 ($\beta=0$) から,ばらつき最小化 ($\beta \to 1$) まで様々な解を得ることができる.

2. β が大きくなるにつれて安全在庫を多めにもつようになるので，発注量 x と総費用 μ は増大し，費用の標準偏差 σ は減少する．これは，安全在庫の増加によって品切れが減少し，費用のばらつきが抑えられたからである．

3. β が 0 のときの β-CVaR は総費用の期待値 μ と同じであり，β が 1 に近づくにつれて β-VaR に近づく．

4. （定義から明らかなように）β-VaR は β-CVaR 以下であり，その差は β が 1 に近づかない限り大きい．過去の研究では，β-CVaR を β-VaR の代用品として用いることを推奨している場合もあるが，β が小さい場合には注意して用いる必要がある．

5. 過去の研究では，期待費用と β-CVaR の加重和を目的関数とし，重みを変化させて実験を行っている場合もあるが，β を変化させるだけで費用とリスクのトレード・オフ関係は調整できるので，(Occam の剃刀の原理から）無意味である．

次に，途絶を考慮した場合を考え，CVaR モデルにおける途絶リスクと基在庫レベルの関係を調べる．データは 2.8.1 項と同様に発生させ，需要の標準偏差は 10 に固定して実験を行う．$\beta = 0, 0.3, 0.6, 0.9$ に対して，途絶確率 α を 0 から 0.01 まで 0.0001 刻みで変えたときの発注量の変化を図 2.13 に示す．

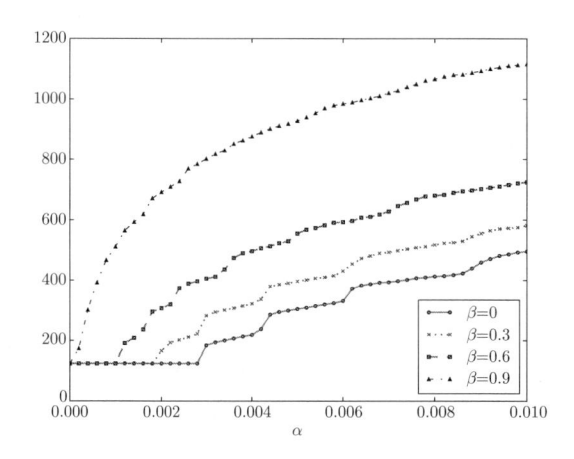

図 2.13: CVaR 最小化モデルに対する途絶確率 α を変えたときの最適発注量（基在庫レベル）の変化

この実験から以下の知見が得られる．

1. β が大きくなると基在庫レベルは大きくなる．

2. 途絶確率 α が大きくなるにつれて基在庫レベルは大きくなるが，β の上昇とともに途絶リスク考慮時の特徴である階段関数の形状が薄れ，凹関数（平方根）に近づく．
3. $\beta = 0$ の期待値最小化モデルでは，α が約 0.003 以下の範囲では途絶がない場合の最適基在庫レベルと一致するが，β が大きくなると，途絶がない場合の最適基在庫レベルからの乖離が大きくなる．

2.8.3 静的発注量モデル

ここでは，多期間の確率的在庫モデルを考える．このモデルによって，新聞売り子モデルでは単一期間であったため考慮されなかった，複数期間にまたがる途絶の影響を考えることができる．また，このモデルは以下で考える適応型，多段階，複数調達などの拡張モデルの基礎となる．

このモデルでは，発注量をシナリオに依存しない変数（即時決定変数）とし，在庫量ならびにバックオーダー量（品切れ量）はシナリオに依存する変数（リコース変数）とする．需要が大きかったり，供給が途絶した場合には，在庫不足のため需要が満たされないことが想定される．この際，顧客が再び品目が到着するまで待ってくれる場合（backorder, バックオーダー）と，需要が消滅してしまう場合（lost sales, 品切れ, 販売機会の逸失）に分けて考える必要がある．（もちろん，顧客需要の一部が逸失し，一部がバックオーダーされるという場合もあるが，ここでは両極端の場合のみを考える．）

以下に定式化に必要な記号を，パラメータ（定数）と変数に分けて記述する．

パラメータ

T: 計画期間数；期を表す添え字を $1, 2, \ldots, t, \ldots, T$，添え字の集合を $\mathcal{T} = \{1, 2, \ldots, T\}$ と記す．

S: 途絶と需要のシナリオの集合；シナリオを表す添え字を s と記す．

h: （品目 1 個あたり，1 期間あたりの）在庫費用．

b: （品目 1 個あたり，1 期間あたりの）バックオーダー費用（品切れ費用）．

M: 発注量の上限．以下では，これを発注の容量と呼ぶ．

d_t^s: シナリオ s における期 t の品目の需要量．

p_s: シナリオ s の発生確率．

δ_t^s: シナリオ s が期 t において調達先が途絶しているとき 0，それ以外のとき 1 のパラメータ．

変数

I_t^s: シナリオ s における期 t の在庫量. より正確に言うと，期 t の期末の在庫量.

B_t^s: シナリオ s における期 t のバックオーダー量（品切れ量）.

x_t: 期 t における発注量.

需要がバックオーダーされる場合の期待値最小化モデルは，以下のようになる．

$$\begin{aligned}
\text{minimize} \quad & \sum_{s \in S} p_s \sum_{t \in \mathcal{T}} (h I_t^s + b B_t^s) \\
\text{subject to} \quad & I_{t-1}^s + \delta_t^s x_t + B_t^s = d_t^s + I_t^s + B_{t-1}^s && \forall t \in \mathcal{T}; s \in S \\
& 0 \leq x_t \leq M && \forall t \in \mathcal{T} \\
& I_t^s \geq 0 && \forall t \in \mathcal{T}; s \in S \\
& B_t^s \geq 0 && \forall t \in \mathcal{T}; s \in S
\end{aligned}$$

ここで，I_0^s, B_0^s は定数として与えられているものと仮定する．最初の制約式は，フロー保存式であるが，途絶が発生したときには $\delta_t^s = 0$ になり，発注量 x_t が消滅することを意味している．

品切れ（販売機会逸失）の場合には，上の定式化の最初の制約式を以下のように変更する．

$$I_{t-1}^s + \delta_t^s x_t + B_t^s = d_t^s + I_t^s \quad \forall t \in \mathcal{T}; s \in S$$

リスクを加味した CVaR 最小化モデルも，新聞売り子モデルと同様に構築できる．

$$\begin{aligned}
\text{minimize} \quad & y + \frac{1}{1-\beta} \sum_{s \in S} p_s V_s \\
\text{subject to} \quad & f_s = \sum_{t \in \mathcal{T}} (h I_t^s + b B_t^s) && \forall s \in S \\
& V_s \geq f_s - y && \forall s \in S \\
& I_{t-1}^s + \delta_t^s x_t + B_t^s = d_t^s + I_t^s + B_{t-1}^s && \forall t \in \mathcal{T}; s \in S \\
& 0 \leq x_t \leq M && \forall t \in \mathcal{T} \\
& I_t^s \geq 0 && \forall t \in \mathcal{T}; s \in S \\
& B_t^s \geq 0 && \forall t \in \mathcal{T}; s \in S \\
& V_s \geq 0 && \forall s \in S
\end{aligned}$$

2.8.4 適応型モデル

需要だけが不確実性を含んでいる場合には，過去の需要系列の履歴のアフィン関数として発注量を決定する適応型モデルが有効であることが知られ

ている[1]．シナリオ s の期 t における発注量を，過去 $j (=1,2,\ldots,\theta)$ 期の需要の y_j 倍を発注量に加えたアフィン関数とする．

$$X_t^s = \sum_{j=1}^{\min\{t-1,\theta\}} d_{t-j}^s y_j + x_t$$

容量 M が小さい場合には，すべてのシナリオ s に対して $X_t^s \leq M$ を満たすために y_j が 0 になるため，適応型モデルは静的発注モデルと同じ性能を示す．そこで，需要量 d_t^s が容量 M を超過した量 E_t^s の z_j 倍を発注量から減じた以下のアフィン関数を定義する．

$$X_t^s = \sum_{j=1}^{\min\{t-1,\theta\}} \left(d_{t-j}^s y_j - E_{t-j}^s z_j\right) + x_t$$

これは，過去の需要量に対する区分的線形なアフィン関数で発注量を決めていることに他ならない．以下では，この式を用いた適応型モデルを拡張適応型モデルと呼ぶ．

発注の途絶を考慮する場合には，シナリオ s における過去の途絶した期の情報を用いることができる．発注量は過去の途絶の情報のアフィン関数として，以下のように決定する．

$$X_t^s = \sum_{j=1}^{\min\{t-1,\theta\}} \left\{d_{t-j}^s y_j + (1-\delta_{t-j}^s)Y_j\right\} + x_t$$

期待値最小化を目的とした（途絶を考慮した）適応型モデルは，以下のように定式化できる．

$$\begin{aligned}
\text{minimize} \quad & \sum_{s \in S} p_s \sum_{t \in \mathcal{T}} (hI_t^s + bB_t^s) \\
\text{subject to} \quad & X_t^s = \sum_{j=1}^{\min\{t-1,\theta\}} \left\{d_{t-j}^s y_j + (1-\delta_{t-j}^s)Y_j\right\} + x_t && \forall t \in \mathcal{T}; s \in S \\
& I_{t-1}^s + \delta_t^s X_t^s + B_t^s = d_t^s + I_t^s + B_{t-1}^s && \forall t \in \mathcal{T}; s \in S \\
& 0 \leq X_t^s \leq M && \forall t \in \mathcal{T}; s \in S \\
& x_t \geq 0 && \forall t \in \mathcal{T} \\
& I_t^s \geq 0 && \forall t \in \mathcal{T}; s \in S \\
& B_t^s \geq 0 && \forall t \in \mathcal{T}; s \in S
\end{aligned}$$

リスクを加味した CVaR 最小化モデルも，静的発注量モデルと同様に構築できる．

適応型モデルは，需要の予測を加味したモデルと捉えることができるが，強化学習モデル[22]と考えることもできる．過去のデータをもとに将来の需要や途絶のシナリオを作成し，最適なパラメータベクトル (y,Y,x) を計算（学

22) 環境から与えられる報酬を最大化するように方策を学習する機械学習の枠組み．マルコフ決定過程，ニューロ動的計画も同様の枠組み．

習）しておき，実際の運用の際には，これらのパラメータを用いて発注量 X を決める．通常の強化学習と異なる点は，将来の需要や途絶のシナリオを作成しておくことであるが，これが難しい場合には，過去のデータをシナリオとして用いて直接パラメータ (y, Y, x) を推定してもよい．

適応型モデルと静的発注量モデルを比較するためには，静的発注量モデルをローリングホライズン方式で運用した場合と比較する必要がある．ここでローリングホライズン方式とは，動的な問題を（静的な問題を逐次解くことによって）解決するための簡易方式であり，以下のように発注量を決める．まず，静的発注量モデルを用いて $1, 2, \ldots, T$ 期で最適化を行い，その結果を用いて 1 期の意思決定だけを行う．その後，1 期の本当の需要が判明した後で，新しい情報を用いて $2, 3, \ldots, T$ 期の需要予測をもとに新しいシナリオを作成し最適化を行い，2 期の意思決定を行う．以降は同様に，1 期ずつ新しい情報が入手されたら，静的発注量モデルを用いて再最適化を行い，これを T 期まで繰り返す．

需要が期ごとに独立な場合には，ローリングホライズン方式を用いても効果はないが，傾向変動や需要の相関がある場合には，有効になると考えられる．以下では，静的発注量モデル，ローリングホライズン方式，適応型モデルを実験によって比較する．

まず，需要だけが変動する場合を考える．需要が定常だとローリングホライズン方式は無意味であるので，以下の方法で非定常な需要を生成する[7]．平均を表すパラメータ $\mu\ (\geq 0)$，パラメータ $a\ (0 \leq a \leq 1)$，ならびに t 期における誤差を表すパラメータ（期ごとに独立な平均 0，標準偏差 σ の正規分布）e_t を用いて以下のように需要を定義する．

$$d_1 = \mu + e_1$$
$$d_t = d_{t-1} - (1-a)e_{t-1} + e_t \quad t = 2, 3, \cdots$$

ここで，a は需要過程の不安定性を表すパラメータであり，a が小さいほど定常性が増し（$a = 0$ のときには，平均 d，標準偏差 σ の定常な確率過程となる），逆に a が大きくなると非定常性が増す（$a = 1$ のときには**酔歩**（random walk, ランダムウォーク）になる）．

上の方法でランダムに発生させた需要によって 100 個のシナリオを生成して，静的発注量モデル，ローリングホライズン方式，適応型モデルの 3 つの方法で発注量を決定する．なお，以下の実験では適応型モデルのパラメータ θ はすべて 5 に固定している．

計画期間 T は 50，発注の容量 M は 300，需要の平均 μ は 100，ランダム項 e_t の標準偏差 σ は 10，品切れ費用 b は 100，在庫費用 h は 3 とする．需要の実現値は同じ方法で生成し，3 つの方法で得た発注量を評価する．ロー

リングホライズン方式では実現値は 1 通りだが，静的発注量モデルと適応型モデルでは 100 個の実現シナリオを生成し，その期待値で評価する．問題例は各 a に対して 10 個生成する．実験結果を図 2.14 に示す．図では x 軸にパラメータ a を，y 軸に適応型モデルの費用に対する比率を 10 個の問題に対してプロットしている．

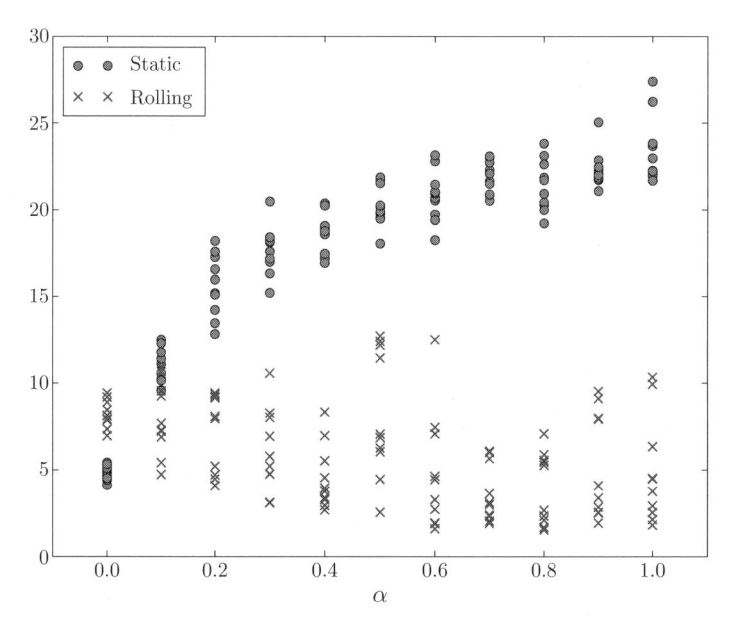

図 2.14: a を変えたときの静的発注量モデル (Static) とローリングホライズン方式 (Rolling) の適応型モデルに対する比率

この実験結果から以下の知見が得られる．

1. 適応型モデルは，需要の不安定性を表すパラメータ a によらず最も良い結果を出す．適応型モデルの最適解は，基在庫方策（前期の需要をそのまま発注する方法）と似たものになっている．需要が定常で容量制約などの付加条件がない場合には，基在庫方策が最適になるので，適応型モデルは最適に近い解を出していると推測される．

2. 静的発注量モデルは，$a = 0$（需要が定常）のときのみローリングホライズン方式に優越する．これは，ローリングホライズン方式が定常な需要に対しても需要予測をし直すためであり，予測をし直さない場合には静的発注量モデルと同じ結果になる．

3. a が大きくなるにつれて，静的発注量モデルの性能は悪化する．これは，静的発注量モデルが新しく得られる情報をまったく利用していないからである．

4. ローリングホライズン方式は，a が大きくなっても適応型モデルとの比は変わらない．

次に，容量 M が制約になる場合の（拡張）適応型モデルに対する実験を行う．平均 100，標準偏差 50 のばらつきのやや大きい定常な（負の場合は 0 とした）正規分布によって 100 個のシナリオを生成して，適応型モデルと拡張適応型モデルの 2 つの方法を比較する．計画期間 T は 50，品切れ費用 b 100，在庫費用 h は 3 とし，発注の容量 M は 110 から 510 まで 10 刻みで変化させ，10 個の問題例で実験を行う．結果を図 2.15 に示す．

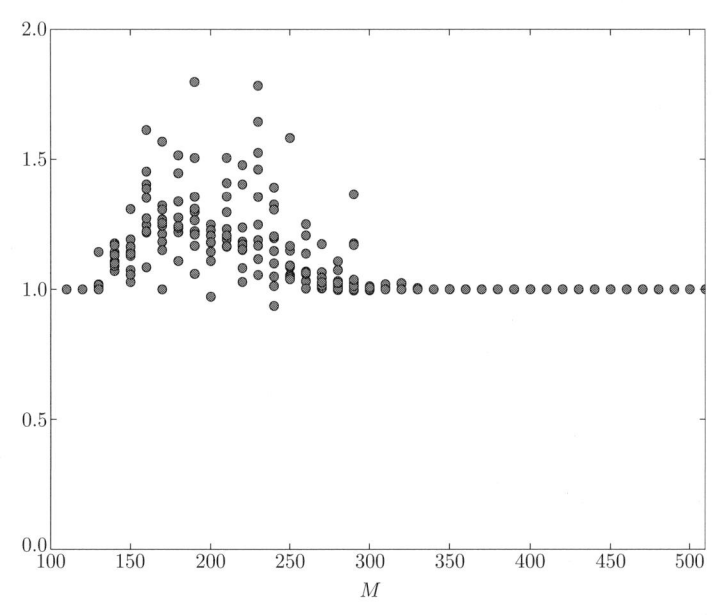

図 2.15: 容量 M を変えたときの適応型モデルの拡張適応型モデルに対する比率

この実験結果から以下の知見が得られる．

1. 容量 M が小さい（120 以下の）ときには，適応型モデルと拡張適応型モデルは同じ性能を示す．これは，容量が小さすぎる場合には，両者とも静的発注量モデルに帰着されるためである．
2. 容量 M がある程度の大きさ（130 から 300）だと適応型モデルの拡張適応型モデルに対する比が 1 より大きくなり，拡張適応型モデルが優越する．
3. 容量がさらに大きくなり 300 を超えると適応型モデルと拡張適応型モデルの差がなくなる．これは，需要が容量を超える量 E_t^s が 0 になるため

である.

最後に，途絶を考慮した問題例に対する実験を行う．1期以外のすべての期が1度だけ確率 α で途絶するようにシナリオを作成する．途絶から回復する確率は途絶している期間に依存し，t 期で回復する確率を β_t とする．以下の実験では，必ず4期で回復すると仮定し，$\beta = (0.3, 0.5, 0.8, 1.0)$ と設定する．また，途絶が発生しないシナリオを1つ生成し，その確率は1から途絶する確率を減じた値とする．

計画期間 T は 50, 品切れ費用 b は 100, 在庫費用 h は 3, 需要は一定値 100, 発注の容量 M は十分に大きな値とし，途絶確率 α を 0 から 0.02 まで 0.001 刻みで変えて実験を行う．静的発注量モデル (Static) と適応型モデル (Adaptive) によって算出された費用の変化を図 2.16 に示す．

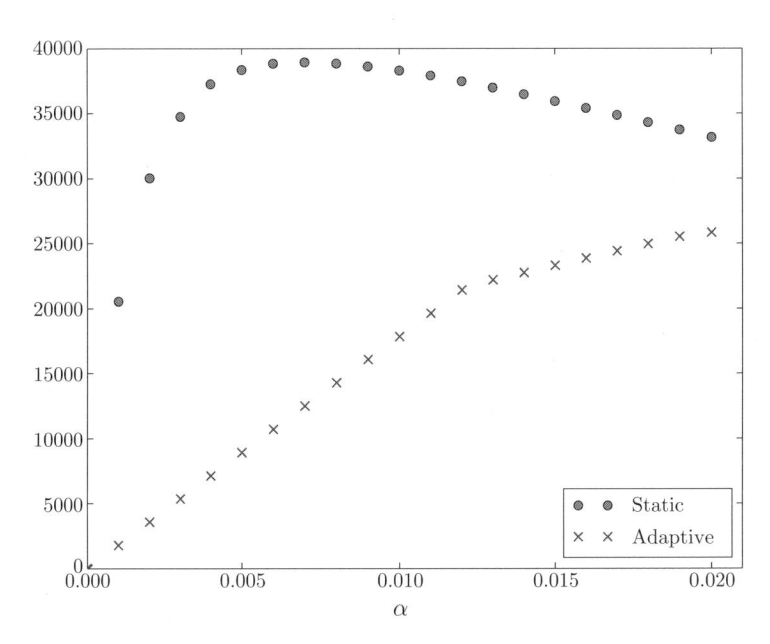

図 2.16: 途絶確率 α を変えたときの静的発注量モデル (Static) と適応型モデル (Adaptive) の費用

この実験から以下の知見が得られる.

1. 途絶確率が 0 のときは静的発注量モデルと適応型モデルの両者とも費用 0 の解を算出する.
2. 静的発注量モデルは，途絶確率が 0.006 付近で費用が最大になり，その後緩やかに減少する．静的発注量モデルでは，在庫量を多めにもつことによって途絶に対処する．したがって，途絶が発生しないシナリオの在

庫費用が最も大きくなり，途絶確率が増大するにつれて在庫費用が安くなる．

3. 適応型モデルは，途絶確率の上昇とともに費用が区分的線形に増加する．適応型モデルでは，基本となる在庫量は最低限保持し，途絶が発生すると臨時の発注を行うことによって対処するため，途絶発生確率に対して線形に費用が増大する．途絶確率が大きくなると臨時の発注で対処しきれなくなり，発注量自身が大きくなる．発注量は，途絶を考慮した新聞売り子モデルに対する実験で観察されたように，途絶確率に対する階段関数になる．そのため線形関数の傾きが変化し，費用は区分的線形関数になる．

4. 途絶確率 0.02 では，途絶をしないシナリオの確率がほぼ 0 になるので，これ以上大きな途絶確率にはなりえない．したがって，途絶確率を大きくしても費用の逆転は発生せず，静的発注量モデルは適応型モデルより費用は常に高い．

2.8.5 多段階モデル

上で提案した静的発注量モデルや適応型モデルは，より実務に近い複雑なモデルへの拡張も比較的容易である．ここでは，途絶を含んだ多段階の在庫モデルを考え，数理最適化モデルを構築し，実験的解析を行う．

段階を表す添え字を下流（需要側）から順に $i(=1,2,\ldots,N)$ と記す．需要がバックオーダーされる場合の静的発注量モデルは，期待値最小化の目的関数基準の下では，以下のようになる．

$$\text{minimize} \quad \sum_{s \in S} p_s \sum_{t \in \mathcal{T}} \sum_{i=1}^{N} (h_i I_{it}^s + b_i B_{it}^s)$$

$$\begin{aligned}
\text{subject to} \quad & I_{1,t-1}^s + \delta_{1t}^s x_{1t} + B_{1t}^s = d_t^s + I_{1t}^s + B_{1,t-1}^s && \forall t \in \mathcal{T}; s \in S \\
& I_{i,t-1}^s + \delta_{it}^s x_{it} + B_{it}^s = \delta_{i-1,t}^s x_{i-1,t} + I_{it}^s + B_{i,t-1}^s && \forall i = 2,3,\ldots,N; t \in \mathcal{T}; s \in S \\
& 0 \leq x_{it} \leq M && \forall i = 1,2,\ldots,N; t \in \mathcal{T} \\
& I_{it}^s \geq 0 && \forall i = 1,2,\ldots,N; t \in \mathcal{T}; s \in S \\
& B_{it}^s \geq 0 && \forall i = 1,2,\ldots,N; t \in \mathcal{T}; s \in S
\end{aligned}$$

ここで，初期在庫量と初期バックオーダー量 I_{i0}^s, B_{i0}^s は定数として与えられているものと仮定する．

適応型モデル（期待値最小化）は，以下のようになる．シナリオ s の期 t における第 i 段階の発注量を，過去 $j(=1,2,\ldots,\theta)$ 期の需要の y_{ij} 倍を発注量に加えたアフィン関数とする．

$$X_{it}^s = \sum_{j=1}^{\min\{t-1,\theta\}} d_{t-j}^s y_{ij} + x_{it}$$

過去 $j\,(=1,2,\ldots,\theta)$ 期の第 k 段階における途絶が，第 i 段階の発注量に与える影響を Y_{ikj} としたとき，発注量を需要と途絶情報のアフィン関数として，以下のように決定する．

$$X_{it}^s = \sum_{j=1}^{\min\{t-1,\theta\}} \left\{ d_{t-j}^s y_{ij} + \sum_{k=1}^{N}(1-\delta_{k,t-j}^s)Y_{ikj} \right\} + x_{it}$$

期待値最小化モデルは，以下のようになる．

$$\begin{aligned}
\min. \quad & \sum_{s\in S} p_s \sum_{t\in\mathcal{T}} \sum_{i=1}^{N} (h_i I_{it}^s + b_i B_{it}^s) \\
\text{s.t.} \quad & X_{it}^s = \sum_{j=1}^{\min\{t-1,\theta\}} \left\{ d_{t-j}^s y_{ij} + \sum_{k=1}^{N}(1-\delta_{k,t-j}^s)Y_{ikj} \right\} + x_{it} && \forall i=1,2,\ldots,N; t\in\mathcal{T}; s\in S \\
& I_{1,t-1}^s + \delta_{1t}^s X_{1t}^s + B_{1t}^s = d_t^s + I_{1t}^s + B_{1,t-1}^s && \forall t\in\mathcal{T}; s\in S \\
& I_{i,t-1}^s + \delta_{it}^s X_{it}^s + B_{it}^s = \delta_{i-1,t}^s X_{i-1,t}^s + I_{it}^s + B_{i,t-1}^s && \forall i=2,3,\ldots,N; t\in\mathcal{T}; s\in S \\
& 0 \leq X_{it}^s \leq M && \forall i=1,2,\ldots,N; t\in\mathcal{T}; s\in S \\
& x_{it} \geq 0 && \forall i=1,2,\ldots,N; t\in\mathcal{T} \\
& I_{it}^s \geq 0 && \forall i=1,2,\ldots,N; t\in\mathcal{T}; s\in S \\
& B_{it}^s \geq 0 && \forall i=1,2,\ldots,N; t\in\mathcal{T}; s\in S
\end{aligned}$$

多段階モデルに対しても途絶の影響を調べるための実験を行う．

段階数 N は 10，計画期間 T は 30，品切れ費用 b_i はすべての段階において 100，在庫費用 h_i は $3-0.2i$，途絶確率 α は 0.01 と 0.03，回復確率は前項と同じ，需要は一定値 100，発注の容量 M は十分に大きな値とし，途絶する段階 i を 1 から N まで変えて実験を行う．静的発注量モデル (Static) と適応型モデル (Adaptive) によって算出された費用の変化を図 2.17 に示す．左図に示したのが $\alpha = 0.01$ の場合（途絶しないシナリオの確率は約 0.73），右図に示したのが $\alpha = 0.03$ の場合（途絶しないシナリオの確率は約 0.19）である．

この実験から以下の知見が得られる．

1. 途絶する段階が下流 (1) に近づくにつれて費用が高くなる．
2. 途絶する段階が上流 (N) に近づくにつれて，静的発注量モデルと適応型モデルの費用の差が小さくなる．
3. 途絶確率が低い場合（$\alpha = 0.01$ のとき）には，途絶確率が高い場合（$\alpha = 0.03$ のとき）にくらべて適応型モデルの費用は大幅に減少するが，静的発注量モデルの費用はあまり減少しない．

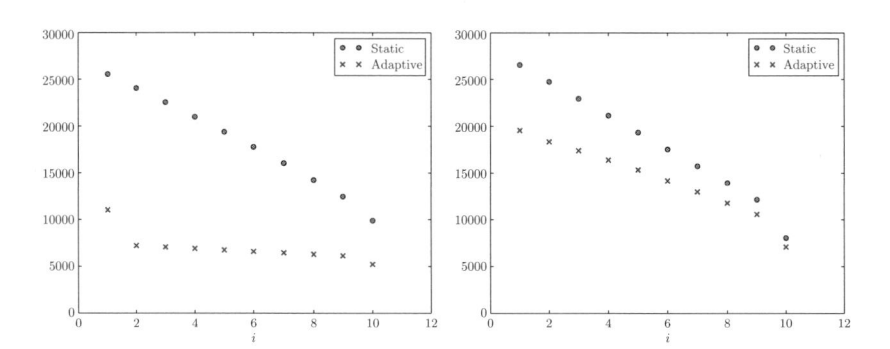

図 2.17: 途絶する段階を変えたときの静的発注量モデル (Static) と適応型モデル (Adaptive) の費用（左図が $\alpha = 0.01$, 右図が $\alpha = 0.03$)

4. $\alpha = 0.03$ の場合には，静的発注量モデルも適応型モデルも費用はほぼ線形に減少しているが，最上流が途絶している場合のみ費用がやや安い．これは，最上流の途絶は若干の在庫の増加で回避できるためである．

5. $\alpha = 0.01$ の場合には，適応型モデルの費用の減少は線形ではなく，最下流（第 1 段階）が途絶した場合の費用がかなり大きくなる．これは，最下流における途絶は，適応的な発注だけでは対処しきれず，ある程度の在庫が必要になるためである．

なお，動的計画に基づく最適方策モデルは，発注量の上限（容量制約）が付加されるだけで，求解不能に陥るが，上のモデルの拡張は容易である．

2.8.6 複数調達モデル

複数調達 (dual sourcing) によってサプライチェーンにおけるリスクの低減を図ることを考える．これは，柔軟性の加味によるリスク対処法と考えられる．

多段階モデルにおける各段階 i において，上流の地点 $i+1$ の供給地点以外に途絶しない供給地点が存在するものと仮定する．通常の供給地点を，**信頼できない供給地点** (unreliable supplier) と呼び，t 期における発注量を x_{it}^{U} と記す．また，途絶しない供給地点を，**信頼できる供給地点** (reliable supplier) と呼び，発注量を x_{it}^{R} と記す．この信頼のおける発注地点からは，途絶発生時にだけ緊急に発注が可能であると仮定する．これは緊急時対応計画 (contingency plan) に対応し，その発注量を x_{it}^{C} と記す．

上の各々の発注に対しては，商品の単価が異なるものと仮定し，信頼できない（通常の）単価は c^{U}，信頼できる供給地点の場合には c^{R}，緊急時対応の場合には c^{C} とする．ここで，$c^{U} < c^{R} < c^{C}$ が成立すると仮定する．

需要がバックオーダーされる場合の複数調達を考慮した静的発注量モデルは，期待値最小化の目的関数基準の下では，以下のようになる．

$$\min. \sum_{s \in S} p_s \sum_{t \in \mathcal{T}} \sum_{i=1}^{N} \left(h_i I_{it}^s + b_i B_{it}^s + c^{\mathrm{U}} \delta_{it}^s x_{it}^{\mathrm{U}} + c^{\mathrm{R}} x_{it}^{\mathrm{R}} + c^{\mathrm{C}} (1-\delta_{it}^s) x_{it}^{\mathrm{C}} \right)$$

s.t.
$$I_{1,t-1}^s + \delta_{1t}^s x_{1t}^{\mathrm{U}} + x_{1t}^{\mathrm{R}} + (1-\delta_{1t}^s) x_{1t}^{\mathrm{C}} + B_{1t}^s = d_t^s + I_{1t}^s + B_{1,t-1}^s \quad \forall t \in \mathcal{T}; s \in S$$

$$I_{i,t-1}^s + \delta_{it}^s x_{it}^{\mathrm{U}} + x_{it}^{\mathrm{R}} + (1-\delta_{it}^s) x_{it}^{\mathrm{C}} + B_{it}^s = \delta_{i-1,t}^s x_{i-1,t} + I_{it}^s + B_{i,t-1}^s \quad \forall i=2,3,\ldots,N; t \in \mathcal{T}; s \in S$$

$$x_{it}^{\mathrm{U}}, x_{it}^{\mathrm{R}}, x_{it}^{\mathrm{C}} \geq 0 \quad \forall i=1,2,\ldots,N; t \in \mathcal{T}$$

$$I_{it}^s \geq 0 \quad \forall i=1,2,\ldots,N; t \in \mathcal{T}; s \in S$$

$$B_{it}^s \geq 0 \quad \forall i=1,2,\ldots,N; t \in \mathcal{T}; s \in S$$

ここで，初期在庫量と初期バックオーダー量 I_{i0}^s, B_{i0}^s は定数として与えられているものと仮定する．

複数調達の挙動を調べるために実験を行う．

最も単純な1段階のサプライチェーンを考え，1期以外のすべての期が1度だけ途絶確率 α で途絶するようにシナリオを作成する．途絶から回復する確率は途絶している期間に依存し，回復する確率を $\beta = (0.3, 0.5, 0.8, 1.0)$ とする．また，途絶が発生しないシナリオを1つ生成し，その確率は1から途絶する確率を減じた値とする．計画期間 T は50，品切れ費用 b は100，在庫費用 h は3，需要は一定値100，発注の容量 M は十分に大きな値とし，信頼できない供給地点のみの場合（これは2.8.4項の実験と同じである），信頼できる供給地点のみの場合，緊急時対応を行う場合の3通りに対して，途絶確率 α を0から0.02まで0.001刻みで変えて実験を行う．調達費用は $c^{\mathrm{U}} = 0, c^{\mathrm{R}} = 5, c^{\mathrm{C}} = 200$ としたときの算出された費用の変化を図2.18に示す．

この実験から以下の知見が得られる．

1. 2.8.4項の実験で確認したように，信頼できない供給地点のみ (U) の費用は，途絶確率 α の増加とともに急激に増加し，その後緩やかに減少する．

2. 信頼できる供給地点のみ (R) の費用は一定値であり，その値は発注費用 $c^{\mathrm{R}} (=5)$ に総発注量を乗じたものである．

3. 緊急時対応 (C) を加味した場合の費用は α の増加とともに，ほぼ線形に増加していく．その値は緊急時発注費用 $c^{\mathrm{C}} (=200)$ に緊急発注を行った（言い換えれば調達が途絶をした）発注量を乗じたものである．緊急発注量は途絶確率 α が増加すると線形に増加するので，緊急発注費用も線形に増加する．

4. 途絶確率が大きくなると信頼できない供給地点のみの費用と緊急時対応の費用は近づく．したがって，α が0.02に近い付近では，緊急時対応の

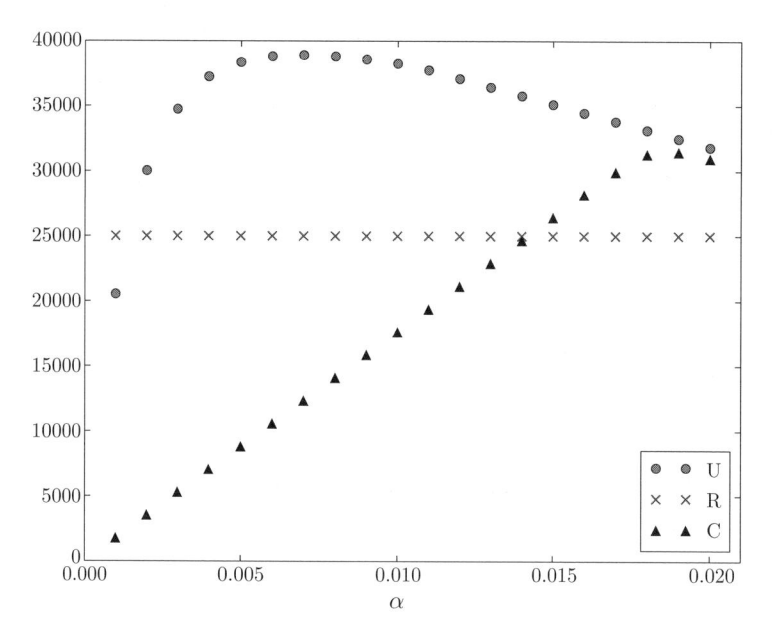

図 2.18: 途絶確率 α を変えたときの信頼できない供給地点のみ (U)，信頼できる供給地点のみ (R)，緊急時対応 (C) の費用．

費用は減少に転じる．

5. （他のパラメータを一定と仮定したとき）途絶確率 α と発注費用 c^U, c^R, c^C によってどの供給地点を使用するかは一意に定まる．途絶確率が小さい場合には緊急時対応を行い，確率が大きくなると信頼できる供給地点を使うのが最適となる．

2.9 安全在庫配置モデル

ここでは，途絶リスクを考慮した安全在庫配置モデルを考える．まず，途絶リスクを含まない通常の安全在庫配置モデルについて述べる．このモデルは，Graves–Willems[9] によって提案されたものであり，以下の仮定に基づく．

1. 単一の最終品目を供給するための在庫地点が有向閉路を含まない有向グラフ $G = (N, A)$ で与えられている．ここで，点集合 N は在庫地点を表し，枝 $(i, j) \in A$ が存在するとき，在庫地点 i が在庫地点 j に補充を行うことを表す．

2. 複数の在庫地点から補充を受ける点においては，補充された各々の品目を用いて別の品目を生産すると考える．このとき在庫地点が複数の在庫地点から補充を受けた場合には，品目を発注してから，すべての品目が

表 2.2: 品切れを起こさない確率（サービスレベル）と安全在庫係数 z の関係式

サービスレベル (%)	90	91	92	93	94	95	96	97	98	99	99.9
z	1.29	1.34	1.41	1.48	1.56	1.65	1.75	1.88	2.05	2.33	3.08

揃うまで生産を開始できない．

3. 各在庫地点における在庫補充方策は，定期発注方策に従う．ここで定期発注方策における「期」とは，基準になる時間の区切りを表し，通常は1日（もしくは1週間，1ヶ月）を表す．以下では，モデルに具体性を出すために期を日に置き換えて論じる．

4. 在庫地点 i における品目の t 日あたりの最大需要量を $D_i(t)$，1日あたりの平均需要量を μ_i とする．たとえば，需要が平均 μ_i，標準偏差 σ_i の独立な正規分布に従い，意思決定者が品切れする確率を安全在庫係数 $z\,(>0)$（表 2.2）で制御していると仮定したときには，$D_i(t)$ は

$$D_i(t) = \mu_i t + z \sigma_i \sqrt{t}$$

となる．ただし品切れした場合は需要は消滅するものと仮定する．この場合，関数 $D_i(t)$ は凹関数となるが，一般には任意の関数でよい．

5. 在庫地点 i において，品目の補充後から出荷までの時間（日数）を**生産時間** (production time) と呼び，T_i と記す．T_i には生産時間の他に，生産や出荷のための待ち時間も含めるものとする．

6. 枝 (i,j) に対して，在庫地点 i から在庫地点 j への輸送時間を τ_{ij} とする．

7. 枝 (i,j) に対して，在庫地点 i は在庫地点 j の発注後，ちょうど L_i 日後に品目を発送することを保証しているものとする．（品目が在庫地点 j に到着するのは，輸送時間を加えた $L_i + \tau_{ij}$ 日後になる．）これを点 i の**保証リード時間** (guaranteed lead time, guaranteed service time) と呼ぶ．保証リード時間 L_i の下限は LB_i とし，上限は UB_i であるとする．

8. 在庫（保管）費用は保管されている在庫量に比例してかかり，点 i における在庫費用は，品目1個，1日あたり h_i 円とする．品目ごとに適切な在庫費用を設定することが難しい場合には，**在庫保管比率** (holding cost ratio) に品目の価値を乗じたものを品目にかかる在庫費用と考えればよい．ここで，在庫保管比率とは，対象とする企業体が品目の価値を現金として保有して他の活動に利用したときの収益率であり，品目の価値とは，外部から調達するときの品目の費用に，各在庫地点で付加される価値（製造費用の和）を加えていったものである．

9. 補充量の上限はない．言い換えれば生産の容量は無限大とする．

上の仮定の下で，1日あたりの在庫費用を最小化するように，各在庫地点

における保証リード時間を決めることが，ここで考える問題の目的である．

この問題に対しては，与えられた有向グラフが（無向にしたグラフが閉路を含まない）木ネットワークの場合には，多項式時間の動的計画アルゴリズムが構成できるが，一般のネットワークに対しては$\mathcal{NP}$-困難であることが知られている[12]．

点 j が品目を発注してから，すべての品目が揃うまでの時間（日数）を**入庫リード時間** (inbound lead time) と呼び，LI_j と記す．入庫リード時間 LI_j の下限を ILB_j，上限を IUB_j とする．点 j における入庫リード時間 LI_j は，以下の式を満たす．

$$L_i + \tau_{ij} \leq LI_j \quad \forall (i,j) \in A$$

入庫リード時間 LI_i に生産時間 T_i を加えたものが，補充の指示を行ってから在庫地点 i が生産を完了するまでの時間となる．これを，**補充リード時間** (replenishment lead time) と呼ぶ．また，在庫地点 i は下流の在庫地点に対して，リード時間 L_i で補充することを保証している．したがって，補充リード時間から L_i を減じた時間内の最大需要に相当する在庫を保持していれば，在庫切れの心配がないことになる．補充リード時間から L_i を減じた時間（$LI_i + T_i - L_i$）を**正味補充時間** (net replenishment time) と呼び，x_i と記す．点 i における安全在庫量は，正味補充時間内における最大需要量から平均需要量を減じた量であるので，安全在庫費用は x_i の関数として以下のように記述できる．

$$f_i(x_i) = h_i \{D_i(x_i) - \mu_i x_i\}$$

上で定義した記号を用いると，安全在庫配置モデルは，非線形最適化問題として以下のように定式化できる．

$$\begin{aligned}
\text{minimize} \quad & \sum_{i \in N} f_i(x_i) \\
\text{subject to} \quad & LI_i + T_i - L_i \leq x_i \quad \forall i \in N \\
& L_i + \tau_{ij} \leq LI_j \quad \forall (i,j) \in A \\
& x_i \geq 0 \quad \forall i \in N \\
& LB_i \leq L_i \leq UB_i \quad \forall i \in N \\
& ILB_i \leq LI_i \leq IUB_i \quad \forall i \in N
\end{aligned}$$

関数 $f_i(x_i)$ を区分的線形関数 で近似するために，タイプ2の**特殊順序集合** (SOS: Special Ordered Set) を用いる．特殊順序集合は，変数の集合に対して適用される制約であり，タイプ1とタイプ2の2種類がある．タイプ1の特殊順序集合は，集合に含まれる変数のうち，たかだか1つが0でない

値をとることを規定する．これは通常，変数が 0-1 変数である場合に用いられ，いくつかのオプションから 1 つを選択することを表す．タイプ 2 の特殊順序集合は，順序が付けられた集合（順序集合）に含まれる変数のうち，（与えられた順序のもとで）連続するたかだか 2 つが 0 でない値をとることを規定する．

x_i 軸を $K+1$ 個の区分 $[a_{ik}, a_{i,k+1}](k = 0, 1, \ldots, K)$ に分割する．点 a_{ik} における関数値を $b_{ik} = f_i(a_{ik})$ と書く．点 a_{ik} に対応する変数 z_{ik} を導入する．点 (a_{ik}, b_{ik}) と点 $(a_{i,k+1}, b_{i,k+1})$ を通る線分を引くことによって区分的線形関数を構成する．区分 $[a_{ik}, a_{i,k+1}]$ 上の関数を線分で近似したとき，線分上の点は両端点の凸結合で表すことができるので，

$$f_i(x_i) \approx \sum_{k=0}^{K} b_{ik} z_{ik}$$

$$x_i = \sum_{k=0}^{K} a_{ik} z_{ik}$$

$$\sum_{k=0}^{K} z_{ik} = 1$$

$$z_{ik} \geq 0 \quad \forall k = 0, 1, \ldots, K$$

$z_{ik}(k = 0, 1, \ldots, K)$ はタイプ 2 の特殊順序集合

が区分的線形近似を与えることが分かる．このように，安全在庫配置モデルは混合整数最適化問題として（近似的にではあるが）定式化できるので，通常の混合整数最適化ソルバーで求解が可能になる．

実際に，Magnanti–Shen–Shu–Simchi-Levi–Teo[14] は，上とは異なる（効率の悪い）区分的線形近似手法を用いて定式化し，100 点程度の問題例まで求解に成功している．

次に，安全在庫配置モデルに途絶リスクを加味することを考えよう．正味補充時間 x_i は，途絶の前に決定しておく即時決定変数とする．これは，途絶の前に安全在庫量を決定しておく必要があり，途絶後も急には変更できないことを表す．

シナリオの集合を S としたとき，シナリオ $s \in S$ の発生確率 p_s，点 i における処理時間 T_i^s，保証リード時間の上下限 UB_i^s, LB_i^s，入庫リード時間の上下限 IUB_i^s, ILB_i^s は，シナリオ $s \in S$ ごとに異なるものとする．シナリオ $s \in S$ に対する点 i の保証リード時間を L_i^s，入庫リード時間を LI_i^s とする．これらは，シナリオに依存して変えてよい変数なので，リコース変数として定義しておく．

ある在庫地点が，上流の複数の在庫地点から品目の供給を受ける際には，

以下の 2 つの場合がある．

1. すべての品目がそろうまで生産が開始できない．この場合には，供給地点 i の保証リード時間の最大値が，発注した点 j の入庫リード時間になる．このような点の集合を**連結点** (conjunctive node) と呼び，その集合を N_C と記す．

2. いずれかの品目が到着すれば生産が開始できる．この場合には，いずれかの供給地点 i の保証リード時間が，発注した点 j の入庫リード時間になる．この場合の供給地点を**離接点** (disjunctive node) と呼び，その集合を N_D と記す．これは複数調達（2.8.6 項参照）を表現したものである．供給地点によって生産・輸送費用が異なることを表すために，点 j が点 i から供給を受けたときの費用を c_{ij} とする．

いま，すべての在庫地点は N_C か N_D のいずれかであると仮定する．離接点 $j \in N_D$ は，シナリオ s に依存して，供給を受ける点を 1 つ選ぶことができる．離接点 j が，点 i から供給を受ける場合に 1，それ以外のとき 0 になる 0-1 変数 ξ_{ij}^s を導入しておく．

顧客（需要地点；すべての在庫地点に対して定義してもよい）i に対しては，保証リード時間 L_i^s に対するサービス関数 g_i を定義しておく．これは，保証リード時間が L_i^s のときの顧客の不満足度を費用に換算したものであり，通常は増加関数である．

上の記号を用いると，非線形最適化によるリスクを考慮した安全在庫配置モデルの定式化は，以下のようになる．

$$\min. \sum_{i \in N} f_i(x_i) + \sum_{s \in S} p_s \left\{ \sum_{i \in N} g_i(L_i^s) + \sum_{(i,j) \in A} c_{ij} \xi_{ij}^s \right\}$$

$$\text{s.t.} \quad LI_i^s + T_i^s - L_i^s \leq x_i \quad \forall i \in N; s \in S$$

$$L_i^s + \tau_{ij} \leq LI_j^s \quad \forall (i,j) \in A; j \in N_C; s \in S$$

$$L_i^s + \tau_{ij} \leq M(1 - \xi_{ij}^s) + LI_j^s \quad \forall (i,j) \in A; i \in N_D; s \in S$$

$$\sum_{i:(i,j) \in A} \xi_{ij}^s = 1 \quad \forall j \in N_D; s \in S$$

$$x_i \geq 0 \quad \forall i \in N$$

$$LB_i^s \leq L_i^s \leq UB_i^s \quad \forall i \in N; s \in S$$

$$ILB_i^s \leq LI_i^s \leq IUB_i^s \quad \forall i \in N; s \in S$$

$$\xi_{ij}^s \in \{0, 1\} \quad \forall (i,j) \in A; j \in N_D; s \in S$$

ここで，3 番目の制約における M は大きな数を表す．

安全在庫費用を表す関数 f_i と顧客の不満足度を表す関数 g_i に区分的線形

近似を用いることによって混合整数最適化ソルバーで求解可能になる．なお，g_i は通常凸関数であるので，タイプ2の特殊順序集合を用いなくても区分的線形近似が可能であり，2次関数と仮定した場合には，凸2次関数に対応したソルバーでそのまま解くことができる．

2.10 動的ロットサイズ決定モデル

ここでは，動的ロットサイズ決定モデルに資源の途絶を考慮したモデルを考える．このモデルの目的は，途絶（生産設備の停止）を考慮した生産計画に対して，生産費用，段取り費用，在庫費用，バックオーダー費用のトレードオフを最適化することにある．このモデルは，パラメータが期によらず一定の場合には，2.7節の経済発注量モデルと類似のモデルになる．本節の目的は，より現実的なシナリオの下で，途絶がロットサイズ決定に対してどのような影響を与えるかを調べることにある．

モデルは，以下の仮定をもつ．

1. 期によって変動する需要量をもつ単一の品目を扱う．また，需要量は不確実性を有し，途絶と同様にシナリオで表されているものとする．
2. 品目を生産する際には，生産数量に依存しない固定費用と数量に比例する変動費用がかかる．
3. 計画期間はあらかじめ決められており，最初の期における在庫量（初期在庫量）ならびにバックオーダー量は0とする．この条件は，実際には任意の初期在庫量やバックオーダー量をもつように変形できるが，以下では議論を簡略化するため，両者とも0であると仮定する．
4. 次の期に持ち越した品目の量に比例して在庫（保管）費用がかかる．
5. 満たされない需要はバックオーダーされるか品切れ（販売機会の逸失）し，バックオーダー量（品切れ量）に応じて，バックオーダー（品切れ）費用がかかる．
6. 生産時間は0とする．これは，生産を行ったその期にすぐに需要を満たすことができることを表す．（生産ではなく）発注を行う場合には，発注すればすぐに商品が届くこと，言い換えればリード時間が0であることに相当する．
7. 各期の生産可能量には上限がある．
8. 生産固定費用，生産変動費用，在庫費用，バックオーダー（品切れ）費用の合計を最小にするような生産方策を決める．

以下に定式化に必要な記号を，パラメータ（定数）と変数に分けて記述

する.

パラメータ

T: 計画期間数；期を表す添え字を $1, 2, \ldots, t, \ldots, T$. 添え字の集合を $\mathcal{T} = \{1, 2, \ldots, T\}$ と記す.

S: シナリオの集合；シナリオを表す添え字を s と記す.

f_t: 期 t において生産を行うために必要な段取り（固定）費用.

c_t: 期 t における品目 1 個あたりの生産変動費用.

h_t: 期 t における（品目 1 個あたり，1 期間あたりの）在庫費用.

b_t: 期 t における（品目 1 個あたり，1 期間あたりの）バックオーダー費用（品切れ費用）.

d_t^s: シナリオ s の期 t における品目の需要量.

M_t: 期 t における生産可能量の上限．以下では，これを生産の容量と呼ぶ．

$\wp_s$: シナリオ s の発生確率.

δ_t^s: シナリオ s が期 t において生産途絶をしているとき 0，それ以外のとき 1 のパラメータ.

変数

I_t^s: シナリオ s における期 t の在庫量．より正確に言うと，期 t の期末の在庫量．

B_t^s: シナリオ s における期 t のバックオーダー（品切れ）量．

x_t: 期 t における生産量を表す変数．

y_t: 期 t に生産を行うとき 1，それ以外のとき 0 を表す 0-1 変数．

上の記号を用いると，途絶を考慮した動的ロットサイズ決定モデルは，以下のように定式化できる．

$$\text{minimize} \sum_{s \in S} \sum_{t \in \mathcal{T}} \delta_t^s (f_t y_t + c_t x_t) + \sum_{s \in S} \sum_{t \in \mathcal{T}} \wp_s (h_t I_t^s + b_t B_t^s)$$

$$\text{subject to} \quad I_{t-1}^s + B_t^s + \delta_t^s x_t = d_t^s + I_t^s + B_{t-1}^s \quad \forall t \in \mathcal{T}; s \in S$$

$$x_t \leq M_t y_t \quad \forall t \in \mathcal{T}; s \in S$$

$$I_0^s = B_0^s = 0 \quad \forall s \in S$$

$$x_t \geq 0, y_t \in \{0, 1\} \quad \forall t \in \mathcal{T}$$

上の定式化で，最初の制約は，バックオーダーを仮定したときの各期における品目の在庫保存式である．在庫がないときに品切れ（販売機会逸失）をして需要が消滅すると仮定したときには，以下の式に変える必要がある．

$$I_{t-1}^s + B_t^s + X_t^s = d_t^s + I_t^s \quad \forall t \in \mathcal{T}; s \in S$$

以下では，2.7 節で考えた途絶を考慮した経済発注量モデルと比較を行う

ための実験を行う．経済発注量モデルでは，品切れ時には需要は消滅すると仮定したので，ここでも品切れの場合の定式化を用いる．（バックオーダーの場合の実験も行ったが，結果はほとんど同じである．）

1期以外のすべての期が1度だけ途絶確率 α で途絶するようにシナリオを作成する．途絶から回復する確率は途絶している期間に依存し，t 期で回復する確率を β_t とする．以下の実験では，必ず4期で回復すると仮定し，$\beta = (0.3, 0.5, 0.8, 1.0)$ と設定する．

計画期間 T は 30，固定費用 f_t は 3000，変動費用 c_t は 0，品切れ費用 b_t は 1000，在庫費用 h_t は 1，需要 d_t は一定と仮定し 100，発注の容量 M は十分に大きな値とし，途絶確率 α は 0 から 0.035 まで 0.001 刻みで変えて実験を行った．総費用と発注回数の変化を図 2.19 に，発注したときの発注量の平均値と（途絶しないと仮定した）1 期の発注量の変化を図 2.20 に示す．

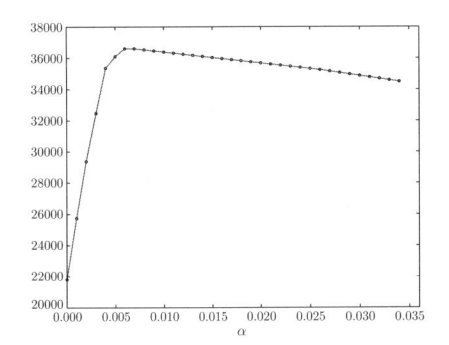

この実験から以下の知見が得られる．

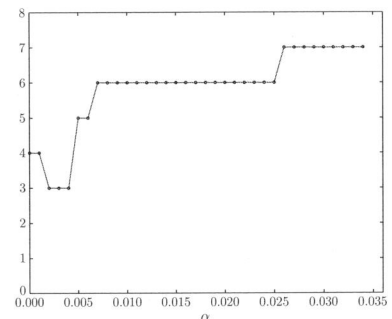

図 2.19: 途絶確率 α を変えたときの総費用（左図）と発注回数（右図）の変化

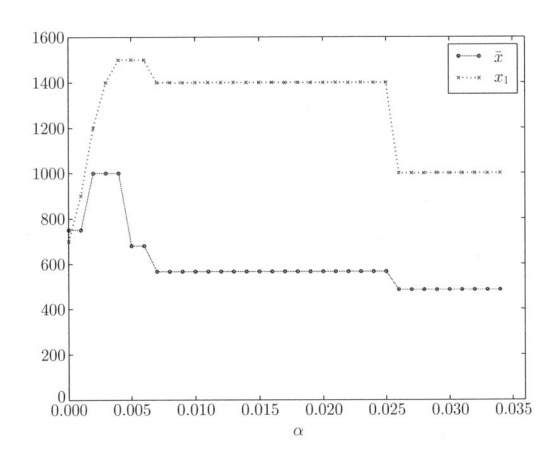

図 2.20: 途絶確率 α を変えたときの発注量の平均値 $\bar{x}$ と 1 期の発注量 x_1 の変化

1. 費用は途絶確率 $\alpha = 0$ のときが最も小さく，α の増加とともに急激に増大する．これは品切れ費用が大きめに設定されているため，途絶が発生する場合には発注量を多めにし在庫を確保するためである．しかし，$\alpha = 0.06$ あたりから徐々に費用は小さくなる．これは途絶しないシナリオの際にかかる在庫費用が，途絶確率の増加とともに減少するためである．

2. 発注回数は $\alpha = 0.05$ 付近までは一時的に減少するが，その後は階段状に増加していく．これは頻繁に発注することによって途絶の影響を少なくするためである．この結果は，2.7 節の途絶を考慮した経済発注量モデルの結果と矛盾している．経済発注量モデルでは途絶の影響下では，発注量は大きくなり，同時に発注間隔（サイクル時間）が大きくなる．ここで考えるモデルでは，途絶している期の生産は消滅すると仮定している．一方，経済発注量モデルでは，途絶終了時に途絶中に発注していた量が到着すると仮定している．この違いが異なる結果を導いたのだと推測される．

3. 発注量は平均値も第 1 期の量も $\alpha = 0.05$ 付近までは一時的に増加するが，その後は減少していく．途絶確率が小さいときには発注量を大きくし，途絶確率が大きくなると発注頻度を上げるために発注量を小さくする傾向があるためである．

2.11　スケジューリングモデル

　スケジューリングとは，**資源** (resource) を複数の**活動** (activity) へ（時間的な要因を考慮して）割り振ることである．資源は，しばしば**機械** (machine) もしくは**プロセッサ** (processor) と呼ばれる．前者は生産計画への応用を意識した用語であり，後者は計算機コントロールへの応用を意識したものである．

　機械に割り振る対象である活動を**ジョブ** (job) もしくは**タスク** (task) と呼ぶ．前者は生産計画で用いられ，後者は計算機コントロールで用いられる用語である．以下では主に前者（ジョブ）を用いる．

　資源（機械）は時間軸をもち，ジョブは資源（機械）の一部もしくは全部を時間軸上で 使用 することによって処理される．各資源（機械）の時間軸の一部を 占有 することによって処理される場合を特に**機械スケジューリング問題** (machine scheduling problem) と呼ぶ．また，資源（機械）を占有するのではなく，資源の一部を使用する場合を**資源制約付きスケジューリング問題** (resource constrained scheduling problem) と呼ぶ．一般に，機械スケジューリング問題は，資源制約付きスケジューリング問題において資源使用

量の上限が1単位で，かつ各ジョブの資源の使用量が1単位の特殊形であると考えられる．

スケジューリングモデルにおける代表的な不確実性の要因として，資源途絶や処理時間の変動が挙げられる．資源途絶とは，機械の故障や作業員の急な休暇などを指す．準備フェイズにおいては，ジョブに使用する資源が異なる複数の処理モード（作業方法）を準備しておくことや，処理時間や資源に余裕を見込んで多少多めに設定する方法が考えられる．応答フェイズにおいては，準備フェイズで用意しておいた複数のモードから適切なモードを選択することや，作業を行う順番を変更するリスケジューリングが考えられる．

本節では，先行制約をもつ2つのジョブ間の余裕時間，リスケジューリング，複数の処理モードに着目し，これらの方策を定量的に評価するためのモデルについて考える．

本節の構成は以下のとおり．

2.11.1 項では，スケジューリングモデルを将来事象に対する不確実性の観点から分類する．

2.11.2 項では，資源制約のないスケジューリングモデルについて考える．

2.11.3 項では，柔軟スケジューリングモデルについて述べる．

2.11.4 項では，資源制約付きスケジューリングモデルについて述べる．

2.11.1 分類

途絶を考慮したスケジューリング問題を考える際には，将来事象に対する情報がどのように与えられているかが重要になる．ここでは，以下の3通りに分類して考える．

1. 事前に確定値が分かっている．(deterministic, 確定的, 決定的)

    多くの研究者の研究対象になってきたモデルは，この範疇に含まれる．そのため，単にスケジューリングと呼んだときには，このタイプのモデルを指す場合が多い．この仮定の下でのモデルを，特に**確定的スケジューリング** (deterministic scheduling) と呼ぶ．確定的スケジューリングにおいては，不確実性を考慮しなくてもよいので，純粋に最適な組合せを探索する問題に帰着される．

2. 事前に確定値が分かっていないが，確率的な情報が与えられている．(stochastic, probabilistic, 確率的)

    この仮定の下でのモデルを，特に**確率的スケジューリング** (stochastic scheduling, stochastic shop scheduling) と呼ぶ．この仮定の下では，確率的な情報を用いてスケジュールを作成しておき，確定値が判明した時

点で再最適化（リスケジューリング）を行う方法が考えられる．このとき，事前に作成しておくスケジュールを基スケジュールもしくは予防スケジュールと呼び，確定値が判明した後で作成されるスケジュールを応答スケジュールと呼ぶ．実際問題においては，基スケジュールをもとに資源調達やサプライチェーンの上流への発注などが行われるので，基スケジュールと応答スケジュールが大きく異なると現場が混乱する恐れがある．そのため，応答スケジュールの基スケジュールからの逸脱をペナルティとして目的関数に加えたモデルが必要になる．このようなスケジュールを作成するモデルを予防・応答スケジューリングと呼ぶ．

3. それ以外．（何の情報も与えられていない．）

   ジョブが到着するまで，ジョブの処理に必要な時間，処理可能な機械などの諸情報が与えられておらず，到着のときにはじめてあきらかになる場合が考えられる．この仮定の下では，簡単な方策（ルール）によって，ジョブを資源（機械）に割り当て，一度割り当てたジョブに関しては，その作業開始時刻を固定してしまう方法がしばしば用いられる．このようなスケジューリングモデルを，特に**オンライン・スケジューリング** (on-line scheduling) と呼ぶ．もちろん，ジョブの到着時に，まだ作業が開始していないジョブに対しては再最適化（リスケジューリング）を行うこともできる．

2.11.2 資源制約なしのモデル

ここでは，資源制約なしのスケジューリング問題を考える．この問題で考慮する制約は先行制約だけであり，PERT/CPM 型のプロジェクト・スケジューリング問題と呼ばれる．**PERT**(Program Evaluation and Review Technique) および **CPM**（Critical Path Method, **クリティカルパス法**）は，スケジューリング理論の始祖とも言える古典的なモデルである．

PERT の目的は，ジョブ間の先行順序を満たし，かつ最後のジョブの作業完了時刻を最小にするように各ジョブの作業開始時刻を定めることである．

スケジューリングにおけるジョブ間の先行関係を表現するための自然な方法として，有向グラフを用いる．この際，ジョブを点として表現するか，有向枝として表現するかによって 2 通りの図式が考えられる．ジョブ（活動）を点として表現する方式を**点上活動図式** (activity-on-node diagram) と呼び，（有向）枝として表現する場合を**枝上活動図式** (activity-on-arc diagram) と呼ぶ．

PERT が紹介された当初は，枝上活動図式が用いられていた．点上活動図

式は，Levy–Thompson–Wiest[13] がクリティカルパス法の説明のために導入したものである．しばしば，**矢線図式** (arrow diagram, アローダイアグラム) や**先行順序図式** (precedence diagram) と呼ばれることもあるが，これらの俗語では活動を点として表現しているのか，枝として表現しているのかが不正確であるので，使用すべきではない．

PERT を最適化問題として捉えると，枝上活動図式で表現したときに，閉路を含まない有向グラフ上で最長路（クリティカルパス）を求める問題に他ならない．これは，枝の数の線形時間で求めることができる．PERT は線形最適化問題として定式化できるが，以下では作業時間が不確実性をもつ PERT を考え，予防・応答スケジューリングを作成するための定式化を与える．

予防スケジューリングでは，**基スケジュール** (base schedule) を決める．これに基づいて資材や人員の手配を行うので，この基スケジュールからの変更をなるべく小さくすることが目的の 1 つとなる．これは即時決定変数として定式化する．

途絶によって作業時間が変動した後で，応答スケジューリングを行う．これは変動後に決定されるのでリコース変数として定式化する．ここでの目的は，シナリオごとの完了時刻をなるべく早くしながら，基スケジュールからの逸脱を小さくすることである．

まず，定式化に必要な記号を導入する．

集合
$\mathcal{J}$: ジョブの集合；添え字は j, k.
$\mathcal{P}$: ジョブ間の先行制約を表す集合．$\mathcal{J} \times \mathcal{J}$ の部分集合で，$(j, k) \in \mathcal{P}$ のとき，ジョブ j とジョブ k の間に先行制約が定義されるものとする．また，すべてのジョブに後続するダミーのジョブが存在するものと仮定し，そのジョブの添え字を n と記す．
$\mathcal{S}$: シナリオの集合；添え字は s.

パラメータ
p_j^s: シナリオ s におけるジョブ j の処理時間．非負の整数を仮定する．なお，ジョブ n の処理時間は，すべてのシナリオにおいて 0 と仮定する．
w_j: ジョブ j の基スケジュールからの逸脱ペナルティを計算する際の重み．
ϱ_s: シナリオ s の発生確率．

変数
st_j: 基スケジュールにおけるジョブ j の開始時刻（即時決定変数）．
ST_j^s: シナリオ s の発生時におけるジョブ j の開始時刻（リコース変数）．

目的関数は最後のジョブの完了時刻の期待値と基スケジュールからの逸脱

の重み付き期待値の和であり，制約は，ジョブの対 $(j,k) \in \mathcal{P}$ に対して先行制約が定義されているとき，ジョブ j の処理が終了するまで，ジョブ k の処理が開始できないことを表す先行制約である．

PERT の線形最適化による定式化は，以下のように書ける．

$$\text{minimize} \quad \sum_{s \in S} \wp_s \left\{ ST_n^s + \sum_{j \in \mathcal{J}} w_j |st_j - ST_j^s| \right\}$$
$$\text{subject to} \quad ST_j^s + p_j^s \leq ST_k^s \qquad \forall (j,k) \in \mathcal{P}; s \in S$$
$$st_j \geq 0 \qquad \forall j \in \mathcal{J}$$
$$ST_j^s \geq 0 \qquad \forall j \in \mathcal{J}; s \in S$$

上のモデルの挙動を調べるために実験的解析を行う．ジョブは 3×5 の格子ネットワークの点に対応させ，点 (i,j) から点 $(i+1,j)$ ならびに点 (i,j) から点 $(i,j+1)$ に対して枝を生成する．この枝が先行制約に対応する．処理時間は平均 $\mu = 100$，標準偏差 σ の正規分布（ただし 1 未満の値は 1 と設定する）としてランダムに発生させることにより 100 個のシナリオを生成する．シナリオの発生確率は $1/100$ である．標準偏差 $\sigma = 1, 10, 50, 100$ に対して，パラメータ $w_j = w$ を 0.01 から 1 まで 0.01 刻みで変えたときの，最後の点 $n = (3,5)$ の完了時刻の標準偏差（左図）と，基スケジューリングにおける最後の点の予定完了時刻（右図）の変化を図 2.21 に示す．

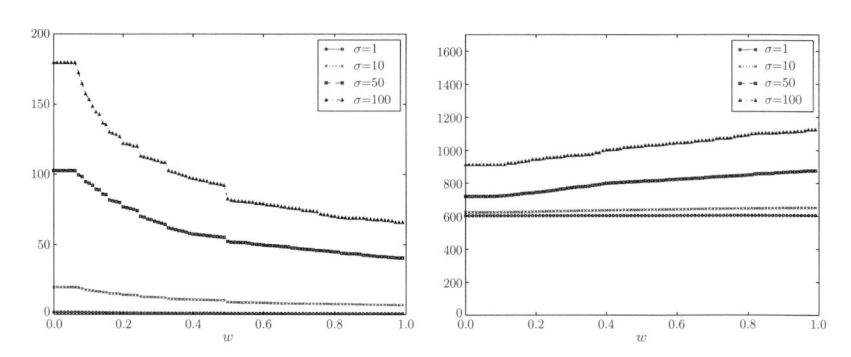

図 **2.21:** パラメータ w を変えたときの，完了時刻の標準偏差（左図）と基スケジューリングの予定完了時刻（右図）の変化

この実験結果から以下の知見が得られる．

1. パラメータ w が小さいときには変化が少ないが，$w = 0.1$ を超えると完了時刻の標準偏差が徐々に減少し，基スケジューリングの完了時刻は徐々に増加する．これは，処理時間のばらつきの影響を受けないように，各ジョブの開始時刻に余裕を加えていくためである．

2. 処理時間のばらつき σ が 1 のときには完了時刻の標準偏差，予定完了時刻ともに w を変えることによる影響は少ないが，σ が大きくなると影響が大きくなる．

資源制約がないスケジューリング問題のもう 1 つの古典として CPM（クリティカルパス法）がある．CPM は，各ジョブに適切な費用を投入することによって完了時刻の短縮を試みる点が特徴である．短縮のための投入量が新しい意思決定変数になるが，PERT と同様に容易に解くことができる．

以下では，処理時間の変動がシナリオによって与えられた CPM を考え，静的モデルと適応型モデルを提案する．静的モデルとは，2.8.3 項の静的発注量モデルのように，事前に投入量を決めておく方法である．適応型モデルとは，2.8.4 項の在庫問題に対する適応型モデルのように，発生したシナリオにおける過去の情報を用いて適応的に投入量を変化させるモデルである．

静的モデルの定式化に必要な記号を追加する．

パラメータ

a_j: ジョブ j の処理時間を 1 単位短縮するために必要な費用．
L_j: ジョブ j の処理時間の下限．

変数

x_j: ジョブ j の処理時間を短縮させるために投入する量．

上の記号以外は PERT で導入したものと同じである．ただし，ここでは基スケジュールからの逸脱ペナルティは考慮しない．CPM の線形最適化による定式化は，以下のように書ける．

$$
\begin{aligned}
\text{minimize} \quad & \sum_{s \in S} \wp_s ST_n^s + \sum_{j \in \mathcal{J}} a_j x_j \\
\text{subject to} \quad & ST_j^s + p_j^s - x_j \leq ST_k^s && \forall (j,k) \in \mathcal{P}; s \in S \\
& p_j^s - x_j \geq L_j && \forall j \in \mathcal{J}; s \in S \\
& ST_j^s \geq 0 && \forall j \in \mathcal{J}; s \in S
\end{aligned}
$$

適応型モデルでは，ジョブ j を処理する前に完了していなければならないジョブの集合 I_j の情報を用いて投入量を決める．ジョブ j へのシナリオ s に依存した投入量を表す変数を X_j^s と記す．すべてのシナリオに対する情報を使うのではなく，I_j に含まれるジョブの処理時間の情報だけを用いて X_j^s を決める．シナリオ s におけるジョブ j の平均値 μ_j からの（上方，下方）逸脱量を以下のように定義する．

$$e_{js}^+ = \max\{p_j^s - \mu_j, 0\}$$

$$e_{js}^- = \max\{\mu_j - p_j^s, 0\}$$

これらの量を用いて，ジョブ j に対する投入量 X_j^s をアフィン関数として以下のように決める．

$$X_j^s = x_j + \sum_{i \in I_j} \left(e_{js}^+ Y_{ij} + e_{js}^- Z_{ij} \right)$$

ここで $Y_{ij}(Z_{ij})$ は（負の値も許した）実数値をとる連続変数であり，ジョブ i の処理時間の平均値からの超過（不足）量が，ジョブ j の投入量に与える影響を表す変数である．

上で提案した 2 つのモデルの比較のための実験を行う．

PERT と同様に，ジョブは 3×5 の格子ネットワークの点に対応させ，点 (i,j) から点 $(i+1,j)$ ならびに点 (i,j) から点 $(i,j+1)$ に対して枝を生成する．この枝が先行制約に対応する．処理時間は平均 μ, 標準偏差 σ の正規分布（ただし 1 未満の値は 1 と設定する）としてランダムに発生させることにより 300 個のシナリオを生成する．シナリオの発生確率は 1/300 である．処理時間の下限 L_j はすべて 0 と設定する．標準偏差 $\sigma = 10, 30$ に対して，パラメータ $a_j = a$ を 0.1 から 1 まで 0.1 刻みで変えたときの，総費用（目的関数値）（左図）と完了時刻の期待値の変化を図 2.22 に示す．

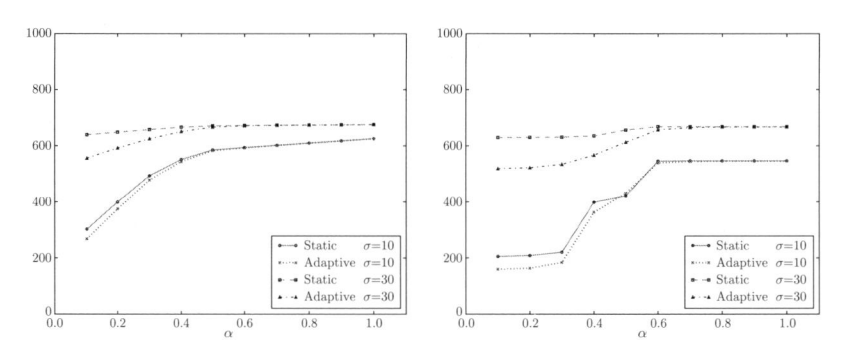

図 2.22: パラメータ a を変えたときの，目的関数値（左図）と完了時刻の期待値（右図）の変化

上の実験から以下の知見を得る．

1. （処理時間が独立な正規分布という条件下でも）適応型モデルの方が静的モデルより若干費用が安くなる．ただし，パラメータ a が 0.5 を超えると同じ値になる．
2. （短縮された）完了時刻も同様であり，a が小さい範囲では適応型モデルの方が小さい値になる．

2.11.3 柔軟スケジューリングモデル

ここでは，サプライチェーンに対する柔軟性の研究[8] の拡張を考える．ここで考えるのは，どのように処理モードを準備しておけば，将来発生する処理時間や資源途絶の不確実性に対して柔軟に応答できるかを表現したスケジューリングモデルである．

まず，定式化に必要な記号を導入する．

集合

$\mathcal{J}$: ジョブの集合；添え字は j.

R: 資源の集合；添え字は r.

S: シナリオの集合；添え字は s. ここでは，ジョブの資源使用量と資源の使用可能量上限が不確実性をもつ場合を考え，これをシナリオで表現する．

パラメータ

c_{jr}: ジョブ j を資源 r で処理できるようにするための固定費用（割当費用）．これは，ジョブに対して処理モードを準備しておくことに相当する．事前に処理モードを付加しておくことによって，途絶発生時や処理時間の変動に対して適切なモードを選択することが可能になり，システムの柔軟性を増すことができる．

U_r: 資源 r の使用可能量上限．

$\wp_s$: シナリオ s の発生確率．

a_j^s: シナリオ s におけるジョブ j の処理時間．資源には依存しないと仮定する．

δ_r^s: シナリオ s で資源 r が利用可能であるとき 1，それ以外のとき（資源が途絶しているとき） 0 のパラメータ．

変数

x_{jr}: ジョブ j が資源 r で処理可能なとき 1，それ以外のとき 0 を表す 0-1 変数（即時決定変数）．

X_{jr}^s: シナリオ s において，ジョブ j を資源 r で処理する割合を表す実数変数（リコース変数）．

y_r^s: シナリオ s における資源 r の超過量を表す実数変数（リコース変数）．

上の記号を用いると，ジョブの資源への割当費用と超過量の和を最小化するモデルは，以下のようになる．

$$\text{minimize} \quad \sum_{j \in \mathcal{J}} \sum_{r \in R} c_{jr} x_{jr} + \sum_{s \in S} \sum_{r \in R} \wp_s y_r^s$$

$$\text{subject to} \quad \sum_{r \in R} X_{jr}^s = 1 \qquad \forall j \in \mathcal{J}; s \in S$$

$$\sum_{j \in J} a_j^s X_{jr}^s \leq \delta_r^s U_r + y_r^s \qquad \forall r \in R; s \in S$$

$$X_{jr}^s \leq x_{jr} \qquad \forall j \in \mathcal{J}; r \in R; s \in S$$

$$x_{jr} \in \{0, 1\} \qquad \forall j \in \mathcal{J}; r \in R$$

$$X_{jr}^s \geq 0 \qquad \forall j \in \mathcal{J}; r \in R; s \in S$$

$$y_r^s \geq 0 \qquad \forall r \in R; s \in S$$

このモデルは，工場（資源）に製品（ジョブ）を割り当てるモデルと解釈できる．図 2.23 のように工場に製造可能な製品を割り当てることを考える．従来の研究では，需要の変動に対しては，1-柔軟性（図 2.23 (a)）では不十分だが，2-柔軟性（図 2.23 (b)）ですべての工場ですべての製品を製造可能とした場合（図 2.23 (c)）とほぼ同じ性能をもつことが示されている[8,10]．ただし，供給の**途絶** (disruption) に対しては，2-柔軟性では不十分だというシミュレーションの結果[19] もある．

これらの研究では，割り当てを事前に与えてシミュレーションを行って評価していたが，ここでは，上の数理最適化モデルを用いて，どのような割り当てが最適なのかを直接求めることによって，より深い洞察を得る．

実験においては，ジョブ（製品）の数と資源（工場）の数を 5，資源 r の使用可能量上限 U_r はすべて 125 に固定する．ジョブ j の処理時間（需要量）a_j^s は平均 100，標準偏差 30 の正規分布（ただし負の値は 0）とし，資源の途絶については，途絶確率 α で 1 つの資源が等確率で途絶すると仮定する．各資源が途絶する場合とすべての資源が途絶しない場合に対して，10 通りのランダムな処理時間を生成することによってシナリオを生成する．すなわ

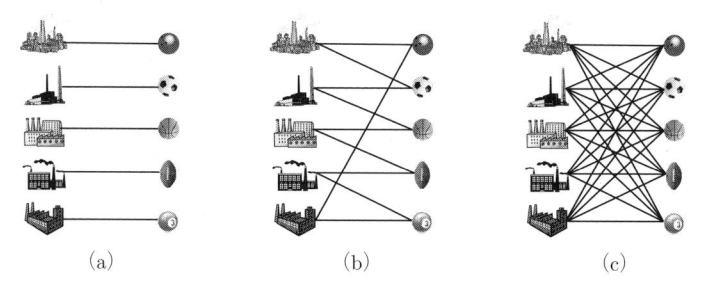

図 2.23: 工場への製品割当モデル．(a) 各工場に 1 つの製品を割り当てた場合（1-柔軟性）．(b) 工場に 2 つの製品を全体として 1 本のパス（チェイン）になるように割り当てた場合（2-柔軟性）．(c) すべての工場にすべての製品を割り当てた場合（完全柔軟性）．

ち，シナリオは全体で $(5+1) \times 10 = 60$ 個となる．割り当て費用 c_{jr} を同一の値 $C = 1/10^\kappa$ とし，κ を 0 から 6 まで変化させる．C が小さい（κ が大きい）と完全柔軟性，C が大きい（κ が小さい）と 1-柔軟性に近づくことが予想される．

ここでは，資源に対して平均して何個のジョブが割り当てられたか（次数）によって評価する．（次数は，図 2.23 における工場を表す点に接続する枝の本数を指す．）途絶確率 $\alpha = 0, 0.3, 0.6, 0.9$ に対して，κ を変えたときの平均次数の変化を図 2.24 に示す．

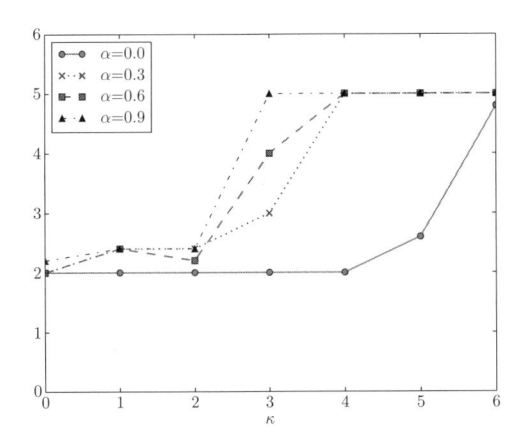

図 2.24: 途絶確率 $\alpha = 0, 0.3, 0.6, 0.9$ に対する平均次数の変化

この結果から以下の知見が得られる．

1. 途絶がない（$\alpha = 0$ の）場合には，広い κ の範囲で平均次数が 2 になっており，2-柔軟性が最適になる．これは従来の研究の結果と一致する．
2. 途絶がない（$\alpha = 0$ の）場合でも κ が 6（割当費用 C が百万分の 1）になると完全柔軟性が最適になる．
3. 途絶確率が大きくなると，より小さな κ で 2-柔軟性が最適でなくなる．これは，資源の途絶がある場合には，2-柔軟性では不十分であるという従来の結果と一致する．また，最適解は 2-柔軟性のような綺麗な形状ではなく，異なる次数をもつ点が混在した複雑な形状になる．
4. 途絶確率が大きくなると，$\kappa = 4$（割当費用 C が 1 万分の 1）で完全柔軟性が最適になる．これは，途絶が頻繁に発生し，かつ複数のモードを準備することが容易な場合には，できるだけすべてのジョブをすべての資源で処理可能にしておくべきであることを示唆する．

次に，使用可能量上限が十分な資源が 1 つある場合について実験を行う．

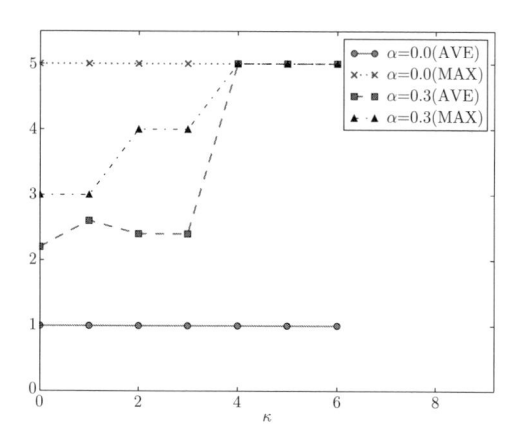

図 2.25: 途絶確率 $\alpha = 0, 0.3$ に対する平均次数 (AVE) と最大次数 (MAX) の変化

資源 1 の使用可能量上限を 1000 に設定したときの結果を図 2.25 に示す．
この結果から以下の知見が得られる．

1. 途絶がない（$\alpha = 0$ の）場合では，すべての κ に対して最大次数（図中の MAX）が 5 であり，平均次数（図中の AVE）が 1 の形状が最適になる．これは，1 つの資源にすべてのジョブが割り当てられている状態を表し，処理時間の不確実性をすべて同じ資源で処理することによって吸収していることを意味する．サプライチェーンの例では，需要の不確実性を 1 つの工場でまとめて生産することによって吸収する，いわゆる**リスク共同管理** (risk pooling) が行われていることを表す．
2. 途絶があり（$\alpha = 0.3$），κ が 4 未満の場合には，最大次数が 3 から 4 の間，平均次数が 2 から 3 の間の形状が最適になる．これは 1 つの資源にジョブを集中させない，いわゆる**リスク多様化** (risk diversification) が行われていることを表す．
3. 途絶があり κ が 4 以上の場合には完全柔軟性が最適になる．

2.11.4　資源制約付きスケジューリングモデル

資源制約付きスケジューリングモデルは，以下のように定義されるモデルである．

ジョブの集合 $\mathcal{J}$，各時間ごとの使用可能量の上限をもつ資源の集合 $\mathcal{R}$ が与えられている．資源は，ジョブごとに決められた処理時間の間はジョブによって使用されるが，作業完了後は，再び使用可能になる．ジョブ間に与えられた先行制約を満たした上で，ジョブの作業開始時刻に対する任意の関数

の和を最小化するような，資源のジョブへの割り振りおよびジョブの作業開始時刻を求める．

ここでは，資源制約付きスケジューリングモデルに途絶を追加することを考える．本項の目標は，資源制約が途絶に与える影響を調べることにある．

定式化を行うために，時刻を離散化した期の概念を用いる．まず，定式化で用いる集合，入力データ，変数を示す．

集合

$\mathcal{J}$: ジョブの集合；添え字は j, k．
$\mathcal{R}$: 資源の集合；添え字は r．
$\mathcal{P}$: ジョブ間の先行制約を表す集合．$\mathcal{J} \times \mathcal{J}$ の部分集合で，$(j,k) \in \mathcal{P}$ のとき，ジョブ j とジョブ k の間に先行制約が定義されるものとする．
$\mathcal{S}$: シナリオの集合；添え字は s．

パラメータ

T: 最大の期数；期の添え字は $t = 1, 2, \ldots, T$．連続時間との対応付けは，時刻 $t-1$ から t までを期 t と定義する．なお，期を表す添え字は t の他に τ も用いる．
p_j^s: シナリオ s におけるジョブ j の処理時間．非負の整数を仮定する．
w_j: ジョブ j の基スケジュールからの逸脱ペナルティを計算する際の重み．
c_{jt}^s: シナリオ s においてジョブ j を期 t に開始したときの費用．
$\wp_s$: シナリオ s の発生確率．
a_{jrt}^s: シナリオ s におけるジョブ j の開始後 $t\,(= 0, 1, \ldots, p_j - 1)$ 期経過時の処理に要する資源 r の量．
RUB_{rt}^s: シナリオ s における時刻 t における資源 r の使用可能量の上限．

変数

X_{jt}^s: シナリオ s の発生時においてジョブ j を時刻 t に開始するとき 1，それ以外のとき 0 を表す 0-1 変数．
st_j: 基スケジュールにおけるジョブ j の開始時刻．
ST_j^s: シナリオ s の発生時におけるジョブ j の開始時刻．

以下に，途絶を考慮した資源制約付きスケジューリングモデルの定式化を示す．

$$\text{minimize} \sum_{s \in S} \sum_{j \in \mathcal{J}} \sum_{t=1}^{T-p_j^s+1} \wp_s c_{jt}^s X_{jt}^s + \sum_{s \in S} \sum_{j \in \mathcal{J}} \wp_s w_j |st_j - ST_{jt}^s|$$

subject to

ジョブ遂行制約

開始時刻制約

資源制約

先行制約

$$st_j \geq 0 \quad \forall j \in \mathcal{J}$$

$$ST_j^s \geq 0 \quad \forall j \in \mathcal{J}; s \in S$$

$$X_{jt}^s \in \{0,1\} \quad \forall j \in \mathcal{J}; t = 1, 2, \ldots, T - p_j + 1; s \in S$$

ジョブ遂行制約：

$$\sum_{t=1}^{T-p_j^s+1} X_{jt}^s = 1 \quad \forall j \in \mathcal{J}; s \in S$$

すべてのジョブは必ず 1 度処理されなければならないことを表す．

開始時刻制約：

$$\sum_{t=2}^{T-p_j^s+1} (t-1)X_{jt}^s = ST_j^s \quad \forall j \in \mathcal{J}; s \in S$$

開始時刻を規定する．

資源制約：

$$\sum_{j \in \mathcal{J}} \sum_{\tau = \max\{t-p_j^s+1, 1\}}^{\min\{t, T-p_j^s+1\}} a_{jr,t-\tau}^s X_{j\tau}^s \leq RUB_{rt}^s \quad \forall r \in \mathcal{R}; t \in \mathcal{T}; s \in S$$

ある時刻 t に作業中であるジョブの資源使用量の合計が，資源使用量の上限を超えないことを規定する．時刻 t に作業中であるジョブは，時刻 $t - p_j^s + 1$ から t の間に作業を開始したジョブであるので，上式を得る．

先行制約： ジョブの対 $(j,k) \in \mathcal{P}$ に対して，ジョブ j の処理が終了するまで，ジョブ k の処理が開始できないことを表す先行制約は，

$$ST_j^s + p_j^s \leq ST_k^s \quad \forall (j,k) \in \mathcal{P}; s \in S$$

と書くことができる．

上のモデルの挙動を調べるために実験的解析を行う．上のモデルは整数最適化問題であり，通常の数理最適化ソルバーでの求解は極めて時間がかかる．ここでは，整数変数 X_{jt}^s を実数変数に緩和した問題を用いて実験を行う．緩和した変数は，各ジョブごとに合計が 1 となる遂行制約があるので，シナリオ s の発生時においてジョブ j を時刻 t に開始する「確率」と解釈ができる．したがって，緩和問題を解くことによって得られた目的関数値はランダム化戦略（ゲーム理論における混合戦略）を用いたときの期待値となる．

ジョブ数は 10 とし，処理時間は 1 から 5 までの整数を一様分布で発生させる．資源は 1 種類とし，その上限を 3 とする．ジョブ間の先行制約はなく，各ジョブはこの資源を 1 単位使用して処理される．これは並列ショップと呼ばれるスケジューリング問題である．以下の方法で途絶シナリオを発生させる．

1 期以外のすべての期が 1 度だけ途絶確率 α で途絶するようにシナリオを作成する．途絶していない期に対しては資源量の上限を 3 とし，途絶している期に対しては 0 とする．途絶からの回復確率 β_t は途絶している期間 t に依存し，回復する確率を $\beta = (0.3, 0.5, 0.8, 1.0)$ とする．また，途絶が発生しないシナリオを 1 つ生成し，その確率は 1 から途絶する確率を減じた値とする．

ここではジョブに関する費用 $\sum_{s \in S} \sum_{j \in \mathcal{J}} \sum_{t=1}^{T-p_j^s+1} \wp_s c_{jt}^s X_{jt}^s$ と基スケジューリングからのずれの合計 $\sum_{s \in S} \sum_{j \in \mathcal{J}} \wp_s |st_j - ST_{jt}^s|$ を用いて評価を行う．パラメータ w_j はジョブによらない値 w とし，w を $10, 100, 1000, 10000$ と変えたときの，総費用（左図）と基スケジューリングからのずれの合計（右図）の変化を図 2.26 に示す．

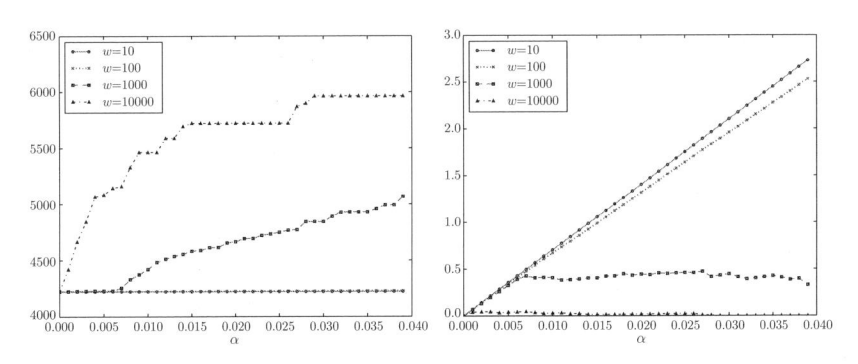

図 **2.26:** 途絶確率 α を変えたときの総費用（左図）と基スケジューリングからのずれの合計（右図）の変化

この実験結果から以下の知見が得られる．

1. パラメータ w が小さいときには，途絶確率 α を大きくしても総費用は変化しない．これはシナリオごとに開始時刻を調整する，いわゆるリスケジューリングによる柔軟性によって，費用の悪化をある程度避けることができることを表す．
2. 一方，パラメータ w を大きくすると，途絶確率 α の増加に伴い総費用は徐々に大きくなる．
3. パラメータ w が小さいときには，途絶確率 α の増大に伴い基スケジューリングからのずれの合計が線形に増加する．

4. 一方，パラメータ w を大きくすると，途絶確率 α を大きくしても基スケジューリングからのずれの合計は増加せず，さらに α が大きくなると減少する傾向がある．これは費用の多少の増加を犠牲にし余裕をもったスケジュールを組むことによって，途絶が発生しても基スケジューリングからの大きな逸脱を避けることができることを示す．

2.12 ロジスティクス・ネットワーク設計モデル

ここでは，ロジスティクス・ネットワーク設計モデルに 2.4 節のリスク最適化の枠組みを適用したモデルを示す．モデルの目的は，単位期間（通常は年）ベースのデータをもとに，ロジスティクス・ネットワークの形状を決めることにある．本モデルは，主にストラテジックレベルの意思決定で用いられ，リバース・ロジスティクスや輸送モードなどの種々の付加条件を，点と枝から構成されるネットワークと，それ上に定義される資源だけで表現できる点が特徴である．

2.12.1 集合

S: シナリオの集合．添え字を s で表す．

将来起こりえる事象をシナリオとして表現する．ここでは，需要と資源の使用可能量上限のみが変動するものと仮定して定式化を行うが，任意のパラメータをシナリオに依存して変化する不確実性をもつようにできる（単にシナリオの添え字 s を付けるだけでよい）．

N: 点の集合；添え字を i, j, k で表す．

原料供給地点，工場，倉庫の配置可能地点，顧客群（顧客を集約したもの）などのすべての地点を総称して点と呼ぶ．

Arc: 枝の集合．

少なくとも 1 つの製品群が移動する可能性のある点の対を枝と呼ぶ．

Prod: 製品群の集合；添え字を p, q で表す．

ロジスティクス・ネットワーク内を流れる「もの」を製品と呼ぶ．製品を集約したものを製品群と呼ぶ．

以下に定義する Child_p, Parent_p は，製品群の集合の部分集合である．

Child_p: 部品展開表における製品群 p の子製品群の集合．

言い換えれば，製品群 p を製造するために必要な製品群の集合．

Parent_p: 部品展開表における製品群 p の親製品群の集合．

言い換えれば，製品群 p を分解することによって生成される製品群の集合．

Res: 資源の集合；添え字を k で表す．

製品群を処理（移動，組立て，分解）するための資源の総称．資源は枝上で定義される．たとえば，工場を表す枝における生産ライン（もしくは機械）や輸送を表す枝における輸送機器（トラック，船，鉄道，航空機など）が資源の代表的な要素となる．

NodeProd: 需要もしくは供給が発生する点と製品群の 2 つ組の集合．

ArcRes: 枝と資源の可能な 2 つ組の集合．

枝 $a \in \mathrm{Arc}$ 上で資源 $r \in \mathrm{Res}$ が利用可能なとき，(a,r) の組が集合 ArcRes に含まれるものとする．

ArcResProd: 枝と資源と製品群の可能な 3 つ組の集合．

枝 $a \in \mathrm{Arc}$ 上の資源 $r \in \mathrm{Res}$ で製品群 $p \in \mathrm{Prod}$ の処理が可能なとき，(a,r,p) の組が集合 ArcResProd に含まれるものとする．

以下に定義する Asmbl, Disasmbl および Trans は ArcResProd の部分集合である．

Asmbl: 組立てを表す枝と資源と製品群の可能な 3 つ組の集合．

枝 $a \in \mathrm{Arc}$ 上の資源 $r \in \mathrm{Res}$ で製品群 $p \in \mathrm{Prod}$ の組立て処理が可能なとき，(a,r,p) の組が集合 Asmbl に含まれるものとする．ここで製品群 p の組立て処理とは，子製品群の集合 Child_p を用いて p を製造することを指す．

Disasmbl: 分解を表す枝と資源と製品群の可能な 3 つ組の集合．

枝 $a \in \mathrm{Arc}$ 上の資源 $r \in \mathrm{Res}$ で製品群 $p \in \mathrm{Prod}$ の分解処理が可能なとき，(a,r,p) の組が集合 Disasmbl に含まれるものとする．ここで製品群 p の分解処理とは，p から親製品群の集合 Parent_p を生成することを指す．

Trans: 移動を表す枝と資源と製品群の可能な 3 つ組の集合．

枝 $a \in \mathrm{Arc}$ 上の資源 $r \in \mathrm{Res}$ で製品群 $p \in \mathrm{Prod}$ が形態を変えずに移動することが可能なとき，(a,r,p) の組は集合 Trans に含まれるものとする．

ResProd: 資源と製品群の可能な 2 つ組の集合．

集合 ArcResProd から生成される．

ArcProd: 枝と製品群の可能な 2 つ組の集合．

集合 ArcResProd から生成される．

2.12.2 入力データ

$\wp_s$: シナリオ s の発生確率.

D_i^{ps}: シナリオ s, 点 i における製品群 p の需要量（p-units / 単位期間）；負の需要は供給量を表す．ここで，p-unit とは，製品群 p の 1 単位を表す．

$DPENALTY_{ip}^+$: 製品群 p の 1 単位あたりの需要超過ペナルティ（円 / 単位期間・p-unit）．

$DPENALTY_{ip}^-$: 製品群 p の 1 単位あたりの需要不足ペナルティ（円 / 単位期間・p-unit）．

AFC_{ij}: 枝 (i,j) を使用するときに発生する固定費用（円 / 単位期間）．

$ARFC_{ijr}$: 枝 (i,j) 上で資源 r を使用するときに発生する固定費用（円 / 単位期間）．

$ARPVC_{ijr}^p$: 枝 (i,j) 上で資源 r を利用して製品群 p を 1 単位処理するごとに発生する変動費用（円 / 単位期間・p-unit）．

U_{pq}: 製品群 p の 1 単位を組立て処理するために必要な製品群 $q \in \mathrm{Child}_p$ の量（q-units）．

$\bar{U}_{pq}$: 製品群 p の 1 単位を分解処理して生成される製品群 $q \in \mathrm{Parent}_p$ の量（q-units）．

RUB_r^s: シナリオ s における資源 r の利用可能量上限（r-units）；ここで，r-unit とは，資源 r の 1 単位を表す．

R_r^p: 製品群 p の 1 単位を処理する際に必要な資源 r の量（r-units）．

CT_{ijr}^p: 枝 (i,j) 上で資源 r を利用して製品群 p を処理する際のサイクル時間（単位期間）．

LT_{ijr}^p: 枝 (i,j) 上で資源 r を利用して製品群 p を処理する際のリード時間（単位期間）．

VAL_i^p: 点 i 上での製品群 p の価値（円）．

SSR_i^p: 点 i 上での製品群 p の安全在庫係数（無次元）．

VAR_p: 製品群 p の変動比率（p-units）；これは，製品群ごとの需要の分散と平均の比が一定と仮定したとき，「需要の分散 / 需要の平均」と定義される値である．

$ratio$: 利子率（% / 単位期間）．

EIC_{ij}^p: 枝 (i,j) 上で資源 r を用いて処理（組立て，分解，輸送）される製品群 p に対して定義されるエシェロン在庫費用（円 / 単位期間）；この値は，以下のように計算される．

$$EIC_{ijr}^p = \left[ratio\left(VAL_j^p - \sum_{q\in\mathrm{Child}_p} U_{pq} VAL_i^q\right)/100\right]^+ \quad (i,j,r,p) \in \mathrm{Asmbl}$$

$$EIC_{ijr}^p = \left[ratio\left(\sum_{q\in\text{Parent}_p} \bar{U}_{pq}VAL_j^q - VAL_i^p\right)/100\right]^+ \quad (i,j,r,p) \in \text{Disasmbl}$$

$$EIC_{ijr}^p = \left[ratio\left(VAL_j^p - VAL_i^p\right)/100\right]^+ \quad (i,j,r,p) \in \text{Trans}$$

ここで $[\cdot]^+$ は $\max\{\cdot, 0\}$ を表す.

h_{ijr}: 枝 (i,j) 上の資源 r を変更したときのペナルティ関数.

2.12.3 変数

変数は即時決定変数とリコース変数に分けられる. 即時決定変数は, シナリオが発生する前に決めておく変数である.

y_{ij}: 枝 (i,j) を利用するとき 1, それ以外のとき 0 の 0-1 変数.
z_{ijr}: 枝 (i,j) 上で資源 r を利用するとき 1, それ以外のとき 0 の 0-1 変数.

リコース変数は, シナリオ発生後に決定される変数である.

Z_{ijr}^s: 上の即時決定変数のうち資源に関する変数 z_{ijr} は, ペナルティを支払えば変更することが可能であると考える. Z_{ijr}^s は, シナリオ s における枝 (i,j) 上で資源 r を利用するとき 1, それ以外のとき 0 の 0-1 変数を表す.

w_{ijr}^{ps}: シナリオ s において枝 (i,j) で資源 r を利用して製品群 p を処理する量を表す実数変数 (p-units / 単位期間).

v_{ip}^{s+}: シナリオ s において点 i における製品群 p の需要の超過量 (需要が負のときには供給の超過量) を表す実数変数 (p-units / 単位期間).

v_{ip}^{s-}: シナリオ s において点 i における製品群 p の需要の不足量 (需要が負のときには供給の不足量) を表す実数変数 (p-units / 単位期間).

2.12.4 定式化

minimize　　枝固定費用 + 枝・資源固定費用 +
　　　　　　枝・資源・製品群変動費用 + 需要量超過費用 + 需要量不足費用 +
　　　　　　サイクル在庫費用 + 安全在庫費用 + 資源変更費用
subject to　　フロー整合条件
　　　　　　資源使用量上限

第2章 サプライチェーンリスク管理

枝と枝上の資源の繋ぎ条件

目的関数の構成要素：

$$\text{枝固定費用} = \sum_{(i,j)\in\text{Arc}} AFC_{ij} y_{ij}$$

$$\text{枝・資源固定費用} = \sum_{(i,j,r)\in\text{ArcRes}} ARFC_{ijr} z_{ijr} + \sum_{s\in S} \sum_{(i,j,r)\in\text{ArcRes}} \wp_s ARFC_{ijr} Z^s_{ijr}$$

$$\text{枝・資源・製品群変動費用} = \sum_{s\in S} \sum_{(i,j,r,p)\in\text{ArcResProd}} \wp_s ARPVC^p_{ijr} w^{ps}_{ijr}$$

$$\text{需要量超過費用} = \sum_{s\in S} \sum_{(i,p)\in\text{NodeProd}} \wp_s DPENALTY^+_{ip} v^{s+}_{ip}$$

$$\text{需要量不足費用} = \sum_{s\in S} \sum_{(i,p)\in\text{NodeProd}} \wp_s DPENALTY^-_{ip} v^{s-}_{ip}$$

$$\text{サイクル在庫費用} = \sum_{s\in S} \sum_{(i,j,r,p)\in\text{ArcResProd}} \wp_s \frac{EIC^p_{ijr} CT^p_{ijr}}{2} w^{ps}_{ijr}$$

$$\text{安全在庫費用} = \sum_{s\in S} \sum_{(i,j,r,p)\in\text{ArcResProd}} \wp_s ratioVAL^p_j SSR^p_i \sqrt{VAR_p LT^p_{ijr} w^{ps}_{ijr}}$$

ここで，上式における平方根は区分的線形関数で近似するものとする．

$$\text{資源変更費用} = \sum_{s\in S} \sum_{(i,j,r)\in\text{ArcRes}} h_{ijr}(|z_{ijr} - Z^s_{ijr}|)$$

フロー整合条件：

$$\sum_{r\in\text{Res}, j\in\text{N}:(j,i,r,p)\in\text{Trans}\cup\text{Asmbl}} w^p_{jir} +$$

$$\sum_{r\in\text{Res}, j\in\text{N}:(j,i,r,q)\in\text{Disasmbl}, p\in\text{Parent}_q} \bar{U}_{qp} w^{qs}_{jir}$$

$$= \sum_{r\in\text{Res}, k\in\text{N}:(i,k,r,p)\in\text{Trans}\cup\text{Disasmbl}} w^{ps}_{ikr} +$$

$$\sum_{r\in\text{Res}, k\in\text{N}:(i,k,r,q)\in\text{Asmbl}, p\in\text{Child}_q} U_{qp} w^{qs}_{ikr} +$$

(if $(i,p) \in \text{NodeProd}$ then $D^{ps}_i - v^{s-}_{ip} + v^{s+}_{ip}$ else 0)

$$\forall i \in \text{N}; p \in \text{Prod}; s \in S$$

資源使用量上限：
$$\sum_{p\in \text{Prod}:(i,j,r,p)\in \text{ArcResProd}} R_r^p w_{ijr}^{ps} \leq RUB_r^s Z_{ijr}^s \quad \forall (i,j,r) \in \text{ArcRes}; s \in S$$

枝と枝上の資源の繋ぎ条件：
$$z_{ijr} \leq y_{ij} \quad \forall (i,j,r) \in \text{ArcRes}$$

$$Z_{ijr}^s \leq y_{ij} \quad \forall (i,j,r) \in \text{ArcRes}; s \in S$$

2.13 運搬スケジューリングモデル

ここでは，途絶を考慮した運搬スケジューリングモデルを考える．主な応用としては，途絶発生時の鉄道や航空機のリスケジューリングである．これらの応用は，**途絶管理** (disruption management) と呼ばれる分野の一部であり，我が国では最適化はほとんど使用されていないが，世界的に見ると多くの成功事例が報告されている．

鉄道や航空機による人の輸送においては，決められた時刻に輸送手段の移動を行うための時刻表（ダイヤ）が定められている．途絶発生時に，通常のダイヤになるべく早く復旧することが，リスクを考慮した運搬スケジューリングモデルの目的である．

準備フェイズにおいては，予備資源を確保したり，余裕のあるスケジュールを作成しておくことが考えられる．予備資源とは，乗務員や輸送手段を待機させておくことに相当する．たとえば，航空機スケジューリングの場合には，予備のパイロットは必ず待機し，可能であれば予備の機体を確保しておく．

通常，運搬スケジューリングモデルに対しては，フローモデルと列生成法が推奨されている[25]．したがって，応答フェイズにおけるリスケジューリングもフローモデルもしくは列生成法を使うことになる．通常の運搬スケジューリングモデルとは異なり，ダイヤからの逸脱を最小限にしながら，復旧を行うことが目的となる．

以下では，航空機割り当てを例としたモデルを示す．ここでは航空機の種類は1種類であり，区別されないものと仮定する．まず，フローモデルの定式化に必要な記号を導入する．

集合

F: 便の集合．ここで**便** (flight, trip) とは，予定されている乗客を乗せた

航空機の移動であり，航空機がある空港を決められた時刻に出発し，途中で着陸することなしに飛行し，別の空港に決められた時刻に到着することを指す．

N: 時空間ネットワークにおける点集合．点と時刻の対を（時空間ネットワークの）点とみなすことによって時空間ネットワークの点集合を構成する．時刻は与えられた刻み幅で生成しておく．たとえば 30 分を 1 単位として 12 時間後までの復旧スケジュールを作成する場合には，24 期分を生成する．空港の数が 10 の場合は，10×24 で 240 個の点が点集合 N になる．

A: 時空間ネットワークにおける枝集合．航空機がある空港をある時刻に出発し，別の空港にある時刻に到着する可能性のあるものを枝とみなすことによって時空間ネットワークの枝集合を構成する．時空間ネットワークの枝は，定時運行の便に対応するもの，回送，遅れ枝，ならびに保護枝から構成される．ここで**回送** (deadhead, ferry flight) とは，乗客を乗せない状態での空港間の移動を指す．また，遅れ枝とは，本来の時刻から遅れて離陸する便を表し，通常は $30, 60, 120$ 分などの適当な遅れ時間を加えたものを複数準備しておく．また，保護枝とは，予定では 1 機の航空機が空港 A から空港 B 経由で空港 C へ飛んでいた 2 つの便 (A – B と B – C) に対して，途絶発生時に異なる航空機によって処理されることをできるだけ避けるために生成しておく枝である．空港 A から空港 C への便を表す（保護）枝を生成し，その費用を空港 B 経由のものより安く設定することによって優先して処理されるようにしておく．

G: 航空機の地上における待機を表す枝を**地上枝** (ground arc) と呼ぶ．時空間ネットワーク $\mathcal{G}$ は $\mathcal{G} = (N, A \cup G)$ と定義される．

$O(i)$: 点 i から出る枝（地上枝も含む）の集合．

$I(i)$: 点 i に入る枝（地上枝も含む）の集合．

A_f: 便 f を含む枝の集合．

パラメータ

c_a: （地上枝を含む）枝 a を使用したときの費用．

d_f: 便 f を使用しない（キャンセルした）ときのペナルティ費用．

b_i: （時空間ネットワークの）点 i に対する航空機の流入量（負の値は流出量）．$b_i > 0$ の（時空間ネットワークの）点が，途絶発生時に航空機が存在している地点と時刻の対，$b_i < 0$ の（時空間ネットワークの）点が，事前に決められたダイヤ（便）において航空機が必要とされている地点と時刻の対となる．

変数

x_a: 枝 a が使われるとき 1，それ以外のとき 0 の 0-1 変数．

z_a: 地上枝 a を移動する航空機の数（実数変数）．

ξ_f: 便 f がキャンセルされるとき 1，それ以外のとき 0 の 0-1 変数．

上の記号を用いると，途絶からの最小費用での復旧を目指す問題は以下のように定式化できる．

$$\begin{aligned}
\text{minimize} \quad & \sum_{a \in A} c_a x_a + \sum_{g \in G} c_g z_a + \sum_{f \in F} d_f \xi_f \\
\text{subject to} \quad & \sum_{a \in O(i)} (x_a + z_a) - \sum_{a \in I(i)} (x_a + z_a) = b_i \quad \forall i \in N \\
& \sum_{a \in A_f} x_a + \xi_f = 1 \quad \forall f \in F \\
& x_a \in \{0, 1\} \quad \forall a \in A \\
& z_a \geq 0 \quad \forall a \in G \\
& \xi_f \in \{0, 1\} \quad \forall f \in F
\end{aligned}$$

次に，列生成法で必要な記号を導入する．

集合

P: パスの集合．パスは，航空機ごとの始点（航空機が途絶時に存在する地点と時刻の対）から，終点（航空機が必要とされる地点と時刻の対）への時空間ネットワーク上でのパスであり，必要に応じて追加されるものとする．パスは以下の定式化で列に対応するので，列生成法と呼ばれる．

P_f: 便 f を含むパスの部分集合．

$PO(i)$: （$b_i > 0$ である）点 i を始点とするパスの集合．

$PI(i)$: （$b_i < 0$ である）点 i を終点とするパスの集合．

パラメータ

C_p: パス p を採用したときの費用．これはパスに含まれる（地上枝を含む）枝の費用の合計である．

変数

X_p: パス p を使用するとき 1，それ以外のとき 0 の 0-1 変数．

上の記号を用いると，列生成法の**主問題** (master problem) は以下のように定式化される．

$$\begin{aligned}
\text{minimize} \quad & \sum_{p \in P} C_p X_p + \sum_{f \in F} d_f \xi_f \\
\text{subject to} \quad & \sum_{p \in PO(i)} X_p = b_i && \forall i \in N : b_i > 0 \\
& \sum_{p \in PI(i)} X_p = -b_i && \forall i \in N : b_i < 0 \\
& \sum_{p \in P_f} X_p + \xi_f = 1 && \forall f \in F \\
& X_p \in \{0,1\} && \forall p \in P \\
& \xi_f \in \{0,1\} && \forall f \in F
\end{aligned}$$

この問題を直接解くためには，あらかじめすべてのパスを列挙しておく必要がある．しかし，パスの数は非常に多いことが予想されるので，すべてのパスを「事前に」列挙しておくことは事実上不可能な場合が多い．ここでは，見込みのありそうなパスだけに限定し，必要に応じてパスを生成する，いわゆる**列生成法** (column generation method) を用いる．

列生成法のためには，必要なパスを生成する子問題を解く必要がある．この問題の場合は比較的容易であり，上の主問題の線形最適化緩和問題を解くことによって第 3 式に対する最適双対変数を得た後で，閉路を含まない時空間ネットワーク上で最短路問題を解くことによってパスが生成できる．

2.14 動的価格付けモデル

収益管理 (revenue management) は，航空機の座席やホテルの部屋などの陳腐化資産[23]) を対象に，価格を動的に変化させることによって収益を最大化させることを目的とする．近年，陳腐化資産以外の通常の商品に対しても，価格を動的に変更することによって需要をコントロールして収益の最大化を目指す動きが出てきている．これは，インターネットでの販売などで価格の変更が容易になってきたことや，旧来，マーケティングの分野で生産や在庫を無視して決定されていた価格やキャンペーンが，それだけでは企業全体の利益に結び付かないことが分かってきたことに起因する[15,16]．

ここでは，生産・在庫と価格の決定を同時に行うためのモデル―**動的価格付けモデル** (dynamic pricing model)―に対する数理最適化モデルを示し，それを用いた実験的解析を行う．また，供給の途絶を考慮した動的価格決定モデルを提案し，実験的解析を行う．

価格を動的に変更して需要をコントロールする手法は，電力の調整問題に対しても有効である．つまり，価格を変更することによって電力の需要をコ

---

23) **陳腐化資産** (perishable asset) とは，時間がくるとその価値が 0（もしくは極めて小さく）なってしまう企業体の資産を指す．

ントロールする際にも，本節のモデルは適用可能なのである．電力の有効活用のための数理最適化は，我が国ではほとんど使われていないので，今後応用が期待される分野でもある．

本節の構成は以下のとおり．

2.14.1 項では，多期間の在庫モデルに価格の変更を導入したモデル（動的価格付けモデル）について考える．ここでは2通りの需要の不確実性に対する実験的解析を行い，需要の変動の価格付けに対する影響を調べる．

2.14.2 項では，CVaRを評価尺度とした動的価格付けモデルについて考える．ここでは実験的解析を通して，意思決定者のリスク回避行動が価格や発注量に与える影響について調べる．

2.14.3 項では，供給途絶を含む動的価格付けモデルについて考え，実験的解析を通して途絶の価格付けに対する影響を調べる．

2.14.4 項では，人間の心理を取り入れた参照価格を考慮した動的価格付けモデルについて考え，実験的解析によって様々な知見を得る．

2.14.1 途絶を考慮しないモデル

ここでは，多期間の在庫モデルに価格の変更を導入したモデルを考える．このモデルでは，発注量だけでなく価格をシナリオに依存しない変数（即時決定変数）とし，在庫量ならびにバックオーダー量（品切れ量）をシナリオに依存するリコース変数とする．

定式化に必要な記号を導入する．

集合

S: シナリオの集合；シナリオを表す添え字を s と記す．

パラメータ

T: 計画期間数；期を表す添え字を $1, 2, \ldots, t, \ldots, T$，添え字の集合を $\mathcal{T} = \{1, 2, \ldots, T\}$ と記す．

h_t: 期 t における（品目1個あたり，1期間あたりの）在庫費用．

b_t: 期 t における（品目1個あたり，1期間あたりの）バックオーダー費用．

c_t: 期 t における（品目1個あたりの）購入（発注変動）費用．

$\wp_s$: シナリオ s の発生確率．

ϵ_t^s: シナリオ s，期 t における需要の不確実性を表すパラメータ．

変数

x_t: 期 t における発注量を表す（即時決定）変数．

p_t: 期 t における価格を表す（即時決定）変数．

d_t: 期 t における基本需要量を表す（即時決定）変数．ここでは簡単のため，基本需要量 d_t は価格 p_t の線形関数として，

$$d_t = -a(p_t - p_0) + d_0$$

と決まるものと仮定する．ここで p_0 は価格の下限，d_0 はそのときの需要量，a は需要の価格敏感度を表すパラメータである．他の需要価格関数[24]でも同様に定式化できる．

D_t^s: シナリオ s における需要量を表す変数．ここでは，ϵ_t^s をシナリオ s によって定まるランダムパラメータとしたとき，以下の2通りの不確実性を考える．

加法的不確実性

$$D_t^s = d_t + \epsilon_t^s$$

乗法的不確実性

$$D_t^s = \epsilon_t^s d_t$$

ただし，加法的不確実性の場合には，ϵ_t^s は平均 0 の分布，乗法的不確実性の場合には，ϵ_t^s は平均 1 の分布とする．以下では2つの場合をまとめて $D_t^s = \phi(d_t, \epsilon_t^s)$ と記述する．

I_t^s: シナリオ s における期 t の在庫量．より正確に言うと，期 t の期末の在庫量を表す（リコース）変数．

B_t^s: シナリオ s における期 t のバックオーダー（品切れ）量を表す（リコース）変数．

[24] たとえば指数分布，特定の離散値をとる関数，消費者のランダム効用を仮定した**ロジットモデル (logit model)**[15] が考えられる．

上の記号を用いると，（バックオーダーを仮定した）多期間の動的価格付けモデルは，以下のように定式化できる．

$$\begin{aligned}
\text{maximize} \quad & \sum_{s \in S} \sum_{t \in \mathcal{T}} \wp_s \left(D_t^s p_t - h_t I_t^s - b_t B_t^s - c_t x_t \right) \\
\text{subject to} \quad & I_{t-1}^s + x_t + B_t^s = D_t^s + I_t^s + B_{t-1}^s && \forall t \in \mathcal{T}; s \in S \\
& d_t = -a(p_t - p_0) + d_0 && \forall t \in \mathcal{T} \\
& D_t^s = \phi(d_t, \epsilon_t^s) && \forall t \in \mathcal{T}; s \in S \\
& p_0 \leq p_t \leq p_0 + d_0/a && \forall t \in \mathcal{T} \\
& x_t \geq 0 && \forall t \in \mathcal{T} \\
& I_t^s \geq 0 && \forall t \in \mathcal{T}; s \in S \\
& B_t^s \geq 0 && \forall t \in \mathcal{T}; s \in S
\end{aligned}$$

ここで，I_0, B_0 は定数として与えられているものと仮定する．

品切れ（販売機会逸失）の場合には，上の定式化の最初の制約を以下のように変更する（これは以下のモデルでも同様である）．

$$I_{t-1}^s + x_t + B_t^s = D_t^s + I_t^s \quad \forall t \in \mathcal{T}; s \in S$$

まず簡単な場合として，1期の場合を考える．これは新聞売り子モデルに価格を加味したモデルになり，解析的な結果が知られている[25]．

加法的な需要の不確実性がある場合には，商品の価格はやや小さめに設定することが最適であることが知られている．ただし，この結果を信じて，需要のばらつきの大きい商品の価格を安く設定することは危険である．需要の不確実性の項が加法的ではなく，乗法的と仮定したモデルでは，不確実性をもつ商品の価格は必ず高く設定するのが最適であることが示されているからである[4]．

以下では，数理最適化モデルによる実験により解析的モデルの結果を検証するとともに，より詳細な動的価格付けの挙動を分析する．なお，本節の実験では，モデリング言語 AMPL と非線形最適化ソルバー knitro を用いる[25]．

実験に用いるパラメータは以下のように設定する．ランダム性を含まない部分の需要 d は価格 p の関数として $d = 100 - p$ とする．ランダム項 ϵ は，加法的不確実性の場合には平均 0 の正規分布，乗法的不確実性の場合には平均 1 の（負の値は 0 とした）切断正規分布とし，10000 個ランダムに発生させることによってシナリオを生成する．各シナリオの発生確率は同じで 1/10000 とする．以下の実験では，在庫費用 h_t は 1，品切れ費用 b_t は 100，購入費用 c_t は 0 とする．

加法的不確実性の場合は，ランダム項 ϵ の標準偏差 σ を 0 から 20 まで 1 刻みで変化させて実験を行う．図 2.27 の左図は，価格 p，需要 d ならびに発注量 x の平均値の変化を，図 2.27 の右図は，総収益の変化を表す．

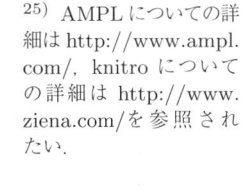

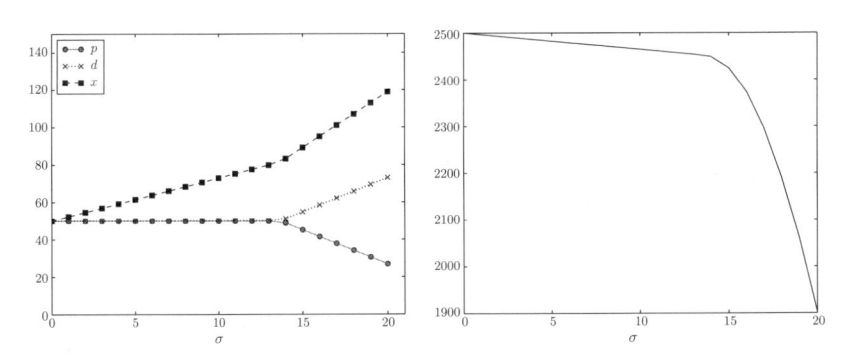

25) AMPL についての詳細は http://www.ampl.com/，knitro についての詳細は http://www.ziena.com/を参照されたい．

図 2.27: 新聞売り子モデルに対する実験．加法的不確実性をもつ需要における標準偏差 σ を変えたときの価格 (p)，需要 (d)，発注量 (x) の変化（左）と総収益の変化（右）．

この実験から以下の知見が得られる．

1. 需要のばらつき σ が一定量より大きくなると，最適価格は需要が不確実

性をもたない場合の最適価格 (50) より小さくなる．閾値は $\sigma = 14$ あたりであり，それ以下だと最適価格は一定であるが，そこを超えるとばらつきが大きくなるにつれて最適価格は線形に降下していく（同時に需要は線形に増加する）．

2. 発注量 x は，ばらつき σ が大きくなるにつれて上昇するが，閾値 (14) を超えると傾きが増加する．閾値以下での上昇は，σ に比例した安全在庫分の発注量の増加であり，閾値を超えた後の傾きの増加は，価格変更による需要の増加分である．

3. 需要のばらつき σ が増えると収益は徐々に減少し，閾値 (14) を超えると急激に減少する．

乗法的不確実性の場合には，ランダム項 ϵ の標準偏差 σ を 0 から 2 まで 0.1 刻みで変化させ，実験を行う．図 2.28 の左図は，価格 p，需要 d ならびに発注量 x の平均値の変化を，図 2.28 の右図は，総収益の変化を表す．

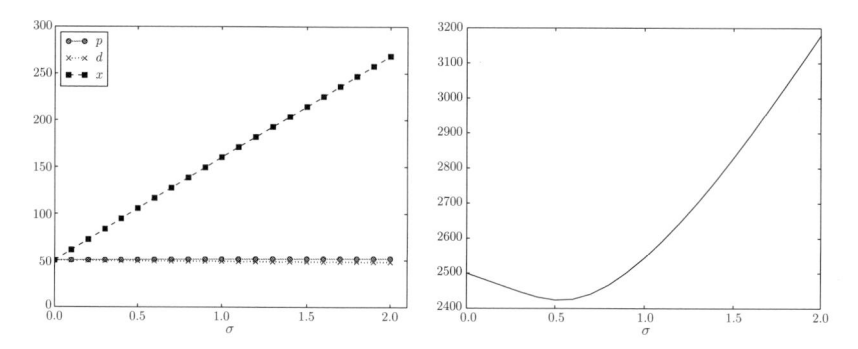

図 2.28: 新聞売り子モデル対する実験．乗法的不確実性をもつ需要における標準偏差 σ を変えたときの価格 (p)，需要 (d)，発注量 (x) の変化（左）と総収益の変化（右）．

この実験から以下の知見が得られる．

1. 最適価格は需要が不確実性をもたない場合の最適価格 (50) より若干大きくなる．（図だけでは読み取りにくいが，$\sigma = 2$ における最適価格は 53 程度である）．

2. 発注量は需要のばらつき σ の増加とともにほぼ線形に増加していく．傾きが加法的不確実性のときより大きいのは，標準偏差が $\sigma \times$ 需要量 であるためである．需要は σ の上昇とともに 50 より若干小さくなるので，発注量は正確には凹関数になる．

3. 需要のばらつき σ が 0 から増えると収益は一時的に減少するが，$\sigma = 0.5$ 付近で反転し，その後は増加する．需要の標準偏差がある程度以上大き

くなると，需要が平均値よりかなり大きい期が出てくる．それらの高需要期における販売による収益が，在庫をもつことによる費用（これはばらつきに比例して増加する）を上回るので，収益が増加に反転するのだと推測される．

加法的不確実性の場合には，最適価格が不確実性をもたない場合の最適価格 (50) より小さくなり，乗法的不確実性の場合には，最適価格が大きくなることは，従来の解析的モデル[4] でも示唆されている．解析的モデルは複雑なので，ここではその解釈について簡単に触れておこう．

需要のばらつきは，需要の標準偏差もしくは**変動係数** (coefficient of variation) [26] で評価される．在庫を減らすためには，このいずれかのばらつきの尺度を小さくする必要がある．加法的不確実性の場合には，標準偏差は σ, 変動係数は $\sigma/$需要量 であるので，標準偏差は価格によらず一定であるが，変動係数は価格を下げると（需要が反比例して大きくなるので）小さくなる．一方，乗法的不確実性の場合には，標準偏差は $\sigma \times$需要量，変動係数は σ であるので，変動係数は価格によらず一定であるが，標準偏差は価格を上げると（需要が反比例して小さくなるので）小さくなる．これが，加法的不確実性の場合には不確実性をもたない場合の最適価格より小さくなり，乗法的不確実性の場合には大きくなる理由である．

一方，多期間モデルに対しては解析的な結果は得られていない．以下では，品切れが消滅するという仮定の下での静的発注量モデルを用いて実験を行う．期数 T は 10 に設定し，初期在庫は 0 とし，シナリオの個数は 1000 とする．その他のパラメータは，単一期間の新聞売り子モデルと同じである．

T 期間の平均値を図 2.29（加法的不確実性）と図 2.30（乗法的不確実性）に示す．また，平均値だけではなく，期別の挙動を調べるために，期別の価

[26] 基準化されたばらつきの尺度で「需要の標準偏差 / 需要の平均」と定義される．

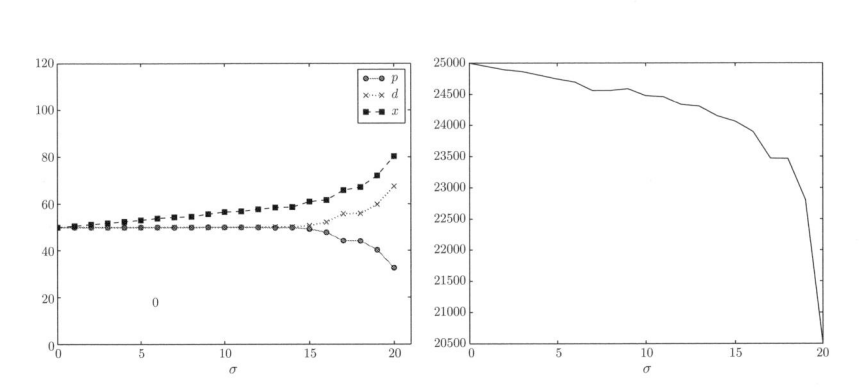

図 **2.29**: 多期間モデルに対する実験．加法的不確実性をもつ需要における標準偏差 σ を変えたときの価格 (p)，需要 (d)，発注量 (x) の平均値の変化（左）と総収益の変化（右）．

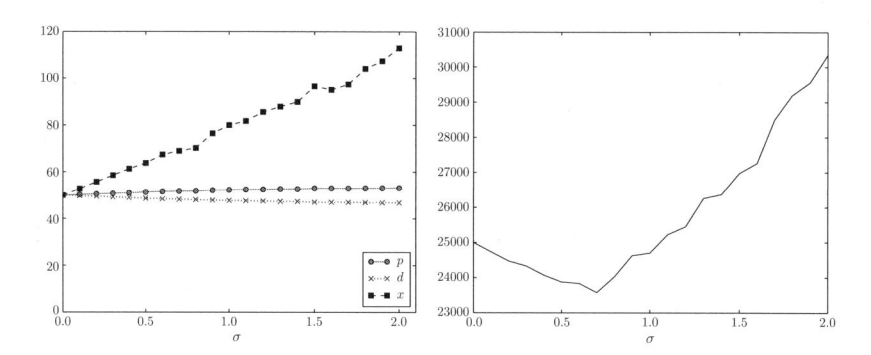

図 **2.30**: 多期間モデルに対する実験．乗法的不確実性をもつ需要における標準偏差 σ を変えたときの価格 (p), 需要 (d), 発注量 (x) の平均値の変化（左）と総収益の変化（右）．

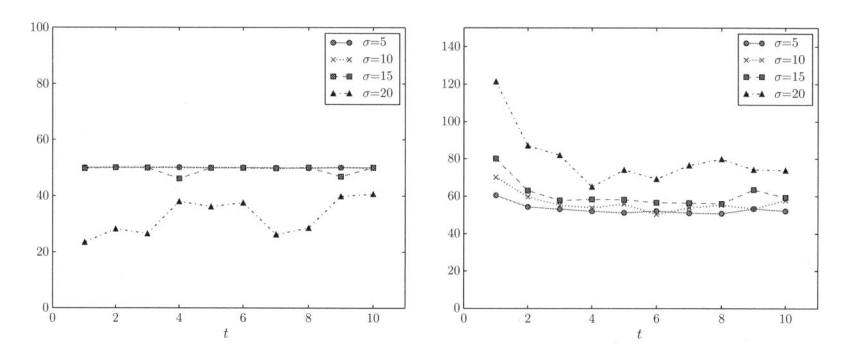

図 **2.31**: 多期間モデルに対する実験．加法的不確実性をもつ需要における標準偏差 σ を変えたときの価格（左）と発注量（右）の期別の変化．

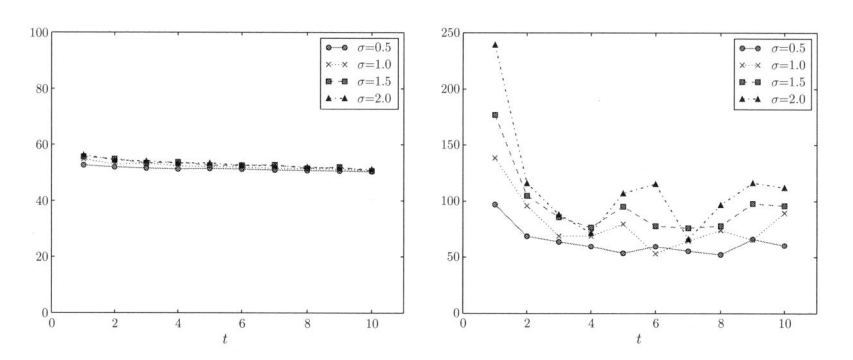

図 **2.32**: 多期間モデルに対する実験．乗法的不確実性をもつ需要における標準偏差 σ を変えたときの価格（左）と発注量（右）の期別の変化．

格（左図）と発注量（右図）を図 2.31（加法的不確実性）と図 2.32（乗法的不確実性）に示す．

この実験から，以下の知見が得られる．

1. 多期間モデルでも，平均値で見ると新聞売り子モデルと傾向は変わら

ない．ただし，発注量は平均で見ると単一期間の場合より小さくなっている．

2. 期別の発注量の変化の図から，1期の発注量が最も大きいことが分かる．これは初期在庫を0に設定したためであり，第1期だけで見ると新聞売り子モデルと同程度の発注量となっている．

3. 乗法的不確実性（図2.32）の場合には，価格は期が進むにつれて減少する．

上の知見を実務で利用するためには，まず，実際の需要の不確実性が加法的か乗法的かを判定する必要がある．そのためには，過去の需要のデータから需要量と標準偏差の相関を分析する．需要量と標準偏差の相関が強い場合には乗法的，相関がない場合には加法的と判断できる．加法的な傾向が強い場合には，需要が多少ばらついても価格は変更しない方がよい．すなわち，固定価格方策[27]が推奨される．需要のばらつきが大きいときには，価格を安くして需要量を増やし，相対的なばらつき（変動係数）を小さくする方法が推奨される．乗法的な傾向が強い場合には，需要のばらつきに合わせて価格を多少高めに設定する．この際，発注量も多めにして品切れを防ぐ必要がある．

2.14.2　CVaRを評価尺度としたモデル

ここでは，上で考えた途絶を考慮しない動的価格付けにおいてCVaRを評価尺度としたモデルを考える．

CVaRモデルは，2.8.2項の新聞売り子モデルと同じように構築できる．動的価格付け問題は収益の最大化問題であるので，目的関数の符号を反転させて費用の最小化問題にして考える．

与えられた確率$0 < \beta < 1$に対して，費用が閾値yを超えない確率がβ以上になるような最小のyをβ-VaRと呼ぶ．β-VaRは計算しにくいので，代用品としてβ-VaRを超えた条件の下での期待値β-CVaRを用いる．β-CVaRを最小化する問題を解くことによって，対応するβ-VaRは最適解におけるyとして得ることができる．また定義から，β-CVaRはβ-VaRの上界となる．シナリオsにおける費用を表す変数をf_s，f_sがyを超過する量を表す変数をV_sとすると，CVaR最小化モデルは，以下のようになる．

[27] 毎日低価格（EDLP: Every Day Low Price）戦略とも呼ばれ，価格の変更をしないで販売することを指す．価格変更の手間が省けて楽だが，アップル（Apple）社でSteve Jobsの片腕としてアップルストアを成功に導いたRon Johnsonが，米国の百貨店大手J. C. Pennyでこの方式を採用して失敗したことは記憶に新しい．価格を固定したことにより，J. C. Pennyの2012年の売上高は25%落ち込み，株価は57%下落し，彼は2013年にCEOを解任された．

$$\begin{aligned}
&\text{minimize} && y + \frac{1}{1-\beta}\sum_{s \in S} \wp_s V_s \\
&\text{subject to} && f_s = \sum_{t \in \mathcal{T}}(h_t I_t^s + b_t B_t^s + c_t x_t - D_t^s p_t) && \forall s \in S \\
& && V_s \geq f_s - y && \forall s \in S \\
& && I_{t-1}^s + x_t + B_t^s = D_t^s + I_t^s + B_{t-1}^s && \forall t \in \mathcal{T}; s \in S \\
& && d_t = -a(p_t - p_0) + d_0 && \forall t \in \mathcal{T} \\
& && D_t^s = \phi(d_t, \epsilon_t^s) && \forall t \in \mathcal{T}; s \in S \\
& && p_0 \leq p_t \leq p_0 + d_0/a && \forall t \in \mathcal{T} \\
& && x_t \geq 0 && \forall t \in \mathcal{T} \\
& && I_t^s \geq 0 && \forall t \in \mathcal{T}; s \in S \\
& && V_s \geq 0 && \forall s \in S
\end{aligned}$$

ここで，I_0, B_0 は定数として与えられているものと仮定する．

上のモデルに対して実験を行う．前節と同様に 1 期の場合を考える．これは新聞売り子モデルに価格を加味したモデルになり，CVaR モデルに対しても解析的な結果が知られている[5]．データは前項の価格を考慮した新聞売り子モデルと同様に生成し，リスク尺度である β を 0 から 0.99 まで 0.01 刻みで変えて実験を行う．ただしシナリオ数は 1000 とし，需要の変動は加法的不確実性に対しては $\sigma = 15$，乗法的不確実性に対しては $\sigma = 1$ とする．結果を図 2.33 と図 2.34 に示す．

図 2.33 と図 2.34 ともに，左図に示したのは，最適価格 p，需要量 d，最適発注量 x であり，右図に示したのは，平均収益 $\mathrm{E}[f](= \sum_{s \in S} \wp_s f_s)$，$\beta$-VaR $(= y)$，β-CVaR（目的関数値）である．

この実験から以下の知見が得られる．

1. 需要が加法的不確実性に従うときには，リスク尺度 β が大きくなるにつ

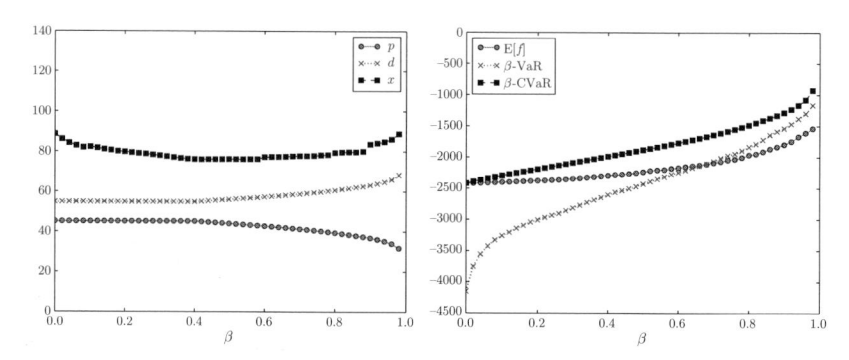

図 2.33: CVaR モデルに対する実験（加法的不確実性）．β を変えたときの最適価格 p，需要量 d，最適発注量 x（左）と平均費用 $\mathrm{E}[f]$，β-VaR$(= y)$，β-CVaR（右）の変化．

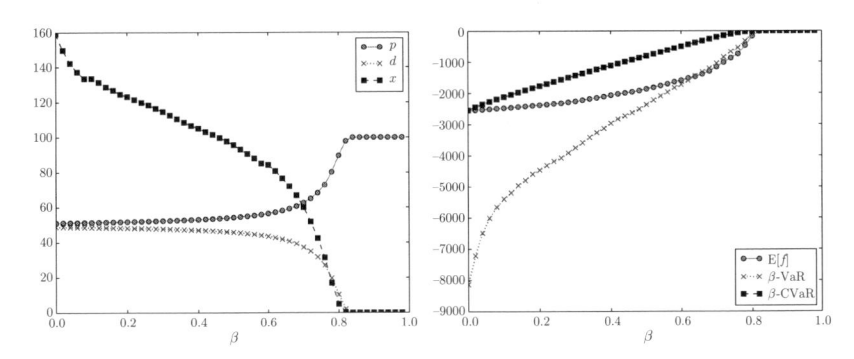

図 2.34: CVaR モデルに対する実験（乗法的不確実性）．β を変えたときの最適価格 p, 需要量 d, 最適発注量 x（左）と平均費用 $\mathrm{E}[f]$, β-VaR($=y$), β-CVaR（右）の変化．

れて最適価格は単調に減少する．これは解析的モデルの結果[5] と一致する．同時に需要量は単調に増加する．一方，発注量は減少した後，増加に転じる．

2. 需要が乗法的不確実性に従うときには，発注量は単調に減少する．これも解析的モデルの結果[5] と一致する．

3. 需要が乗法的不確実性に従うときには，リスク尺度 β が大きくなると最適価格が増加する．β が大きくなると，与えられたリスクにみあう解がなくなるため，需要が 0 になるように価格を大きな値に設定するようになる．解析的モデル[5] は，特定の条件下で価格が減少することを示唆しているが，この場合にはあてはまらない．むしろ発注量が減少するということは需要は少なくてもよいので，価格を上げて収益を最大化する方が直感にあう．

4. β が 0 のときにはリスク中立であるので期待値と β-CVaR の値は一致し，定義より β-VaR は β-CVaR 以下である．加法的不確実性の場合には，その差は β が 1 に近づかない限り大きい．一方，乗法的不確実性の場合には，β が 0.8 以上の場合には，β-VaR と β-CVaR は同一の値 (0) になる．

2.14.3 途絶を考慮したモデル

ここでは，供給途絶を含む動的価格付けモデルについて考える．2.14.1 項の途絶を考慮しない動的価格モデルに以下のパラメータを追加する．

δ_t^s: シナリオ s が期 t において調達先が途絶しているとき 0, それ以外のとき 1 のパラメータ．

途絶を考慮した場合の期待値最小化モデルは，以下のようになる．

$$\text{maximize} \quad \sum_{s \in S} \sum_{t \in \mathcal{T}} \wp_s \left(D_t^s p_t - h_t I_t^s - b_t B_t^s - c_t x_t \right)$$

$$\begin{aligned}
\text{subject to} \quad & I_{t-1}^s + \delta_t^s x_t + B_t^s = D_t^s + I_t^s + B_{t-1}^s && \forall t \in \mathcal{T}; s \in S \\
& d_t = -a(p_t - p_0) + d_0 && \forall t \in \mathcal{T} \\
& D_t^s = \phi(d_t, \epsilon_t^s) && \forall t \in \mathcal{T}; s \in S \\
& p_0 \leq p_t \leq p_0 + d_0/a && \forall t \in \mathcal{T} \\
& x_t \geq 0 && \forall t \in \mathcal{T} \\
& I_t^s \geq 0 && \forall t \in \mathcal{T}; s \in S \\
& B_t^s \geq 0 && \forall t \in \mathcal{T}; s \in S
\end{aligned}$$

ここで，I_0^s, B_0^s は定数として与えられているものと仮定する．

調達の不確実性に対する最適動的価格の変化を見るための実験を行う．いま，$1, 2, \ldots, T(=10)$ 期の内，たかだか 1 期が途絶すると仮定し，途絶する確率を α とする．以下では，この確率 α を途絶確率と呼ぶ．需要の標準偏差 σ は 10 とし，他のパラメータは途絶がないモデルと同じである．途絶確率 α を 0 から 1 まで 0.1 刻みで変化させたときの価格，需要量，発注量の平均（左図）ならびに期待収益（右図）を図 2.35 に示す．また，価格（左図）と発注量（右図）の期別の変化を図 2.36 に示す．

この実験から以下の知見が得られる．

1. 途絶確率 α が大きくなると価格は徐々に大きくなる（同時に需要は徐々に小さくなる）．これは需要が乗法的不確実性に従うときと同じ現象である．
2. 途絶確率 α が大きくなると総収益は徐々に小さくなる．これは需要が加法的不確実性に従うときと同じ現象である．
3. 期別の最適価格の変化を見ると，最初の期の価格が最も高く設定され，

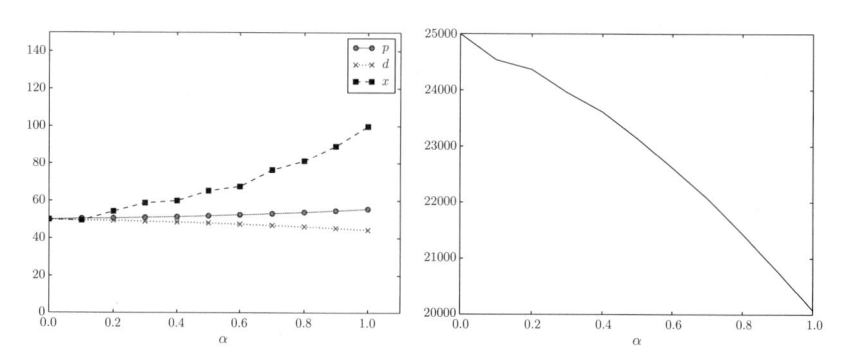

図 **2.35**: 途絶確率 α を変えたときの価格 (p)，需要 (d)，発注量 (x) の変化（左）と総収益の変化（右）

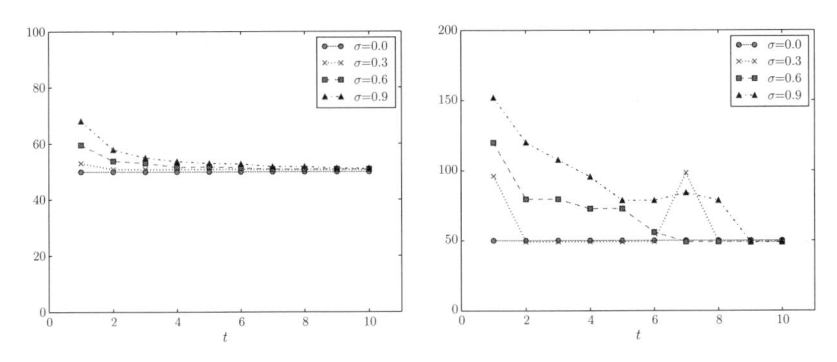

図 2.36: 途絶確率 α を変えたときの価格（左）と発注量（右）の期別の変化

その後徐々に減少する傾向がある．これは乗法的不確実性の場合と同じである．

4. 発注量は最初の期が最も大きく，その後減少していき，不確実性がない場合と同じように収束する．

2.14.4 参照価格を考慮したモデル

実際には，顧客の需要は価格の単純な関数で表すことはできない．たとえば，あなたが買い物に行ったときに，昨日 100 円で売られていた商品が，今日は 120 円で売られていたらどうだろうか？ 同じ商品が昨日まで 150 円で売られていたらどうだろうか？ このように，買い物客は単に商品に貼られている値札だけでなく，商品の価値の基準をもっていて，その価値より安い場合には買いやすくなり，高い場合には買いにくくなる．

ここでは，このような人間の心理まで取り入れた動的価格付けモデルを考える．鍵になるのは**参照価格** (reference price) の概念である．参照価格とは消費者の基準となる商品の価格であり，これは（消費者が毎日同じスーパーに通っていると仮定して）過去の価格と今日の価格から毎日更新されていく値である．ここでは，t 期の参照価格 R_t は，$t-1$ 期の価格 P_{t-1} と参照価格 R_{t-1} から，パラメータ α を用いて以下のように計算されるものと仮定する．

$$R_t = (1-\alpha)P_{t-1} + \alpha R_{t-1}$$

パラメータ α が 0 のとき，消費者はすぐに新しい価格を参照価格とし，α が 1 のとき最初の参照価格を頑固に固持し，新しい価格に影響されないことになる．

数理最適化のモデル内では，参照価格も価格と同じく変数として扱う．

R_t: 期 t における参照価格を表す変数.

なお,本項のモデルでは需要の不確実性や途絶は考慮しないので,シナリオを表す添え字 s は付かない.

参照価格に依存する需要の量は,価格 P_t と参照価格 R_t の関数 $\psi(P_t, R_t)$ で決まるものとする.関数 $\psi(P_t, R_t)$ の形状は,商品や顧客の種類によって異なるが,以下では実験経済学の分野で妥当と考えられているモデルを紹介する.

価格が参照価格より高い場合には,人間の心理として購買する意欲が大きく減少し,逆に低い場合には購買意欲は多少増加する.たとえば,自分が想定している価格(いつも購入している商品の価格)より 10 円高い場合には,需要は大きく減少するが,10 円安い場合には需要は多少増加するにとどまる.このような参照価格からのずれに対する需要の非対称性は,多くの実験によって確認されている.この現象を**ロス回避** (loss averse) と呼ぶ.

簡単のため線形関数を考え,参照価格より高い場合には,η に比例して需要が減少し,参照価格より安い場合には ζ に比例して需要が増加するものとする.いまロス回避の仮定から $0 \leq \zeta < \eta$ である.上の仮定に基づく関数 $\psi(P_t, R_t)$ は以下のように定義できる.

$$\psi(P_t, R_t) = \begin{cases} \zeta(R_t - P_t) & R_t - P_t \geq 0 \text{ のとき} \\ \eta(P_t - R_t) & \text{それ以外のとき} \end{cases}$$

価格 P_t のみに依存して決まる需要量を $\bar{D}_t$ とする.

$$\bar{D}_t = -a(P_t - p_0) + d_0$$

実際の需要量 D_t は上の $\bar{D}_t$ と参照価格による補正の和と定義する.

$$D_t = \bar{D}_t + \psi(P_t, R_t)$$

一方,$\eta = \zeta$ の場合を**ロス中立** (loss neutral),$\eta < \zeta$ の場合を**ロス選好** (loss seeking) と呼ぶ.

様々な η, ζ に対する収益曲線 $R_t = D_t P_t$ を図 2.37 に示す.

上では参照価格からの逸脱に対して線形関数の効用を仮定していたが,一般に人間の心理は非線形な挙動を示す.線形でない場合の理論的な裏付けとして行動経済学における**プロスペクト理論** (prospect theory)[11] を用いる[28].この理論は,従来の効用関数では説明できない人間の心理を経済学的に把握するためのものであり,以下の実験結果に基づく.

以下のうちどちらを選びますか,という質問に対しては多くの人が A を選択した.

A: 100 万円が無条件で手に入る.

---

28) 行動経済学の先駆けとなったプロスペクト理論は,旧来の期待効用仮説に対して,より現実的な理論として 1979 年に Daniel Kahneman と Amos Tversky によって提唱された.この成果によって Kahneman は 2002 年にノーベル経済学賞を受賞している (Tversky はすでに死去していたため受賞していない).

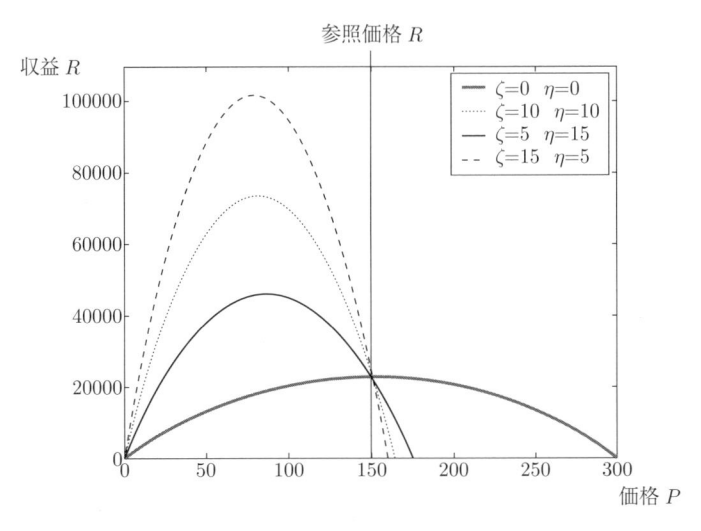

図 2.37: 参照価格 150, $\bar{D}_t = 300 - P_t$ としたときの収益曲線

B: 確率 1/2 で 200 万円が手に入り，確率 1/2 で何ももらえない．

一方，以下のうちどちらを選びますか，という質問に対しては多くの人がBを選択した．

A: 借金 100 万円を支払う．
B: 確率 1/2 で 200 万円を支払い，確率 1/2 で借金が棒引きに（チャラに）なる．

一般に，人間は目の前に利益があると，利益が手に入らないというリスクの回避を優先し，損失を目の前にすると損失そのものを回避しようとする傾向があるのである．したがって，参照価格より高い場合には購入を控えるため，需要は線形よりも早い速度で減少し，参照価格より低い場合にはすぐに購入するため，需要は線形より早い速度で増加する．（ただし，需要の参照価格からのずれに対する非対称性から，価格が低い場合の需要の増加量は，高い場合の減少量よりも小さい．）

また，実験結果から，利益がある場合には，100 万円を無条件でもらえる場合の効用は，確率 1/2 で 200 万円が手に入り，確率 1/2 で何ももらえない場合の期待効用以上であるので，利益に対する需要曲線は凹関数であることが分かる．逆に，損失に対する需要曲線は，100 万円を無条件で支払う場合の効用は，確率 1/2 で 200 万円を支払い，確率 1/2 で何も払わない場合の期待効用以下であるので，凸関数であることが分かる（図 2.38）．

上の観察に基づき，関数 $\psi(P_t, R_t)$ を，パラメータ ζ, η と $0 < \beta, \gamma < 1$ を用いて，以下のように定義する（図 2.39）．

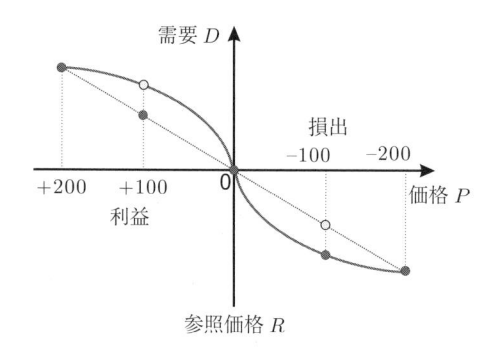

図 2.38: プロスペクト理論の参考図

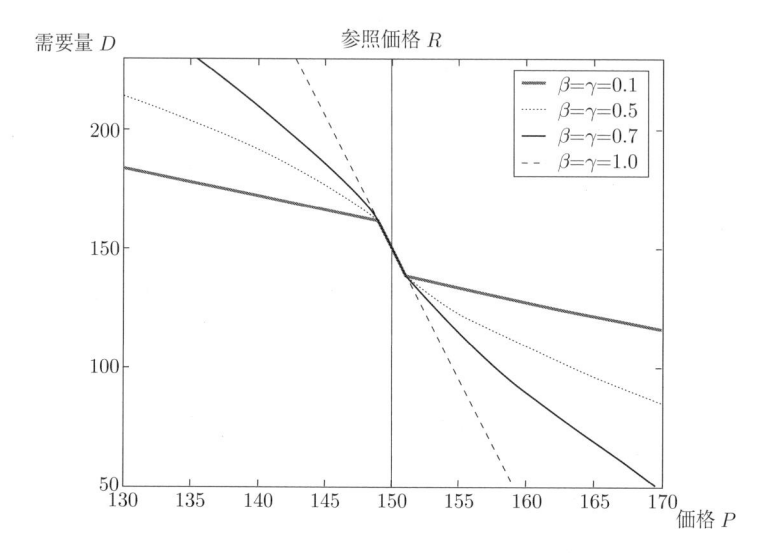

図 2.39: プロスペクト理論に基づく場合の需要曲線. 参照価格 $R = 150$, 需要関数 $D = 300 - P$, $\zeta = \eta = 10$.

$$\psi(P_t, R_t) = \begin{cases} \zeta(R_t - P_t)^\beta & R_t - P_t \geq 0 \text{ のとき} \\ \eta(P_t - R_t)^\gamma & \text{それ以外のとき} \end{cases}$$

図 2.40 に示すように，この場合の収益曲線は（参照価格を固定しても）凹関数ではない．このように利益を得る領域 ($R_t > P_t$) では凸関数，損失を被る領域 ($P_t > R_t$) では凹関数になる効用関数は**リスク回避** (risk aversion) と呼ばれる．

数理最適化モデルとして定式化するために，補助変数 $y_t, z_t \,(\geq 0)$ を導入し，以下の制約を付加する．

$$R_t - P_t = y_t - z_t$$

さらに y_t と z_t のいずれかが正の値をとりうることを表す制約を付加する．これは混合整数最適化ソルバーの場合には，タイプ 1 の特殊順序集合制

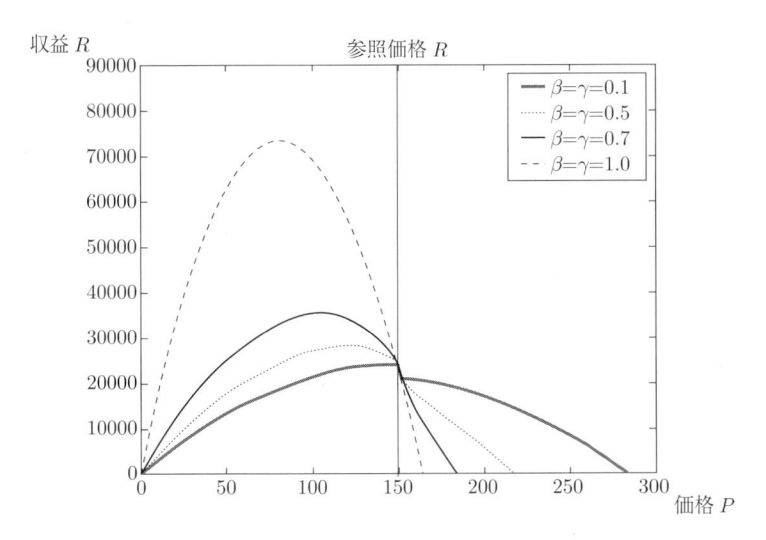

図 2.40: プロスペクト理論に基づく場合の収益曲線. 参照価格 $R = 150$, 需要関数 $D = 300 - P$, $\zeta = \eta = 10$.

約（2.9 節参照）として表現できる．非線形最適化ソルバーの場合には以下の制約を付加してもよい．

$$y_t z_t = 0$$

目的関数は以下の非線形関数となる．

$$\sum_{t \in \mathcal{T}} (D_t P_t - h_t I_t - b_t B_t)$$

参照価格を考慮した動的価格付けモデルに対して実験的解析を行う．以下では，有限期間 $T = 50$ の多期間在庫モデルで，初期在庫を費用 c を支払って購入し，途中の期では発注ができないと仮定した問題を考える．目的は最終期までの収益の合計を最大化することである．

まず，ロス中立 ($\zeta = \gamma = 10$) の場合を考え，在庫費用は 1，初期参照価格 R_0 は 150 に固定する．購入費用 c ならびにパラメータ α を 0 から 0.9 まで 0.3 刻みで変化させて実験を行う．図 2.41 と図 2.42 に結果を示す．

図 2.41 の左図（右図）に示したのが購入費用 c が 15(150) のときの最適価格の変化であり，図 2.42 の左図（右図）に示したのが購入費用 c が 15(150) のときの在庫量の変化である．この実験から以下の知見が得られる．

1. α が小さいときには，参照価格の現在の価格への追従が速いので，価格を徐々に上げていくことによって参照価格を引き上げ，最終期に近づいたときに値下げをして需要を増加させることによって収益を得る．値上げや値下げの幅は α が小さいほど大きい．

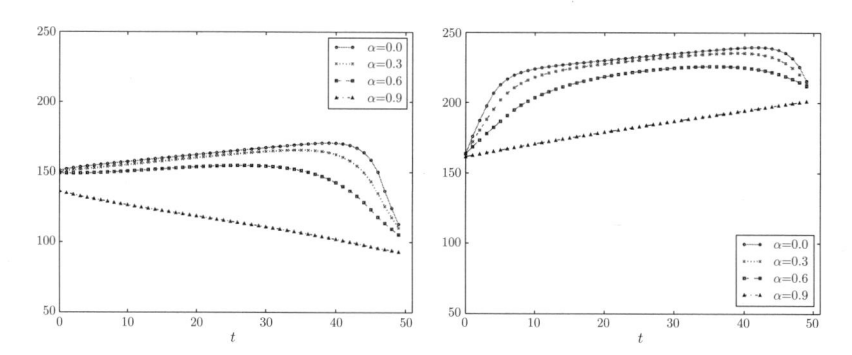

図 2.41: ロス中立 ($\zeta = \gamma = 10$) のときのパラメータ α を変えたときの価格の変化．購入費用 $c = 15$（左）と $c = 150$ のときの期別の変化．

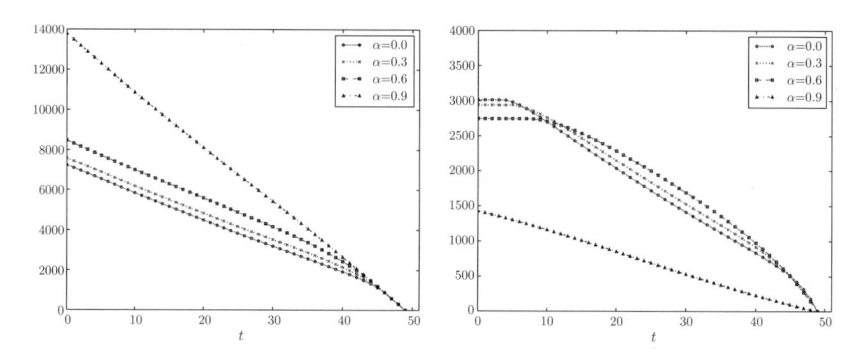

図 2.42: ロス中立 ($\zeta = \gamma = 10$) のときのパラメータ α を変えたときの在庫量の変化．購入費用 $c = 15$（左）と $c = 150$ のときの期別の変化．

2. $\alpha = 0.9$ のときには初期価格から徐々に値下げ，もしくは値上げをしていく．購入費用が小さいときには値下げをし，購入費用が高いときには値上げをする傾向がある．これは，購入価格が小さいときには適正価格が初期価格 50 より小さく，逆に購入価格が高いときには適正価格が初期価格より大きいためである．

3. α が小さいほど価格は高く設定される．

4. 購入費用が高いほど価格は高く設定される．

5. 購入費用が安い場合には，α が小さいほど初期在庫量は小さくなる．これは，α が小さい場合には，価格を 1 度上げてから下げに転じるので，総販売量が抑えられるためである．

6. 逆に，購入費用が高い場合には α が小さいほど初期在庫量が大きくなる．これは，α が小さい場合には，初期での販売をあきらめ参照価格の上昇だけを目的に価格を上げ，その後，価格を徐々に下げることによって収益を上げることができるが，α が大きくなると参照価格を変更しにくくなるので，価格を徐々に上げるため販売量が小さくなるからである．

次に，ロス回避の影響を調べるための実験を行う．パラメータ $\zeta < \eta$ のときに顧客はロス回避傾向をもつ．基準となる購入費用 $c = 15$ に固定し，上の実験結果と比較する．図 2.43 の左図に価格の変化を，右図に在庫量の変化を示す．

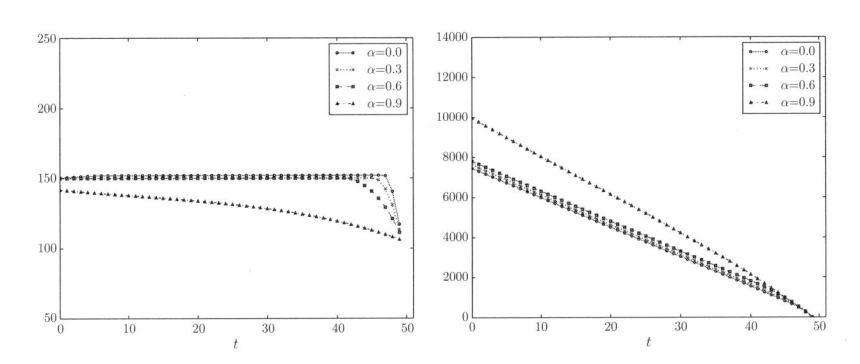

図 2.43: ロス回避 ($\zeta = 5, \eta = 15$) のときのパラメータ α を変えたときの価格（左）と在庫量（右）の変化

この実験から以下の知見が得られる．

1. ロス回避の場合には，価格の上昇は限定的になり，最終期付近での価格の減少だけを行う．これは価格を上げることによって参照価格を上げると η が大きいため顧客の需要が大幅に減少し，さらに価格を下げたときの需要の増加も ζ が小さいため限定的になるからである．
2. α が小さいほど価格は高く設定される．これはロス中立の場合と同じである．
3. 従来の研究[6] では，ロス回避の場合もロス中立と同じ価格に収束することを証明しているが，これは無限期間に対するものであり，有限期間の場合には当てはまらない．
4. （特に α が小さいときには）初期在庫はロス中立の場合と比べて若干小さめに設定される．これは参照価格を上下させて需要を増加させることができないためである．

次に，ロス選好の影響を調べるための実験を行う．パラメータ $\zeta > \eta$ のときに顧客はロス選好傾向をもつ．以下の実験では $c = 15$ の場合を基準とし，上の実験結果と比較する．図 2.44 の左図に価格の変化を，右図に在庫量の変化を示す．

この実験から以下の知見が得られる．

1. ロス選好の場合には，価格は振動する．これは従来の研究で解析的に示

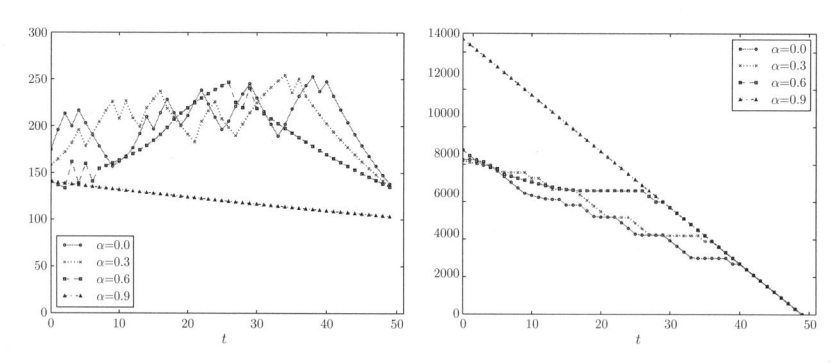

図 2.44: ロス選好 ($\zeta = 15, \eta = 5$) のときのパラメータ α を変えたときの価格（左）と在庫量（右）の変化

されている結果と一致する．

2. α が小さいときには，価格はロス中立の場合と同様に徐々に上昇し，最終期付近で急激に下降する．
3. α が小さいほど振動の周期が小さくなる．
4. α が十分に大きい (0.9 の) ときには参照価格が変化しなくなり，価格は振動せずに徐々に引き下げられる．
5. 在庫の変化は需要（価格）の振動のためジグザグになるが，基本的な傾向はロス中立の場合と同じである．

次に，ロス回避にプロスペクト理論によるリスク回避を加えた場合の最適価格の変化についての実験を行う．初期在庫の影響を除くために，参照価格の初期値を最終期の参照価格に一致させる制約を加える．購入価格ならびに在庫費用は 0 とし，計画期間 $T = 200$, $\zeta = 8$, $\eta = 12$（ロス回避）に固定し，リスク回避のパラメータ β, γ を変えて実験を行う．パラメータ $\alpha = 0$ のときの結果を図 2.45 の左図に，パラメータ $\alpha = 0.5$ のときの結果を図 2.45 の右図に示す．

この実験から以下の知見が得られる．

1. 従来の研究[17] では，固定価格方策が最適であると言われていたが，価格を一時的に上昇させ，徐々に下げていく方策の方がより高い収益を上げる場合がある．これは価格を急激に高く設定することによって参照価格を上げ，その後徐々に価格を下げていくことによって線形の場合より多くの需要を獲得することを意味する．ロスの領域（価格が参照価格より高い領域）における需要関数の凸性から，価格は徐々に上げるのではなく一度に急激に上げた方が需要の減少は少ない．また，利益の領域（価格が参照価格より低い領域）における需要関数の凹性から，価格は徐々に下げた方が需要の上昇が大きくなる．これをプロスペクト効果と

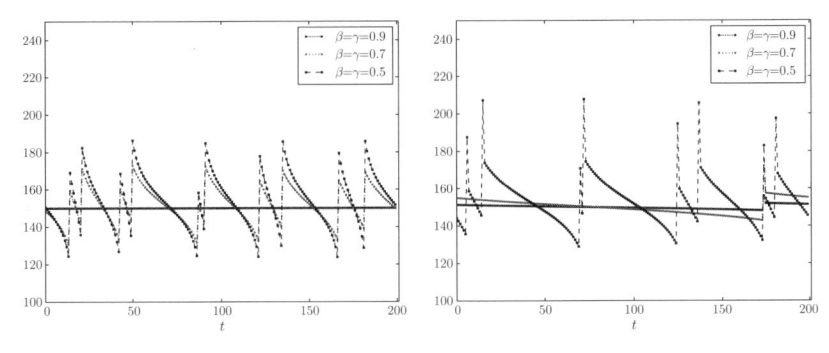

図 2.45: リスク回避のパラメータ β, γ を変えたときの価格の変化. $\alpha = 0$ (左図), $\alpha = 0.5$ (右図).

名付ける.

2. β, γ が小さい (凸性, 凹性が大きい) ほど価格変更の周期が小さくなり, 振幅が大きくなる.
3. α が小さいと参照価格への追従速度が速いので, 価格変更の周期が小さくなる.
4. β, γ が 1 に近づくと固定価格方策が最適になる. これは従来の解析的モデル[17] の結果と一致する.

需要が不確実性をもつ場合 (2.14.1 項) や供給が途絶する場合 (2.14.3 項) の最適価格付けについても, 参照価格を考慮した場合の効果を加えることによって, 同様に得ることができる.

参考文献

[1] Ben-Tal, A., Goryashko, A., Guslitzer, E., and Nemirovski, A.: Adjustable robust solutions of uncertain linear programs, *Mathematical Programming*, Vol. 99, No. 2, pp. 351–376, 2004.

[2] Berk, E. and Arreola Risa, A.: Note on Future supply uncertainty in EOQ models, *Naval Research Logistics*, Vol. 41, pp. 129–132, 1994.

[3] Birge, J. R. and Louveaux, F.: *Introduction to Stochastic Programming*, Springer Series in Operations Research and Financial Engineering. Springer, 2011.

[4] Chan, L. M. A, Shen, Z.-J., Simchi-Levi, D., and Swann, J. L.: Coordination of pricing and inventory decisions: A survey and classification, In D. Simchi-Levi, S. D. Wu, and Z. J. Shen, editors, *Handbook of Quantitative Supply Chain Analysis: Modeling in the E-Business Era*, chapter 14, pp. 335–392. Kluwers, 2004.

[5] Chen, Y., Xu, M., and Zhang, Z. G.: A risk-averse newsvendor model under the CVaR criterion, *Operations Research*, Vol. 57, No. 4, pp. 1040–1044, 2009.

[6] Fibich, G., Gavious, G. A., and Lowengart, O.: Explicit solutions for optimal strategies in optimization models and in differential games with nonsmooth (asymmetric) reference price effects, *Operations Research*, Vol. 51, No. 5, pp. 721–734, 2003.

[7] Graves, S. C.: A single-item inventory model for a non-stationary demand process, *Manufacturing and Service Operations Management*, Vol. 1, No. 1, pp. 50–61, 1999.

[8] Graves, S. C. and Tomlin, B. T.: Process flexibility in supply chains, *Management Science*, Vol. 49, No. 7, pp. 907–919, 2003.

[9] Graves, S. C. and Willems, S. P.: Optimizing strategic safety stock placement in supply chains, Technical report, Leaders for Manufacturing Program and A.P. Sloan School of Management, 1998.

[10] Jordan, W. C. and Graves, S. C.: Principles on the benefits of manufacturing process flexibility, *Management Science*, Vol. 41, No. 4, pp. 577–594, 1995.

[11] Kahneman, D. and Tversky, A.: Prospect theory: An analysis of decision under risk, *Econometrica*, Vol. 47, No. 2, pp. 263–291, 1979.

[12] Lesnaia, E.: *Optimizing Safety Stock Placement in General Network Supply Chains*, PhD thesis, Massachusetts Institute of Technology, 2004.

[13] Levy, F. K., Thompson, G. L., and Wiest, J. D.: Introduction to the critical-path method. Muth, J. F. and Thompson, G. L., editors, Industrial Scheduling（関根智明 訳,『インダストリアル スケジューリング』, 竹内書店）, 第20章, Prentice-Hall, 1963.

[14] Magnanti, T., Shen, Z.-J., Shu, J., Simchi-Levi, D., and Teo, C.-P.: Inventory placement in acyclic supply chain networks, *Operations Research Letters*, Vol. 36, pp. 228–238, 2006.

[15] Mahajan, S. and van Ryzin, G. J.: Retail inventories and consumer choice, In S. Tayur, R. Ganeshan, and M. Magazine, editors, *Quantitative Methods in Supply Chain Management*, chapter 17. Kluwer, 1998.

[16] Ozer, O. and Phillips, R., editors: *The Oxford Handbook of Pricing Management*, Oxford Handbooks in Finance. Oxford University Press, 2012.

[17] Popescu, I. and Wu, Y.: Dynamic pricing strategies with reference effects, *Operations*, Vol. 55, No. 3, pp. 413–429, 2014.

[18] Rockafellar, R. T. and Uryasev, S.: Optimization of conditional value-at-risk, *Journal of Risk*, Vol. 2, pp. 21–41, 2000.

[19] Snyder, L. V. and Shen, Z.-J.: Supply and demand uncertainty in multi-echelon supply chains, available at http://www.lehigh.edu/ lvs2/research.html (accessed on December 1, 2010), 2006.

[20] Snyder, L. V. and Shen, Z. J. M.: *Fundamentals of Supply Chain Theory*, John Wiley & Sons, 2011.

[21] Synder, L. V.: A tight approximation for an EOQ model with supply disruptions, Technical report, Lehigh University, 2008.

[22] Yu, G. and Qi, X.: *Disruption Management*, World Scientific, 2004.

[23] 久保幹雄, ジョア・ペドロ・ペドロソ, 村松正和, アブドル・レイス:『あたらしい数理最適化—Python 言語と Gurobi で解く—』, 近代科学社, 2012.

[24] 久保幹雄: 『組合せ最適化とアルゴリズム』, 共立出版, 2000.
[25] 久保幹雄: 『サプライ・チェイン最適化ハンドブック』, 朝倉書店, 2007.

第3章 リバース・サプライチェーンにおけるリスクマネジメント

3.1 はじめに

　我が国では戦後数十年の歳月を経て，物質的豊かさと経済活動の活性化を求めた国民生活の行動様式，およびそれを支える産業活動において，大量生産・大量消費・大量廃棄という行動パターンを指向することとなった．これは，個人や企業という視点で見れば，経済性，利便性，効率性等の向上につながるものであったと言える．しかしその反面，大量廃棄物の発生による埋立地問題や不法投棄問題，また資源の枯渇や温室効果ガスの排出等，環境負荷の増大という環境側面に関する課題を内包することとなった．高度経済成長期においては重要度が低かった環境側面であるが，地球環境を考慮して持続可能な社会を構築するため，近年では我が国のみならず，全世界的な取組みが求められている．たとえば，環境マネジメントシステム規格 (ISO14001) の認証取得企業の増加や，環境に対する条約・法整備など，環境課題への対策が大きく取り上げられている．我が国においても，1997年に開催された気候変動枠組条約第3回締約国会議で骨組みができた京都議定書への取組みをはじめ，近年では循環型社会構築に関わる各法案が公布，施行されてきた．

　従来，産業経済上の活性化策は，これまで付加価値を生むとされた製造，流通販売等の市場に向けた流れである動脈部門に着目して行われてきた．本書で対象としている**サプライチェーンマネジメント (SCM: Supply Chain Management)** がその1つに相当している．しかし上述のように，21世紀を迎え持続可能性が求められる社会においては，産業経済上，環境負荷というマイナスの影響を与えてきた廃棄物処理・再商品化という静脈部門に対しても着目して，経済の活性化の実現が求められる．すなわち，動脈部門と静脈部門を併せもつ，循環型システムの構築が求められることとなる．したがって，従来のフォワード型サプライチェーンに加えて，そのライフサイクルを終えた製品を取り扱うバックワード型のリバース・サプライチェーンも重要

であると言える.

本章では，リバース・サプライチェーンにおけるリスクマネジメントについて述べる．次節においては，リバース・サプライチェーンの概念について概説し，3.3節においては，リバース・サプライチェーンに関わる製品ライフサイクルと分解・再製造モデルについて解説し，従来の研究について述べる．また，3.4節では不確実性を伴うリスク要因を考慮したシステムに対する最適政策を与えるマルコフ決定過程について紹介する．3.5節においてはリバース・サプライチェーンマネジメントにおけるリスク要因を考慮したシステムのモデル化およびその運用法について論じる．

3.2 リバース・サプライチェーンの概念

これまでの生産物流システムにおいては，付加価値を生むとされた資材調達から，製造，物流，廃棄等の動脈（フォワード）システムに着目して分析・設計が行われてきた．そこでは，廃棄→製造へとつなげて循環させる，静脈システムを考慮したリバースシステムの構築が希薄であったと言える．このため，資源リスク，環境リスクの増大，廃棄物の最終処分場問題等の深刻な状況をもたらしてきた．さらに近年では地球温暖化をはじめとする環境問題や資源の枯渇問題がクローズアップされ，持続可能な社会を実現するための循環型システムの構築が求められるようになった．

このような問題の解決に向け，製品ライフサイクルを終えた製品を回収し，再利用，再製造，リサイクルを推進することによりフォワードとバックワードを併せもつ循環型システム，ないしは閉ループ型システム（図3.1）の構築が求められている．これまでの製品寿命の終了に伴う製品廃棄から，再製造等へのループを確立することにより，動脈システムのフローと静脈システムのフローが一体化され，ムダを排除し環境にも優しいシステムを構築し，持続可能社会への貢献が求められている．

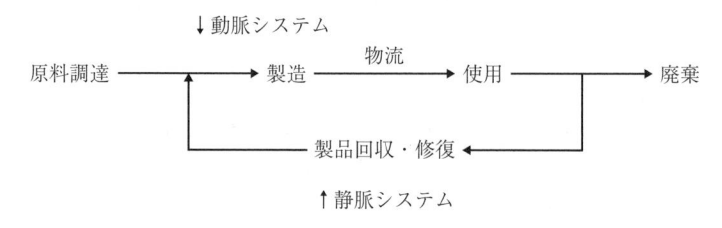

図 3.1: 閉ループ型システムの概念

ここで，本章では「再製造」を製品ライフサイクルを終えた製品を分解し，修復等を行って，再度製造に使用する工程と定義し，「リサイクル」は製品ライフサイクルを終えた製品をいったん資源に戻して，新たな製品へ変換する工程を表すものと定義する．

我が国では，廃棄物の発生を抑制させるため，リサイクルの推進，企業などの環境を考慮した製品づくり，消費者の環境負荷の少ない製品購入を推進するために，環境に優しい製品を優先的に購入するグリーン購入が勧められている．また，環境基本計画では，経済システムにおける物質の循環を促進し，環境への負荷を低減させるために，廃棄物の発生抑制，使用済み製品の再使用，回収した製品を原材料としてリサイクルするマテリアルリサイクル，さらに，リサイクルの困難なものはエネルギーとして使用する，サーマルリサイクルを推進している．1990年，環境庁（現，環境省）による循環型経済システムへの提言以来，再生資源の利用の促進に関する法律[1]，環境基本法[2]，容器包装リサイクル法[3]，家電リサイクル法[4]，建設リサイクル法[5]，食品リサイクル法[6]，グリーン購入法[7]，資源有効利用促進法[8]，基本的な枠組み法である循環型社会形成推進基本法[9]，自動車リサイクル法[10]など，次々と循環型社会に向けての法的整備や政府による行政指導，産業界における自主的取組みが実施されている．

このような背景のもと，環境マネジメントシステム構築のための国際標準規格である **ISO14001** を認証取得する企業の増加や，環境に対する条約への参加など，環境への対策が大きく取り上げられている．たとえば，1997年に京都で開催された気候変動枠組条約第3回締約国会議において提案された，京都議定書 (Kyoto Protocol) への取組みをはじめ，これまで循環型社会構築に向けた各種の法案が公布，施行されてきた．また各企業においては，温室効果ガス低減等への環境対策・環境活動評価プログラムなどの検討が必要となり，グローバルな視点での企業経営の構築が求められている．

また，近年では製造業をはじめとして**企業の社会的責任 (CSR: Corporate Social Responsibility)** が着目されており，環境に対する配慮が重要視される傾向にある．企業などの事業者が環境保全に関する自主的な取組みを進めるにあたって，その方針や目標などを設定し，目標達成に向けて取り組むことを環境マネジメント（環境管理）という．環境マネジメントシステムは，そのための企業内部におけるシステム運用のための体制・手順などのことである．ISO14000シリーズは環境マネジメントシステムを中心として，環境監査，環境パフォーマンス評価，**ライフサイクルアセスメント (LCA: Life Cycle Assessment)**，環境ラベルなど，環境マネジメントを支援する様々な手法に関する規格から構成されており，その中でISO14001は環境管理の標準方式を定めた規格のことである．なお **ISO** は **国際標準化機構**（International

---

[1] 再生資源利用促進法，1991年成立．

[2] 1993年公布．

[3] 容器包装に係る分別収集及び再商品化の促進等に関する法律，1995年成立．

[4] 特定家庭用機器再商品化法，1998年公布．

[5] 建設工事に係る資材の再資源化等に関する法律，2000年公布．

[6] 食品循環資源の再生利用等の促進に関する法律，2000年公布．

[7] 国等による環境物品等の調達の推進等に関する法律，2000年公布．

[8] 資源の有効な利用の促進に関する法律 2000年公布，1991年に制定された「再生資源の利用の促進に関する法律」を一部改正．

[9] 2000年公布．

[10] 使用済自動車の再資源化等に関する法律，2002年公布．

Organization for Standardization) といい，国際的な評価基準や規格の作成を行っている組織のことである．ISO14001 の規格要求事項においては，著しい環境側面の特定とその対応を基本とするマネジメントシステムの構築が求められており，従来の動脈側のフォワード・サプライチェーンと静脈側のリバース・サプライチェーンにおいては，リスク要因の特定とその対応と捉えることができる．

また，海外においては，たとえば欧州で，環境政策のもと，**廃電気・電子機器回収指令 (WEEE**: Waste Electrical and Electronic Equipment) と**有害物質使用制限指令 (RoHS**: Restriction on Hazardous Substances) の両案が発効されたことにより，グローバル企業においては，部品・製品の動脈部門，およびそれらの回収・再製造を考慮した静脈部門のサプライチェーンの再構築が求められることとなった．このような法令や各国の慣習などの変化もサプライチェーン運用におけるリスク要因と捉えることができる．

3.3 製品ライフサイクルと分解・再製造モデル

近代の製造技術は，フォードシステムに代表されるように，大量生産のための作業効率の向上や自動化技術などが中心であり，生産効率の向上，コスト削減のみを指向してきた．しかし，これからの企業活動においては，環境面に配慮した持続可能社会構築への貢献が，その社会的責任としても重要となる．すなわち，使用済みの製品を廃棄物として放置することはもはや許されず，積極的に「回収・修復・再利用（再製造）・処分」をして，環境に悪影響を与えないようにしなければならない．このように生産者がその製品の生産・使用・廃棄後も適正な処理について，一定の責任を負う**拡大生産者責任 (EPR**: Extended Producer Responsibility) の概念が重要となっている．このような視点から，製品の設計や生産のプロセスに新たな試みが必要となってくる．

3.3.1 製品ライフサイクルと環境配慮設計

ある製品は，原料採取から製造，使用，廃棄に至るまでのサプライチェーンの中で，その製品のライフサイクル（原料調達→製造→使用→廃棄・製品回収・修復）（図 3.2）の全段階において，資源やエネルギーの消費，環境汚染物質や廃棄物の排出など，様々な環境への負荷を発生させている．ライフサイクルアセスメント (LCA) は，これらの環境への負荷をライフサイクル

全体に渡って，科学的，定量的に測定する評価手法である．どの段階で，どのような環境負荷を与えているのかを客観的に判断することにより，新たに製品設計を行う場合に，環境負荷の大きい部分をリスクとみなし，そのリスクを効果的に低減することが容易になる．さらに，サプライチェーン全体において，不要な資源の投入を避けられたり，余計な廃棄物処理をなくしたりすることができ，コスト削減の効果もある．

また，**環境配慮設計** (DfE: Design for Environment) は，製品やサービスの企画・設計において，製品ライフサイクル全体に関して環境側面を考慮し，環境負荷低減を目指すことである．一般にエコデザインと呼ばれ，原材料の調達から生産，輸送，販売，使用，廃棄といったサプライチェーンの各段階での環境影響へ配慮した設計を行う．ISOが，DfEに関する概念とその技術情報ISO/TR14062を2002年に公表している．このテクニカルレポートは，製品の設計・開発に従事するすべての関係者が用いることを意図したものであり，あらゆる種類の製品に適用することを意図している[20]．リバース・サプライチェーンにおいては，回収した製品の分解・修復・再製造が行われるため，分解順序や危険物質の扱い等を考慮した設計はリバース・サプライチェーンのリスクを緩和する役割があるものと考えられる．

このように，リバース・サプライチェーンを含む，閉ループ型SCM構築のためには，現在のような原料調達→加工・組立→製品化という順工程に加え，回収・修復・再製造といった逆工程も取り組んだ全工程において，リスク要因を考慮したシステム設計・運用・評価が必要となる．たとえば，EPRの考え方のもと，製品ライフサイクル（図3.2）を考慮して環境影響をリス

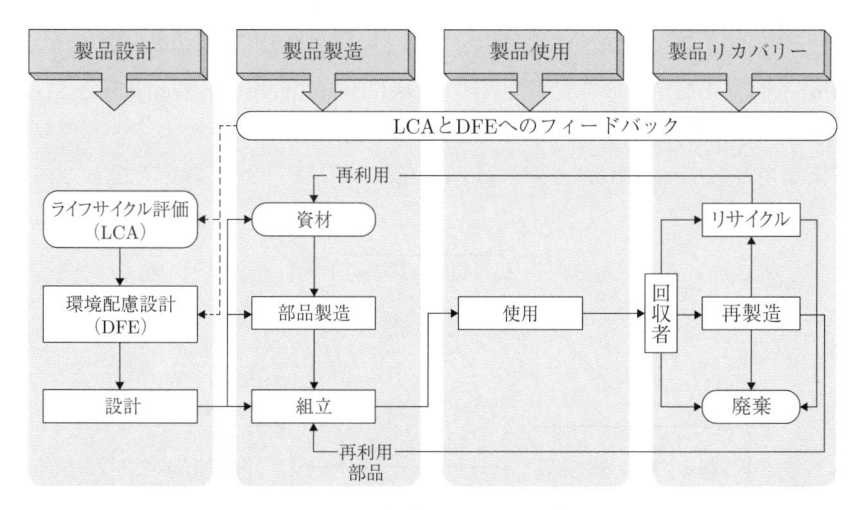

図 3.2: 製品ライフサイクル

クと捉え，それを評価するライフサイクルアセスメントの導入や，環境配慮設計を取り込んだサプライチェーンの設計・運用への取組みが期待される．

3.3.2 リバース・サプライチェーンの課題

図 3.3 は，Guide と Van Wassenhove が提案したビジネス・経営分野における製品開発，製品回収，および再製造工程における分解や再製造等のオペレーション課題に関する基本的な関係を示している[4]．製品回収のプロセスは，リバース・サプライチェーンを運用する際に効率的な仕組みが必要となる重要な分野である．この回収システムの成果により，再利用・再製造の活動がどれだけ経済的なものになるかが，決まることとなる[3]．このような閉じたループを仮定したサプライチェーンは，閉ループ型サプライチェーン[5]，あるいは閉ループ型生産システムと呼ばれる．ここでは，原料 → 製品 → 流通 → 顧客までの従来のサプライチェーンと，製品寿命を終えた製品の回収 → 修復 → 再製造につなげるリバース・サプライチェーンの効率的かつ効果的な運用アプローチの構築が求められる．

閉ループ型サプライチェーンにおいて，動脈フローに関しては本書の他章において扱っているとおり，様々なリスクマネジメントがあるので，ここでは，静脈フローであるリバース・サプライチェーンに関して，特に分解・再製造モデルについて紹介する．この分野の研究は欧米を中心に精力的に行われており，在庫管理の観点から定期観測および，連続観測モデルが提案されている．

定期観測モデルとしては，回収製品を直接再利用するモデル[2] やコンテナを利用するモデル[11] などをはじめとして多数のモデルが研究され，Minner は，再製造の研究分野を SIC (Stochastic Inventory Control) と MRP (Material Requirements Planning) の 2 つに分類している[13]．また，連続観測モデルとしては，Muckstadt and Isaac[15] がリードタイムを考慮した再製

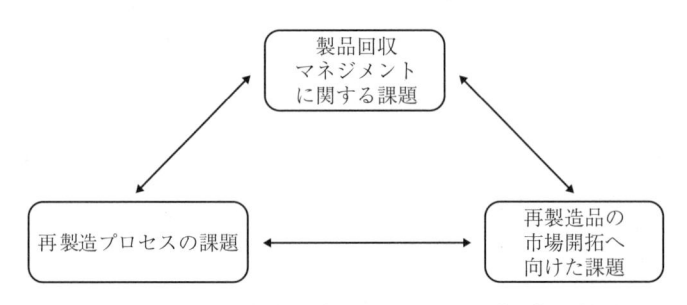

図 **3.3:** 閉ループ型サプライチェーンのビジネス課題

造システムを提案し，従来の (s,Q) ルールを用いた管理政策を示している．また，文献 [18,19] は，新品と修復された部品の両方を使用するシステムに対して，プッシュとプル戦略を提案している．

さらに，環境を配慮した生産システムや分解・再製造に関しては，文献 [6,10,14] においてサーベイがなされており，文献 [8] をはじめとして環境配慮型生産システムに関する書籍も執筆されている．また，リバース・サプライチェーンに関する最初の書籍は文献 [7] であり，サプライヤー選択問題や分解工程の各種問題などリバース・サプライチェーンを構成する多くの問題についてそのモデル化と解析が行われている．

3.3.3 分解・再製造工程モデル

上述の課題のうち，再製造プロセスにおける課題を考える．製品回収により集められた製品は，まず分解工程において部品に分解され，その品質状態に応じた対応がとられることになる．分解工程については，以下のような課題が存在する．

1) 破壊可能な製品か，そうでないか
2) 部分的分解か完全な分解が必要か
3) 分解の順序（部品間の分解順序関係の特定）
4) 分解の計画（実需要ないしは予測需要への対応）
5) 分解システムに関わる諸課題（工程レイアウト，在庫管理，信頼性等）

分解工程においては，従来の組立て工程モデルでは考えられていないリスク要因が考えられる．たとえば，特に危険な物質を含んだ製品の分解処理は通常の組立てラインとは異なる性質をもっており，部品間の分解順序や分解された部品に対する需要に基づく在庫問題なども従来にはない問題であると言える．したがって，それらのリスク要因や特性を考慮した製品および分解工程の設計，効率的なマネジメントが必要であると言える（表 3.1）．

分解工程を経て得られた資源は，図 3.4 に示されるとおり，再製造あるいはリサイクルという形で，再生利用が行われることとなる．なお，ここでは 3.2 節において述べたとおり，再製造とリサイクルは区別して考えており，資源としての再生利用をリサイクルと捉えている．

また，分解工程としては図 3.5 に示されるものが代表的である．単一ワークステーション，分解セル，分解ラインがあり，ワークステーションや分解セルは高い柔軟性を有しているが，生産性や自動化への対応としては分解ラインの方が優れており，それぞれ長所・短所を有している．

表 3.1: 組立工程と分解工程の比較[1]

システム特性	組立工程	分解工程
需要	従属	従属
需要源	単一	複数
予測	単一最終製品	複数品種
計画期間	製品ライフサイクル	期間不定
設計対象	組立設計	分解設計
生産能力計画	簡単	複雑
生産システム	動的かつ制約付	動的かつ制約付
作業の複雑性	中程度	高度
フロープロセス	収束	発散
マテリアルフロー	フォワード	リバース
副産物在庫	なし	潜在的に多数
スケジューリングツール	多数	なし

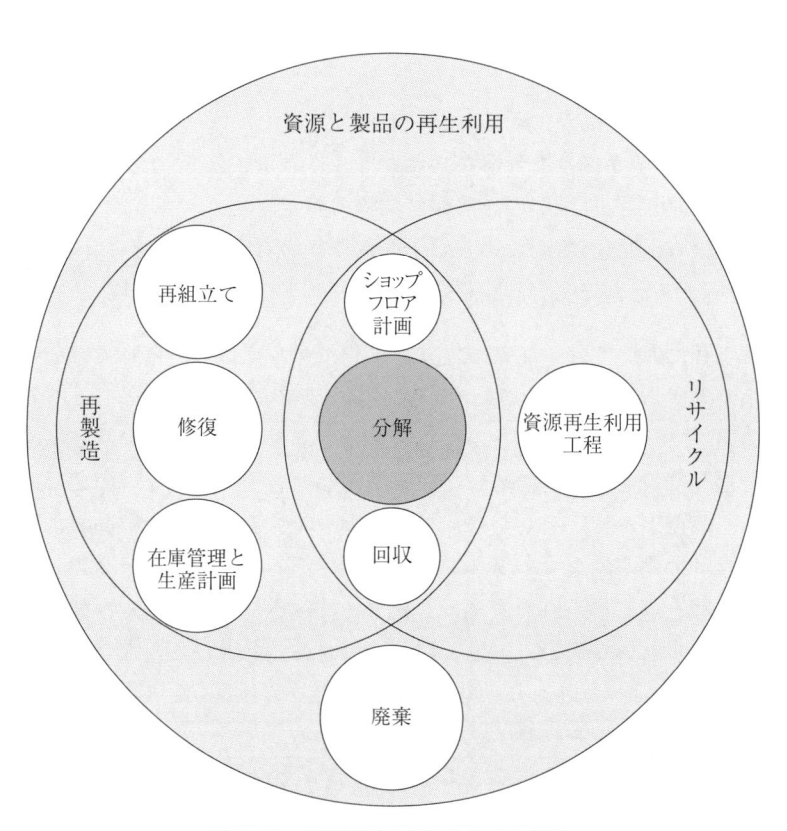

図 3.4: 再製造とリサイクルの概念

分解工程のレイアウト例

単一ワークステーション

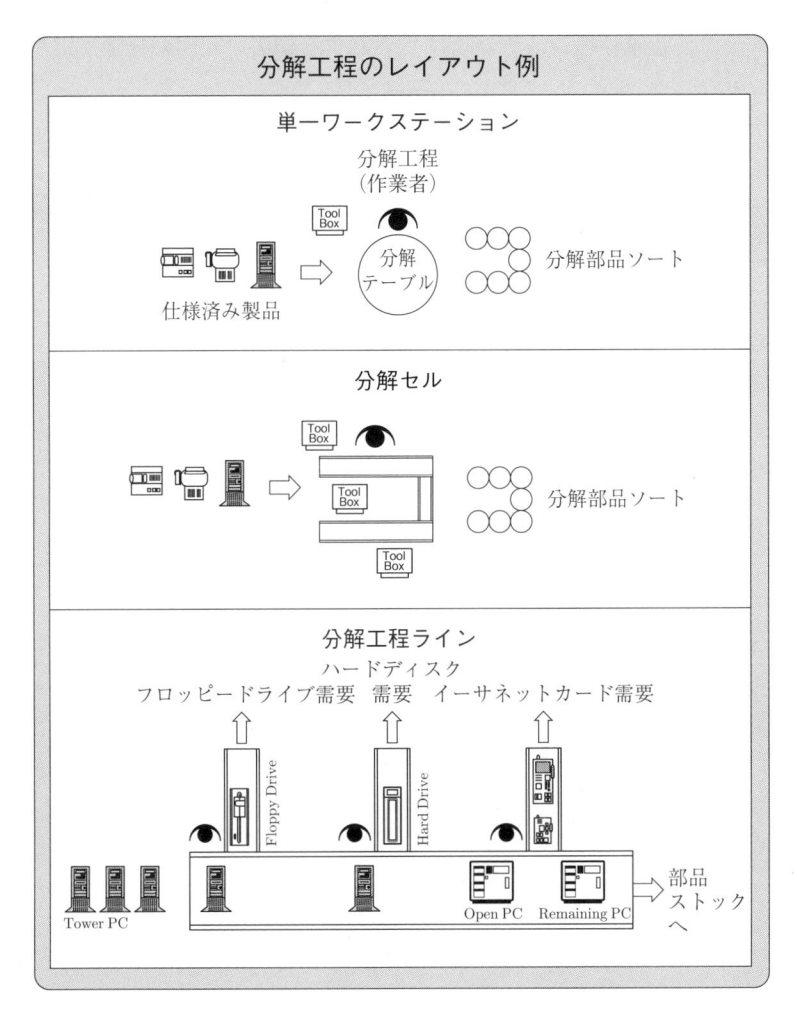

分解セル

分解工程ライン

	長所	短所
ワークステーション	高度な柔軟性	低い生産率 段取り時間
セル	高度な柔軟性	高い初期段取りと作業コスト 中程度の生産率
ライン	高い生産率 自動化への適応	低い柔軟性

図 3.5: 分解工程モデルとその特徴

3.4 マルコフ決定過程

マルコフ決定過程 (MDP: Markov Decision Process) は，費用関数，推移関数がシステムの現在の状態と現在の行動にのみ依存するようなクラスの，確率的逐次決定過程である．これらのモデルは，待ち行列の制御，通信・交

通システム，在庫管理システムをはじめとする幅広い範囲の分野で応用されている[12, 16]．

逐次決定過程とは，ある意思決定者の制御下にある動的システムの1つのモデルである．決定がなされ得る各期間において，意思決定者はシステムの状態を観測する．そして，この観測による情報に基づいて，意思決定者はとり得る選択肢の集合の中から，ある行動を選び出す．この結果として，意思決定者は即時に利得（またはコスト）を受け取り，引き続くシステムの状態推移の確率分布が規定される[9]．

有限状態空間をもつ離散時間におけるマルコフ過程は，各状態に依存する規定された集合から推移確率を選ぶことによって制御される．各々の選択に対する直接期待費用が与えられたとき，無限期間を通じての時間平均費用を最小にすることが要求される．このような有限状態空間と各状態に依存する決定をもつ割引を伴わないマルコフ決定過程は，時間平均費用を最小にする最適定常政策をもつ．

状態空間を S，総状態数を $|S|$ で表すものとし，$S = \{1, 2, \ldots, |S|\}$ をもつ無限期間平均費用問題を考える．状態 $i \in S$ で決定 k が有限集合 $K(i)$ の中から選ばれる．すべての $K(i)$ $(i \in S)$ の直積を政策空間と呼び，A で表す．状態 i で決定 k を選んだとき，次の状態 j への推移確率 $p_{ij}(k)$ と次の推移によって得られる直接期待費用 $r_i(k)$ が決定される．このとき

$$0 \leq p_{ij}(k) \leq 1, \qquad \sum_{j \in S} p_{ij}(k) = 1$$

であり，どの時刻にどの状態なら，どの決定を選ぶかを定めた規則を政策と呼び，

$$\xi = (f^0, f^1, \ldots)$$

と表すことにする．ただし f^n は時刻 n において状態に決定を対応させる関数 $f^n = (f_1^n, f_2^n, \ldots, f_{|S|}^n) \in A$ を表す．すなわち，時刻 n で状態 i であったら決定 f_i^n を用いる．状態 i では，必ず決定 $f_i \in K(i)$ を選ぶ政策を定常政策と呼び，$f = (f_1, f_2, \ldots f_{|S|})$ で表す．この定常政策の中に最適な政策 $f^* = (f_1^*, f_2^*, \ldots f_{|S|}^*)$ が存在することがよく知られている．$f \in A$ に対して $r(f)$ を i 番目の要素が $r_i(f_i)$ である $|S|$ 次元ベクトル，$P(f)$ を (i, j) 番目の要素が $p_{ij}(f_i)$ である $|S| \times |S|$ 行列とする．この割引のないマルコフ決定過程は平均費用を最小にする最適政策 f^* を決定する問題が付随した4つ組 (S, A, P, r) によって定義される．無限計画期間にわたって得られる最適政策 f^* の最小平均費用 g_i は次の最適性方程式を満足する．

$$g_i = \min_{f_i \in K(i)} \left\{ \sum_{j \in S} p_{ij}(f_i) g_j \right\} \qquad (i \in S).$$

$$g_i + v_i = \min_{f_i \in L(i)} \left\{ r_i(f_i) + \sum_{j \in S} p_{ij}(f_i) v_j \right\} \qquad (i \in S).$$

ここで，$L(i) = \{f_i \in K(i); g_i = \sum_{j \in S} p_{ij}(f_i) g_j\}$ であり，v_i は初期状態 i から出発するときの相対費用を表している．この時間平均マルコフ決定過程を解く手法としては，逐次近似法，線形計画法，政策反復法，修正政策反復法などが知られている．以下では，標準的な手法とされる政策反復法に関して，再帰鎖が単一の場合におけるアルゴリズムを紹介する．

政策反復法

STEP 1 適当な初期政策 $f^0 = (f_1^0, f_2^0, \ldots, f_{|S|}^0) \in A$ を定め，$n = 0$ とおく．

STEP 2 （値決定ルーチン）再帰鎖内の 1 つの v_i を 0 とおき，与えられた政策に対する $P(f^n)$ と $r(f^n)$ を用いて次の連立方程式を解き，$g(f^n)$，$v_i(f^n)(i = 1, 2, \ldots |S|)$ を定める．

$$g + v_i = r_i(f_i^n) + \sum_{j \in S} p_{ij}(f_i^n) v_j \qquad (i \in S).$$

STEP 3 （政策改良ルーチン）各状態 $i \in S$ に対して

$$V_i(f^n) = \min_{k \in K(i)} \left\{ r_i(k) + \sum_{j \in S} p_{ij}(k_i) v_j(f^n) \right\} \qquad (i \in S).$$

を計算し，$V_i(f^n) < v_i(f^n)$ となれば最小値を与える決定 k を f_i^{n+1} とし，さもなければ $f_i^{n+1} = f_i^n$ とおく．ここで，すべての i で $f_i^{n+1} = f_i^n$ となれば f^n は最適定常政策 f^* であり，この時の平均費用 g が $g(f^n)$ が最小費用 g^* である．さもなければ $n = n + 1$ として STEP2 へ．

在庫管理の例

各期の需要量が独立で同一の分布に従う単一品種在庫管理システムに関して，マルコフ決定過程によるモデル化を考える．各期の始めに在庫量を観測し，第 n 期首の製品在庫量を x_n とし，繰越需要は許さないものとする．また，第 n 期間の需要量を z_n とし，第 n 期の発注量を u_n として納入リードタイムを 1 とすると，第 n 期首のシステムの状態は x_n，決定 k は u_n となり，状態の推移は $x_{n+1} = [x_n - z_n + u_n]^+ \quad n = 0, 1, \ldots$ となり，ここで $[x]^+ = \max(x, 0)$ である．状態 x_n で発注量 k の決定を取った場合の 1 期間あたりコストは $r_{x_n}(k)$ となる（図 3.6）．

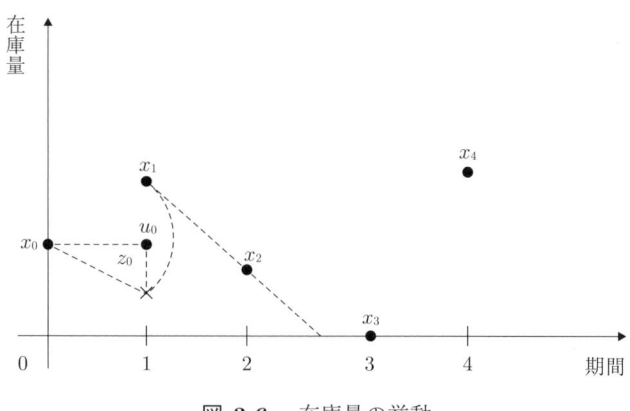

図 3.6: 在庫量の挙動

3.5 リバース・サプライチェーンのコストマネジメント

本節では，リバース・サプライチェーンにおける不確実性をリスク要因と捉えた再製造システム，および分解工程システムにかんばん方式を適用したモデル例を示し，システムの最適運用，および各システムの特性についての検討を行う．

3.5.1 再製造システムの最適化

回収品を用いて単一品種製品を製造する単一工程問題を考え，回収業者が回収した使用済み製品の品質をリスク要因と捉え，それらをクラス 1，クラス 2 の 2 つの品質クラスに分類し，回収品を購入する再製造システムを考える（図3.7）．ここで，各期首に使用済み製品の発注量はクラスごとに決められ，クラス 1 では，新品同様の製品が回収され再製造費 c_1 かかる．一方クラス 2 は，品質劣化した製品が回収され，再製造費 $c_2(>c_1)$ がかかる回収業者からの購入時には，各クラスによって異なる購入費 $a_1, a_2(a_1 > a_2)$，保管費 h_1, h_2 を仮定する．再製造を行う際には，第 t 期の製品需要 $D(t)$（平均 D）に対してクラス 1 の製品から優先して生産した場合と，クラス 2 の製品から優先して生産した場合を考える．需要を満たせないときは，機会損失費用 c_b がかかる．繰越需要は認めないものとする．このシステムにおける定常状態での単一連鎖を仮定し，平均費用を最小化する時間平均マルコフ決定過程として定式化を行い，最適定常政策を示す．

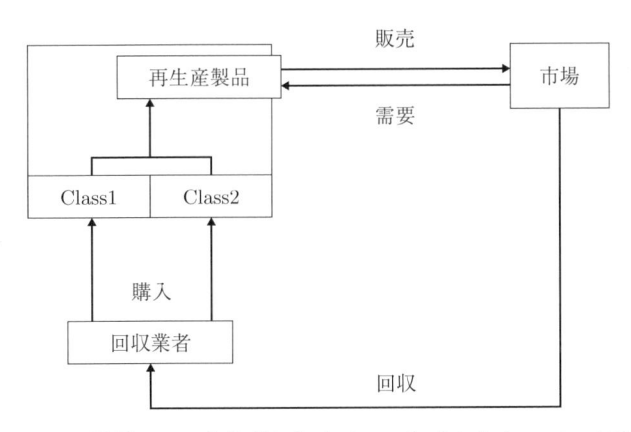

図 3.7: 品質リスクを考慮したリバースサプライチェーンモデル

(1) 状態空間と再製造量

第 t 期首のクラス $n(n = 1, 2)$ の使用済み製品の在庫量をそれぞれ $I_1(t)$, $I_2(t)(\geqq 0)$ とし,納入リードタイムを L_n とする.第 t 期におけるクラス n の発注量を $O_n(t)$ とするとき,第 t 期におけるシステムの状態 $s(t)$ は,第 t 期の各クラスの在庫量と発注済み未入荷量からなり,

$$s(t) = (O_1(t - L_1 + 1), \ldots, O_1(t - 1),$$
$$O_2(t - L_2 + 1), \ldots, O_2(t - 1), I_1(t), I_2(t))$$

と表される.ただし,$L_1 = L_2 = 1$ の場合,$s(t) = (I_1(t), I_2(t))$ となる.以下では $L_1 = L_2 = 1$ と仮定する.第 t 期にクラス n の部品を用いた再製造量 $P_n(t)$ を以下のように与える.

$$P_1(t) = \min\{D(t), I_1(t)\}$$
$$P_2(t) = \min\{0, I_2(t), [D(t) - I_1(t)]^+\}$$

また,使用済み製品の在庫量の推移は,

$$I_1(t+1) = I_1(t) + O_1(t - L_1 + 1) - P_1(t)$$
$$I_2(t+1) = I_2(t) + O_2(t - L_2 + 1) - P_2(t)$$

と表される.

(2) 決定空間と推移確率

第 t 期の発注量は,

$$k_1 = O_1(t) \qquad k_1 \in K_1(s(t))$$

$$k_2 = O_2(t) \qquad k_2 \in K_2(s(t))$$

となる．ここで $k_n \in K_n(s(t))(n=1,2)$ は状態 $s(t)$ における発注可能な各製品量の集合とすると，

$$K_1(s(t)) = \{0, \ldots, I_{\max 1} - I_1(t)\}$$
$$K_2(s(t)) = \{0, \ldots, I_{\max 2} - I_2(t)\}$$

となる．ここでクラス 1 部品の最大在庫量を $I_{\max 1}$，クラス 2 の最大在庫量を $I_{\max 2}$ とする．

さらに，状態 $s(t)$ で決定 (k_1, k_2) をとったとき，状態 $s(t+1)$ に推移する推移確率 $P_{s(t),s(t+1)}(k_1,k_2)$ は，

$$P_{s(t),s(t+1)}(k_1,k_2) = \begin{cases} \Pr\{D(n) = d\}, s(t+1) = (I_1(t) + k_1 - P_1(t), \\ \qquad\qquad I_2(t) + k_2 - P_2(t)) \\ 0, \qquad\qquad それ以外 \end{cases}$$

となる．

(3) 最適方程式

状態 $s(t)$ で決定 (k_1, k_2) を行ったときの単位期間あたりコスト $r_{s(t)}(k_1,k_2)$ は，

$$r_{s(t)}(k_1,k_2) = \sum_{n=1}^{2}(a_n k_n + c_n P_n(t) + h_n I_n(t))$$
$$+ c_b \max\{0, D(t) - (I_1(t) + I_2(t))\}$$

で与えられる．

システムの状態番号を i とし，状態 i での 1 期間あたりの時間平均費用 g を最小化する時間平均マルコフ決定過程として，以下の最適性方程式に定式化される[9]．

$$g + v_i = \min_{k_1 \in K_1(i), k_2 \in K_2(i)} \left\{ r_i(k_1, k_2) + \sum_{j \in s} p_{ij}(k_1, k_2) v_j \right\}$$

ここで，v_i は初期状態を i としたときの相対コストである．この時間平均マルコフ決定過程を解き，各状態において上式の右辺を最小化する決定 (k_1, k_2) を求めることにより，最小平均費用を与える最適発注政策が得られる．

(4) 最適発注政策

前節で定式化されたリバース・サプライチェーンにおいて，最適発注政策

を考える．いま需要分布について，平均 D をもつ 2 項分布を応用した分布,

$$Pr\left(D(n) = D - \frac{1}{2}Q + j\right) = \left\{\binom{Q}{j}\left(\frac{1}{2}\right)^Q, (0 \leq j \leq Q)\right\}$$

を与えるものとする．ここで，Q は偶数 ($Q \leq 2D$)，分散は $Q/4$ である．それぞれ以下のようにパラメータを設定する．

再製造費 $(c_1, c_2) = (1, 5)$, 保管費 $(h_1, h_2) = (1, 1)$,

購入費 $(a_1, a_2) = (4, 1)$, 機会損失費 $c_b = 10$

在庫量の最大値を $I_{\max n} = 5$，最小値を $I_{\min n} = 0$ とし，平均需要 $D = 3.0$，分散 $1.0 (Q = 4)$ とおき，政策反復法[9] を用いて最適発注政策を求めた．

平均費用を最小化する各状態における発注量である最適発注政策を表 3.2 に示す．このとき，平均費用は 28.94 となった．ここで "*" は，最適発注政策のもとでのマルコフ連鎖の再帰状態を示している．たとえば，再帰状態 (3,1) の場合，クラス 1 の在庫量が 3，クラス 2 の在庫量が 1 であり，この時の決定は $(k_1, k_2) = (3, 2)$ であるのでクラス 1 の発注量は 3，クラス 2 の発注量は 2 となっていることが分かる．

表 3.2: 最適発注政策

(I_1, I_2)	k_1	k_2	(I_1, I_2)	k_1	k_2
(0,0)	5	0	(3,0)	3	2
(0,1)	5	0	*(3,1)	3	2
(0,2)	5	0	*(3,2)	3	1
(0,3)	5	0	(3,3)	3	0
(0,4)	5	0	(3,4)	1	0
(0,5)	5	0	(3,5)	0	0
(1,0)	5	0	(4,0)	2	3
(1,1)	5	0	*(4,1)	2	2
(1,2)	5	0	*(4,2)	2	1
(1,3)	5	0	*(4,3)	2	0
(1,4)	5	0	(4,4)	0	0
(1,5)	5	0	(4,5)	0	0
(2,0)	4	1	(5,0)	1	3
(2,1)	4	1	(5,1)	1	2
*(2,2)	4	1	(5,2)	1	1
(2,3)	4	0	*(5,3)	1	0
(2,4)	4	0	(5,4)	0	0
(2,5)	1	0	(5,5)	0	0

3.5.2 分解工程におけるかんばん方式モデル

(1) かんばん方式による制御

かんばん方式は，ジャストインタイム (JIT: Just-In-Time) 生産システムにおいて，需要変動，設備故障，出勤状況の変化等の製造現場のもつ様々な不確実性のもとで，JIT 生産を実現するために考案された「後工程引き取り，後補充生産方式」における情報伝達・制御手段である．ここで JIT 生産システムは，需要により引き取られた分だけ製造を行うため，**プル (Pull) 型**の生産方式と呼ばれており，これに対し基準生産計画に基づき押し出すように製造を進める **MRP**(Material Requirement Planning) は，**プッシュ(Push) 型**の生産方式と呼ばれる．かんばん方式においては，部品あるいは製品の収容箱には1枚のかんばんが付けられ，工程内あるいは工程間を循環し，各工程における生産量や前工程からの部品の引取量を制御している．かんばんには大別して，生産指示かんばん（仕掛けかんばんとも呼ばれる）と引き取りかんばんの2種類がある[21]．実際，各工程で使われるかんばん枚数が決められると，その工程はかんばんの運用ルールに従い，自律分散的に生産活動を継続する生産・発注方式として，組立て工程における生産システムに適用されてきた．(2) においては，従来の組立て工程においてその有用性が知られているかんばん方式を分解工程に適用したモデルを紹介する．

(2) 分解工程におけるかんばんモデル

図 3.8 に示される N 工程からなる分解工程システムを考える．工程

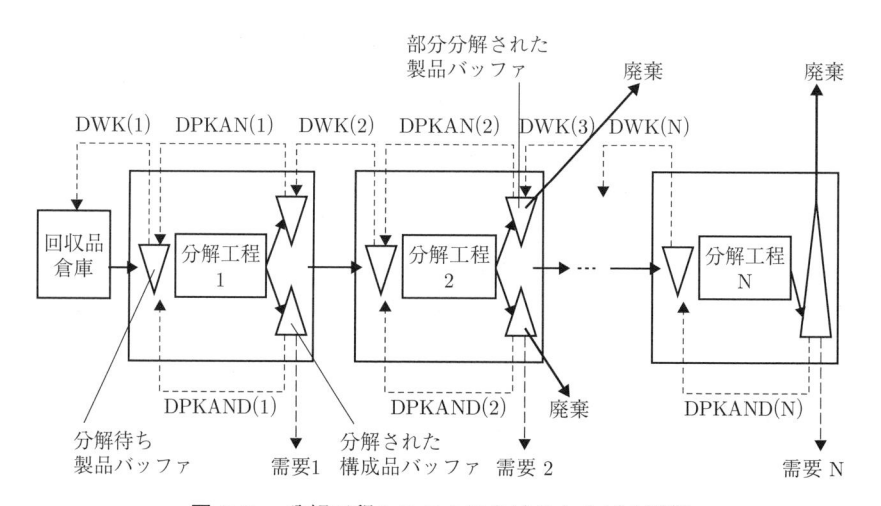

図 3.8: 分解工程システムにおけるかんばん制御

$i(i=1,\ldots,N)$ において，分解すべき回収品あるいは部分分解された製品には，分解引取りかんばん（枚数 $\mathrm{DWK}(i)$）が取り付けられて，分解工程のバッファに置かれる．分解作業が開始されると引取りかんばんは製品から外されて，前工程への新たな分解製品引き取りの指示として送られる．一方，分解作業後に分解された構成品には，構成品分解指示かんばん（かんばん枚数 $\mathrm{DPKAND}(i)$）が付けられ，バッファに保管される．この構成品が外部からの需要により引き取られたとき，構成品分解指示かんばんが構成品から外され，工程 i への分解指示に使用される．また，部分分解された製品にも，製品分解指示かんばん（かんばん枚数 $\mathrm{DPKAN}(i)$）が付けられ，バッファに保管される．後工程からの分解引取りかんばんにより部分分解された製品が引き取られる際，製品分解指示かんばんが外され，工程 i における分解指示が行われることとなる．なお，構成品および部分分解された製品はその品質を考慮して廃棄される場合もあると仮定する．工程 N において分解作業が終了したときに残った製品は廃棄されるものとする．したがって，工程 N における分解指示かんばんは構成品分解指示かんばんのみとなる．

組立て工程におけるかんばん方式に比べ，分解工程におけるそれは，より複雑な形態となっていることが明らかと言える．しかしながら，工程内仕掛在庫の制限やモノと情報の一体化に基づく作業指示の徹底・効率化等は，回収製品や部分分解製品の状態に依存する各分解工程における処理時間，分解された構成品の不確定需要，あるいはそれらの廃棄に伴う在庫変動のリスク等の要因に対する，1つの対応策として有用を考えられる．実際，このリバース・サプライチェーンにおいて，リスク要因を考慮した各種シナリオのもとで，シミュレーションによって，従来型のプッシュ方式と上述のかんばんを用いたプル方式とを比較した結果，プル方式の方が優れているといった結果も得られている[17]．

3.6 おわりに

本章では，従来のフォワード型サプライチェーンに対して，ライフサイクルが終了した製品の回収・分解・修復・再製造等を考慮したリバース・サプライチェーンに焦点をあて，その基本概念とこれまでの研究の背景，課題解決に向けたモデリング例について概説した．リバース・サプライチェーンにおいて各種プロセスへ影響を与えるリスクとして，従来型のサプライチェーンでは想定されていない，製品ライフサイクル終了後のオペレーションで生じる不確実性や分解作業固有の制約等が考えられる．また，組立生産におけるフロープロセスの収束的傾向に対して，リバース・サプライチェーンにお

ける発散的な傾向も 1 つのリスク要因であり，そこから派生する不確実性をどのようにマネジメントするかも重要であると考えられる．

　ここでは，それらの不確実性リスク等に対する課題解決アプローチとして，最適確率制御則を与えるマルコフ決定過程モデルや，従来型のサプライチェーンにおいてもその有効性が認められているかんばん方式の分解工程への適用モデルについて示した．いずれの場合も確率モデルに基づく最適化や性能評価となるため，どのような企業環境におけるシナリオを設定するかによりその結果は異なったものとなるが，勘や経験等に基づく従来の暗黙知的な判断から，リスク要因を見える化し，関係者が合意できる意思決定アプローチへの一助となることに期待したい．

参考文献

[1] Brennan, L., Gupta, S. M. and Taleb, K. N.: Operations Planning Issues in an Assembly/ *Disassembly*Environment, *International Journal of Operations and Production Management*, Vol. 14, pp. 57–67, 1994.

[2] Cohen, M. A., Nahmias, S. and Pierskalla, W. P.: A dynamic inventory system with recycling, *Naval Research Logistics Quarterly*, Vol. 27, pp. 289–296, 1980.

[3] Guide Jr., V. D. R.: Production planning and control for remanufacturing, *Journal of Operations Management*, Vol.18, pp. 467–483, 2000.

[4] Guide Jr., V. D. R. and Wassenhove, L. N. V.: Managing product returs for remanufacturing, *Production and Operations Management*, Vol.10, pp.142–155, 2001.

[5] Guide Jr., V. D. R. and Wassenhove, L. N. V.: Closed-loop supply chains, In *A Handbook of Industrial Ecology*, edited by R. Ayers and L. Ayres, Cheltenham: Edward Elgar Publishing, pp. 497–509, 2002.

[6] Gungor, A. and Gupta, S. M.: Issues in environmentally conscious manufacturing and product recovery: a survey, *Computers and Industrial Engineering*, Vol. 36, pp. 811–853, 1999.

[7] Gupta, S. M. (edited): *Reverse Supply Chains: Issues and Analysis*, NW, CRC Press, 2013.

[8] Gupta, S. M. and Lambert, A. J. D. (edited.): *Environment Conscious Manufacturing,* NW, CRC Press, 2008.

[9] Howard, R. A: *Dynamic Programming and Markov Processes*, The M. I. T. Press, 1960.

[10] Ilgin, M. A. and Gupta, S. M.: Environmentally Conscious Manufacturing and Product Recovery (ECMPRO): A Review of the State of the Art. *Journal of Environmental Management*, Vol. 91, pp. 563–591, 2010.

[11] Kelle, P. and Silver, E. A.: Purchasing policy of new containers considering the random returns of previously issued containers, *IIE Transactions*, Vol. 21, pp. 349–354,

1989.

[12] Loomba, P. S. A. and Nakashima, K.: Enhancing Value In Reverse Supply Chains BySorting Before Product Recovery, *Production Planning & Control*, Vol. 23, pp. 205–215, 2012.

[13] Minner, S.: Strategic safety stocks in reverse logistics supply chains, *International Journal of Production Economics*, Vol. 71, pp. 417–428, 2001.

[14] Moyer, L. and Gupta, S. M.: Environmental Concerns and Recycling/ Disassembly Efforts in the Electronics Industry, *Journal of Electronics Manufacturing*, Vol. 7, pp. 1–22, 1997.

[15] Muckstadt, J. A. and Isaac, M. H.: An analysis of single item inventory systems with returns, *Naval Research Logistics Quarterly*, Vol. 28, pp. 237–254, 1981.

[16] Nakashima, K., Arimitsu, H., Nose, T. and Kuriyama, S.: Optimal control of a remanufacturing system, *International Journal of Production Research*, Vol. 42, pp. 3619–3626, 2004.

[17] Nakashima, K. and Gupta, S. M.: A study on the risk management of multi Kanban System in a closed loop supply chain, *International Journal of Production Economics*, Vol. 139, pp. 65–68, 2012.

[18] van der Laan, E. A. and Salomon, M.: Production planning and inventory control with remanufacturing and disposal, *European Journal of Operational Research*, Vol. 102, pp. 264–278, 1997.

[19] van der Laan, E., Salomon, M., Dekker, R., van Wassenhove, L. N.: Inventory control in hybrid systems with remanufacturing, *Management Science*, Vol. 45, pp. 733–747, 1999.

[20] 曹德弼，中島健一，竹田賢，田中正敏：『サプライチェーンマネジメント入門―QCDE戦略と手法―』，朝倉書店，2008.

[21] 田村隆善，大野勝久，中島健一，小島貢利：『新版 生産管理システム』，朝倉書店，2012.

第2部

人道支援ロジスティクス に関する研究成果

第4章
人道支援ロジスティクスの国際研究動向と東日本大震災における空港運用の実態と課題

4.1 はじめに

　自然災害の多くは予測不可能で突如発生するため，人間生活に被害を及ぼす．各国の政府機関，国際援助機関，NGOなどの救援組織は，災害で被災した国や地域の被災者に支援物資を供給する重要な役割を果たす．このような救援組織には，適切な物資を，適切な量だけ，適切な場所に，適切な時に，適切な費用で，適切な状態で供給することが求められる[1]．これが**人道支援ロジスティクス** (humanitarian logistics) である．しかし，これらを確実に実施することは困難を極め，通常のロジスティクスとは異なる問題に直面する．たとえば，災害直後は支援物資の供給不足が至る所で起こり，しばらくすると逆に供給過剰による不要物資の滞留問題が発生する．このような需要と供給の不一致が頻発するだけでなく，救援組織間の行動調整や情報集約などの様々な課題に対応する必要がある．

　人道支援ロジスティクスという用語は，戦争や紛争の負傷者や被害者に対する支援活動に対して用いられ始めた．現代の人道支援は，赤十字社を創設したアンリ・デュナンによる，19世紀半ばのイタリア統一戦争時における救援活動が起源と言われている．また，人道支援ロジスティクスは，ソマリア紛争の難民支援にロジスティクスマネジメントが必要と論じた際に用いたのが最初と考えられている[17]．近年，自然災害の被災者への支援活動にこの用語が用いられており，本章でも自然災害の被災者に対する人道支援を対象とする．

　本章では，4.2節で「人道支援ロジスティクスの国際研究動向」を，また4.3節で「東日本大震災における空港運用の実態と課題」をまとめる．今世紀に入ってから世界各地で自然災害が急増する中，国際的に人道支援ロジスティクス研究の重要性が認知され始めている状況を踏まえ，4.2節ではその研究動向をまとめる．4.3節は，東日本大震災において人道支援ロジスティ

1) 世界食糧計画において，6R: Right product, in the Right quantity, at the Right place, at the Right time, at the Right cost, and in the Right condition と呼ばれている[10]．

クスの一端を担った空港と航空輸送に着目する．自然災害発生直後の救援活動や支援物資輸送において，世界各地でヘリコプターが活躍しており，東日本大震災もその例外ではなかった．当時の空港運用の実態に迫り，その課題を明らかにした上で，今後取るべき具体的な対策について整理する．

4.2 人道支援ロジスティクスの国際研究動向

4.2.1 人道支援ロジスティクスの特徴

(1) 自然災害の分類

CRED (Center for Research on the Epidemiology of Disasters) は，世界中で発生している様々な災害をデータベース EM-DAT[2]としてまとめ，ウェブサイト上に無償で公開している．それによると，1970年以降，世界で発生している災害による死者数は，地震，台風，干ばつ，洪水によるものが9割以上を占め，その他に熱波，地滑り，噴火，竜巻などで死者が数多く出てい

[2] EM-DAT(http://www.emdat.be/) は自然災害と科学技術災害を対象としている．災害の基準は，①死者10人以上，②被災者100人以上，③政府による非常事態宣言，④国際支援の要請，の4条件のうち，少なくとも1つを満たすものとしている．

表 4.1: 21世紀に発生した死者数上位の自然災害（出典：EM-DAT より著者作成，2015年3月現在）

国・地域	発生年	死者数[人]	災害種類
アンダマン海沿岸国[※1]	2004	226,096	地震・津波
ハイチ	2010	222,570	地震
ミャンマー	2008	138,366	台風
中国	2008	87,476	地震
パキスタン	2005	73,338	地震
ロシア	2010	55,736	熱波
イラン	2003	26,796	地震
イタリア	2003	20,089	熱波
インド	2001	20,005	地震
ソマリア	2010	20,000	干ばつ
日本	2011	19,846[※2]	地震・津波
フランス	2003	19,490	熱波
スペイン	2003	15,090	熱波
ドイツ	2003	9,355	熱波
フィリピン	2013	7,354	台風
インド	2013	6,054	洪水
インドネシア	2006	5,778	地震
バングラデシュ	2007	4,234	台風
中国	2010	2,968	地震
ハイチ	2004	2,754	台風

※1 内訳は，インドネシア (165,708)，スリランカ (35,399)，インド (16,389)，タイ (8,345)，モルジブ (102)，マレーシア (80)，ミャンマー (71)，バングラデシュ(2) の8ヶ国である．
※2 日本政府の発表とは異なる．

る．表 4.1 に，21 世紀になってから発生した死者数上位の自然災害を示す．近年においても上位の多くは地震によるもので，2015 年 4 月にもネパールで大地震が発生し，死者数は 8500 人超とされている．

また，図 4.1 から分かるように災害の発生件数は 21 世紀に入ってから増えており，図 4.2 より被災者数も 1990 年代以降に多いことが分かる．アジア開発銀行[2] や国連アジア太平洋経済社会委員会[36] は，今後，アジアが自然災害の最も発生しやすい地域であると報告しており，災害に対する**強靭化** (resilience) が求められるとしている．

人道支援ロジスティクスは，自然災害発生後に必要となる支援物資輸送に関わる問題を対象としている．自然災害の種類によって，支援物資輸送の対

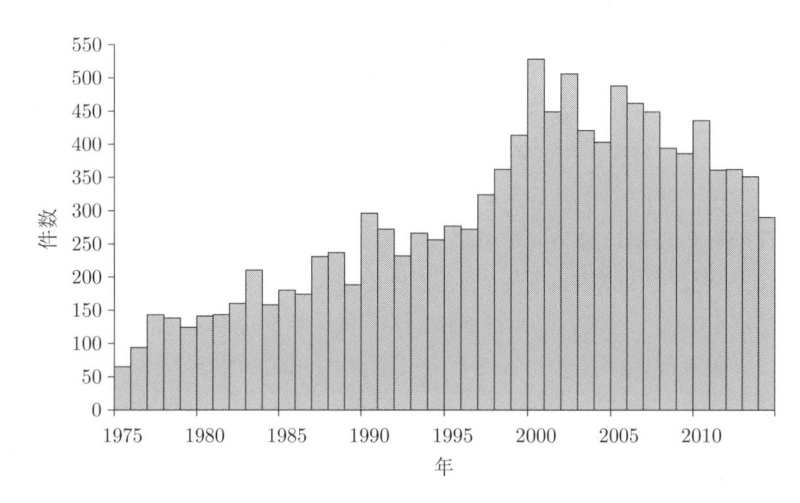

図 4.1: 災害発生件数 (1975 年〜2014 年) (出典：EM-DAT より著者作成)

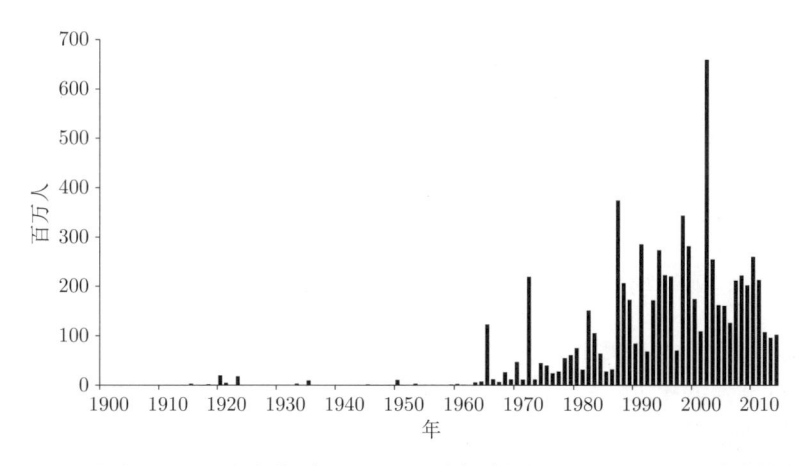

図 4.2: 災害による被災者数 (1900〜2014 年) (出典：EM-DAT より著者作成)

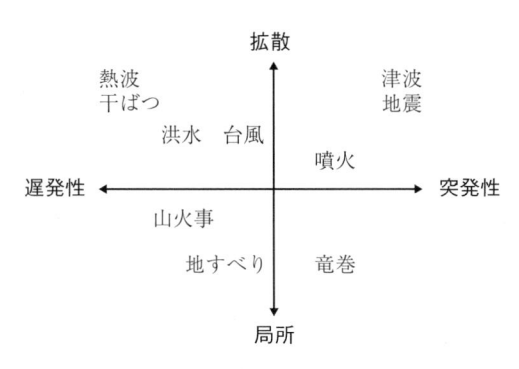

図 4.3: 自然災害の分類

応は異なる．図 4.3 に，横軸を発災後に被害が生じるまでの時間次元，縦軸を被害の範囲を示す空間次元として，代表的な自然災害を分類した．なお，これは概念図であり，災害の規模は考慮していない．**遅発性** (slow on-set) 災害とは，徐々に被害が生じる災害であり，左に行くにつれて発災後の対応準備時間を長く取ることができる．よって，遅発性災害の場合，被災地となる可能性のある地域に対して，避難勧告や被害緩和対策の準備が可能である．反対に，**突発性** (sudden on-set) 災害とは災害予測が難しく，発災直後に被害を受ける災害で，地震に代表されるように，事前の避難勧告が困難である．縦軸は，被災範囲が拡散するほど上に位置し，局所的なほど下に位置する．第 1 象限にある地震は発災直後に被害を受けることから避難が難しく，被災範囲も広い．そのため，支援物資輸送の中でも，需要，供給，輸送手段などの不確実性が最も高く，難しい対応を迫られる．

(2) 人道支援ロジスティクスの定義

人道支援ロジスティクスの中心に位置付けられるのは支援物資の輸送である．Thomas and Mizushima (2005)[34] は，人道支援ロジスティクスを次のように定義している．

> 「人道支援ロジスティクスとは，被災者の要求を満たすため，供給地から消費地まで，物資や資材の流動と保管および関連情報を，効率的・費用効果的に計画・実施・管理する過程である」[3]

これは，米国の **CSCMP** (Council of Supply Chain Management Professionals) によるロジスティクスの定義[4] とほぼ同様であるものの，「被災者の要求を満たす」ところに特徴がある．

また，人道支援活動におけるロジスティクスは，「災害発生前の**準備段階** (preparedness) と発生後の**応答段階** (response) を，調達と配送および拠点

---

[3] 原文は次のとおり．Humanitarian Logistics is preliminarily defined as *"the process of planning, implementing, and controlling the efficient, cost-effective flow and storage of goods and materials, as well as related information, from point of origin to point of consumption for the purpose of meeting the end beneficiary's requirements"*.

[4] 原文は次のとおり．Logistics management is that *"part of supply chain management that plans, implements, and controls the efficient, effective forward and reverses flow and storage of goods, services and related information between the point of origin and the point of consumption in order to meet customers' requirements"*. http://cscmp.org/about-us/supply-chain-management-definitions

(集積所)と現場(被災地)を通じて,橋渡しする役割」[34] としても位置付けられる.人道支援が必要となる非常時の活動において,ロジスティクスの役割は重要であることを意味している.さらに,人道支援ロジスティクスの特徴として,次の5点が挙げられる[3, 27].

① 支援物資配送による非金銭的な利益の享受
② 軍,政府,市民団体などによる一体的な任務
③ 複数の組織間のコミュニケーションと意思決定調整の複雑性
④ 限られた資源
⑤ 脆弱なインフラの状態

これらの特徴を踏まえて,平常時のロジスティクスと非常時の人道支援ロジスティクス違いを示したのが表4.2である.後述するように,こうした相違点を考慮して様々な数理モデルが開発されている.最大の違いは,人道支援ロジスティクスの目的が被災者への支援にあることである.また,不完全な情報下で迅速に決定・実施する必要のある点が,人道支援ロジスティクスの困難性を表している.

表 4.2: ロジスティクスと人道支援ロジスティクスの相違点

要素	ロジスティクス	人道支援ロジスティクス
目的関数	費用最小化,利益最大化	被害最小化,被災者満足度最大化など
需要予測	実績ベース,短中長期別	対応ベース,超短期
ネットワーク	事前決定(固定),多選択肢	動的変化,少選択肢
制約条件	時間,施設	時間,施設,輸送機関
計画期間	継続的,長期	断続的,短期
在庫	サービスレベル	被災者ニーズ
意思決定	垂直,水平	複雑,未調整

災害時の支援計画や支援活動は,発災後だけでなく,発災前の準備段階も重要である.全米知事協会 (NGA: National Governors' Association)[23] は,1979年に災害時の支援計画・活動を,① 減災 (mitigation), ② 準備 (preparedness), ③ 応答 (response), ④ 復旧 (recovery) の4段階に区分した[5].このうち,減災を除いた後者の3段階が人道支援ロジスティクスの対象となる.減災は,災害時に生じる被害を削減する計画や活動であり,ロジスティクスの観点は含まれていない.

5) 1979年には,米国緊急事態管理庁 (FEMA: Federal Emergency Management Agency) も設立された.以後,FEMAの書類ではこの4段階が用いられており,世界的にも普及している.

(3) 人道支援ロジスティクス研究の範囲

ロジスティクスの基本要素は,需要,供給,ネットワークの3点である.平常時のロジスティクスでは,通常,「安定した」ネットワークを通して,「特

定の」需要者が求めた物資が「専門の」供給者によって配達される．対照的に，人道支援ロジスティクスでは，厳しい時間制約の中，「混乱した」ネットワークを通して，様々な支援物資が「多様な」供給者によって「不特定の」需要者に配達される．災害発生後，被災者の正確な情報をすぐに得るのは困難なことから，不完全な情報を前提として支援活動をすることが，人道支援ロジスティクスの大きな課題となる．以上から，人道支援ロジスティクス研究における主たる分析対象は，需要，リードタイム，支援物資の種類と選定，在庫，集積所配置，輸送ネットワーク，被災者別支援，などとなっている．

国際的な人道支援ロジスティクスでは，国際機関や他国の機関だけでなく，自国や他国の軍，国内機関，輸送業者，倉庫管理者など複数の組織が関係者として関わる．よって，組織間の調整も人道支援ロジスティクスの重要な分析対象である．人道支援ロジスティクスに関わる国連組織として，1992年に設立された**人道問題調整事務所** (OCHA: Office for the Coordination of Humanitarian Affairs) がある．自然災害や紛争の被災者に対する人道支援活動を効果的に行うため，他の国際機関や政府と協力し，調整するのが主な役割である．人道問題調整事務所は，**ReliefWeb**[6] という世界の人道支援活動状況を提供するウェブサイトも運営している．また，国連の一組織である**世界食糧計画** (WFP: World Food Programme) は，2001年に**人道支援物資備蓄庫** (HRD: Humanitarian Response Depot) を設置し，イタリアのブリンディジ，スペインのラス・パルマス，パナマ，ガーナのアクラ，アラブ首長国連邦のドバイ，マレーシアのスバンの世界6か所で備蓄庫を運営している．非常時には，48時間以内に世界中に支援物資や食料などを届けられる体制となっている．

大規模災害後，限られた時間，予算，資源，人材の中，1つの救援組織が人道支援ロジスティクスのすべてのプロセスを実施することは不可能である[8]．支援物資の輸送プロセスにおいて，関係者間の意思疎通がままならないことは多々あり，その結果，各組織は自らの規律に従い行動する．救援組織は，発災前の率先的・先行的 (proactive) ではなく，発災後の応答的・反応的 (reactive) に支援活動をせざるを得ない[33]．そのため，発災直後には被災者に支援物資が行き届かないという問題が必然的に生じる．この期間を短くすることが大きな課題である．さらに，準備・応答・復旧のどの段階に重点的に資金援助をするのか，組織間でそのバランスは考慮されていない．現状では応答段階に多くの資金が投入されているものの，それが本当に適切かどうかは明らかになっていない．こうした研究も，人道支援ロジスティクスには必要である．

人道支援ロジスティクス研究は，2004年12月にアンダマン海で発生したインド洋大津波（スマトラ島沖地震）において，支援物資のロジスティクスマ

---

6) http://reliefweb.int/

ネジメントが杜撰だったことが契機となり，研究分野として急成長した．人道支援ロジスティクスの研究動向を包括的にまとめた Leiras et al. (2014)[20] で示されているように，2005 年以降に論文数が急増し，ロジスティクス分野の国際学術誌で特集が組まれるようになった．2011 年には，人道支援ロジスティクスを対象とする国際学術誌 *Journal of Humanitarian Logistics and Supply Chain Management* (*JHLSCM*) が創刊されている．表 4.3 に，*JHLSCM* で対象としている研究分野を抜粋する．これらが人道支援ロジ

表 **4.3:** *Journal of Humanitarian Logistics and Supply Chain Management* の対象範囲

人道支援ロジスティクス	Humanitarian logistics
緊急ロジスティクス	Emergency logistics
災害救援活動	Disaster relief operations
災害救援時のサプライチェーンマネジメント	Supply chain management in disaster relief
開発援助ロジスティクス・サプライチェーンマネジメント	Development aid logistics and supply chain management
サプライチェーン脆弱性の対策と評価	Assessing and managing supply chain vulnerability
サプライチェーン途絶の対策	Managing supply chain disruptions
人道支援サプライチェーンのパフォーマンス計測	Measuring performance in humanitarian supply chains
人道支援サプライチェーンの意思決定	Decision-making in humanitarian supply chains
人道支援サプライチェーンの知識管理と知識移転	Knowledge management and transfer in humanitarian supply chains
人道支援ロジスティクスのための ICT	Information and communication technology for humanitarian logistics
人道支援におけるサプライチェーン協力・統合・協同	Supply chain co-operation, integration and collaboration in the humanitarian setting
人道支援サプライチェーンの顧客管理	Relationship management in humanitarian supply chains
人道支援ロジスティクスの PPP	Public-private partnerships in humanitarian logistics
人道支援サプライチェーンによる組織間調整	Inter-organizational co-ordination across humanitarian supply chains
危機管理	Crisis management
災害救援時の軍民協調	Civil-military co-operation in disaster relief
人道支援医療サプライチェーン	Humanitarian health care supply chains
救援サプライチェーンマネジメントの原則と理論	Principles and theory of relief supply chain management
人道支援ロジスティクスにおける援助機関やボランティアの役割	The role of donors and volunteers in humanitarian logistics
非営利サプライチェーン	Not-for-profit supply chains

スティクスとして関連付けられる研究の範囲である.

4.2.2 人道支援ロジスティクス研究のレビュー

　Altay and Green (2006)[1] および Galido and Batta (2013)[13] は,**災害時運用管理** (disaster operations management) について,OR・経営科学分野を対象に包括的なレビューを行っている.両論文では,社会科学や人文科学分野の研究も数多くレビューされており,幅広い分野による災害時運用管理への貢献を明らかにしている.文献レビューを通して人道支援ロジスティクスの課題を整理した Kovacs and Spens (2011)[18] は,人道支援ロジスティクスにおける,研究,教育,実践の隔たりを指摘している.特に人道支援ロジスティクスが必要とする技術的な教育プログラムが不足しており,充実した教育プログラムが今後の研究と実践の橋渡しになると指摘している.Leiras et al. (2014)[20] は,人道支援ロジスティクスの研究動向を包括的かつ網羅的に整理している.英語で書かれた 228 の論文をレビューし,災害種類,支援段階,研究手法,課題,最適化手法,意思決定レベル,関係者,意思決定調整に分けて,論文の種類を分類している.また,Caunhye et al. (2012)[9] は,**緊急ロジスティクス** (emergency logistics) における,災害前後にそれぞれ対応した最適化モデルを詳細にレビューしている.

　このように,人道支援ロジスティクスに関するレビュー論文はいくつかある.本節では,2014 年までに出版された,人道支援ロジスティクスの分野でモデル分析をした主要な学術論文7)をレビューする.減災,準備,応答,復旧の 4 段階に着目し,減災を除いた人道支援ロジスティクスに関連する各段階のモデル構築を試みた論文が対象で,具体的には,① 準備段階（発災前段階を評価するモデル）,② 応答段階（主に発災後 72 時間までの発災直後段階を評価するモデル）,③ 準備・応答段階（発災前の準備も含めて発災直後段階を評価するモデル）,④ 復旧段階（主に発災後 72 時間以降の段階を評価するモデル）の 4 つに分ける.

(1) 準備段階

　準備段階は,被災者に支援物資を迅速に供給する戦略を考える上で重要である.支援物資などの十分な準備が理想的なものの,常に予算の制約を考慮しなくてはならない.準備段階には有形・無形な活動がある[19,37].有形な活動には,支援物資備蓄,IT 関連も含めたインフラ整備がある.無形な活動には,人的資源,知識管理,プロセス管理,コミュニティ,予算などがある.

　この段階におけるモデル分析は,有形な活動に限られている.これらの研

---

7) 記述的な論文や避難行動に関する論文は対象外とする.また,英語の学術論文のみを対象とし,英語の報告書や国際会議の講演論文,さらに日本語の文献も対象外とする.

究では，支援物資の集積所の立地問題を分析しており，よく使われている評価基準は，① 潜在的被災者から集積所までの重み付き距離の最小化，② 潜在的被災者から集積所までの移動時間の最小化，③ 集積所のカバー範囲の最大化の3つである．集積所の立地場所を決めるにあたり，潜在的被災者のための支援物資需要の確定も準備段階において重要である．

Balcik and Beamon (2008)[4] は，地震の震央と周辺震度分布から，GISを用いて支援物資の需要を推定するカバー型モデルを構築し，予算制約下における発災後の需要を満たす割合と各集積所への輸送時間を計測している．その結果，災害前後の予算配分によって輸送時間が大きく変化することを示し，災害前の集積所への投資の重要性を強調している．Huang et al. (2010)[16] は施設を喪失するケースをモデル化している．最も近い集積所を災害によって喪失し，被災者がそれを利用できない場合，より遠くの集積所に行かざるを得ない．こうした状況を，p-センター施設配置問題として被災者と施設間の最大距離を最小化する問題で定式化し，動的計画法を用いて解いている．Salmeron and Apte (2010)[30] は，多目的確率的線形計画問題として，予算を医薬品提供者，倉庫などの異なる分野に事前に配分したときの，発災後の被災者数や不満足者数の差異を分析している．Yushimito et al. (2010)[40] は，被災者が発災後に被る社会的費用を最小化する集積所配置問題を，ボロノイ図をベースとしたヒューリスティックな解法による非線形計画モデルで解いている．Widener and Horner (2011)[39] はハリケーン来襲の備えに必要な集積所配置計画問題を，ネットワーク計画と施設の階層性を考慮してモデル化している．ネットワーク計画ではユークリッド距離ではなく被災状況に応じた距離を設定し，また集積所の大きさを品目に合わせて階層的に設定している．

表 4.4: 準備段階の主要論文のまとめ

著者	目的	モデル・手法	災害種別	結果・特徴
Balcik and Beamon (2008)[4]	施設の期待カバー需要最大化	予算・容量制約付き最大カバー問題	大規模地震	配分によって応答時間が変化災害前後の予算配分を考慮
Huang et al. (2010)[16]	施設喪失時の被災者と施設間の距離最小化	p-センター施設配置問題	大規模災害	動的計画法のアルゴリズムによる計算時間の優位性は示せず
Salmeron and Apte (2010)[30]	期待被災者数と期待需要不満足人口の最小化	多目的確率的線形計画法	自然災害全般	予算と発災後の応答パフォーマンスの相関を分析
Yushimito et al. (2010)[40]	被災による社会的費用を考慮した応答時間最小化	需要制約付き非線形計画法．ボロノイ図ヒューリスティック解法	突発性災害	遅配による被災費用増加を考慮
Widener and Horner (2011)[39]	需要品目別距離最小化	階層的容量制約付き施設配置問題	ハリケーン	医療品配送計画に有用

以上で説明した準備段階の主要論文の一覧を表 4.4 にまとめる．

(2) 応答段階

人道支援ロジスティクスに関する論文の多くは応答段階を対象にしている．発災直後の支援物資の供給は緊急性を要し，かつ複雑であることから，研究対象としての重要性が高いからである．発災直後の複雑性は，① 需要に関する限られた情報，② 未統一な意思決定，③ インフラ崩壊によるネットワーク途絶，④ 特定物資に対する短期間の多大な需要という，主な 4 つの理由による．

これらの複雑性に対し，多くの研究では，応答段階を配送計画問題や支援物資配分問題として取り扱っている．つまり，人道支援ロジスティクスの応答段階を，集積所から被災者（避難所）への支援物資配送問題と位置付けている．配送計画問題では，移動時間最小化，総費用最小化，流動量最大化，被災者満足度最大化などが目的関数として定式化されている．また，過去の災害時の支援物資配分において，需要と供給のミスマッチは常に起きている．需要側（必要となる支援物資量）と供給側（必要な配車台数など）の両者に不確実性があること，積載容量や台数が限定されること，輸送費用が事前に想定できないことなどが平常時の配送計画とは異なるため，問題設定に工夫が求められる．

大災害の発生直後は，ほぼ間違いなく支援物資供給量は不足する．こうした状況を想定し，救援組織は被災者への「適切な」支援物資配分方法を考える必要があり，日本では東日本大震災の反省を受けてガイドライン作りが進められている[44]．国際的には，*Sphere Handbook*[32] が，被災者が求める最小限必要な物資とその量を，1 人あたり 1 日 2100 キロカロリー分の食料として定めている．しかし，支援物資量が需要に満たないときの配分方法を標準化した国際的なガイドラインはない[12]．

Ozdamar et al. (2004)[26] は，配送計画問題を多品種フローネットワーク設計問題とし，時間依存型の満たされない需要を最小化する問題として定式化している．Tzeng et al. (2007)[35] は，総費用最小化，総輸送時間最小化，被災者の満足度最大化の 3 つの目的関数によるファジィ多目的線形計画法を配送計画に適用している．被災者の満足度は，各期における各避難所の各支援物資の需要に対して輸送された割合として定義し，不公平な配送を最小とするため，各避難所の最小満足度が最大となるように解いている．Balcik et al. (2008)[4] は支援物資の**ラストマイル輸送** (last-mile transport) に焦点を当てている．2 段階モデルとして定式化し，第 1 段階では巡回セールスマン問題として選択可能なルートを見つけ，第 2 段階で輸送費用と支援物資不足のペナルティ費用の合計を最小化する．ランダム生成したテスト問題で計算

したところ，輸送費用を最小化する結果と支援物資配分の公平性を考慮する結果にはトレードオフの関係があることを示している．Ozdamar and Demir (2012)[25] は Balcik et al. (2008)[4] を拡張したもので，避難所をクラスタリング手法によって地理的に分割し，さらに避難所と集積所と病院を階層化している．Lin et al. (2011)[21] はソフトな時間制約を用いた多期間の配送計画モデルを構築している．目的関数は，ペナルティ費用，総輸送費用，避難所間の満足率の差の最小化の3つとし，ウェイトを用いて1つの目的関数にして遺伝的アルゴリズムと分割配分法によって解いている．

Sheu (2007)[31] は支援の緊急度に応じた物資の配分を提案し，それを階層的クラスタリング手法でモデル化している．支援物資配分モデルは，(1) 時間変化に対応した需要予測，(2) 被災地のグルーピング，(3) 緊急度に応じた配分地域優先順位の決定，(4) グループベースの支援物資配分，(5) 動的な支援物資の供給という5段階のシミュレーションで計算される．計算の結果，緊急度に応じた支援物資の配分により，各被災地に届く支援物資の到着間隔を指標として用いると，その平均到着時間が最大約30%向上することを示している．Vitoriano et al. (2011)[38] は，支援物資の配分パフォーマンスとして，費用，時間，公平性，優先順位，信頼性，安全性を考慮し，目標計画法を用いてパフォーマンス最大化問題を設定し，2010年のハイチ大地震をケーススタディとして解いている．

以上で説明した応答段階の主要論文の一覧を表4.5にまとめる．

表 4.5: 応答段階の主要論文のまとめ

著者	目的	モデル・手法	災害種別	結果・特徴
Ozdamar et al. (2004)[26]	満たされない総需要量を最小化	動的配送計画モデル	地震	時間依存型需要と車両サイズ変化を考慮
Sheu (2007)[31]	需要関数に基づく支援物資輸送費用の最小化	階層的クラスタリング手法	地震	5段階のシミュレーションモデル
Tzeng et al. (2007)[35]	総費用と総輸送時間の最小化，満足度の最大化	ファジィ多目的線形計画法	地震	3つの目的関数のトレードオフ関係を示す
Balcik et al. (2008)[4]	輸送費用と支援物資不足ペナルティ費用の合計の最小化	容量制約付き混合整数計画法	地震	輸送費用最小化と支援物資配分公平性にはトレードオフ関係あり
Lin et al. (2011)[21]	ペナルティ費用，総輸送費用，満足率の差の最小化	多期間線形計画法	地震	支援物資の優先順位付けがより良い結果を示す
Vitoriano et al. (2011)[38]	配分パフォーマンス（費用，時間，公平性，優先順位，信頼性，安全性）の最大化	目標計画法	地震	金銭的費用以外の重要性を示す
Ozdamar and Demir (2012)[25]	総輸送時間の最小化	容量制約付き線形計画法	地震	配送問題に階層的クラスタリング手法を適用

(3) 準備・応答段階

これまで見てきたように，準備段階と応答段階のモデルには共通点が多い．そのため，両者を組み合わせた 2 段階の最適化モデルも複数提案されている．

Barbarosoğlu et al. (2002)[6] は，災害支援活動におけるヘリコプターの運用計画を対象とした 2 段階モデルを提案している．ヘリコプター運用の管理者は，準備段階において，任務遂行可能な機材数と乗員数のもとで乗員とフライトを組み合わせたミッション計画を立てる．また，応答段階において，物資・医師・負傷者の乗降計画，燃料補給計画をそれぞれ踏まえたフライトルート計画を，容量と費用を踏まえて考える．機材配分は，最大積載容量，巡航速度，最大フライト時間，燃料消費パターンなどを踏まえて決定し，2 つの段階で互いに影響する要因を考慮して最適化計画を立てる．Barbarosoğlu and Arda (2004)[5] は，多品種・複数輸送機関を考慮した 2 段階の線形計画モデルを提案している．シナリオベースで，支援物資の需要と供給，および輸送機関の脆弱性を不確実性として考慮するもので，輸送費用と期待資源費用（モーダルシフト費用や在庫費用など）を最小化する．1999 年に発生した，死者数約 17,000 人に達したトルコ・イズミット地震を対象に，モデルの有効性を検証している．Rawls and Turnquist (2010)[28] は，集積所の配置，在庫量，支援物資の配分を決定するモデルを提案している．各支援物資の各避難所における需要の不確実性や，災害後の備蓄倉庫の被災や輸送ネットワークの途絶などを考慮し，ハリケーンを対象に 51 タイプのシナリオから不確実性の影響を考察している．Görmez et al. (2011)[14] は，常設集積所と一時集積所からなる 2 段階のエシェロン在庫の施設配置モデルを提案している．第 1 段階では，被災者の近隣に配置する一時集積所の立地を，移動距離の最小化問題として整数計画法によって解き，第 2 段階は，一時集積所と常設集積所の間の重み付き移動距離を，常設集積所の立地数も含めて最小化するものである．

Mete and Zabinsky (2010)[22] は，確率的線形計画法を用いて，集積所の選択とその在庫量，および集積所から避難所への支援物資配分量を決定する第 1 段階と，支援物資のトラック積載量や配送ルートを決定する第 2 段階からなるモデルを提案している．Das and Hanaoka (2014)[11] は，準備段階として集積所の配置数と在庫量を決定し，応答段階として各避難所の需要を満たすように支援物資配分量を定める 2 段階の確率的線型計画モデルを定式化し，準備段階と応答段階の費用はトレードオフ関係にあることを示している．また，決定的モデルと比較して，需要が確率的なモデルでは輸送費用が減少することを示している．

以上で説明した準備・応答段階の主要論文の一覧を表 4.6 にまとめる．

表 4.6: 準備・応答段階の主要論文のまとめ

著者	目的	モデル・手法	災害種別	結果・特徴
Barbarosoğlu et al. (2002)[6]	ヘリコプター運用費用最小化	2段階混合整数計画法	特定なし	第1段階は機材数と乗員数，第2段階はヘリコプター運用計画を決定.
Barbarosoğlu and Arda (2004)[5]	輸送費用と期待資源費用の最小化	2段階線形計画法	地震	1999年に発生したトルコ・イズミット地震でモデルの有効性を検証.
Rawls and Turnquist (2010)[28]	施設配置費用と在庫費用の最小化	2段階混合整数計画法	ハリケーン	需要やネットワークの不確実性を考慮
Görmez, et al. (2011)[14]	第1段階：移動距離の最小化．第2段階：移動距離と施設立地数の最小化	2段階線形計画法	地震	施設新規追加による費用削減量の逓減効果を示す
Mete and Zabinsky (2010)[22]	倉庫費用と発災後医薬品供給費用の最小化	2段階確率的線形計画法	地震	災害発生前後に生じる費用を考慮
Das and Hanaoka (2014)[11]	総費用最小化と発災前後の費用変化分析	2段階確率的線形計画法	地震	発災前後の費用はトレードオフ関係あり

(4) 復旧段階

発災後72時間を超えた後の復旧段階の主要論文を表4.7に示す．この段階では，効率性向上を目的としたパフォーマンス評価と物資再配分の研究がある．パフォーマンス評価の代表的研究にBeamon and Balcik (2008)[7] があり，① 総費用などのリソース指標，② 応答時間などのアウトプット指標，③ 支援物資オーダーサイクル効率などの柔軟性指標，という3種類の指標を用いて，復旧段階を包括的に評価する方法を提案している．パフォーマンス評価は支援活動実績を明確にする役割もあることから，今後の研究の発展が待たれる．Rottkemper et al. (2011)[29] は，復旧期における支援物資再配分の最適化モデルを提案している．特に，ある災害からの復旧過程において別の災害に見舞われる**重複災害** (overlapping disaster) に焦点を当てている.

重複災害は容易に起こりうる．たとえば，2010年のハイチでは，死者が20万人以上にも及んだ大地震が1月に発生し，その後の衛生状態悪化により10月からコレラが流行した．その後，11月には大型ハリケーンが来襲したためコレラが大流行することとなり，7千人弱の死者が出た．日本は災害大国であり，地震と台風に同時に見舞われる可能性は決して小さくなく，こうした状況に備える必要もある.

表 4.7: 復旧段階の主要論文のまとめ

著者	目的	モデル・手法	災害種別	結果・特徴
Beamon and Balcik (2008)[7]	パフォーマンス指標の最大化	パフォーマンス指標	特定なし	包括的評価指標の提案
Rottkemper et al. (2011)[29]	在庫再配分費用最小化	ローリング・ホライズン方式計画法	特定なし	満たされない需要をペナルティ費用として考慮

4.2.3 まとめ

本節では，人道支援ロジスティクスに関連した英語の学術論文を分類し，その特徴をまとめた．この分野は新しく，国際的にも端緒についたばかりである．近年，人道支援ロジスティクスの改善を目的とする多くの研究論文が執筆されているものの，人道支援ロジスティクスの現場は未だ理想には遠い．今後，この研究分野で取り組むべき研究課題として，下記が挙げられる．

① 支援活動データの蓄積：人道支援活動は実践的な研究分野であり，研究成果を災害対策に生かすにはデータの蓄積が欠かせない．支援活動データの標準化やデータベース化に国際的に取り組む必要がある．

② 災害復旧後の課題：自然災害から復旧後，不要となった支援物資の処理，教訓の知識化，組織間の協力方法など，次の災害に備える応答方法を考える必要がある．特に，災害に対して脆弱な開発途上国における対策が重要である．

③ 被災者の「満足度」：支援物資の被災者への供給において，被災者の満足度を代理変数によって計測するモデルは既に構築されているものの，現実には被災者の要求は刻々と変わり，何をもって満たされるのかを計測するのは困難である．しかし，人道支援ロジスティクスの成果を評価するにあたり，満足度の計測は欠かせない条件である．

4.3 東日本大震災における空港運用の実態と課題[8]

4.3.1 はじめに

2011年3月11日に発生した東日本大震災では，ヘリコプターによる救助活動や民間機による陸上交通の代替輸送などで，空港が大きな役割を果たした．地震や水害などにより広域に被害が及ぶ場合，発災直後は陸上交通ネットワークの寸断が予想されることから，比較的災害に強い空港の果たす役割は大きい．大規模災害時の航空機の任務は，被害状況に関する情報収集，捜索，負傷者の救助，救急搬送，消火活動，人員輸送，物資輸送など多岐に渡る．このうち，多くの任務は機動性の高いヘリコプターによって行われ，固定翼機は主に長距離の人員輸送，物資輸送に活用される．その重要性から，災害時におけるヘリコプターによる輸送モデルも構築されている[6,24]．

航空機は災害発生初期に迅速な任務が求められ，空港を拠点として一斉に集中的に活動するため，過去の自然災害時には，空港の駐機スペース不足，航空機の燃油不足，関係機関間の情報共有不足などの課題が生じていた．そ

[8] 本節は2つの論文（文献 [15, 41]）の一部を抜粋して再構成し，加筆・修正したものである．

こで，災害時の空港運用の実態と課題を明らかにするため，東日本大震災時に拠点として利用された，いわて花巻空港（以下，花巻空港），山形空港，福島空港を対象に，空港管理者，**国土交通省東京航空局** (CAB: Civil Aviation Bureau) の各空港出張所，航空機運航主体など，航空機と空港の運用に携わった関係機関に対してインタビュー調査を実施した．本節はその結果をまとめたものである．

事例とする3空港の位置を図4.4に示す．仙台空港は津波の被害により震災後約1ヶ月間利用できなかった．また，茨城空港のターミナルビルでは天井が崩壊した．ヘリコプターの活動範囲は，機種によって多少異なるものの，1回の給油で2時間程度の飛行が可能である．運航速度を標準的な時速200kmとした場合，花巻・山形・福島空港から海岸部まではそれぞれ約20～30分

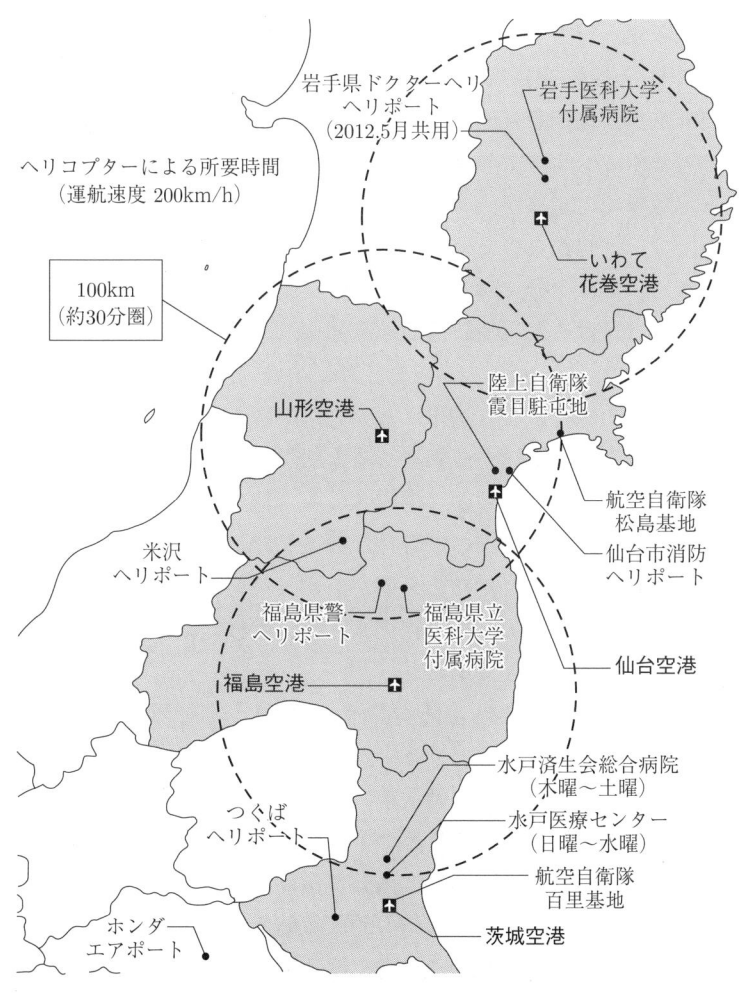

図 4.4: 花巻空港，山形空港，福島空港，主要なヘリポートなどの位置とヘリコプターの移動半径

程度かかることから，各空港から100kmの移動半径も図4.4に示している．

4.3.2　災害時の航空機運航に関する組織と体制

　災害時に活動するヘリコプターには，消防ヘリ・防災ヘリ・警察ヘリ（以上3つは自治体のヘリコプター）の他，海上保安庁のヘリ，自衛隊のヘリ，国土交通省の災害対策用ヘリ，ドクターヘリなどがある．自治体のヘリコプターは生命，身体および財産を守る目的で導入されているが，その基本的な活動内容は異なる．消防ヘリは15政令指定都市，また消防・防災ヘリは38道県で，それぞれ運航されている．45都道府県にはどちらかが配備されている．警察ヘリは，各都道府県の警察本部に所属する航空隊が運航している．上空からのパトロール，事件・事故発生時の情報収集や捜査・追跡，災害発生時の情報収集，行方不明者の捜索・救難などの各種警察活動を主としている．ドクターヘリは，消防からの要請によって，救急医療の医師および看護師を運び，重篤な傷病者に医療活動を行いながら医療機関に運ぶ活動を行っている．表4.8にヘリコプターの種類別の運航機関と，それらが担う役割を整理する．数多くの主体が，多様な役割を担っていることが分かる．

　消防の場合，大規模災害または特殊災害が発生した際には，被災地都道府県の消防隊だけでは十分に対応しきれないことから，あらかじめ都道府県ごとに応援に駆け付ける緊急消防援助隊（通称，緊援隊）の編成が定められている．この体制は阪神・淡路大震災を教訓に1995年度に創設され，2004年4月の消防組織法の施行により法律に基づいた部隊として発足した．緊援隊は航空部隊のみならず，指揮支援部隊，消火部隊・救助部隊・後方支援部隊などの陸上部隊，水上部隊などから構成される．他県からの援助を受ける被災都道府県は，当該都道府県内の市町村が被災し他都道府県からの応援を受ける場合の受援計画を策定しておく必要がある．策定事項は，調整本部の運営体制，情報提供体制，被災地への到達ルート，燃料補給体制，ヘリコプターの離着陸場と給油体制などである．

　2014年4月現在，全国744消防本部の4,694隊が緊援隊として登録されている[9]．南海トラフ地震などに備え，2018年度末までに6,000隊規模の増隊を目標としている．緊援隊の出動決定は，消防庁長官が被災地の都道府県の知事やその他の地方公共団体の長との密接な連携を図った上で判断する．同様の体制は，警察組織においても広域緊急援助隊として整っている．

　東日本大震災時にも，緊援隊は精力的に救助活動を実施した．発災当日から6月6日までの88日間，延べ派遣人数は104,093人，延べ派遣部隊数は27,544隊に至る[43]．発災当日，関東以西からの消防・防災ヘリは，埼玉県に

9) 総務省消防庁報道資料（2014年4月17日）．http://www.fdma.go.jp/neuter/topics/houdou/h26/2604/260417_1houdou/01_houdoushiryou.pdf

表 4.8: ヘリコプターの種類別の運航機関と役割

種類	運航機関	救助[※1]	救命[※1]	救急搬送[※1]	情報収集	輸送
消防ヘリ	消防機関の航空隊	○	×	○	○	○
防災（消防・防災）ヘリ	都道府県の防災航空隊	○	△[※2]	○	○	○
警察ヘリ	都道府県の警察本部航空隊	△[※3]	×	△[※4]	○	○
海上保安庁ヘリ	国土交通省海上保安庁	○	×	○	○	○
自衛隊ヘリ	防衛省（陸上自衛隊，海上自衛隊，航空自衛隊）	○	△[※5]	○	○	○
国土交通省ヘリ	国土交通省地方整備局	×	×	×	○	○
ドクターヘリ	自治体・医療機関	×	○	○	△[※6]	○

※1 救助は災害現場などの危険な状態から負傷者を救い出すこと，救命は医師が航空機に搭乗し傷病者に対して医療活動を行うこと，救急搬送は傷病者に対して応急処置を行いながら医療機関まで搬送すること，と定義する．
※2 広島県では，医師をピックアップしドクターヘリに近い運用を行っている．
※3 救助を実施するのは救助隊を保有している場合である．
※4 消防・防災ヘリが何らかの理由で出動できない場合に限定的に行っている．
※5 離島などでは医師（または医官）が同乗しての救命活動がある．
※6 自治体などが運航主体に入っている場合は情報収集活動も行う場合がある．

あるホンダエアポートおよび福島空港を1次進出拠点とし，その後各県の被災地へ応援に入った．岩手方面は花巻空港が，福島方面は福島空港が活動拠点として使用され，両空港を拠点に，沿岸部の被災地へ移動・往復しながら救助活動を行った．宮城方面は，仙台空港や仙台市消防ヘリポートが被災したために山形空港を活動拠点として使用しつつ，途中から宮城県総合運動場グランディ21も**前線基地** (forward bases) として燃料補給などに使用された．

4.3.3 東日本大震災時の空港運用の実態と取組み

(1) インタビュー調査の概要

東日本大震災発生後の空港運用の実態と実践的な取組みについて，表 4.9 に示したとおり，北から花巻空港，山形空港，福島空港の各関係機関にインタビュー調査を実施した．本節では，インタビュー調査結果から，① 空港が受けた被害，② 発災後の空港運用，③ 災害対応活動の実態，のそれぞれについて空港別にまとめる．また，各空港の特徴的な取組みも明らかにする．

表 4.9: インタビュー調査の対象関係機関一覧

空港	花巻空港	山形空港	福島空港
調査日	2012年2月27日	2012年7月25日	2011年12月7日-8日
インタビュー対象	・岩手県花巻空港事務所 ・国土交通省東京航空局花巻空港出張所 ・岩手県空港ターミナルビル（株） ・日本航空（株）花巻空港所 ・岩手県防災航空隊 ・岩手県警察航空隊	・山形県交通政策課 ・山形県空港港湾課 ・山形県山形空港事務所 ・国土交通省東京航空局山形空港出張所 ・山形空港ビル（株） ・山形県消防防災航空隊 ・（株）ジェイエア ・山新観光（株）	・福島県空港施設室 ・福島県空港交流課 ・福島県福島空港事務所 ・国土交通省東京航空局福島空港出張所 ・福島空港ビル（株） ・福島県消防防災航空センター ・福島県警察航空隊 ・福島県立医科大学救急医療センター

(2) 花巻空港

1) 被害

東日本大震災で花巻市の震度は6弱で，滑走路やエプロンなどの空港基本施設や航空灯火には被害はなく，場周道路法面の一部が崩壊したのみであった．よって，運用に支障が生じる被害がないことを確認後，空港の運用を再開した．一方，旅客ターミナルビルは壁や床の一部にクラックが入り，天井埋め込み機器の一部落下や変圧器3台のうち2台が全損した．これらの被害状況を受けた建物の安全確認および復旧工事のため，ターミナルビルの閉鎖は3月16日の午前まで続いた．ライフラインについては，電気が13日，上下水道が14日，電話が15日，ガスが17日にそれぞれ復旧した．

2) 発災後の空港運用

条例による空港の運用時間は8:00〜19:30であるが，震災当日から実質的に24時間運用とした．その後，4月1日から20日は7:00〜20:30，4月21日から5月31日は8:00〜20:30，6月1日から通常運用とした．また，災害対応機を優先するため，3月31日まで報道関係機は利用禁止とした．

花巻空港の施設配置図を図4.5に示す．花巻空港では，2009年4月に空港東側に新ターミナルが運用開始され，震災時には平行誘導路の整備が完了していた[10]．発災当時，県空港事務所，CAB花巻空港出張所，県防災航空センター，県警事務所は，空港西側の旧ターミナルエリアに残っていた．発災後，災害対応機や旅客便などを効率良く駐機させるため，CAB花巻空港出張所，日本航空花巻，自衛隊，県空港事務所の4者で調整を行い，東側の新エプロンの4スポットを日本航空と自衛隊に割り当て，西側の旧エプロン19スポットは公的機関の災害目的ヘリを中心に割り当てた．それでも駐機スペースが不足したため，西エプロンのデッドスペースを活用した他，平行誘導路

[10] 震災当日は供用開始前であり，2011年7月から供用されている．

を自衛隊ヘリの臨時駐機場としても活用した．

図 4.5: 花巻空港の施設配置図（写真出典：国土交通省ホームページ）

また，東側にある除雪車庫を支援物資倉庫と自衛隊指令室として活用し，西側の消防車庫は**災害派遣医療チーム** (**DMAT**: Disaster Medical Assistance Team) の**広域搬送拠点臨時医療施設** (**SCU**: Staging Care Unit) として活用した．その他，県空港事務所の対策本部は停電の影響もあり，東側の電源局舎を使用した．

3) 2008 年岩手・宮城内陸地震の経験と教訓[42]

2008 年 6 月 14 日に岩手県内陸南部で M7.2 の岩手・宮城内陸地震が起き，消防防災，県警，海上保安庁，自衛隊のヘリコプターによる救助活動など，様々な任務が発災後 4 日間で実施された．東日本大震災より期間が短く飛来機数は少なかったものの，航空機の集中により駐機場が不足し，燃料給油でも混乱が生じた．また，他県からの受援や異なる関係主体間の航空機相互の連携で，要請の 1 機関への集中や活動の重複などの課題が明らかとなった．そのため，その後の見直しを岩手県が実施し，2010 年 1 月に「岩手県ヘリコプター運用調整班活動計画」を策定した．これが災害対応の航空機運航者の代表者が一堂に会して運用方法の調整を行うヘリコプター運用調整会議と呼ばれる会議体である．

東日本大震災直前の 2011 年 1 月には「岩手県ヘリコプター等安全運航確保計画」を策定し，関係主体間で航空機相互連絡用周波数の 122.6MHz を使用することで，航空機の連携を図ることなどが規定された．また，2010 年の県の防災訓練では花巻空港で SCU 開設訓練を実施しており，これには自衛隊も参加した．このように，過去の経験を通して関係者間で顔の見える関係を構築して教訓を生かした結果，震災直後には 1 日 100 機以上の着陸機が集中

した[41]にも関わらず，花巻空港で大きな混乱は起きなかった．ただし，新エプロンが供用開始されていたことや，未供用だった平行誘導路と旧エプロンとを合わせて駐機能力が拡大していたことも混乱を避けられた要因である．

4) 災害対応活動の実態

空港基本施設の運用は，CAB 花巻空港出張所，日本航空花巻，自衛隊，県空港事務所の4者による現地調整，ヘリコプター運用調整会議での調整，国土交通省航空局からの要請などにより，花巻空港事務所長が決定した．西側エプロン部には，花巻空港事務所庁舎内の情報官室に防災航空隊・県空港事務所・CAB の3者を配置し，主に消防防災ヘリと県警ヘリに対するスポットアサインメントと誘導，燃料補給の優先順序付けを共同で実施した．スポットアサインメントの権限は県，航空機への無線通信は CAB，運航は防災航空隊と県警，という構図になっていることを背景に，自然発生的に組織された．また，救援活動に直接関わらない報道関係のヘリコプターなどの民間機の離発着を発災初期に断った結果，一連の作業は滞りなく進められた．

岩手県防災航空隊に岩手・宮城内陸地震の経験者が4名いたため初動が早かった．また，震災当日から OB 隊員2名，翌日から秋田県防災航空隊4名が地上業務に携わった．ヘリコプター運用の知識をもつ専門家の応援は大きな支援となった．

燃料補給については，岩手・宮城内陸地震の際に燃料不足が課題となったことを契機に，従来は小型機ヘリコプターへの給油体制が1社のみであったのに対し，日本航空の給油会社と岩手県の間で災害時給油協定が事前に締結されていた．これにより，定期便以外の航空機に給油している業者だけでなく，通常は定期便のみに給油している業者からも支援を受けられた．定期便の運航が震災後4日間休止されたこともあり，ヘリコプターの離発着活動が多かった発災後3日間の燃料給油は円滑に処理された．

空港ビル会社は，地震被害により建物の安全性の確認ができるまで，航空会社をはじめとする入居者に対して営業の休止を申し入れた上で，12日から16日午前までターミナルビルを閉鎖して昼夜復旧工事を行なった．安全性の確認後，16日の午後から臨時便の運航が開始された．また，自衛隊による緊急物資などの空路輸送では，3月15日までは DMAT の輸送，16日以降は水，食料，生活用品などの輸送が中心となった．宮城県の自衛隊松島基地が使えなかった時期は，花巻空港が宮城県北部地域と岩手県への支援物資の輸送基地として機能した．

(3) 山形空港

1) 被害

山形空港における震度は5弱であり，滑走路などの基本施設には被害はなかった．発災当日は停電発生のため自家発電で対応した．航空保安施設では，CAB山形空港出張所建物の照明の一部落下や漏水があった他，**運航情報提供システム (FIHS**: Flight Service Information Handling System) 端末モニターの取り付け部が折れるなどの軽微な被害があった．管制機関用のNTT専用回線が14日早朝まで途絶え，一部管制業務に影響があった．またFIHS端末が12日の午前から夕方までサーバーとの回線断が生じ，飛行計画関係のデータ入出力ができなくなった．ターミナルビルに目立った被害はなかった．定期便の着陸時間帯ではなかったため，発災時に航空機は不在であった．

2) 発災後の空港運用

発災当日，余震が多く航空灯火の十分な点検ができなかったことや停電が生じたことから空港を閉鎖した．翌12日の夜明けとともに施設点検を完了し，7:59に空港閉鎖を解除した．以後，総務省消防庁の要請や国土交通省航空局の打診もあり，12日の19:30から運用時間を24時間とした．4月7日まで24時間運用を続け，4月8日からは6:30～22:00，4月29日からは通常の8:00～19:30の運用とした．

図4.6に山形空港の施設配置図を示す．山形空港には平行誘導路がなく，エプロンも狭隘で駐機スペースに大きな制約があった．震災時に積雪もあったため，グラスエリアに駐機もできなかった．そのため，発災後しばらくの間，防災ヘリや自衛隊，民間旅客機の発着でスポット不足が発生したことから，3月17日以降は防災関連機と民間旅客機以外の受入を制限する方針を公

図 4.6: 山形空港の施設配置図（写真出典：国土交通省ホームページ）

表した．報道機関やNPOなどから多くの着陸申請があったものの，断らざるを得なかった．ただし，制限開始以降も，ドクターヘリや東北電力の送電線点検ヘリなど公共性の高い民間機は受け入れた．

総務省消防庁からの要請で，宮城県の代替活動拠点として山形空港を使用するにあたり，消防防災航空隊の駐機スペースが最大10機分必要とされた．小型機のスポットは6機分のみであったため，民間旅客機用のエプロンの一部を小型機用のスポットに割り当てた．このスポットは他県からの応援ヘリが主に使用し，山形県消防防災航空隊と山形県警航空隊は各事務所前の専用エプロンを常に使用した．また，自衛隊機および米軍機は空港に隣接した陸上自衛隊第6飛行隊エプロンを使用した．

3) 災害対応活動の実態

災害発生時のマニュアルにて，震度5以上で空港関係機関を集めた山形空港合同災害対策本部を立ち上げることになっており，東日本大震災でもそれに従い発災直後に立ち上げた．

エプロンの運用や各関係者の使用エリアは12日朝におおむね決まった．CAB山形空港出張所は駐機エプロンまでの対空援助業務を行い，駐機場内のスポットアサインメント(spot assignment)は消防防災航空隊のマーシャラー(marshaller)[11]が行った．マーシャラーに対する情報提供は，まず地上の消防防災航空隊が131.925MHzで着陸予定のヘリコプターと交信し，そこから得られる情報を消防無線でマーシャラーに提供していた．ヘリ同士の交信は災害時用の周波数(123.45MHz)で行った．

CAB山形空港出張所による対空援助業務で，旅客便は最大1日17往復を処理した．防災ヘリを優先して入れるように旅客便に情報提供することもあった．防災，県警，自衛隊は平常時も山形空港を使用しており，お互いの意思疎通には慣れていた．震災直後の対空援助業務を提供できない時間帯は空港のタワー周波数122.7MHzを共用していた．米軍機も日本のルールに則って運航するよう要請しており，問題はなかった．

燃料補給でも大きな問題は発生せず，給油の順番待ちや混雑は生じなかった．普段は航空会社用の給油車両として3台のローリーがあり，11日夜の段階でほぼ十分な量が残っていた．20万リットル容量の屋外タンクにも18万リットルの残量があることを確認していた．国からドラムで燃料供給の必要性の問い合わせがあったが，給油会社にも確認しながらドラムの置き場の問題も考慮し，問題ないと判断して結果的に断った．航空会社の臨時便は山形空港に向かう出発空港において折り返し飛行分の燃料を積み，山形空港で給油は行わないようにした．山形県防災航空隊のヘリコプターには専用で所有している給油車両を使用した．

[11] エプロンでヘリコプターの誘導作業をする担当者．

4) 2次交通の対応[46]

　北海道・東北8道県の相互応援協定により，宮城県が被災した際には山形県が幹事県として救援することが定められており，これを受けて山形空港が被災者の出発地として機能するように積極的な対策が講じられた．定期路線を有する日本航空は震災翌日から臨時便運航を開始し，平常時に定期運航のない全日本空輸も臨時便を運航したことから，山形県はこれらの臨時便利用のアクセス整備に力を入れ，仙台駅と結ぶ直行バスを運行した．山形県では震災発生後に通常業務をすべて休止し，急を要さない業務の職員をすべて交通政策担当に切り替え，航空，鉄道，バスに関する運行情報の収集を行った．

　13日以降，広域的な移動の確保に向けた取組みを全面的に展開することとし，ホームページなどによる日本語と外国語（英語，中国語，韓国語）を用いた情報提供，移動を必要とする人への案内，交通事業者との調整を行った．取組みの基本的な考え方は，① きめ細かい情報提供と旅客案内体制を構築する，② 最大限効率的な輸送体制を確保する，③ 各拠点における滞留を最小化する，の3点である．たとえば，鉄道も含めたすべての交通機関情報を1枚の図にまとめたルートマップを作成した．加えて，被災地支援者が空港に到着した際，すぐに現地入りできるようにバスの手配も行った．12日以降，山形空港に多くの旅客が殺到し，空港ターミナルはキャンセル待ちを含む人々であふれたが，搭乗できなかった人のため，山形空港のハンドリング業務実施会社である山新観光が，3月13日から16日までの間，東京方面および大阪方面行きの夜行ツアーバスを運行した．

(4) 福島空港

1) 被害

　東日本大震災において，福島空港周辺地域の須賀川と玉川村で，それぞれ震度6強と6弱が観測された．福島空港では基本施設に被害がなく，空港運用に支障はなかった．管制塔の窓ガラスがほぼ全壊したが，CAB福島空港出張所にて緊急用対空通信装置を用いて対空援助業務を継続した．また，進入角指示灯の仰角ズレが運用に支障がない程度で生じたが，翌朝に復旧した．発災直後から3月14日まで断水し，その間は貯水槽および給水車により上水を確保した．電気・ガス・電話に大きな被害はなかった．

2) 発災後の空港運用

　発災直後，施設の点検チェックのため空港の運用を中止した．空港保安管理規定では，震度3以上で滑走路および航空灯火の点検を，震度4以上で場内および進入角指示などの仰角を，震度5以上で航空灯火の精度確認および受配電設備の点検を行うこととなっており，本震時にはこれらの点検に約30

12) NOTAM(Notice To Airman). 安全運航のために航空当局から運航関係者に出される，飛行場，航行援助施設，運航に関連のある業務方式の変更などの情報．

分かかった．電話，FAX の通信回線の不調により，ノータム[12] は発出できなかったが，点検の結果，運航に支障をきたす被害がなかったことを確認し，運用を再開した．

災害救援機の受入のため，通常は 8:30〜20:00 が運用時間のところ，震災当日から滑走路およびターミナルビルを 24 時間運用とした．24 時間運用は 4 月 19 日まで実施し，その後から 5 月 13 日までは 6:00〜22:00，5 月 14 日からは通常運用となった．集中する救援機の安全と迅速な救援活動を確保するため，総務省より報道機の活動自粛要請があったことから発災当日は受入を断ったが，報道関係機関からの強い要望により翌日から 1 社 1 機ルールで受け入れた．しかし，ルールは必ずしも徹底できなかった．実際，花巻空港と山形空港で利用を断られた報道を主とする民間機が数多く飛来し，震災翌日の 3 月 12 日には全体の約 4 割となる 51 機が着陸した[41]．

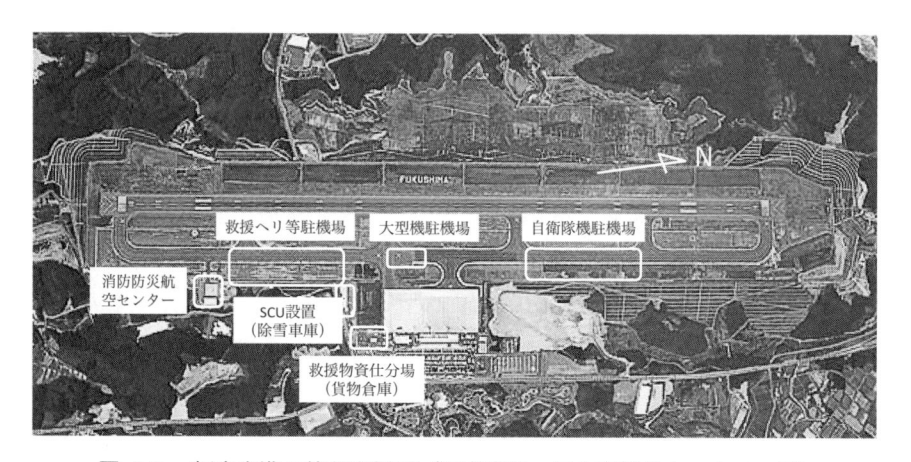

図 4.7: 福島空港の施設配置図（写真出典：国土交通省ホームページ）

図 4.7 に福島空港の施設配置図を示す．各航空機の駐機区分として，エプロンには旅客機を，北側の平行誘導路および**グラスエリア (grass area)**（緑地帯）には自衛隊の物資輸送機を割り当てた．また，消防防災航空センター近くの南側の平行誘導路とグラスエリアは，救援ヘリおよび報道関係機の臨時駐機場として割り当てた．これは，2010 年 11 月に福島空港で実施された総務省消防庁主催の「緊急消防援助隊北海道東北ブロック合同訓練」において，救援ヘリなどが多数飛来した場合に，誘導路およびグラスエリアの臨時駐機場としての使用を申し合わせしていたから実現できた[45]．合同訓練の開催地は持ち回りであり，前年の福島空港での開催は偶然であった．グラスエリアは準備なく駐機場として活用することはできない．福島空港では事前に耐荷重の確認と，低勾配や無段差を確保していたため，駐機スペースの問題を解消できたのである．

発災翌日にはDMATが到着し、除雪車庫にSCUを展開した。患者搬送を効率的に行うため、除雪車庫前にもヘリパットを配置した。3月14日からは支援物資の空輸がはじまり、貨物倉庫および除雪車庫を一時保管および仕分けスペースとして活用した。救援者の宿泊場所として、海上保安庁などにはターミナルビル内会議室を提供した。自衛隊には構外の駐車場を野営地として提供した。

3) 災害対応活動の実態

発災後に空港内に災害対策本部を設置した。平常時に開催している空港連絡会（県空港事務所、CAB福島空港事務所、CIQ(Custom, Immigration, Quarantine)、航空会社、ビル会社）をメンバーとし、連絡事項の報告、空港運用時間延長などの意思決定や問題解決などの協議を行った。しかし、緊急時対応により各機関の人員が不足していたため出席者が少なく、調整の場として十分ではなかった。また、福島県では「ヘリコプター運用調整会議」が設置されなかったため、特定の地域で同じ任務を重複して活動するなど、ヘリコプターの活動の一部に調整不足が生じた。

滑走路にアプローチした機体は、前述の駐機区分に従って駐機場所へ誘導された。エプロン、北側誘導路および周辺グラスエリアの旅客機や自衛隊機のスポットアサインメントは、県空港事務所が行った。前日に臨時便や輸送機の運航計画が決定するため、誘導路、エプロンを含めた全体的なスポット調整に苦慮した。当初は自衛隊輸送機も誘導路で荷下ろしを行ったが、倉庫への陸上輸送の効率のため途中からエプロンを利用した。

南側誘導路および周辺グラスエリアへの救援ヘリや小型機の駐機にあたっては、消防航空隊が航空機の大きさや給油口の位置をその場で確認しながらスポットアサインメントを行った。ヘリコプターの種類であるタイヤ式とスキッド式で、それぞれ誘導路とグラスエリアに駐機場所を分け、かつグラスエリア内では救援機と報道機に分けた。しかし、マーシャラーには着陸前にヘリコプターの情報が与えられなかったため、現場は混乱した。マーシャラーは目視で判断していたのでヘリコプターの種類を直前にしか判別できず、エリアも広大であるため、多数のマーシャラーを配置する必要が生じた。ヘリコプター操縦者が駐機場所を理解できず、右往左往しているケースも見受けられた。こうした問題が生じたものの、多数の機材が飛来した場合の駐機エリアを事前に想定していたことで、駐機に大きな混雑は起きなかった。

給油については苦情が多かった。福島空港には、給油車両3台のうち小型機用ノズルの付いた車両が1台しかなかったため、最大で約1時間の待ち時間が生じることもあった。また、順番も救援機を優先したため、後回しとなった報道関係機などから不平が出た。出動要請に影響はなかったものの、

13) 福島空港は 2011 年 7 月に小型機用ノズルの付いた給油車両を 1 台導入し，現在は 2 台ある．

緊急活動に支障となる可能性もあることから改善が必要である[13]．

発災当日，ターミナルビルでは，避難マニュアルどおり揺れが収まるのを待って館内利用者を館外へ避難誘導した．約 30 分でビル内の安全を確認し，利用者を館内へ誘導した．空港の 24 時間運用化に伴い，ターミナルビルも 3 月 17 日まで 24 時間対応の体制とした．震災当日は約 50 人が宿泊し，毛布配布などを行った．翌日からは県外への避難を求める旅客が押し掛け，キャンセル待ちの旅客や周辺地域からの避難者がビル内に宿泊した．宿泊者数は福島原発事故後の 15 日には 330 人にも上ったが，16 日に高速道路が開通するとともに滞在者は減少した．ターミナルビルは 14 日まで断水した．通常の何倍もの利用者が滞在していたため水の利用量が多く，貯水槽の貯えがなくなった後は玉川村からの給水車で対応しただけでなく，トイレの使用を 1 か所に制限するなどの節水制限をとった．

一般に，県職員には空港の専門家が少なく，福島県空港事務所によると，同じ土木分野の道路整備に従事する職員が空港管理を担当することもある．空港は特殊業務が多いことから，すぐに業務に従事できるのは経験者に限られる．県という組織で空港の専門家を養成することは容易ではない．他方で，国の場合は経験を深めることを目的に，人事ローテーションで複数の空港を順次担当する職員がおり，こうした職員が専門家として空港管理を担っている．実際，CAB 福島空港出張所の職員に，偶然，中越地震と宮城県沖地震の経験者がおり，災害直後の対応を滞りなく進められた．空港の防災機能を維持する上で，国の関与が重要であることを示している．

4.3.4　災害時に求められる空港の役割

(1)　空港内組織の連携

表 4.10 に示すように，日本の空港管理運営には様々な関係者が関与している．平常時には，これら施設は役割分担に応じて管理運営をされており，イ

表 4.10: 日本の空港施設種類と管理運営者の分類

場所	施設種類	管理運営者
エアサイド	滑走路，誘導路，エプロン，照明施設	国，地方自治体，空港会社
	航空保安施設（照明施設以外）	国
	グランドハンドリング設備	航空会社
ランドサイド	航空管制・航空情報収受施設	国
	ターミナルビル	空港ビル会社
	駐車場	公共団体，地方自治体，空港ビル会社
	給油施設	給油会社

ベント時も空港運営協議会のような組織で対応している．大規模災害のように突発的かつ大きな混乱を引き起こす事態においても，空港内組織の連携が何よりも重要であり，日頃の十分なコミュニケーションと訓練が欠かせない．また，非常時における航空機燃料の調達源の複数化とルートの確保についても，燃料供給会社，販売代理店，給油会社，空港管理者との間での調整が必要である．

(2) 航空機運航組織の連携

災害発生初期において迅速な活動を求められる航空機の種類は，表4.8に示した他に，報道関係機や緊急輸送に協力する民間機がある．東日本大震災では，日本の航空機ばかりでなく，捜索，救急救難の任務に米軍が大きな役割を果たすとともに，支援物資輸送では海外の軍用機と民間機が飛来した．自衛隊や海外の軍隊は他からの支援を受けることなく自己完結型で活動できるような体制を備えていることから，非常に強力な行動力をもつ．また，災害発生地域の自治体の航空隊は日頃から地域を知り尽くしていることから，災害現場の情報収集，緊急対応方策にすぐれた能力を発揮できる．さらに，警察庁，総務省の指示および近隣各都道府県間の協定によって，警察・消防・防災の各ヘリコプターや他の自治体からの応援が速やかに展開される．

このように，航空機の運航には多種多様な組織が関与して一定の地域に展開することになるため，発災直後にすべての組織間を統括する体制を取ることは実質的に困難である．東日本大震災に限らず，これまでも災害対策本部に関係組織から連絡要員が派遣され，組織毎に情報収集を行って対応していた．しかし，航空活動は一般行政組織の関与が少ないため，災害対策本部が航空部門に対して具体的な細かい指示を出すことは難しい．その結果，東日本大震災では，他組織の運航情報を十分に把握できないまま，各組織が自らできることを行っていた．

被災直後は迅速な決断と行動が要請されるため，各組織が独自に対応することもやむを得ない．しかし，たとえば活動状況など，各組織に有益な最低限の情報を共有する仕組みが求められる．また，一定期間後には災害対策本部に「航空対策班」のような臨時組織を設け，組織を超えた情報共有，対策，指示ができる指揮命令系統を備えた体制を立ち上げられれば，より有効な航空活動が展開可能である．

(3) 災害時における航空機間の情報伝達

災害発生時には多くの組織によって一斉に飛行活動が始まり，しかも限られた地域に集中する．飛行の安全を確保するために一定のルールは定められているものの，より安全に支援活動を行うには，航空機間および航空機と地

上間で共通の通信手段が確保されることが望ましい．航空機間の通信においては，平常時には自衛隊機と民間機で異なる周波数が用いられている．航空機と地上との通信においては，公共用飛行場では各空港で定められた周波数を用いる．しかし，非公共用飛行場やヘリポートではカンパニー無線による通信が一般的であり，関係者以外が利用しにくい．さらに，臨時に設けられる場外離着陸場では，通信手段の確保が困難である．

災害時対応のため，いくつかの緊急周波数が設けられているものの，東日本大震災のような大規模災害に対しては，自衛隊機と民間機の間で，また官公庁の航空機と報道機のような民間機の間で，通信手段が定まっていない．岩手・宮城内陸地震を経験した宮城県では，災害時における航空機間のコミュニケーション手段として，防災ヘリコプター間だけでなく地上局と通信可能な123.45MHzを利用した．福島県も同様である．一方，岩手県では災害時の航空機同士の通信周波数として，民間機も自由に利用できる122.6MHzを利用したものの，こちらは地上局と通信ができなかった．周波数を分ける方が混信しないから利用しやすいという指摘もある一方，大災害の発災直後は多くの異なる航空機が特定の場所に集中するため，航空機同士また航空機と地上の間で，関係する航空機すべてがモニターできる周波数を設定することが望ましい．

こうした課題を踏まえ，2014年には，宇宙航空研究開発機構(JAXA)が開発を進めている災害救援航空機情報共有ネットワーク(D-NET)に対応した，集中管理型消防防災ヘリコプター動態管理システムの運用が開始されている[14]．D-NETは，情報共有によってヘリコプターの機能や性能に応じて最適な任務を迅速に割り当てることを目的としている．集中管理型消防防災ヘリコプター動態管理システムはサーバー・クライアント形式のため，災害時も堅牢性を確保できる．これにより，複数機関による救援活動を，より安全かつ効率的なヘリコプター運用によって実施できることが期待されている．

(4) 大規模災害に対する準備

東日本大震災において，空港は支援基地として重要な役割を果たした．しかし，発災直後の航空機の一時集中には対応できなかった部分もある．3空港へのインタビュー調査の結果から，災害時の空港運用で重要なのは，航空機間の通信手段を含む航空管制，スポットアサインメント，駐機場の確保，燃料給油であることが分かった．これらを含め，大規模災害時の空港運用に必要な準備には以下の項目が挙げられる．

① 空港の24時間運用実施体制の確保．
② 航空・空港について専門性の高い元職員に対する応援・補完要員の協定．

---

[14] D-NETの概要は次のリンク先を参照．http://www.aero.jaxa.jp/research/star/dreams/dnet/

③ 自衛隊，海上保安庁，消防救急・防災ヘリ，ドクターヘリ，報道機，民間定期便など，多種多様にわたる航空機の受け入れ範囲と優先順位．
④ 駐機場の確保と災害時の利用方法．
⑤ 災害時における定期便，固定翼機，ヘリコプターのスポットアサインメントのルール．
⑥ 燃料の確保手段と供給ルート，燃料の融通協定の締結，給油手順，優先順位．
⑦ 航空会社，グランドハンドリング会社，空港ビル会社，給油会社など，空港運用に関わる関係者間の調整．
⑧ 空港と市内ばかりでなく，被災地，近隣主要都市，近隣の他空港など，通常は利用されない多方面の交通機関の確保．
⑨ 航空旅客，他県からの警察・消防防災ヘリコプターなどの応援職員，空港運用に関わる応援職員の宿舎や食糧の確保．
⑩ 自衛隊，他国軍用機の利用を制限している民間空港における，救援機の活動を迅速に受け入れる体制の確保．

(5) 大規模災害に備えた防災拠点空港の整備

　連続したネットワークによって輸送を確保する鉄道，道路とは異なり，航空輸送は空港という「点」の整備によって国内ばかりか世界にも広がるという特性をもつ．今後予想される南海トラフ地震だけでなく，台風，集中豪雨などの自然災害による被害を受けやすい日本において，全国規模で空港を防災拠点として整備することが望まれる．具体的な整備内容として，以下の施設整備が考えられる．これらの施設は常に使用するわけではないため，防災専門施設ではなく多目的な用途にすることも望まれる．

① 駐機場の確保：通常の定期便に対応した駐機場に加えて，災害時に多くの航空機が飛来した際にグラスエリアなどに駐機可能なスペースを確保する．これらのスペースは，航空機が駐機できる地耐力が必要であると共に，排水の確保も必要となる．さらに，給油車両で給油できるように大型車が乗り入れ可能な準備も必要である．
② 通常の給油タンクに加え，ドラム缶によって一時的に燃料を備蓄できるようなスペースの確保．
③ 駐機場で夜間作業を可能とするための簡易式照明施設の確保．
④ 支援物資などの保管，仕分けが可能な上屋の確保．
⑤ SCU を設置できるスペースの確保．

　こうした防災機能を備えた防災拠点空港を各地域に少なくとも1つは指定し，災害に備える必要がある．平常時に需要の多い空港は災害時に民間航空

機の運航に利用される可能性が高いことから，それ以外の空港を防災拠点空港として位置付けることが望ましい．発災直後の緊急輸送の拠点になると同時に，元来の空港の役割にいかに早く復旧させるのかも考えておかなくてはならない．

災害はいつどこで発生するか分からないため，いざという時に備えて防災拠点空港が連携して対応できるような訓練を展開するとともに，近隣空港，ヘリポート，場外離着陸場をサポート施設として位置付け，これらの諸施設を活用した災害時の航空機運用シミュレーションや訓練の積み重ねが肝要である．東日本大震災時には，発災当日の総務省の要請により，夜間照明施設を備えている民間所有のホンダエアポートが応援ヘリコプターの中継地点として活用された．ホンダエアポートは総務省の要請に直ちに応え，受入体制を整えており，公営民営の垣根なく近隣空港を活用した好例である．

災害発生後，どの段階で，どのような目的で，防災拠点空港，近隣空港，ヘリポート，場外離発着場を地域一帯で連携させていくのか，様々なシミュレーションをしておく必要があるだろう．

謝辞：4.2 節の執筆にあたり，東北大学災害科学国際研究所助教の Rubel Das 氏には多大なるご協力を得た．心より感謝する．また，4.3 節は，航空政策研究会の研究プロジェクト「災害時における多様な航空機活動を支える空港運用のあり方に関する研究」による成果の一部である．共著者である日本大学教授の轟朝幸氏，関西外国語大学教授の引頭雄一氏，茨城大学准教授の平田輝満氏，宇都宮大学助教の長田哲平氏，海上技術安全研究所研究員の荒谷太郎氏に，深く感謝の意を表す．

参考文献

[1] Altay, N. and Green, W. G.: OR/MS research in disaster operations management, *European Journal of Operational Research*, vol. 175(1), pp. 475–493, 2006.

[2] Asian Development Bank (ADB): *Investing in Resilience: Ensuring a Disaster-Resistant Future*, 2013.

[3] Balcik, B. and Beamon, B. M.: Facility location in humanitarian relief, International *Journal of Logistics: Research and Application*, vol. 11(2), pp. 101–121, 2008.

[4] Balcik, B., Beamon, B. M. and Smilowitz, K.: Last mile distribution in humanitarian relief, *Journal of Intelligent Transportation Systems*, vol. 12(2), pp. 51–63, 2008.

[5] Barbarosoğlu, G. and Arda, Y.: A two-stage stochastic programming framework

for transportation planning in disaster response, *Journal of Operational Research Society*, vol. 55, pp. 43–53, 2004.

[6] Barbarosoğlu, G., Ozdamar, L. and Cevic, A.: An interactive approach for hierarchical analysis of helicopter logistics in disaster relief operations, *European Journal of Operational Research*, vol. 140(1), pp. 118–133, 2002.

[7] Beamon, B. M. and Balcik, B.: Performance measurement in humanitarian relief chains, *International Journal of Public Sector Management*, vol. 21(1), pp. 4–25, 2008.

[8] Bui, T., Cho, S., Sankaran, S. and Sovereign, M.: A framework for designing a global information network for multinational humanitarian assistance/disaster relief, *Information Systems Frontiers*, vol. 1(4), pp. 427–442, 2000.

[9] Caunhye, A. M., Nie, X., Pokharel, S.: Optimization models in emergency logistics: A literature review, *Socio-Economic Planning Sciences*, vol. 46(1), pp. 4–13, 2012.

[10] Chomilier, B.: WFP logistics, World Food Programme, 2010.

[11] Das, R. and Hanaoka, S.: Robust network design with supply and demand uncertainties in humanitarian logistics, *Journal of the Eastern Asia Society for Transportation Studies*, vol. 10, pp. 954–969, 2014.

[12] de la Torre, L. E., Dolinskaya, I. S. and Smilowitz, K. R.: Disaster relief routing: integrating research and practice, *Socio-Economic Planning Sciences*, vol. 46(1), pp. 88–97, 2012.

[13] Galindo, G. and Batta, R.: Review of recent developments in OR/MS research in disaster management, *European Journal of Operational Research*, vol. 230(2), pp. 201–211, 2013.

[14] Görmez, N., Köksalan, M., Salman, F.: Locating disaster response facilities in Istanbul, *Journal of the Operational Research Society*, vol. 62(7), pp. 1239–1252, 2011.

[15] Hanaoka, S., Indo, Y., Hirata, T., Todoroki, T., Aratani, T. and Osada, T.: Lessons and challenges in airport operation during a disaster: Case studies on Iwate Hanamaki Airport, Yamagata Airport, and Fukushima Airport during the Great East Japan Earthquake, *Journal of JSCE*, vol. 1, pp. 286–297, 2013.

[16] Huang, R., Kim, S. and Menezes, M. B. C.: Facility location for large-scale emergencies, *Annals of Operations Research*, vol. 181(1), pp. 271–286, 2010.

[17] Kemball-Cook, D. and Stephenson R.: Lessons in logistics from Somalia, *Disaster*, vol. 8(1), pp. 57–66, 1984.

[18] Kovacs, G. and Spens, K.: Identifying challenges in humanitarian logistics, *International Journal of Physical Distribution & Logistics Management*, vol. 39(6), pp. 506–528, 2009.

[19] Kunz, N., Reiner, G. and Gold, S.: Investing in disaster management capabilities versus pre-positioning inventory: A new approach to disaster preparedness, *International Journal of Production Economics*, vol. 157, pp. 261–272, 2014.

[20] Leiras, A., de Brito Jr, I., Queiroz Peres, E., Rejane Bertazzo, T., and Yoshizaki, H. T. Y.: Literature review of humanitarian logistics research: trends

and challenges, *Journal of Humanitarian Logistics and Supply Chain Management*, vol. 4(1), pp. 95–130, 2014.

[21] Lin, Y. H., Batta, R., Rogerson, P. A., Blatt, A. and Flanigan, M.: A logistics model for emergency supply of critical items in the aftermath of a disaster, *Socio-Economic Planning Sciences*, vol. 45(4), pp. 132–145, 2011.

[22] Mete, H. O. and Zabinsky, Z. B.: Stochastic optimization of medical supply location and distribution in disaster management, *International Journal of Production Economics*, vol. 126(1), pp. 76–84, 2010.

[23] National Governors' Association Center for Policy Research.: *Comprehensive Emergency Management: A Governor's Guide*, 1979.

[24] Ozdamar, L.: Planning helicopter logistics in disaster relief, *OR Spectrum*, vol. 33(3), pp. 655–672, 2011.

[25] Ozdamar, L. and Demir, O.: A hierarchical clustering and routing procedure for large scale disaster relief and logistics planning, *Transportation Research Part E: Logistics and Transportation Review*, vol. 48(3), pp. 591–602, 2012.

[26] Ozdamar, L., Ekinci, E. and Kucukyazici, B.: Emergency logistics planning in natural disaster, *Annals of Operation research*, vol. 129, pp. 217–245, 2004.

[27] Pettit, S. J. and Beresford, A. K. C.: Emergency relief logistics: an evaluation of military, non-military and composite response models, *International Journal of Logistics: Research and Applications*, vol. 8(4), pp. 313–331, 2005.

[28] Rawls, C. and Turnquist, M.: Prepositioning emergency supplies for disaster responsel, *Transportation Research Part B: Methodological*, vol. 44(4), pp. 521–534, 2010.

[29] Rottkemper, B., Fischer, K., Alexander, B. and Danne, C.: Inventory relocation for overlapping disaster settings in humanitarian operations, *OR Spectrum*, vol. 33(3), pp. 721–749, 2011.

[30] Salmeron, J. Apte, A.: Stochastic optimization for natural disaster asset prepositioning, *Production and Operations Management*, vol. 19(5), pp. 561–574, 2010.

[31] Sheu, J.-B.: An emergency logistics distribution approach for quick response to urgent relief demand in disasters, *Transportation Research Part E: Logistics and Transportation Review*, vol. 43(6), pp. 687–709, 2007.

[32] Sphere Project: *The Sphere Handbook: Humanitarian Charter and Minimum Standards in Humanitarian Response*, 2011 Edition, 2011.

[33] Stoddard, A: You say you want a devolution: prospects for remodeling humanitarian assistance, *Journal of Humanitarian Assistance*, 2004.

[34] Thomas, A. and Mizushima, M.: Logistics training necessity or luxury?, *Forced Migration Review*, Fritz Institute, vol. 22, pp. 60–61, 2005.

[35] Tzeng, G. H., Cheng, H. J. and Huang, T. D.: Multi objective optimal planning for designing relief delivery system, *Transportation Research Part E: Logistics and Transportation Review*, vol. 43(6), pp. 673–686, 2007.

[36] United Nations Economic and Social Commission for Asia and the Pacific (UNESCAP): Building Resilience to Natural Disasters and Major Economic Crisis,

2013.

[37] Van Wassenhove, L. N.: Blackett Memorial Lecture Humanitarian aid logistics: Supply chain management in high gear, *Journal of the Operational Research Society*, vol. 57(5), pp. 475–489, 2006.

[38] Vitoriano, B., Ortuño, M. T., Tirado, G. and Montero, J.: A multi-criteria optimization model for humanitarian aid distribution, *Journal of Global Optimization*, vol. 51(2), pp. 189–208, 2011.

[39] Widener, M. J. and Horner, M. W.: 'A hierarchical approach to modeling hurricane disaster relief good distribution', *Journal of Transport Geography*, vol. 19(4), pp. 821–828, 2011.

[40] Yushimito, W. F., Jaller, M. and Ukkusuri, S.: A voronoi-based heuristic algorithm for locating distribution centers in disasters, *Networks and Spatial Economics*, vol. 12(1), pp. 21–39, 2010.

[41] 荒谷太郎，平田輝満，長田哲平，花岡伸也，轟朝幸，引頭雄一：東日本大震災時の航空機活動と空港運用の実態分析―いわて花巻・山形・福島空港を対象として―，『土木学会論文集 D3（土木計画学）』，vol. 69(5), pp. 229–246, 2013.

[42] 君成田忠伸：いわて花巻空港における「東日本大震災」への対応について，『国土交通省航空局第 12 回空港技術報告会』，pp. 38–43, 2011.

[43] 高橋哲郎：東日本大震災への緊急消防援助隊の派遣について，『消防科学と情報』，No.105，消防科学情報センター，2011.

[44] 松永康司，加藤賢，渡辺伸之介，森田正朗：支援物資のロジスティクスに関する調査研究，『国土交通政策研究』，第 111 号，国土交通省国土交通政策研究所，2013.

[45] 東日本大震災に伴う緊急消防援助隊北海道東北ブロック活動検証会議：『東日本大震災に伴う緊急消防援助隊北海道東北ブロック活動検証会議報告書』，2012.

[46] 山形県企画振興部交通政策課：『東日本大震災の記録（公共交通編）』，2012.

第5章 災害時における救援物資の輸送体制とシミュレータ

5.1 はじめに

　阪神・淡路大震災，新潟県中越大震災では，救援物資の輸送や仕分け作業において混乱が発生したが，東日本大震災でも同様な事態となった．ここでは，災害時における救援物資輸送に焦点を当て，混乱が発生した要因，災害時の輸送計画，今後の対策，その対策を支援するためのツールについて報告する．

　まず，5.2節では，災害時の救援物資輸送に関し，東日本大震災，阪神・淡路大震災，新潟県中越大震災といった過去の大震災を振り返り，輸送要請や物資の流れがどのような経路をたどって行われ，また，どのように変化したのかをまとめる．さらに，東日本大震災で現実に発生した，帰宅困難者問題に関して触れるとともに，今後の対策として提案されている考えや体制などを紹介する．

　5.3節では，国や自治体が策定している災害時の制度や輸送計画の概要をまとめる．特に，東京都が策定している輸送計画については，輸送作業を滞りなく実行するために必要な，輸送経路，輸送拠点，輸送機材などといった輸送の要素に分け，実際に計画されている具体的な内容を記述する．

　5.4節では，著者らが，災害時輸送用に開発した物資輸送シミュレータを紹介する．このシミュレータは輸送量の見積もりに必要な多くの項目を入力パラメータとして持っており，災害時輸送を効率的なトータルシステムとして実現するための弱点を評価できるツールである．ここでは，シミュレータの基本的な動作を確認した後，東京都の災害時輸送計画に沿ったシミュレーションの解析結果を報告する．

5.2 過去の大震災の物資輸送

本節では，2011年3月11日に発生した東北地方太平洋沖地震による東日本大震災で生じた救援物資輸送に関する問題について要請・物資の流れを中心に概観し，1995年1月17日に発生した兵庫県南部地震による阪神・淡路大震災，および，2004年10月23日に発生した新潟県中越地震による新潟県中越大震災での輸送体制についても若干触れる．

5.2.1 支援物資輸送の概観

2011年3月11日に発生した東北地方太平洋沖地震は巨大な津波を伴い，東日本大震災をもたらした．電力，ガス，水道といったライフラインの崩壊，原発のメルトダウン，計画停電，帰宅困難者，日常品の不足，燃料不足といった様々な問題が噴出したが，救援物資輸送も混乱に陥った．

東日本大震災では，津波による被害が広域的であったため，避難者数は最大で47万人を超え[19]，計画されていた備蓄拠点や輸送拠点の多くが津波により利用できなくなった．このため，救援物資が大量に必要となったが，その物資を仕分けし，さばく機能が不足した．さらに，長期間にわたる避難所生活により，従来3日程度を基準として考慮されていた備蓄量では不足が生じ，大量の物資を長期間にわたり供給する必要が生じた．このような救援物資の輸送にかかる問題は，東日本大震災に限らず，過去の大規模な震災である阪神・淡路大震災や新潟県中越大震災でも発生していた．

図5.1に示すように，災害時の物資輸送は階層構造をもつ．国や被災地外の都道府県から被災県に対する輸送は1次輸送，被災県から被災市町村への輸送は2次輸送，被災市町村から避難所への輸送は3次輸送と称されている．また，県の物資集積所は1次集積所（1次輸送の着地であり，2次輸送の発地），市町村の集積所（2次輸送の着地であり，3次輸送の発地）は2次集積所と称される．避難所が開設され物資が不足すると，避難所は市町村に対して援助を求める．市町村は管理する備蓄倉庫から物資が不足している避難所

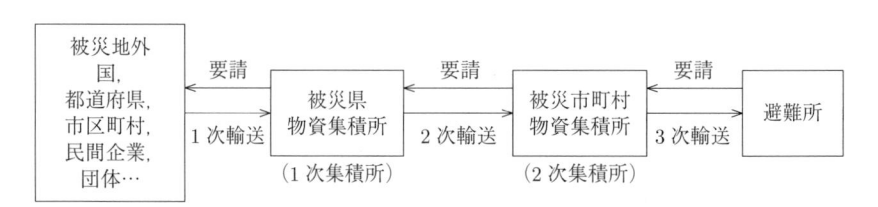

図 5.1: 災害時輸送の階層構造

に対して物資を補給するが，在庫が不足すると県に対して援助を求める．県では，県の備蓄倉庫から物資を補給するが，県の在庫が不足すれば国に対して援助を求める．

後述するように県，市町村が他の地方自治体や民間企業と独自に締結する協定により実際の要請，物資の流れは複雑になるが，図 5.1 はその骨格となる．

東日本大震災では，被災地域以外から被災地への輸送を示す1次輸送はおおむね順調に輸送量が確保できたが，県から市町村への2次輸送，市町村から避難所への3次輸送で物資が滞った．そのため，1次輸送の着地かつ2次輸送の発地である県の物資集積所では膨大な救援物資が山積みとなり，報道を通じて社会的な問題となった．なお，東日本大震災は国が支援物資輸送を実施した初めての災害であった．

5.2.2 輸送要素

ここで，輸送を行うために必要な要素を表 5.1 にまとめる．

表 5.1: 輸送作業の要素

要素	内容，例示
輸送路	道路，鉄路，海路，空路
輸送機材（燃料，ドライバーを含む）	トラック，船舶，鉄道車両，航空機
物資	荷役設備，作業空間，作業員等
輸送拠点	品目，需要量，荷姿，重量，体積等の情報
情報	需要，在庫管理等

これらの要素は，輸送が滞りなく実施できるための必要条件であり，十分条件ではない．つまり，どの要素が欠けても，輸送システムに深刻な影響を与えるが，さらに，これらの要素をつなぎ合わせ，「輸送」というトータルシステムとして機能させる必要がある．

東日本大震災の1次輸送では，東北自動車道や国道4号などの幹線経路が迅速に復旧されたこと，物資の出荷元は被災地から遠く離れているため，機材，拠点，物資の調達が（比較的）混乱なく実施できたことが，上記の輸送要素を満たすこととなり，輸送量を確保できたことの要因になったと考えられる[1]．

なお，需要に関する情報はなかったが，これは後述するプッシュ型輸送が実現されたことを暗示している．一方，2次，3次輸送の機能不全の要因として，「燃料の不足」，「情報の不足」，「道路の損壊」，「人員の不足」など，多種多様な問題が指摘されている[24, 27][2]．津波により被災した地域が広大なため，それぞれの地域で様々な要因が複合的に作用し，機能不全につながっ

1) 1次輸送に，まったくもって混乱がなかったわけではない．大島[3] は，若干ではあるが，1次輸送の問題について触れ，要請情報に不備が多かったことを指摘している．

2) 著者は震災後に開催された様々な報告会に参加したが，相反するコメントも多く聞かれた．たとえば，輸送が滞った原因は燃料不足 vs 燃料はあった，インターネットの情報は有効 vs まったく意味がなかった，輸送が滞った vs 報道ほどひどくなかった，など．報告対象とした地域や時間により状況も大きく変化することを象徴しているようである．

ていたはずである．物資が届かない原因の全体像を正確に把握することは困難であり，実質的には不可能なのかもしれない．

宮下ら[25]は，支援物資輸送の混乱に関する全体像の把握が困難である理由を複数の項目に分けて記述しているが，簡潔にまとめると，要点は以下のようになる．

原因1
　　支援物資管理には多様な組織や人間が携わり，支援物資が提供主体から被災者に届けられるパターンも複数種類存在する点．

原因2
　　支援物資管理を取り巻く状況が地域，時間の経過に伴って変化する点．

原因3
　　支援物資管理に関する記録が十分に残されていない，または，散逸している点．

すなわち，時間や空間のスケールがあまりにも広範囲に拡がり，データの欠損も加わって，1つの視点で問題や課題を捉えきれないことが全体像の把握を困難にしている．いままでに公表されている多くの報告書や論文においても，県や市町村といった地域的な限定や，飲食物，毛布，生活必需品，燃料といった品目による限定，物資提供主体の限定などを施し，限られた視点で問題を扱っている[3]．

いずれにしても，東日本大震災における支援物資輸送の混乱は，表5.1に示した輸送要素の何かが欠け，必要要件が満たされていなかったために輸送システムが機能不全に陥ったことによると推察できる[4]．

3) それがために有益な知見が抽出できる．

4) 表5.1に示す要素のすべてが不足なく満たされるという同時確率のような値は，災害時という条件下では非常に小さいのではないだろうか？

5.2.3　要請の流れと物資の流れ

田中[17]によれば，被災市町村および被災県が発する「支援要請」のみに限っても5つのパターンがあり，図5.2のような要請の流れとなる．図5.1の概略した流れと比較するとずいぶん複雑になるが，支援の要請先（物資の提供主体）が複数存在すること，相互応援協定により，被災県→他県，被災市町村→他市区町村といった上部組織に対する要請以外に水平的な要請があり，加えて流通在庫に関する協定により，メーカーに対しても流れが生じているためである．

また，被害が大きかった岩手県，宮城県，福島県，および茨城県に関する物資の流れを県の集積所（1次集積所）を中心として見ると，図5.3のようになる．

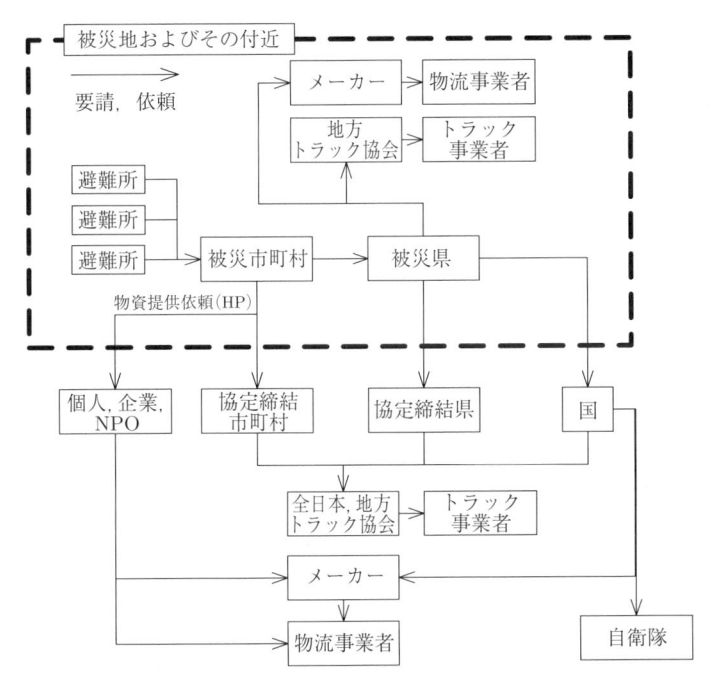

図 5.2: 東日本大震災で被災県，被災市町村が発した物資輸送支援要請の流れ（文献 [17] を参考に再構成）

　図から，計画上の県集積所または発災直後に利用していた県集積所が，すべての県で発災後程なくして変更されていることが分かる．変更の理由として，保管スペースの確保，荷役・仕分けに関わる作業効率の向上，市町村への輸送時間の短縮などが考えられるが，変更先の施設の要件として共通しているのは，大型車がアクセス可能で，天井が高い屋根があり，広い敷地，駐車スペースをもつ，といった特徴をもつことである．

　また，桑原ら[6] は，岩手県と宮城県の物資輸送の流れを分析し，物資の輸送経路が県集積所のあり方により大きく変わることを報告している．図 5.3 に示すように，岩手県は県集積所をアピオに集約した．一方，宮城県は計画していた県集積所が津波で被災したり，遺体安置所として利用されたために使用できず，20 箇所以上もの民営倉庫に分散してしまった．どちらの県でも，ご飯類の輸送は県集積所を経由する輸送経路と経由せずに市町村へ直送される経路があった．県集積所をアピオに集約した岩手県のご飯類の輸送経路はアピオ経由が 9 割，直送が 1 割であったが，宮城県ではこの上下関係が逆転し，集積所経由が 3 割ほど，直送が 7 割ほどであった．この結果の要因として，桑原ら[6] は，宮城県では，分散して配置された県集積所に物資を搬入，搬出するのに手間がかかったためと推察している．

　なお，岩手県，宮城県への物資の輸送量には相当な開きがあった．桑原

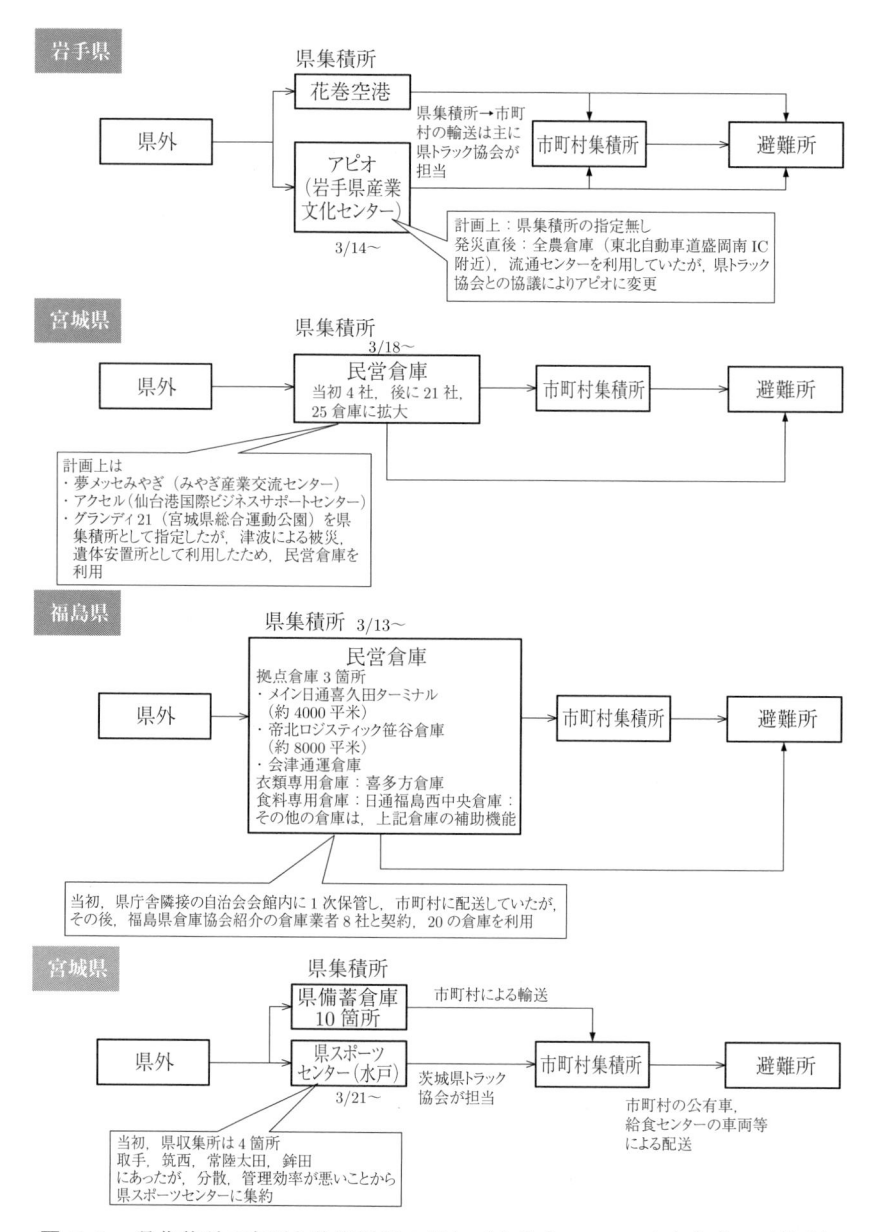

図 5.3: 県集積所の変更と物資輸送の流れ（文献 [4, 6, 25, 28] を参考に再構成）

ら[6] の報告には，宮城県への飲料水の輸送量について，岩手県よりも数倍大きな値が記録されており，このことからも大きな差が生じていたことが分かる．輸送しなければならない物資量は最適な輸送ネットワークの構造に影響を与える．宮城県の県集積所が，岩手県の集積所のような集約によって効果を発揮できたか否かを議論するためには，需要の量や他の輸送要素などとの関係を含めた考察を行わなければならない．

阪神・淡路大震災においても，物資が避難所に届かない問題が発生している．全国からの救援物資が兵庫県を経て，神戸市の避難所にまで到達する輸送経路を図 5.4 に示す．発災直後は図 5.4 上図のように地域防災計画にのっとり，被災市町の中継所を経て避難所へ運んでいた．その後，輸送拠点の荷役，備蓄能力の強化や輸送経路の効率化を図り，数日後には輸送体制が図 5.4 下図のように変化した．また，食糧は一般の救援物資と異なり，食事の時間と賞味期間という厳しい時間制約があるため，航空機を活用した別体系で輸送が実施され，その後は避難生活の長期化に対応してメーカーから避難所へ直送する輸送へ変更した．

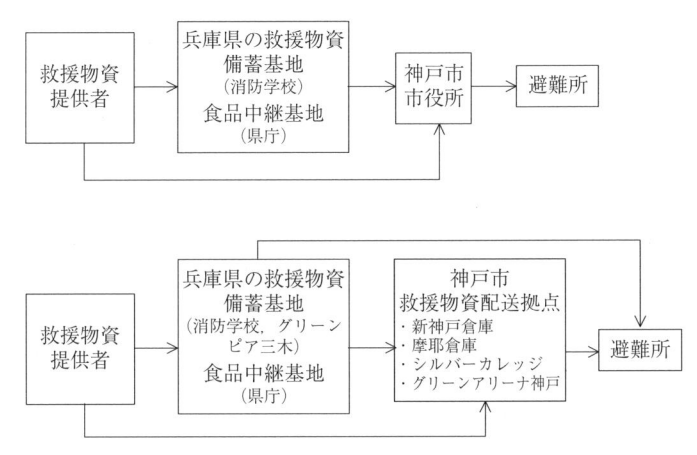

図 5.4: 兵庫県の救援物資の配送体制（文献 [14] を参考に再構成）

東日本大震災においては，県集積所のありかたが，岩手，宮城県のご飯類の輸送に関する拠点経由輸送と直送輸送の比率に影響を与えている例を挙げたが，神戸市では，最終的にメーカーから避難所への直送輸送に落ち着いたようである．どのようなネットワークの形態が効率的な輸送システムにつながるかは，取り巻く環境・条件に大きく依存する．直送輸送が大方を占めた宮城県でも，徐々に県集積所経由の輸送に切り替えていたようである[7]．

さらに，新潟県中越大震災においても，避難所に物資が届かない問題が発生していた．市町村において物流に関する具体的な対策が十分検討されていなかったため，現場での混乱が広がった．そこで，北陸信越運輸局と新潟県トラック協会による物流専門家の派遣（長岡市・小千谷市）を行い，在庫管理，荷役，仕分け体制を確立した．また，図 5.5 のように保管センターや配送センターを設置して配送体制を整えた．

文献 [15] に興味深い報告がある．長岡市，小千谷市に対する物流専門家の派遣を実施する前に聞き取り調査を実施しており，多くの市町村が派遣は不

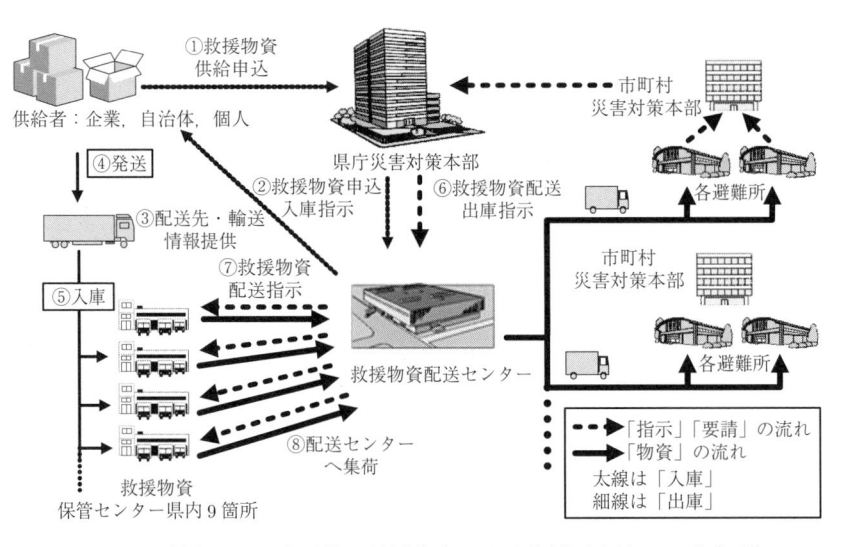

図 5.5: 新潟県中越大震災の救援物資の配送体制（文献 [13] を参考）

要と回答している．聞き取り調査を実施した市町村に関する派遣要請の有無と最大避難者数，最大避難者数となった際の避難所数，支援物資を輸送したトラック台数，参考までに，人口（平成 12 年国勢調査）を表 5.2 にまとめる[5]．

5) 越路町の避難者数の多さについては，原因が不明である．他の文献 [23] には食料を全町民へ輸送したとの記述があるため，この影響かもしれないが，文献 [23] の避難者数には，桁違いに小さな人数がグラフに描かれている．

表 5.2: 市町村の派遣要請の有無と避難状況

市町村名	派遣要請	人口	最大避難者数	最大人数時避難所数	トラック台数
長岡市	有	193,414	47,660	126	172
小千谷市	有	41,641	29,243	136	122
越路町	無	14,271	14,000	5	21
十日町市	無	43,002	13,824	91	56
川口町	無	5,748	5,836	15	44
見附市	無	43,526	3,472	22	8
栃尾市	無	24,704	1,846	17	10
小国町	無	7,389	1,803	5	15
堀之内町	無	9,653	1,500	15	4
守門村	無	4,969	1,450	3	1
湯之谷村	無	6,655	1,000	3	1
六日町	無	29,295	-	-	2
大和町	無	15,636	-	-	-
小出町	無	12,945	-	-	-
広神村	無	9,116	-	-	2
川西町	無	8,185	-	-	15
三島町	無	7,618	-	-	1
入広瀬村	無	2,048	-	-	-

聞き取り調査の対象は 18 市町村で，長岡市と小千谷市のみが派遣を要請している．なお，最大避難者数，避難所数は文献 [9] を参考としているが，避難者数が 1000 人未満の市町村のデータは省略されている．

また，物資輸送に向かったトラック台数は文献 [15] のデータを用い，市町村への物資輸送と見られるデータのみ計上した．さらに，複数の地域を仕向地として輸送した場合は，その仕向地の数で向かった台数を除している[6]．

トラックは，トラック協会の要請に対応した台数のみが考慮されており，多くのデータが積載量の情報を欠いている．そのため，輸送量として正確な数値ではなく目安程度にしかならないが，物流専門家の派遣を要請した長岡市，小千谷市に多くのトラックが集中したことが分かる．

また，報告書[12]には，「十日町市では，市職員の発案により，「救援物資の種類，量，保管場所等をパソコンで管理すること」，「被災者から個別に救援物資が必要との要請があった場合には，保管場所を教えて取りに行ってもらうこと」等の対策を地震直後から実施．その結果，混乱は最小にとどまり，その後解消された．」とある．表 5.2 によると，十日町市に向かったトラック台数は長岡市，小千谷市の半分に満たない．大きな混乱が起きなかった要因が，パソコンの活用や物資を引き取りにきてもらう上記対策によるものなのか，トラック台数なのかは判別できないが，「混乱は最小」との記述から，数万人規模の市ではおおむね 1 週間で 50 台以上の搬入があると，混乱をきたす可能性が示唆される[7]．

5.2.4 帰宅困難者

東日本大震災では，震源から遠く離れた首都圏においても震度 5 強を観測し，鉄道路線が運行を停止したため，かねてから憂慮されていた帰宅困難者問題が現実のものとなった．帰宅困難者の大量発生は，鉄道会社だけでは解決できない多様な問題をはらむため，国，地方公共団体，関連民間企業等の参加を得て，「首都直下地震帰宅困難者等対策協議会」が開催された．この協議会は，東日本大震災の教訓を踏まえ，国，地方公共団体，民間企業等が，それぞれの取組みに関わる情報を共有するとともに，横断的な課題について検討することを目的とし，以下に示すように，6 つの具体的な取組み内容をまとめている[16]．

- 一斉帰宅の抑制
- 一時滞在施設の確保
- 帰宅困難者等への情報提供
- 駅周辺等における混乱防止

---

[6] たとえば，1 台のトラックが小千谷市，十日町市の 2 箇所に向かった場合，それぞれの市に 1 台/2 市=0.5 台/市を加算した．

[7] 災害時に物流専門家の派遣が求められる理由は，集積所に物資が蓄積するためであるが，ある報告会で，2 次集積所に派遣を要請された物流専門家が，混乱を解消するために行った対処法について話されていた．その内容は，荷物の入口・出口を明確にする．入荷・出荷の担当者を別にする．品目と保管場所の関係を明確にする．品目・数量・保管場所などをパソコンに記録する．といったコツのようなものだった．他の報告会では，品目毎に色が異なる付箋をダンボールに貼るなどの工夫も報告されていた．混乱の度合いによって，対処方法は異なると考えられるが，市町村などの 2 次集積所の規模の場合，大げさな管理システムを作らなくても，ちょっとした工夫で混乱は回避できるのかもしれない．

- 徒歩帰宅者への支援
- 帰宅困難者の搬送

発災後，一斉に帰宅行動をとると道路が人で溢れ，帰宅者自身の安全が確保できなくなるだけでなく，優先されるべき人命保護に関わる傷病者輸送や消火活動などに支障をきたすため，まず一斉帰宅の抑制が大きな目標として掲げられている．そのため，会社での滞在や一時滞在施設を準備し，滞在者の受け入れ体制を確保するとともに，一斉帰宅の抑制を促す効果を期待して安否情報を提供する．また，人命保護に関わる活動の収束後[8]，帰宅困難者のうち，特別搬送者[9]を優先した搬送を行うとともに，その他の帰宅困難者に対しては徒歩による帰宅を支援する体制を整えることを目指している．

帰宅抑制が実現できても，会社での備蓄が進まず帰宅時期が遅れる場合，帰宅困難者に対する物資支援の可能性も考慮しなければならない．日中に鉄道路線が停止すると，首都圏で帰宅困難者は数百万人を超える規模で発生するため，膨大な需要が起こり，物流システムが需要を充足できるか懸念される．

図 5.6 は著者らが開発した帰宅困難者数を推計するシステムの処理過程の流れ図である．開発した解析ツールは，首都圏鉄道網の任意の路線や区間で運行を停止させ，地域別の帰宅困難者数の発生量を推計することが可能であり，運行停止が発生する時間も平日の日中であれば 30 分単位で設定することができる．なお，**帰宅困難者** (stranded commuters) の定義は複数あるが，本ツールでは，定量的な解析でよく用いられる，図 5.7 に示す帰宅困難率を用いて計算している．すなわち，現在地から帰宅先までの徒歩距離が 10km

[8] 3 日程度と想定している．
[9] 障がい者，高齢者，妊婦または乳児連れの人，遠距離通学の小学生等．

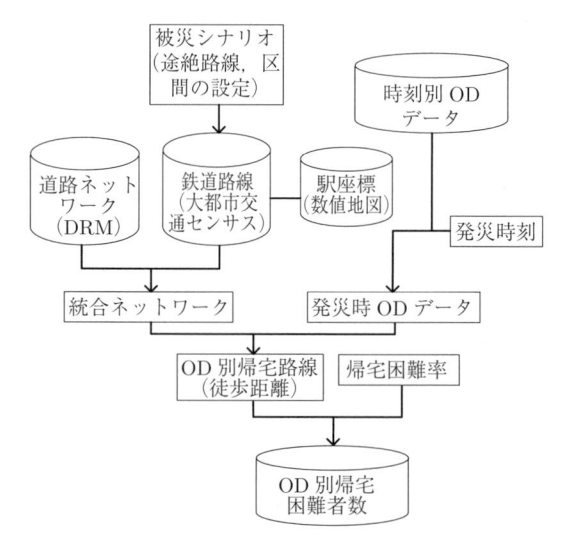

図 5.6: 帰宅困難者数推計の流れ

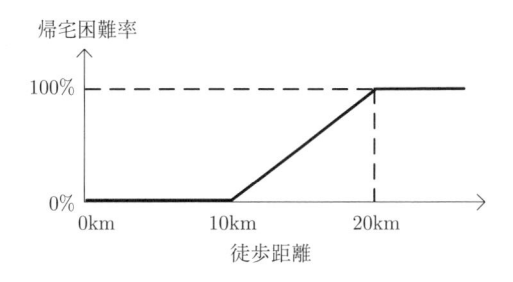

図 5.7: 徒歩距離と帰宅困難率の関係

までは全員が帰宅でき，10km 以遠は 1km 毎に帰宅困難率が 10%増加する．

当日の状況は，発災時刻の 14 時 46 分頃，全鉄道路線が途絶し，多くの人が徒歩，バス，タクシー，迎車などによる帰宅行動をとった．早期に復旧した路線もあり，発災から 9 時間程度経過した時点で，図 5.8 右列 (c) に太線で示す路線が運行を再開していた．この 9 時間の間に取られた帰宅行動を解析条件として正確に反映できないため，図 5.8 の左列には，平日 15 時に全線運行停止させた解析結果を，右列には，平日 15 時に右図 (c) の太線で示した路線のみが運行を継続し，他の路線区間は運行を停止した条件での解析結果を示す．

図 5.8(a) は帰宅困難者の発生分布，(b) は帰宅先分布である．図中，発生数や帰宅先数が高い地域は濃い色で表されている[10]．発生数が高い地域は都心に集中し，右列の一部運行路線がある状況でも，千代田区，中央区，港区の合計で 40 万人，横浜市で 16 万人，さいたま市，千葉市，川崎市でそれぞれ 6 万人を超え，帰宅困難者の総数は 230 万人となった．また，帰宅先数が高い地域は都心を取り囲むように分布するが，都内西部は比較的低い数値となった．これは，JR 中央線を除き，都心から西へ向かう複数の路線が運行されたことが影響している．一方，左列の全線運行停止の場合，総数は 514 万人と推計された[11]．

鉄道の復旧が遅れれば，帰宅困難者問題は通勤困難者問題にもなり得る．このようなツールが，帰宅支援，通勤支援や代行バス路線の経路決定に対して有益な情報を提供できるだけでなく，帰宅抑制に従った帰宅困難者に対する物資輸送の需要を見積もるツールとしても活用できるかもしれない．

さらに，帰宅困難者問題は，首都圏における人口集中に起因した問題である．極度に人口が集中しているがゆえに生ずる物流システム崩壊の可能性も考慮に入れ，物資を被災地に供給するだけでなく，物資を必要とする被災者を被災地外へ輸送する「疎開」に関する検討もすべきなのかもしれない[12]．

---

10) 黒は 30,000 人以上を意味する．

11) この結果は定量的に検証されていない．内閣府が推計した帰宅困難者数は 515 万人[16]であるが，帰宅困難者の定義が「3 月 11 日（発災日）のうちに帰宅ができなかった人」となっており，本解析の定義と異なる．なお，発着地分布の傾向は，廣井ら[21]の報告に使われた帰宅困難者に対するアンケート調査で得られたトリップデータによる分析結果と定性的に一致することを確認している[22]．

12)「疎開」の実現には困難を伴う．被災時に一時でも住み慣れた街を離れることは，相当な抵抗がある．また，実行するにしても，受け入れ先が事前に決定されていないと混乱が生じることは明らかである．なお，危機管理に関して「悲観的に準備し，楽観的に対処せよ」との教えがあるが，「疎開」のような最悪な状況も考慮し，「悲観的に準備」すべきなのかもしれない．

(a) 発生地分布

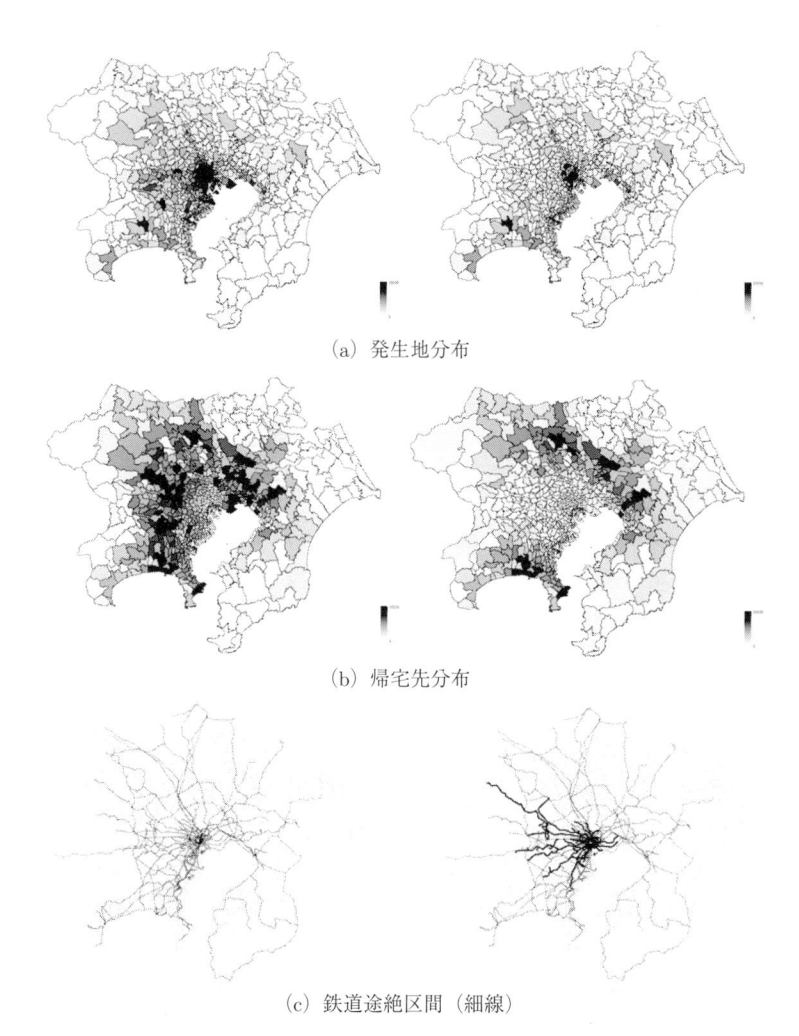

(b) 帰宅先分布

(c) 鉄道途絶区間（細線）

図 5.8: 帰宅困難者の (a) 発生地域と (b) 帰宅先地域の分布 (c) 運行路線，区間（太線）/左列：全線途絶，右列：太線区間のみ運行

5.2.5 今後の対策

東日本大震災の後，今後の救援物資輸送に対して以下のような考えが多く聞かれるようになった．

- 災害時輸送において，**プル型輸送** (pull-type logistics systems)[13] が考えられていたが，**プッシュ型輸送** (push-type logistics systems)[14] を積極的に展開する．
- 従来，届けられた救援物資の仕分け作業に自治体職員が従事せざるを得なかったが，物流業者と事前に協定を締結し，発災直後から専門家に仕分け作業を任せる．

[13] ニーズに合わせた物資，量の輸送．
[14] 必要と想定される物資，量の輸送．

東日本大震災時において物資輸送に携わった関係者の経験，教訓を全国に敷衍し，今後の対策に活かすことを目的として設置された「東北地域における災害に強い物流システムの構築に関する協議会」[10] では，プッシュ型輸送のありかたを議論している．また，東日本大震災も含めた過去の震災では，自治体等の公の機関が物流専門家の派遣を要請するといった事態が繰り返されている．しかしながら，『防災白書』[19] には企業と協定を締結している地方公共団体の割合が示されており，物資に関する協定は 75.1% だが，輸送に関する協定は 26.5% と低い．

輸送協定に関連した一例を挙げると，千葉県では災害時における円滑な支援物資の管理供給体制を構築することを目的とし，協定を含めて輸送体制を見直した[18]．県倉庫協会，県トラック協会，県との間で3者協定を結び，発災後，早期に民間物流事業者との連携を図ることで，円滑な管理供給体制を構築するとしている．そのため，図 5.9 に示すような5つのグループで構成される物資支援班を設置し，全グループに県職員だけでなく，民間の物流事業者も参加する体制が計画されている．それぞれのグループでは県職員と物流事業者の役割が明確化され，相補的に作業を進めることで，円滑な支援物資輸送の遂行を意図している．

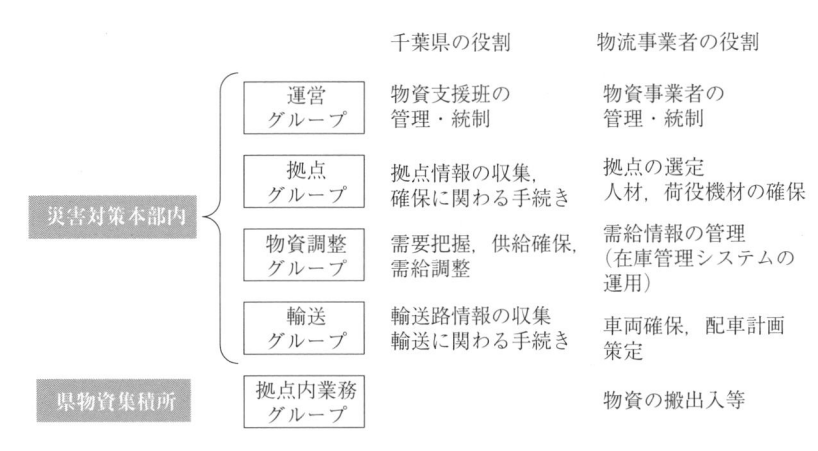

		千葉県の役割	物流事業者の役割
災害対策本部内	運営グループ	物資支援班の管理・統制	物資事業者の管理・統制
	拠点グループ	拠点情報の収集，確保に関わる手続き	拠点の選定人材，荷役機材の確保
	物資調整グループ	需要把握，供給確保，需給調整	需給情報の管理（在庫管理システムの運用）
	輸送グループ	輸送路情報の収集輸送に関わる手続き	車両確保，配車計画策定
県物資集積所	拠点内業務グループ		物資の搬出入等

図 5.9: 千葉県物資支援班の組織構成と役割

東日本大震災から3年以上経過し，今後の救援物資輸送の対策に資するべく，様々な研究，報告書が公表されている[20]．また，国として初めて支援物資の調達と輸送を実施し，その重要性を認識したことから，国土交通省は将来の大規模災害に備え，必要な物資が適時・適切に被災者へ届くよう，有識者，物流事業者，事業者団体から構成されるアドバイザリー会議を開催した．その議論を踏まえて「支援物資物流システムの基本的な考え方」[8] を取

りまとめ，公表している．また，具体的な対策として，矢野[26] は県など規模の大きな集積所としての理想的な要件をまとめ，苦瀬ら[5] は，被災地外で多様な物資をセット化[15]して輸送する方式を提案している[16]．

東日本大震災はもとより，阪神・淡路大震災，新潟県中越大震災など，過去の大震災では常に支援物資が滞る問題が発生している．首都直下型地震など，人口集中が著しい首都圏に大きな被害を及ぼす震災が発生した場合，表 5.1 に示した必要要件をすべて満たす輸送システムを，混乱の最中，構成しなければならない．これは，極めて困難な課題と言える．そのため，後述のように国，東京都をはじめとした各地方自治体は様々な対策を講じている．

15) たとえばインスタントラーメン，スチールどんぶり，はし，飲料水などをまとめる．

16) 阪神・淡路大震災，新潟県中越大震災の後，「1つの箱には1種類の物資のみ詰めて，物資を混載するべきではない」との声が多く聞かれた．理由は1つではないが，中身が分からない物資の梱包を解いて確認する作業に手間取ったことが一因であり，セット化は上記混載と根本的に異なる．

5.3 防災に関する制度，計画

しばしば，災害時には，自助，共助，公助の連携が重要との考えが示される．それぞれの「助」は以下の意味を持っている．

- 自助：自らの生命は自らが守る．
- 共助：自分たちのまちは自分たちで守る．
- 公助：行政機関による救出，救助など

大規模な災害が発生すると，公の機関でさえ混乱をきたす可能性が高く[17]，すべてを公の機関に頼ることは現実的ではないため，個人，家族，地域といった様々なレベルで防災に対する取組みを展開し，社会が一体となって備え，対応していく必要があると説いている．本節では，公助に関する内容として，首都直下型地震を中心に救援物資輸送に関わる国や自治体の輸送体制に関する制度や計画の概要をまとめる．

17) 過去の大震災では実際に混乱した．

5.3.1 国の制度・計画

伊勢湾台風を契機として 1961 年に制定された災害対策基本法において，表 5.3 のように防災計画を作成することが義務付けられている．

表 5.3: 災害対策基本法に基づく防災計画

計画名	内容，策定・実施機関
防災基本計画	中央防災会議
防災業務計画	指定行政機関（中央省庁），指定公共機関
地域防災計画	都道府県防災会議，市町村防災会議

防災基本計画 (basic disaster prevention plan) は，我が国の防災における最上位計画であり，災害の種類別に自然災害[18]・事故災害[19]のように構成されている．本計画は 2012 年 9 月，東日本大震災の経験を踏まえ，大規模広域災害における被災者への対応を改善する目的で，「要請を待たずに物資の輸送を開始する等，救援物資等を被災地に確実に供給する仕組みの導入」が記述されている．なお，表中の**中央防災会議** (central disaster prevention counil) は，防災活動の組織化，計画化を図る総合調整機関である．指定行政機関は中央省庁，指定公共機関は公共的機関や公益的事業を営む法人で，ともに内閣総理大臣が指定する．

[18] 5 種類：地震災害，津波災害，風水害，火山災害，雪害．

[19] 9 種類：海上災害，航空災害，鉄道災害，道路災害，原子力災害対危険物等災害，大規模火事災害，林野火災，その他．

近い将来，発生が懸念されている首都直下地震の対策に関しては広域的連携が必要となるため，表 5.4 のように国や地方での計画が策定されている．ともに具体的な対策を記述しており，各主体の責務を明確化している．これらの計画に基づいて各災害対策本部における階層的な意思決定が行われるため，各機関の情報共有が重要であると言える．

首都直下地震対策大綱は中央防災会議によって 2005 年 9 月に策定された地震対策のマスタープランである．東京湾北部地震を念頭に置いて，物資の調達や輸送に関する対策，避難者，帰宅困難者への対応について明記されている．また，表 5.5 に示す基幹的広域防災拠点の整備が記されており，特に図 5.10 に示す東扇島には物資輸送などに関係する施設が整備されている．

首都圏を構成する埼玉県，千葉県，東京都，神奈川県，横浜市，川崎市，千葉市，さいたま市，相模原市は，「九都県市災害時相互応援に関する協

表 5.4: 首都直下地震対策に対する防災計画

レベル	計画名	策定・実施機関
国	● 首都直下地震大綱（2005 年） ● 首都直下地震応急対策活動要領（2006 年） 　両者とも，2010 年修正（避難者・帰宅困難者の具体的対策を追加）	中央防災会議
地方	九都県市広域防災プラン	九都県市首脳会議 防災・危機管理対策委員会

表 5.5: 基幹的広域防災拠点

地区	機能
有明の丘	● 国・地方公共団体等の合同現地対策本部を設置 ● 広域支援部隊のコア部隊ベースキャンプ ● 災害時医療の支援基地
東扇島	● 海外からの物資を始め，物流に関するコントロール ● 海上輸送，河川輸送，陸上輸送への中継基地 ● 広域支援部隊等の一時集結地・ベースキャンプ

[20) 相模原市が新たに加わり，八都県市から九都県市となった．

定」[20) を締結して，食料，飲料水，生活必需品などの物資やその荷さばき場などの相互応援の体制を整え，九都県市広域防災プランでは，九都県市共通の具体的な行動指針を定めている．

「首都直下地震応急対策活動要領」では災害発生時の応急段階における具体策として策定され，各機関が行うべき応急対策活動を定めている．応急対策活動としては，交通の確保対策の流れは図 5.11，緊急輸送活動の流れは図 5.12，物資の調達，供給活動の流れは図 5.13 のようになっている．

また，災害発生からの時間経過の中で，優先される輸送対象が変化することが図 5.14 のように想定されている．なお，被災地の混乱を避ける目的で，発災当初は被災地方公共団体等に対し，個人が義援物資を送ることを控えるよう国民に広報するとしている．

図 5.10: 基幹的広域防災拠点東京湾臨海部基幹的広域防災拠点東扇島地区．右上：首都圏臨海防災センター，左下：隣接する東扇島第 31 号岸壁（耐震強化岸壁）に接岸する RoRo 船，右下：舟運に対応した人工海浜

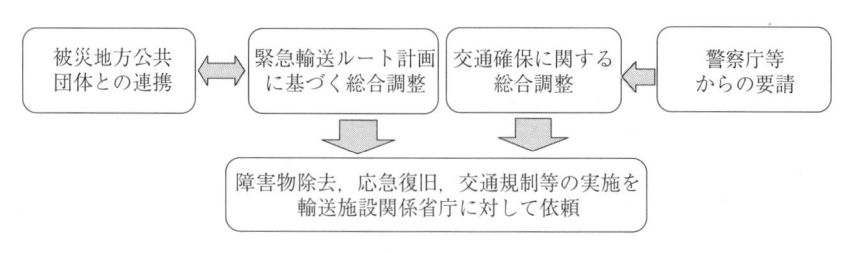

図 5.11: 交通の確保対策の流れ

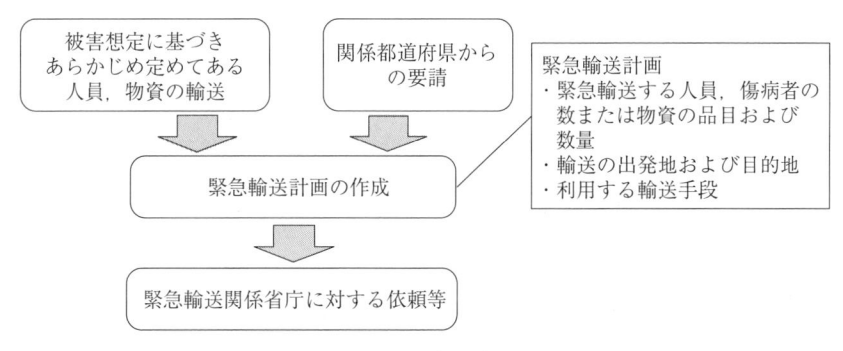

5.3 防災に関する制度，計画　　217

図 5.12: 緊急輸送活動の流れ

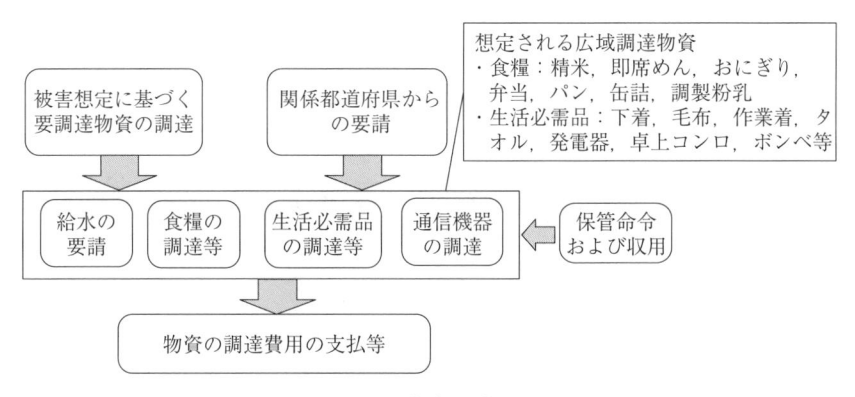

図 5.13: 物資調達の流れ

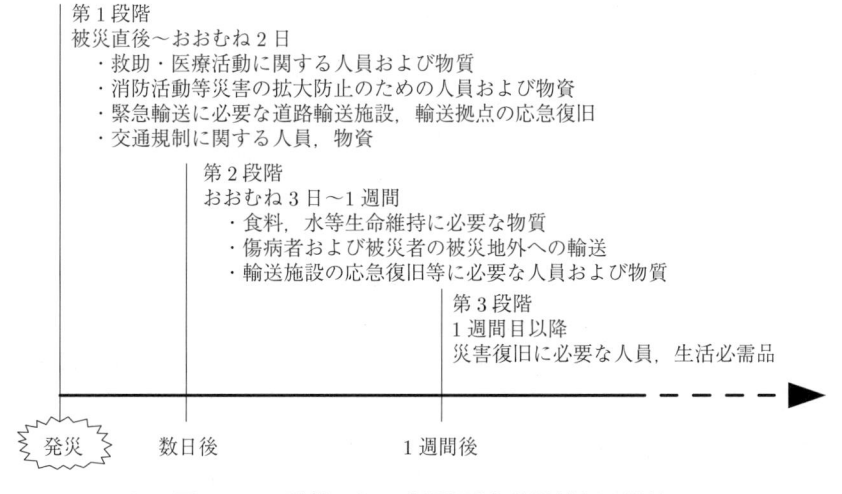

第1段階
被災直後～おおむね2日
・救助・医療活動に関する人員および物質
・消防活動等災害の拡大防止のための人員および物資
・緊急輸送に必要な道路輸送施設，輸送拠点の応急復旧
・交通規制に関する人員，物資

第2段階
おおむね3日～1週間
・食料，水等生命維持に必要な物質
・傷病者および被災者の被災地外への輸送
・輸送施設の応急復旧等に必要な人員および物質

第3段階
1週間目以降
災害復旧に必要な人員，生活必需品

発災　　数日後　　1週間後

図 5.14: 発災からの時間経過と輸送対象の関係

5.3.2 東京都の制度・計画

災害対策基本法において，都道府県および市町村は「**地域防災計画** (regional disaster prevention plan)」を策定することが義務付けられている．東京都の場合，東京都地域防災計画（震災編）を策定しているが，東日本大震災等の教訓や社会情勢の変化，都民・都議会提言を踏まえて，2012 年に修正がなされている．地域防災計画における被害想定は対象地域に関して，甚大な被害が起こる状況を設定し，この分析結果を元に防災計画の内容が考慮される．このため，各地で大規模震災を想定しているが，震源地や規模は各地で異なる．東京都の場合は，東日本大震災を教訓として，最新の科学的知見を取り入れて首都直下型地震である東京湾北部地震 (M7.3) の被害想定を見直し，結果を 2012 年に公表した[21]．本節では，首都直下地震で甚大な被害が予想される東京都の地域防災計画の中で，輸送体制に関する項目を表 5.1 に示した輸送要素別にまとめる．

[21] 他にも複数の地震について被害想定を見積もっている．

(1) 輸送経路

災害時に重要となる拠点を物理的に結ぶ**緊急輸送道路** (urgent transportation road) の整備が進められている．また，緊急輸送道路を含む緊急輸送ネットワークを表 5.6 のように定めている．

表 5.6: 緊急輸送ネットワーク

緊急輸送 ネットワーク	拠点との接続性
第 1 次	応急対策の中枢を担う都本庁舎，立川地域防災センター，区市町村庁舎，輸送路管理機関および重要港湾，空港等を連絡する輸送路
第 2 次	第 1 次緊急輸送路と放送機関，自衛隊や警察・消防・医療機関等の主要初動対応機関，ライフライン機関，ヘリコプター災害時臨時離着陸場候補地等を連絡する輸送路
第 3 次	トラックターミナルや駅等の広域輸送拠点，備蓄倉庫と区市町村の地域内輸送拠点等を連絡する輸送路

なお，緊急輸送ネットワークは，輸送路の多ルート化を図るため，陸・海・空・水上・地下にわたるネットワークを整備するとしている．また，発災時にはネットワークの実効性を担保するため，表 5.7 のような交通規制を実施するとしている．

これより，救援物資の輸送は第 3 次緊急輸送ネットワークに該当し，埼玉県，千葉県，神奈川県，茨城県の南部も含めて緊急輸送道路を図化すると図 5.15 のようになる．なお，この図で，ネットワーク上の○は，後述する広

表 5.7: 交通規制の内容（他にも震度に応じた様々な規制が考慮されている．）

交通規制	規制内容
第 1 次	震度 6 弱以上の地震が発生すると，環状七号線から都心へ向かう車両の通行が禁止されるとともに，高速道路と一般道路 6 路線（外堀通り，国道 246 号（玉川通り他），国道 20 号（甲州街道他），目白通り，国道 17 号（中山道他），国道 4 号（日光街道他））で一般車両の通行が禁止される．
第 2 次	緊急交通路が指定され，災害応急対策に従事する車両しか通行できなくなる．

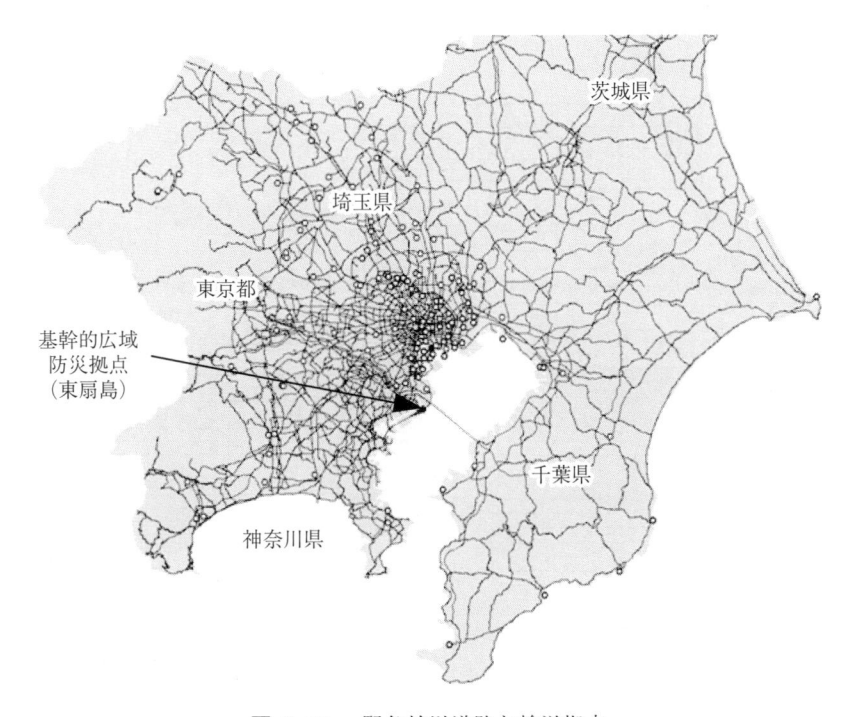

図 5.15: 緊急輸送道路と輸送拠点

域輸送基地に該当する拠点を示している．

(2) 輸送機材

　東京都トラック協会，東海汽船などの指定地方公共機関を中心に，協定・契約を通じて，車両，船舶，ヘリコプターの確保に努めている．また，燃料については，石油連盟および東京都石油商業組合等と「大規模災害時における石油燃料の安定供給に関する協定」を締結し，対策を進めるとともに，流通在庫契約（ランニングストック方式）により，常に一定の在庫量を確保することを義務付けるとしている．

(3) 輸送拠点

避難者用の備蓄物資を保管するための備蓄倉庫を整備している．また，物資の積替・配送等を行う広域輸送基地（27箇所）を整備するとともに，物資の受け入れ先である区市町村側では，物資の受入れ，配分等の拠点として地域内輸送拠点を選定している．また，広域輸送基地や倉庫における荷さばき作業等は，物流事業者の協力を得て行うこととしている．これより，東京都内の物資の流れを，荷さばき場，仕分け場を接続点として見ると，図 5.16 のように描ける．

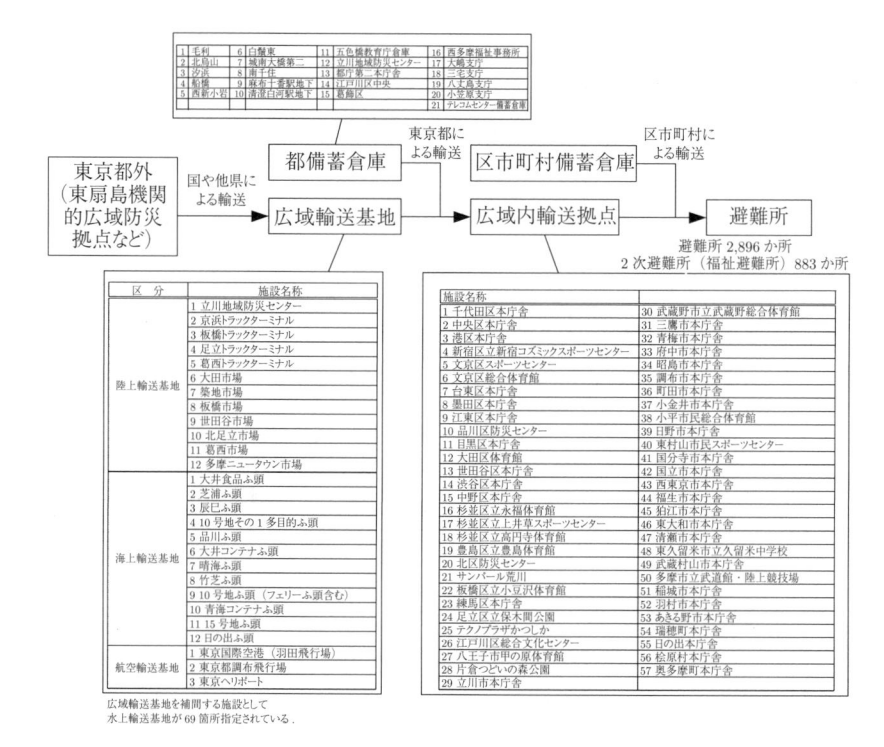

図 5.16: 輸送システムの階層構造

(4) 物資

避難者のために，食料，生活必需品，飲料水に関する備蓄，準備が表 5.8 のとおり進められている．

米穀，副食品，加工食品，生鮮食料品，生活必需品等物資の調達については，業界団体，東京都生活協同組合連合会等に協力を依頼している．さらに，避難者の多様なニーズに備え，備蓄・調達品目および数量等について検証するとの記述もあり，過去の大震災で見られた長期間にわたる避難所生活で必要な物資が変化することも想定していることが分かる．また，東京都の新た

表 5.8: 備蓄物資

品目	内容	備蓄,準備状況
食料	クラッカー,アルファ化米,乾パンなどの食料,調製粉乳等	都と区市町村でおおむね2日分（目標は3日分）
生活必需品	毛布,肌着,敷物,ローソク等	
飲料水	居住場所からおおむね2kmの距離内に1箇所の給水拠点を整備（202箇所）	3ℓ/人・日の消費と仮定して3週間分以上

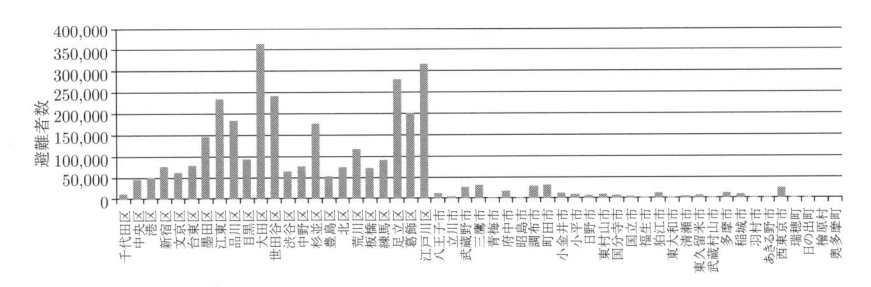

図 5.17: 区市町村別避難者数

な被害想定によると，東京湾北部地震の避難者数の推定は最大で340万人（冬季18時発災，風速8m/sの条件）にもなる．区市町村別の避難者数を示すと図5.17のようになり，この人数を基にして物資の需要量に換算される．

(5) 情報

東日本大震災では，避難所に物資が届かない要因として，情報の不足を挙げる声が多く聞かれた．つまり，需要や道路の状況が把握できないため，輸送作業を実行できないとの理由であり，このことがプッシュ型輸送の提案を後押ししている．物資輸送に限らず，被災状況の情報はあらゆる対応，活動に対して，大きな影響を与える．プッシュ型輸送を行うにしても，供給側の物資が不足すれば意味をなさなくなり，道路などの経路の情報がなければ，輸送作業は極端に不効率となることが容易に推察できる．東京都では，発災時に迅速な情報収集および連絡調整を可能にするため，東京都災害情報システム (DIS: disaster information system) の整備を進めており，輸送に関しても，円滑な物資の搬送調整，車両調達等が行えるよう実践的な訓練を実施するとしている．また，区市町村は，必要に応じ災害情報システムへの入力等により，食料，生活必需品などの物資を要請するとしている．コンピュータを用いた情報共有システムは以前からその有効性が指摘され，期待され続けているが，上記した災害情報システム上の手続が機能し，災害時においても通信網が維持できれば，災害時輸送のありかたにも影響を与える大きな効果を発揮するであろう．

5.4 災害時物資輸送シミュレータ

前節のとおり，災害時輸送に関わる計画では，表 5.1 に示した各輸送要素の重要性を十分認識されており，協定の締結，担当部署の役割設定，備蓄・インフラの整備など，様々な措置を施している．しかしながら，その対策はそれぞれの輸送要素を満たすための対策であり，輸送システムというトータルシステムとして，「どの程度の輸送量を確保できるのか」，「弱点（ボトルネック）があるとすれば，それは何か」，といった分析は未着手のようである．**災害時物資輸送シミュレータ** (simulator for relief supply transportation in disaster situations) はこの問題に関する答えを得るために開発されたコンピュータ上のプログラムである．一般的に，災害時に関する支援システムは，発災の前後で役割が大きく異なる．本シミュレータは，発災前の利用を前提としており，様々な条件下におけるシミュレーションを通じて，何が起こりえるのかということを予め経験することができる．シミュレーション上で経験した結果を有効に活用できれば，今後の防災施策を見通し良くたてられるかもしれない．

5.4.1 シミュレータの概要

災害物資輸送シミュレータ[1]には**マルチエージェントシステム**（Multi Agent System，以降 **MAS** と略す）[2] を採用した．MAS とは「局所的な情報に基づき行動するエージェント[22]が環境の中で相互作用して，新たな環境を作り出し，その状況に影響されて行動するというシステム全体と個の関係を表現する方法」である．この手法を採用することにより，トラックや船舶といった輸送機材1台1台について，輸送拠点における荷役作業や道路・河川ネットワーク上の位置を時間履歴として記録することが可能となる．エージェント（トラックや船舶）の行動ルールの詳細を限られた紙面で網羅することは困難なため，大原則となるルールのみを以下に示す．

エージェントの行動は，「供給地までの移動→供給地での荷積み→需要地への移動→需要地での荷降ろし」が1つのサイクルとなり，サイクルが終了すると次の輸送サイクルを決定する．すなわち，どの被災地に何を輸送すべきかを判断し，その被災地への輸送のためには，どの供給拠点で荷物を積載すると効率がよいかを計算する[23]．よって，各エージェントの輸送作業は予め決定されているわけではなく，シミュレーション上の時間進行とともに逐次決定される．なお，本 MAS は上記判断を個々のエージェントが行ってい

---

[22] ここではトラック，船舶などの輸送機材．

[23] 短時間で多くの荷物を輸送できることを良い効率と判断している．

るが，あくまでプログラム上の表現である．すなわち，次に行うべき輸送作業の決定プロセスが同じであれば，「ある輸送サイクルを終えたトラックドライバーが管理者に対して次の輸送作業を問合せ，指示された輸送を行っている」といった解釈でも構わない．

図5.18はエージェントがどのようにして次の輸送先を決めているのかを模式的に示している．1箇所の供給拠点と2箇所の物資荷受拠点があり，拠点は道路や河川などのネットワークで物理的に接続されている．荷受拠点はそれぞれ2種類の物資を要求している．

各被災地は物資毎の要求量（需要）および荷受量を随時更新し，充足率（＝荷受量÷需要量）を全エージェントに対して公表する[24]．エージェントは自らが到達でき[25]，積載できる物資[26]の組合せの中で，最低充足率（最高優先順位）となる組合せについて，輸送作業を開始する．輸送作業の開始時点で，物資は目的の被災地に到達していないが，この物資が到達したものと

[24] 黒板システムとも呼ばれることがあるが，すなわち前述した災害時の情報共有化システムに相当する．

[25] 船着場がなければ船舶は到達不可といった制約も考慮する．

[26] 生水や燃料などはタンクをもつ車両しか運べないといった制約も考慮する．

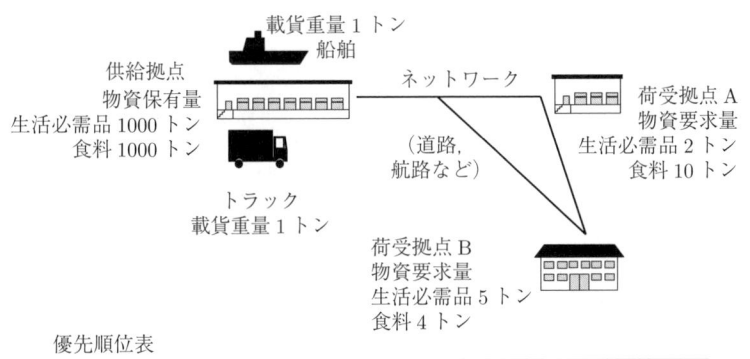

優先順位表

ランク	拠点（物資）	要求量(トン)	輸送量(トン)	充足率
1位	A（食料）	10	1	10%
2位	B（生活必需品）	5	1	20%
3位	B（食料）	4	1	25%
4位	A（生活必需品）	2	1	50%

図 5.18: エージェントの行動ルール（輸送先の決定）の模式図

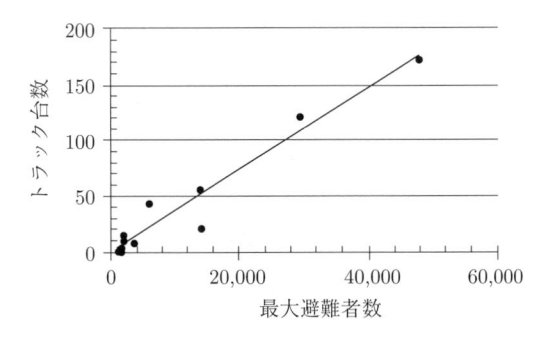

図 5.19: 最大避難者数と仕向けられたトラック台数の関係

して当該被災地の荷受量に加算され[27]，充足率が更新される．

このルールにより，被災地の充足率は均一に推移することになり，平等な供給を目指していることを意味する．よって，物資を多く必要とする輸送拠点に，多くの輸送機材が集中する傾向が強くなる．実際，表 5.2 に示した，最大避難者数と仕向けられたトラック台数をプロットすると図 5.19 のようになり，避難者数におおむね比例してトラック台数が増加している．

表 5.9 は本シミュレータの入出力データの内容を示す．本シミュレータでは，これらの入力データをすべて変更することが可能であるため，防災計画で策定されている輸送システムに関するデータに入れ替えれば，定められた計画の輸送性能が定量的に明らかになる．

[27] 荷受量というよりは発送量というほうが正しい．

表 5.9: シミュレータの入出力データ

入出力	輸送要素	内容
入力	拠点データ：基幹的広域輸送拠点，広域輸送拠点，地域内輸送拠点，避難所，備蓄倉庫等	位置，荷役能力，駐車スペース，物資貯蔵量（供給地の場合），物資需要（需要地の場合）
	輸送機材データ：トラック，船舶，航空機	機種，初期位置，最大積載量，移動速度，要員等
	ネットワークデータ：道路，河川	ネットワークを構成するノード（位置）とノードをつなぐリンク（距離，制限速度，幅員等）
出力	拠点情報	物資在庫量，供給量，荷役待ち輸送機材台数，荷受量の履歴
	輸送機材情報	位置の時系列，総輸送量，スケジュール（輸送行動の履歴）

5.4.2 シミュレータの解析例

次項に示すシミュレータの応用例の結果に対する見通しを良くするため，図 5.20 に示す小さなネットワークでその動作を確認する．

図 5.20(a) の状況は，物資を供給できる供給地 (ST0) が 1 箇所，物資を要求している要求地 (ST1) が 1 箇所あり，道路ネットワーク上の距離 L，で 2.5km 離れている．供給地の物資貯蔵量は 300 トン[28]，要求地 (ST1) の物資要求量は 100 トンとする．輸送に使える機材は 2 トン車 1 台で，簡単のために，最大積載量 C，を 2 トンとする．物資の荷役にかかる時間（荷役速度）V_h，は積み，降ろしとも 6 トン/時間（100kg/分）[29]，荷役可能な駐車スペースは供給地，要求地ともに 1 台とし，2 トン車の移動速度 V_s，は 15km/hr とする．

図 5.20(b) の条件では，要求地が 1 箇所増え (ST2)，その要求量は ST1 の

[28] すなわち，要求量を賄える量を保持している．

[29] 荷役速度は，著者の実験により確認された数値である．

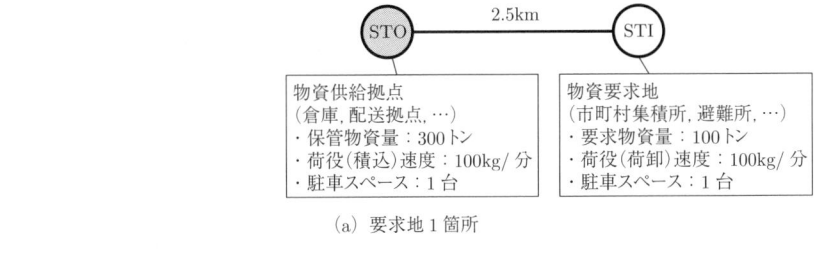

5.4 災害時物資輸送シミュレータ

(a) 要求地 1 箇所

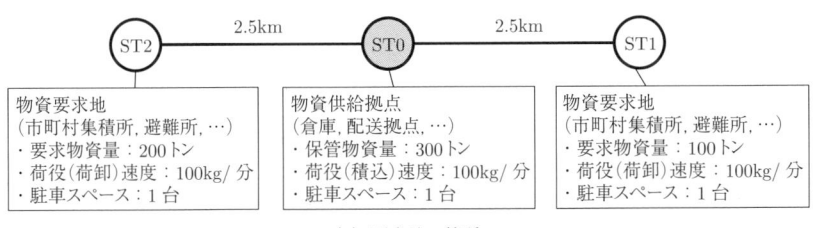

(b) 要求地 2 箇所

図 5.20: サンプルネットワーク

2 倍 (200 トン), 供給地 (ST0) とはネットワーク上の距離で 2.5km 隔たれている. その他は図 5.20(a) と同じ条件である.

図 5.20(a) の条件下では, 図 5.21 で示すように, 1 サイクル (積載作業の開始から移動, 荷卸を経て, 次の積載作業を開始するまでの作業のサイクル) にかかる時間 T, は次式で求まり, 1 時間である[30].

$$T = 2(L/V_s + C/V_h) \tag{5.1}$$

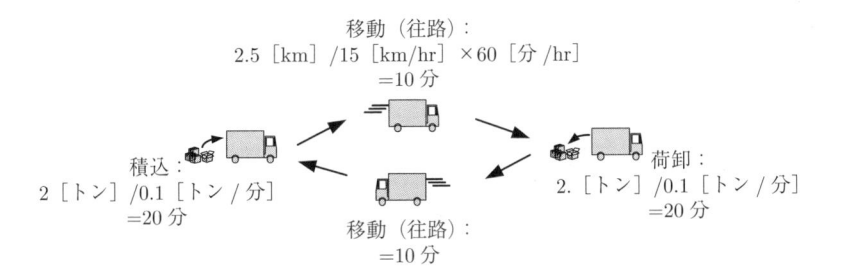

図 5.21: 1 サイクル時間

図 5.20(a) の条件下におけるシミュレーションの結果を要求地 (ST1) の荷受量の履歴として, 図 5.22 に示す. 図中の細線で示した結果は荷受量を R として, 式 (5.1) の T を用いた次式により求めた結果である.

$$R = Ct/T \tag{5.2}$$

ここで, t は輸送作業開始からの経過時間である. この時間の経過ととも

[30] シミュレーター内のトラック, 船舶などの輸送機材エージェントは, 輸送拠点などの荷役を行う場所に到着すると, 駐車スペースが空いていることを確認するためだけに離散化された時間間隔の 1 ステップを消費する. 本シミュレーションで設定された時間間隔は 1 分であるため, 輸送サイクルは正確には 1 時間ではなく 1 時間 2 分 (積み, 降ろしでそれぞれ 1 分) となり, 数%の遅れが生じる.

に，荷受量は増加し，シミュレーションの結果と式 (5.2) の結果は一致している．ただし，シミュレーションの場合は，荷降ろし作業がなければ荷受量の増加は起こらないため，階段状に上昇する．

図 5.23 は，図 5.20(b) の要求地が 2 箇所 (ST1, ST2) ある場合の結果である．それぞれの要求量は 2 倍の開きがあるため，輸送量の履歴も 2 倍の開きを維持して推移する．これは，前述のとおりシミュレータは平等な分配を原則としているためであり，輸送量ではなく，充足率（荷受量/要求量）で見ると 2 つの要求地 (ST1, ST2) の差はない．

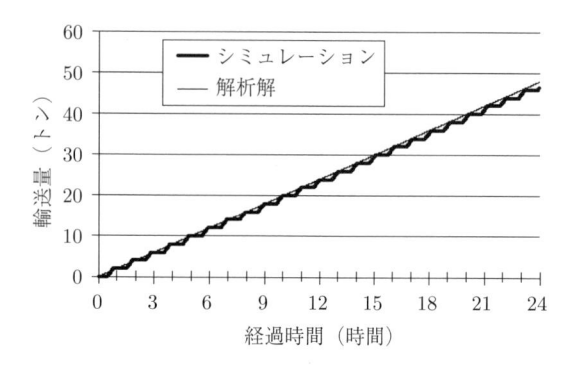

図 5.22: 輸送量の比較（要求地 1 箇所の場合）

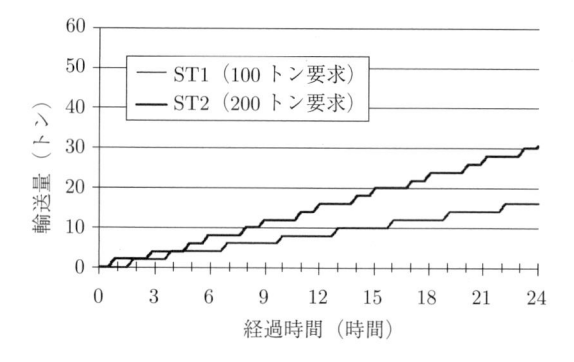

図 5.23: 輸送量の比較（要求地 2 箇所の場合）

以降，簡単のため図 5.20(a) の条件におけるシミュレーションについて考察を進める．図 5.22 の輸送量を増加させるために，いくつもの対策が考えられるが，ここでは，トラックの台数を増加させてみる．図 5.24 は輸送作業の開始から 24 時間後の輸送量と投入されたトラック台数との関係を示している．

図から，輸送量はトラック台数にほぼ比例し，3 台までは順調に増加するが，4 台以上では 3 台の輸送量と変化がないことが分かる．図 5.25 は，輸送

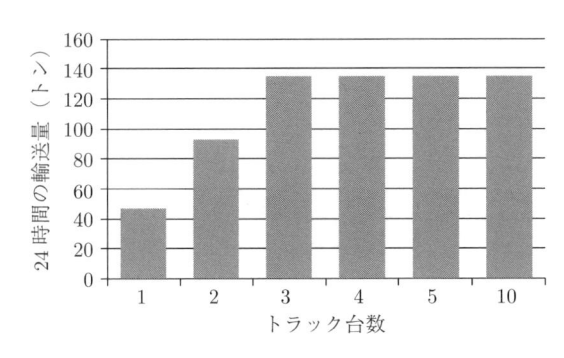

図 5.24: 輸送量（24時間後）とトラック台数の関係

量が増加しない理由を示している．供給地 (ST0) の荷役が可能な駐車スペースは 1 台分しかないため，ここで積込作業を行っていると，空荷で供給地 (ST0) へ到着したトラックは，スペースが空くのを待つための待ち行列に並ばなければならない．この「待ち」の状態は，輸送作業に対して何ら貢献していない無駄な状態である．いま，最初の 1 台が供給地 (ST0) を荷物を満載して出発し，空荷となって供給地 (ST0) に戻ってくるまでの時間は，1 サイクル時間から積み込み作業の時間を引いて，2/3 時間である．この時間のうちに，満載して出荷できるトラック台数は 2 台である．よって，この輸送システムでは，3 台のトラックでシステムが飽和してしまい，それ以上トラックを増加させてもトラックの待ち行列が長くなるだけで，図 5.24 に示すように輸送量は増加しない．すなわち，図 5.20(a) の条件でトラック台数を十分確保できる輸送システムでは，出荷能力がボトルネックとなる．

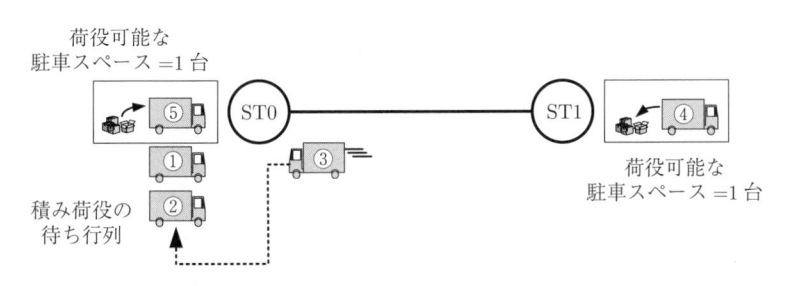

図 5.25: 待ち行列の形成

供給地 (ST0) での待ち行列を解消するための対策は出荷能力を増強することであるが，具体的には荷役速度の向上や，駐車スペースの増加などが挙げられる．ただし，この対策を施すと供給地 (ST0) の待ち行列は解消するが，要求地 (ST1) 側で待ち行列が形成されてしまい，輸送量を増加させるための対策とはならない．すなわち，ボトルネックが要求地側の荷受能力に移行す

るだけである．さらに，要求地 (ST1) で荷役機器の導入，駐車スペースの拡張などにより，荷受能力を増強すると，トラックの台数を増やすことで，輸送量を増加させることができるため，トラック台数（輸送能力）がボトルネックとなる．このように，ボトルネックは輸送システムのどこかに必ず存在しているが，ここで見た例のように部分的な改善を促しても，効果が現れないことがあるため，システム全体を見渡した対策が必要となる．

5.4.3 シミュレータの応用例

本項では東京都内の輸送計画を一例として取り上げ，シミュレータがもつ機能を紹介する．なお，ここで設定するシミュレーションの設定条件はあくまで機能を紹介するための 1 つの例であり，「現実にこのような状況が起こる」という意味ではないことに注意されたい．物資の需要量は図 5.17 に示した区市町村別の避難者数に対応した物資量として，1 人あたり 4kg の要求量とする[31]．図 5.17 より需要は区部に集中することが分かり，特に大田区，江戸川区，足立区，世田谷区，江東区で大きい．輸送機材は，4 トントラックだけを用いることとし[32]，その載貨重量は 60% の 2.4 トンとする[33]．対象となる輸送拠点は，図 5.16 に示した備蓄倉庫を供給地，地区内輸送拠点を需要地として用い，その拠点間を結ぶ道路は図 5.15 に示した緊急輸送路のみを利用することとする[34]．さらに，輸送拠点での駐車スペースの詳細は不明なため 5 台（おそらく過小評価である）とし[35]，荷役速度は人海戦術を想定して 100kg/分，トラックの移動速度は既報[11]を参考に時速 15km とする．図 5.26 には輸送開始から 24 時間後までの総輸送量[36]を，トラック台数 250, 500, 1000 台と変化させて示している．

[31] 品目を特定しないが，飲料水と食材などを合わせると 1 日分の必要量はおおよそ 4kg 程度と考えられる．

[32] 地域防災計画にも 4 トン車を利用する計画が記述されている．

[33] 通常，4 トン車を満載しても，4 トンにはならないため．

[34] ただし，高速道路は除いた．

[35] 同時に荷役できるトラック台数を 5 台に制限し，6 台目のトラックは荷役中のトラックが荷役作業を終えて出発するまで待つことになる．

[36] 全地域内輸送拠点での荷受量．

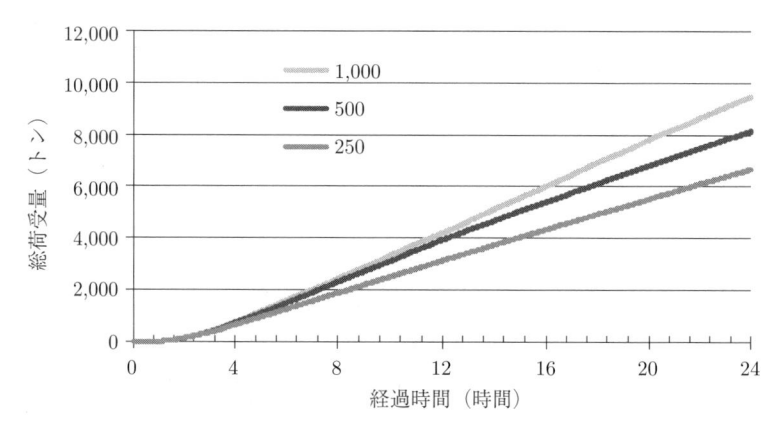

図 5.26: トラック台数別，輸送量の履歴

どの台数でも輸送量は時間とともに直線的に増加するが、トラック台数を2,4倍と増加させても、24時間後の輸送量はそれに比例した増加を示していない。なお、1000台のトラックを利用すると、24時間で全需要の70%程度を輸送できる結果となるが、市区町村別の充足率は図5.27のようになる。なお、図5.27は充足率の昇順で区市町村を並べ替えている。エージェントの行動ルールで示したように、トラックは平等な輸送を心がけるため、本来すべての区市町村で充足率が均一になるよう輸送を行うはずであるが、一部の区で低い充足率が記録されている。これらの区は、図5.17に示した需要が大きな区に対応していることが分かる。

充足率の低さは、輸送拠点での荷受処理の能力が不足していることが要因として考えられるが、このことを確認するために、地域内輸送拠点での荷役待ちトラック台数を見てみると図5.28のようになる。

図から、地域内輸送拠点における荷降ろしを待つトラックの台数は、需要が多い5区（大田区、江戸川区、足立区、世田谷区、江東区）が支配していることが分かる。また、荷降ろし待ちトラック台数が輸送開始から徐々に増加し、最終的には1000台のトラックの6.5割までにも到達する[37]。これら

[37] 図には示していないが、供給元となる備蓄倉庫にも、荷積み作業を待つ多くのトラックが記録されている。

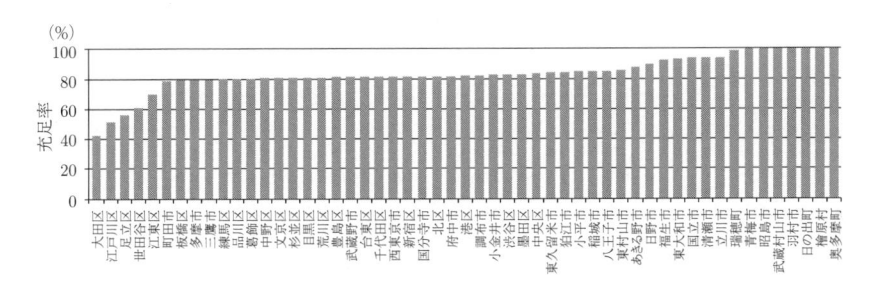

図 5.27: 輸送開始から24時間後の市区町村別充足率

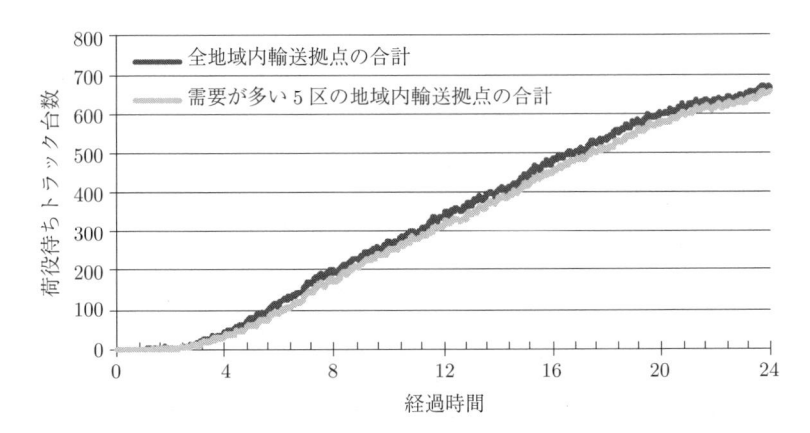

図 5.28: 地域内輸送拠点における荷降ろし待ちトラック台数

のトラックは，荷降ろしの順番を待つだけで，輸送に対してなんら貢献していないトラックである．そこで，需要が多い5つの区で駐車スペースを倍の10台として再度シミュレーション解析を行うと，図5.29の結果を得る．これより，輸送量は24時間後で2,500トンほど増加し，全拠点合計の充足率は70%から88%に改善される．

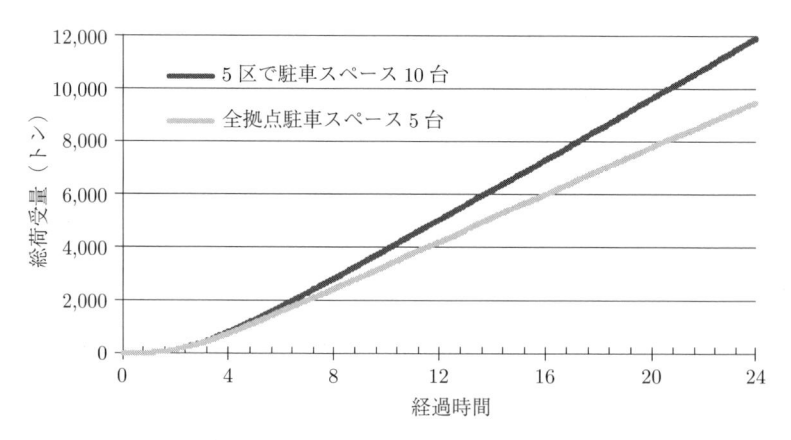

図 5.29: 需要が多い5区における地域内輸送拠点の荷役能力強化の効果

ここまでは，東京都の備蓄倉庫→区市町村の物資集積所までの流れについて見てきた．次に，このシミュレーションにより得られた区市町村別の荷受量を用いて，区市町村の物資集積所→避難所の流れ（3次輸送）をシミュレーションしてみる．なお，区市町村集積所の荷受データとして，大田区，江戸川区，足立区，世田谷区，江東区集積所の駐車スペースを10台とした図5.29のデータを利用し，輸送先は都内2587箇所の避難所とした．

さらに，以下の仮定を置く．

仮定1 区市町村の備蓄物資はすべて払い出され，在庫がない状況とする．よって，区市町村物資集積所で荷受けされた物資が唯一の資源となる．

仮定2 各区市町村の輸送は独立とする[38]．

仮定3 各区市町村は一律，2トン車（積載率60%，載貨重量1.2トン）10台を利用し，集積所の駐車スペースは5台，避難所は2台とする．

仮定4 2次輸送同様，集積所の積荷，避難所の荷卸速度は100kg/分とし，集積所で仕分けにかかる時間は無視する[39]．

仮定5 幅員5.5m以上の道路を用い，2次輸送と同様，移動速度は15km/hrとする．

仮定6 各避難所の避難者数は平均値（区市町村の避難者数÷避難所数）と

[38] たとえば，千代田区が荷受した物資はすべて千代田区の避難所へ輸送され，他の区市町村避難所へは輸送されない．

[39] 集積所に届いた荷物はすぐさま出荷できる．

する．

　区市町村集積所の荷受量は，避難所への輸送の在庫量となるが，各区市町村に到達していない荷物は，当然，出荷できない制約がかかる．仮定2より，各区市町村による3次輸送は他の区市町村に影響されないため，シミュレーションは区市町村毎に独立に実行できる．

　図5.30は，区市町村集積所の荷受量（全集積所合計）と避難所荷受量（全避難所合計）を示す．図から，集積所の荷受量と避難所の荷受量の差が時間の進行とともに増加することが示されている．これは，東京都から送られてきた物資が集積所に蓄積され，避難所へ向けて出荷できずに増加し続けることを意味している．

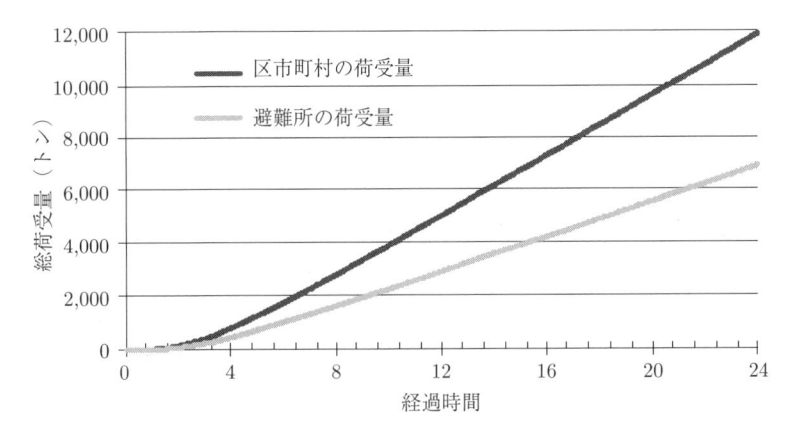

図5.30: 区市町村と避難所の荷受量

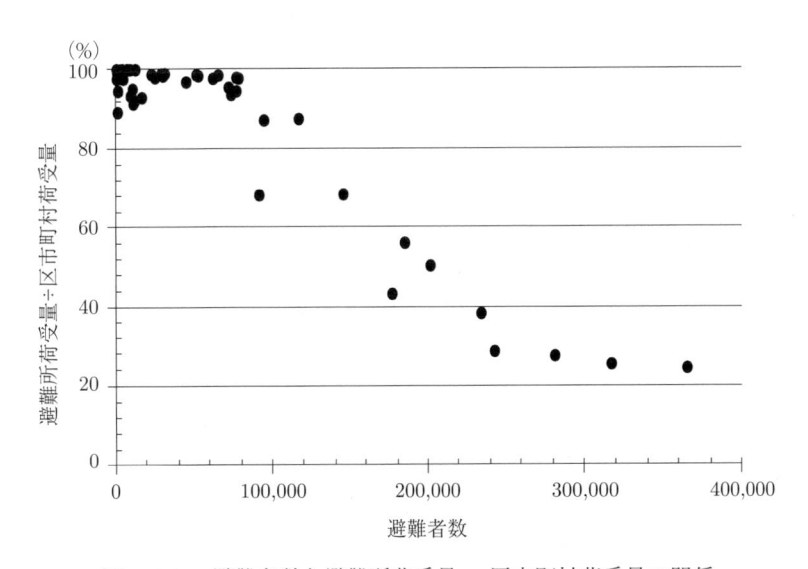

図5.31: 避難者数と避難所荷受量÷区市町村荷受量の関係

図 5.31 には，避難者数と避難所荷受量÷区市町村荷受量の関係を示す．なお，荷受量は 24 時間後の値であり，1 つの点は 1 つの区市町村に対応している．図より，避難者数が 10 万人を超えると，区市町村の輸送能力が不足する様子が分かる．仮定 3 は区市町村の輸送能力を過小評価している可能性があるが，この結果から輸送能力を増加させる必要があることが分かる．

5.5 まとめ

東日本大震災では救援物資の輸送に支障をきたし，避難所へ物資が届かない問題が発生した．この問題は，東日本大震災に限らず，過去の大震災（阪神・淡路大震災，新潟県中越大震災）でも発生していた．この問題に対する国や自治体の対策を，防災計画を中心に概観し，輸送機材や輸送拠点など，輸送システムを構成する要素毎に様々な準備がなされていることを確認した．しかしながら，輸送システムはこれらの輸送要素をまとめ，つなぎ合わせたトータルシステムとして機能しなくては意味がない．そのため，輸送システムの性能を定量的に把握する目的で開発した「災害時物資輸送シミュレータ」の機能を紹介するとともに，東京都内の輸送シミュレーションの解析例を示した．ここに記載した内容はシミュレータがもつ一部の機能であり，実際にはさらに複雑，詳細な設定状況で動作する能力をもつ．過去の大震災において計画や当初予定していた輸送体制が変化したことを記したが，シミュレーションを通して様々な輸送体制が予め評価できるかもしれない．本解析ツールが災害時輸送を担う防災機関の方々の一助となれば幸甚である．

参考文献

[1] Majima, T., Watanabe, D., Takadama, K., Katuhara, M.: A Development of Transportation Simulator for Relief Supply in Disasters, *SICE journal of Control, Measurement, and System Integration*, Vol. 6, No. 2, pp. 131–136, 2013.

[2] たとえば，大内東，山本雅人，川村秀憲：『マルチエージェントシステムの基礎と応用』，コロナ社，2002.

[3] 大島弘明：災害時の救援物資輸送など緊急支援活動について，『交通工学』，Vol. 49, No. 2, pp. 43–46, 2014.

[4] 洪京和，矢野裕児：緊急救援物資の調達，供給ルート別にみた供給状況と受給バランスからみた課題，『物流問題研究』，No. 57, pp. 62–76, 2012.

[5] 苦瀬博仁，矢野裕児：市民を兵糧攻めから守る「災害のロジスティクス計画」，『都市計画』，Vol. 3, No. 60, pp. 87–90, 2011.

[6] 桑原雅夫，和田健太郎：東日本大震災における緊急支援物資ロジスティクスの定量評価：一次集積所における搬入／搬出記録の分析，『土木計画学研究・講演集』，Vol. 45，2012.

[7] 桑原雅夫，和田健太郎：東日本大震災における緊急支援物資の流れの記録と定量分析，『運輸政策研究』，Vol. 16, No. 1, pp. 42–53, 2013.

[8] 国土交通省：支援物資物流システムの基本的な考え方，http://www.mlit.go.jp/common/000184634.pdf，2011.

[9] 国土交通省国土技術政策総合研究所，独立行政法人建築研究所：『平成 16 年新潟県中越地震建築物被害調査報告』，平成 18 年 10 月，2006.

[10] 国土交通省 東北運輸局：『東北地域における災害に強い物流システムの構築に関する協議会議事録』，http://wwwtb.mlit.go.jp/tohoku/kk/kk-saigaibuts uryu-giji1.pdf，2012.

[11] 国土交通省 都市地域整備局 大都市圏整備課：基幹的広域防災拠点を中枢とする緊急輸送ネットワークインフラの形成に関する調査報告書，平成 15 年 3 月，2003.

[12] 国土交通省北陸信越運輸局：新潟県中越地震の応急対策の概要と今後の課題，平成 16 年 12 月 10 日，2004.

[13] 国土交通省 北陸信越運輸局：緊急時の輸送体制の確立に向けて，平成 18 年 3 月，2006.

[14] 小谷通泰：阪神・淡路大震災における救援物資の都市内輸送の実態と今後の課題，『阪神・淡路大震災調査研究論文集』，pp. 509–514, 1997.

[15] 社団法人全日本トラック協会：『新潟県中越地震に係る緊急輸送対応の取りまとめ報告書』，平成 17 年 3 月，2005.

[16] 首都直下地震帰宅困難者等対策協議会：『首都直下地震帰宅困難者等対策協議会最終報告書』，平成 24 年 9 月 10 日，2012.

[17] 田中照久：東日本大震災と物流における対応，『日本物流学会誌』，第 20 号，pp. 13–20, 2012.

[18] 千葉県：災害時における物流計画，http://www.pref.chiba.lg.jp/bousaik/press/2012/documents/buturyukeikaku.pdf，2013.

[19] 内閣府：『防災白書平成 25 年版』，2013.

[20] 花岡伸也：東日本大震災における緊急支援物資輸送に関する文献レビュー，『日本物流学会誌』，No. 21, pp. 373–376, 2013.

[21] 廣井悠，関谷直也，中島良太，藁谷峻太郎，花原英徳：東日本大震災における首都圏の帰宅困難者に関する社会調査，『地域安全学会論文集』，No. 15, pp. 343–353, 2011.

[22] 間島隆博：帰宅困難者問題について，『日本マリンエンジニアリング学会誌』，Vol. 47, No. 2, pp. 51–56, 2011.

[23] 松本昌二，佐野可寸志：救援物資の流動実態と課題，『新潟県中越地震被害報告書』，pp. 128–139, 2006.

[24] 峯猛：東日本大震災における救援物資供給停滞の発生とその要因，『物流研究問題』，Vol. 56, pp. 16–21, 2011.

[25] 宮下侑子，福本潤也：東日本大震災における支援物資の流動実態の解明，『土木計画学研究・講演集』，Vol. 45，2012.

[26] 矢野裕之：過去の大規模震災において示された支援物資物流の課題とその対応策，非公開資料であるが配布可能，2012.

[27] 矢野裕児：東日本大震災での緊急救援物資供給の問題点と課題，『物流問題研究』，Vol. 56, pp. 11–15, 2011.

[28] 矢野裕児：緊急救援物資の調達，供給ルート別にみた需給バランスに関する研究，『日本物流学会誌』，第 20 号，pp. 293–300, 2012.

第6章 人道支援サプライチェーンにおける数理モデルとその既存研究

6.1 はじめに

災害発生時には，物資の供給が途絶する状況を考慮したサプライチェーンの構築・運用が必要となる．また，需要量や需要点が刻一刻と変動する状況に備えることも重要である．このような複雑な状況下で，様々な要素を同時に考慮して適切な判断を下すためには，必要に応じて数理モデルの助けをかりることが有用である．

数理計画（数理最適化ともいう）を用いて通常時のサプライチェーン管理・計画を行う手法は，古くから様々なものが提案されている．これらの多くは，費用の最小化や利益の最大化を目的としている．これに対して，災害発生時には，費用の最小化や利益の最大化とは異なる目的をもつこととなる．しかし，目的は異なっていても，状況を記述するために有用な数理モデルは通底している．そこで，災害発生時のサプライチェーンに対する数理モデル構築においては，通常時のサプライチェーンに対する数理モデルの研究で得られた成果を効果的に用いることが望ましい．

本稿では，人道支援サプライチェーンに対してこれまで提案された数理モデルを紹介し，さらに，それらで用いられているものを中心に，人道支援サプライチェーンで有用な数理計画手法を解説する．

本章の構成は以下のようになっている．

6.2 節では，数理計画を述べる．数理計画は，問題を数式で表現し，その数式をなんらかの方法で処理することで問題の答えを見出す方法である．

6.3 節では，リスクへの対処法を述べる．リスクへの対処法には様々なものがあるが，予防と応答に大別できる．この状況を表現するための数理モデルとして，確率計画が挙げられる．そこで，この確率計画についても述べる．

6.4 節では，リスク管理で有用な数理最適化手法を述べる．リスク管理においては，データの不確実性や変動を適切に扱う必要がある．このための数

理最適化手法の中で主要なものも述べる．

6.5節では，通常時のサプライチェーンを述べる．サプライチェーンには様々な要素が含まれるが，そのうちの主なものである，配送計画モデル，施設配置モデル，在庫管理モデルを述べる．実際の運用・計画ではこれら3つのうちの複数を同時に考慮する必要がある場合がある．このようなモデルの例を述べる．

6.6節では，途絶状況下での評価指標を述べる．通常時のサプライチェーン最適化モデルでは，ふつう，コストの最小化または利益の最大化を目的とする．これに対して，途絶状況下では，異なる目的を扱う必要がある．そこで，途絶状況下に適切な目的を扱うための評価指標と，その数理的な扱い方を述べる．

6.7節では，途絶状況下でのサプライチェーン最適化モデルの例を述べる．

6.2 数理計画

数理計画では，答えを与えたい問題を数式で表現し，その数式をなんらかの方法で処理することで，問題の答えを見出そうとする．ここで，「答えを与えたい問題」の例としては，工学や経営システム上の運用問題が挙げられる．数理計画では，問題の制約条件と目的を，数式によって表現する．問題における意思決定を変数xで表し，xのとりうる値の集合をXと表すことにし，目的関数を$f(x)$，制約式はm個あり，それぞれ$g_i(x) \leq 0$と表されるとする．これらm個の制約式を満たし，目的関数を最大化または最小化するxを求めることで，元の問題に対する答えを求めようとするのである．目的関数$f(x)$を最小にするような変数xを求める問題は，次のように表す．

$$\begin{aligned}&\text{最小化} \quad f(x) \\ &\text{制約条件} \quad g_i(x) \leq 0 \quad \forall i \\ &\qquad\qquad x \in X\end{aligned}$$

これを数理計画問題と呼ぶ．$f(x)$を最小化するxを数理的な方法で求めることができれば，実際の問題に対する答えを与えることができるのである．

数理計画問題は，$f(x)$および$g_i(x) \leq 0$の種類によって様々なクラスに分類される．その中で，$f(x)$，$g_i(x) \leq 0$がすべて線形関数である数理計画問題は，線形計画問題と呼ばれる．線形計画問題は，比較的大きな問題例[1]を扱うことができ，様々な分野で用いられている．線形計画問題は，m行n列の行列$\boldsymbol{A} = [a_{ij}]$，$m$次元ベクトル$\boldsymbol{b} = [b_i]$，$n$次元のベクトル$\boldsymbol{c} = [c_j]$を用いて次のようにも書くことができる．

---

[1] 問題にデータを入れたもの．インスタンスとも呼ぶ．

$$\begin{aligned}
\text{最小化} \quad & \sum_{j=1}^{n} c_j x_j \\
\text{制約条件} \quad & \sum_{j=1}^{n} a_{ij} x_j = b_i \quad \forall i \in \{1, 2, \ldots, m\} \\
& x_j \geq 0 \quad \forall j \in \{1, 2, \ldots, n\}
\end{aligned}$$

線形計画問題において，一部の変数を整数としたものは，混合整数計画問題[2]と呼ばれ，次のように表される．

$$\begin{aligned}
\text{最小化} \quad & \sum_{j=1}^{n} c_j x_j \\
\text{制約条件} \quad & \sum_{j=1}^{n} a_{ij} x_j = b_i \quad \forall i \in \{1, 2, \ldots, m\} \\
& x_j \geq 0 \quad \forall j \in \{1, 2, \ldots, k\} \\
& x_j \text{は非負の整数} \quad \forall j \in \{k+1, k+2, \ldots, n\}
\end{aligned}$$

[2] 正確には，混合整数線形計画問題と呼ぶべきであるが，"線形"を省いて記す場合が多い．本稿でもその慣例に従う．

なお，すべての変数が整数である混合整数計画問題を，整数計画問題と呼ぶ．

混合整数計画問題では，整数変数として 0 か 1 のどちらかをとる「0–1 変数」がよく用いられる．0–1 変数は，選択を表す変数である．たとえば，場所 j に施設を設置するか否かの意思決定をしたいときは，0–1 変数 x_j を定義し，$x_j = 1$ で場所 j に施設を設置することを，$x_j = 0$ で設置しないことを表すとよい．すべての整数変数が 0–1 整数である混合整数計画問題を 0–1 混合整数計画問題と呼び，すべての変数が 0–1 変数である整数計画問題を 0–1 整数計画問題と呼ぶ．

線形計画問題は，かなり大規模な問題例までソフトウェアで解くことができるのに対して，混合整数計画問題は，規模が大きくなると計算時間が急激に増加する可能性が高い．混合整数計画問題は，$\mathcal{NP}$–困難と呼ばれる計算量的に解くのが難しいクラスに属している（$\mathcal{NP}$–困難については文献 [20] などを参照）．

数理計画問題を解くためのソフトウェア（以下ではソルバと呼ぶ）は，商用・非商用ともに，様々なものが開発されている．また，多くのソルバでは，数理計画問題を入力するためのモデリング言語を用いることができる．モデリング言語を用いると，数式表現に近い書き方で問題をソルバに入力することができ，便利である．

サプライチェーンにおける様々な計画問題は，混合整数計画問題として定式化できる．これらを現実的な規模のデータで解こうとすると，素朴なモデルではデータが大きすぎて入力できないか，たとえ入力できたとしても現実的な時間で解が得られない可能性が高い．そこで，モデル化における工夫が必要になる．

モデル化の工夫の例として，変形，集約，帰着がある[23]．変形は，そのままでは解きづらい問題のデータをなんらかの方法で処理し，解きやすい問題にすることである．変形後の問題は元の問題の厳密な解にはならないが，元の問題の解との関係が分かっていれば，それを用いて元の問題の近似解を得ることができる．変形の例として，時刻の離散化を挙げる．いま，物資配送のために車両を出発させる時刻を決定したいとする．現実の時間は連続的に流れているが，車両の出発時刻としては1時間おきの時刻のみを考えるとする．これが時刻の離散化である．時刻を素朴に連続変数としてモデル化すると，無数の出発時刻を扱う必要があるが，1時間おきにすると1日あたり24の出発時刻を扱うだけでよい．

集約は，問題に含まれる複数の要素をまとめて1つの要素とみなしてモデル化することで，扱いやすくすることである．これは，含まれる要素が多い問題に対して有効である．施設配置問題において，顧客の数が多い場合，複数の顧客をまとめて1つの顧客として扱うことが行われるが，これは集約の例である．

帰着の例としては，配送計画問題の集合分割問題への帰着を挙げる．この例の詳細は，6.5.1項(4)で述べられる．

ソルバを使わずに，数理計画問題の近似的な解を得る方法として，メタヒューリスティックスがある[27]．メタヒューリスティックスは，経験的手法を組み合わせて良い近似解を得る方法の総称である．これらは多様な問題に対して現実的な計算時間で比較的良い解を与えるため，よく用いられる．ただし，解きたい問題専用の解法を設計する必要があるとともに，本当の最適解に十分近い解を得るためには，ある程度のノウハウと技が必要である点に注意を要する．

6.3 リスクへの対処法

リスクへの対処法は，大きく予防と応答に分けられる[23]．予防は途絶が発生する前に行う行動であり，その目的は途絶が発生した際の被害をできるだけ小さく抑えることである．また，応答は途絶が発生した後に行う行動であり，その目的は起こった途絶による被害をできるだけ小さく抑えることである．

また，リスクへの対処法は，その活動期間や段階（フェーズ）によって分類することができる．通常のサプライチェーンにおける意思決定は，その計画期間の長さによって，ストラテジック・レベル，タクティカル・レベル，オペレーショナル・レベルに分類される．リスクに対応するサプライチェーン

における意思決定でも，これらの3レベルの分類を用いることが有効である．

本節では，予防行動，応答行動について述べたあと，それらに対する有効な数理計画モデルである確率計画について述べる．

6.3.1 予防

途絶が起こる前に，途絶に備えて行う行動が予防行動である．途絶下のサプライチェーンにおいては，需要の急な発生や変動に俊敏に対応する必要がある．このような対応のためには，予防行動を適切に行っておくことが効果的である．

(1) 事前準備：事前情報を用いて途絶の直前に行う準備行動

途絶には，事前に予兆のあるものと，ないものとがある．事前に予兆のあるものに対しては，それが実際に発生した際の被害を小さく抑えるための効果的な方法をとることができる．このように，事前に得られる情報を用いて途絶発生の直前に行う準備行動を，特に事前準備という．事前に予兆のある途絶の例としては，台風の被害が挙げられる．台風は，発生後の経過を追うことで，近い将来どの地域でどの程度の被害が起こるかをある程度知ることができる．したがって，予想される被害に備えて，物資や住民の移動を行うことができる．

事前準備は，数日〜数週間の比較的短い期間で行う行動であり，オペレーショナル，またはタクティカルな意思決定である．

(2) 事前準備でない予防

事前準備が，数日から数週間の比較的短い期間で行う行動であるのに対し，事前準備でない予防は，数ヶ月から数年単位で行う行動である．すなわち，ストラテジックな意思決定である．事前準備でない予防には，耐震補強，避難場所の選定，災害時に必要な物資の備蓄などが挙げられる．

実際に災害が起こったときに十分に効果的な行動をとるためには，人員の訓練，情報管理への投資が必要である．しかし，人道支援団体においては，このための十分な資金を確保することが難しい．人道支援団体の活動は，資金提供者からの資金提供によっているが，資金提供者は自ら提供した資金が直接的な支援物資の購入に使用されることを望む傾向にある．この要望に応えなければ十分な活動資金を確保できない可能性もある．したがって，人道支援団体は資金提供者の意向をくみながら自らの活動内容を決定する必要がある．このような状況では，人員の訓練，情報管理への投資は優先順位が低

くなってしまう．これを改善するためには，通常時から資金提供者に対して，自らの活動内容とその意義を訴え続ける必要がある．すなわち，人道支援団体にとって，資金提供者は協力者であると同時に一種の顧客であり，マーケティングの対象であるのである．これは商業ロジスティクスとは異なる点である．

予防行動においては，予想される途絶の種類，場所，被害の大きさなどを，事前に入手可能なデータを用いて評価する必要がある．評価に有用なデータには，地理的データ，人口データ，気象統計，地質学的データ，などがある．

Duran ら[11] は，CARE International[3] による事前配置倉庫の設置のための数理モデルを開発している．事前配置倉庫設置の目的は，災害発生後の応答行動の際，救援物資を供給する時間を短くすることである．このために，事前配置倉庫を設置する場所と数を決定する数理モデルを開発し，その効果をシミュレーションによって評価する．

この評価のためには，災害が発生した際に，救援物資の需要がどの程度発生するかを事前に評価しておく必要がある．このために，International Disaster Database に蓄積された，過去 10 年間の自然災害における被害者数のデータを用いている．これらのデータを収集した後，被害者が必要とするであろう様々な品目の量と，それらが必要とされる確率を評価する．

需要の発生地点としては，地理的地域を集約した 22 の地点を用いている．これら 22 の地点のいずれかの地域内で災害が発生した場合，その地域の人口中心で需要が発生するとみなす．人口中心を求めるために，Global Rural-Urban Mapping Project Database[17] を用いる．これには，世界の居住地ごとの人口が収められている．

[3] 世界最大の人道支援団体の 1 つである．

6.3.2 応答

(1) 初期応答：途絶の直後の活動

災害発生直後に，その被害を最小限に抑えるために行うのが初期応答である．適切な予防行動により，初期応答のしやすさを改善することができる．ただし，災害の規模や場所を完全に予測することは不可能であり，災害発生後の実際の被害状況，さらに刻一刻と変化する状況を把握しつつ，適応的に活動することが重要である．

1) 初期応答における情報収集

災害発生直後の初期応答のためには，迅速な情報収集が重要である．というのも，被害地は通常とは大きく異なる状況におかれ，各種のデータが役に

立たない可能性があり，そのことが，救援活動の妨げになるからである．

都市部における災害発生時の情報収集のための1つの方法が，Savvaidisらによって提案されている[16]．この論文で扱われている問題は，都市部での災害時初期応答における，緊急車両の最適な管理と道路途絶状況の把握である．災害発生直後の道路状況を把握するために，緊急車両の一部を道路状況を把握するためのセンサとして利用するシステムが提案されている．このシステムでは，都市部に既に存在している運搬車から，各道路セグメントの移動にかかった時間をGPSデータに基づいて集める．このことにより，地域の道路ネットワーク全体をカバーすることができる．こうして構築したデータベースは，緊急車両の管理や初期応答活動のために必要なパラメータの計算に用いることができる．

2) 道路ネットワーク，海抜などの地理的データを用いた配送経路のリスク評価

自然災害が発生したときに想定される被害は，地理的情報，人口データなど，通常時に整備されているデータを用いることによって評価しておく必要がある．Nolzらは，災害発生後における被害者への水の配布場所の選定，およびそれらの場所への水の補給経路を定める数理モデルを提案している[14]．このモデルでは，陸路で水を補給する経路を定める必要があるが，この経路は災害発生後に使用できなくなるようなものであっては困る．経路には複数の道路セグメントが含まれるが，そのいずれかが使えなくなっては経路自体が使えなくなる．そこで，海抜，地質的データなどによって各道路セグメントが使えなくなる確率を計算し，その情報を用いて各経路の「頑健性」を評価している．この頑健性が高い経路を用いることで，災害発生後の水の補給が安定して行えることが期待できる．

(2) 復旧：定期的な支援活動

復旧活動は，災害発生後一定期間が経ったのち，被害地を元のように活動できる状態にするための支援活動である．復旧活動では，初期応答とは異なる要素が重要になる．

復旧活動で重要なのが，複数のプレーヤー間の連携である．人道支援活動には，複数のプレーヤーが関わる．それらプレーヤーの連携が，円滑な支援活動のためには重要である．McLachlinらは，ある人道支援団体のメンバーへのインタビューを通して，商業サプライチェーンと人道支援サプライチェーンとの違いを明らかにしようとしたが，その中で，プレーヤー間の連携における重要な点を指摘している[13]．McLachlinらがインタビューの対象としたMennonite Central Committee(MCC)は，世界70カ国で人道支援を行う

団体である．人道支援活動の際のプレーヤーとしては，農家，教会グループ，学校グループ，行政組織，国連の機関，その地方の行政機関，NGO などがある．MCC は，支援対象とする地域に代理人を送って窓口とし，連携するプレーヤーとの関係醸成に努めるとしている．国連の担当機関から情報を集めることは有益であるが，その地方に根付いたパートナーと組むことも重要であるとしている．それは，その地方の文化を知る上で効果的だからである．

人道支援活動では，その目的が適切に設定されることが重要である．そのためには支援地域の文化を知ることが重要である．「ダムを何個つくったか?」ではなく「人々を幸せにしたか?」という評価尺度で活動することが良い場合もある．そのためには，他国から来たその地域の文化になじみのないボランティアではなく，被害地周辺にいる，その地域の文化を理解したボランティアの方が望ましい場合もある．

6.3.3 確率計画による定式化

通常の数理計画問題では，問題を定めるデータは，確定的な値であると仮定している．線形計画問題を例にとると，係数行列 A, ベクトル b, c の要素がいずれも確定値として与えられるとしている．さて，途絶状況下でのサプライチェーンでは，被害地の状況を表すデータが確定値として得られているとは考えにくい．むしろ，不確実で変動の可能性のあるデータが主であると考えるほうが妥当である．このような条件を取り扱う手法の 1 つに，確率計画がある．

確率計画 (stochastic programming) は，通常の数理計画問題の目的関数と制約条件の中に，確率的に変動するパラメータ $\omega \in \Omega$ を含むものを扱う．パラメータ ω が実現するまでは，制約条件は 1 つに定まらず，したがってある点 x が制約条件を満たすかどうかも分からない．つまり，パラメータが $\omega_1 \in \Omega$ のときの実行可能領域を $X(\omega_1)$, $\omega_2 \in \Omega$ のときの実行可能領域を $X(\omega_2)$ とすると，ある変数 x が $x \in X(\omega_1)$ かつ $x \notin X(\omega_2)$ となる可能性がある．したがって，実行可能解自体を通常の数理計画とは異なるかたちで定義する必要がある．そのための方法は，**確率制約条件計画法** (probabilistically constrained problem) と，**2 段階確率計画法** (two-stage stochastic programming) に大別される．確率制約条件計画法は，確率変数の実現値が得られる前に決定変数 x を決定するものであり，2 段階確率計画法は，決定変数 x の一部を確率変数の実現値を得たあとに決定することを許すものである[25]．ここで，データが確率的に変動するパラメータを含む線形計画問題:

$$
\begin{aligned}
&\text{最小化} &&\sum_{j=1}^{n} c_j(\omega) x_j \\
&\text{制約条件} &&\sum_{j=1}^{n} a_{ij}(\omega) x_j = b_i(\omega) &&\forall i \in \{1, 2, \ldots, m\} \\
& && x_j \geq 0 &&\forall j \in \{1, 2, \ldots, n\}
\end{aligned}
$$

を例にとり，2つの方法の考え方を述べる．

(1) 確率制約条件計画法

確率制約条件計画法とは，「制約条件が必ずしも満たされなくてもある確率以上で満たされればよい」という，確率制約条件 (probabilistic constraint) を含んだ計画法を指す．制約条件

$$\sum_{j=1}^{n} a_{ij}(\omega) x_j = b_i(\omega)$$

を確率 α_i 以上で満たすという条件は，

$$P\left[\sum_{j=1}^{n} a_{ij}(\omega) x_j = b_i(\omega)\right] \geq \alpha_i$$

で記述される．ここで，$P[A]$ は事象 A の確率を表す．目的関数を，$\sum_{j=1}^{n} c_j(\omega) x_j$ の期待値の最小化とすれば，解くべき最適化問題は次のように定式化できる．

$$
\begin{aligned}
&\text{最小化} &&E\left[\sum_{j=1}^{n} c_j(\omega) x_j\right] \\
&\text{制約条件} &&P\left[\sum_{j=1}^{n} a_{ij}(\omega) x_j = b_i(\omega)\right] \geq \alpha_i &&\forall i \in \{1, 2, \ldots, m\} \\
& && x_j \geq 0 &&\forall j \in \{1, 2, \ldots, n\}
\end{aligned}
$$

ここで，$E[X]$ は確率変数 X の期待値を表す．また，$\sum_{j=1}^{n} c_j(\omega) x_j$ の分散 $V\left[\sum_{j=1}^{n} c_j(\omega) x_j\right]$ と適当な定数 c_0 に対して，最適化問題

$$
\begin{aligned}
&\text{最小化} && V\left[\sum_{j=1}^{n} c_j(\omega) x_j\right] \\
&\text{制約条件} && E\left[\sum_{j=1}^{n} c_j(\omega) x_j\right] \geq c_0 \\
&&& P\left[\sum_{j=1}^{n} a_{ij}(\omega) x_j = b_i(\omega)\right] \geq \alpha_i \quad \forall i \in \{1, 2, \ldots, m\} \\
&&& x_j \geq 0 \quad\quad\quad\quad\quad\quad\quad\quad\quad\quad \forall j \in \{1, 2, \ldots, n\}
\end{aligned}
$$

の最適解を元の問題の解とする方法も用いられる．

(2) 2段階確率計画法

2段階確率計画法 (two-stage stochastic programming) では，意思決定のプロセスは2段階に分けられる．まず第1段階で，確率的なパラメータが実現する前に変数 x の値を決定する．その後，確率的なパラメータの実現値を得たのち，第2段階で変数 y の値を決定する．ここで y は，変数 x の値を定めることによる外れ具合を矯正するために導入されるものであり，リコース変数と呼ばれる．第2段階での問題を定義するためには，このリコース変数 $y(\omega) \in \mathbb{R}_+^\ell$ に加えて，次の条件を満たすリコース行列 $W \in \mathbb{R}^{m \times \ell}$ を導入する．

$$W y(\omega) = b - A x$$

変数 x の値によって 目標から外れた際のコストを適当なベクトル q を用いて $q^T y(\omega)$ と表す．一般性を失うことなく，係数 c_j は確定的であるとする．すなわち，確率的パラメータ ω の影響を受けない定数とする．このとき，2段階確率計画法は次のように定式化される．

$$
\begin{aligned}
&\text{最小化} && \sum_{j=1}^{n} c_j x_j + E\left[\text{最小化}\, q^T y(\omega)\right] \\
&\text{制約条件} && \sum_{k=1}^{\ell} w_{ik} y_k(\omega) = b_i - \sum_{j=1}^{n} a_{ij} x_j \quad \forall i \in \{1, 2, \ldots, m\} \\
&&& x_j \geq 0 \quad\quad\quad\quad\quad\quad\quad\quad\quad \forall j \in \{1, 2, \ldots, n\} \\
&&& y_j(\omega) \geq 0 \quad\quad\quad\quad\quad\quad\quad\quad \forall j \in \{1, 2, \ldots, \ell\}
\end{aligned}
$$

2段階確率計画法は，リコース付き確率計画法 (stochastic programming with recourse) とも呼ばれる．

リスクへの対処のための数理モデルには，2段階確率計画が相性が良い．リスクへの対処法として予防と応答があるが，それらのうち，予防行動は第

1段階の即時決定変数に，応答行動は第2段階のリコース変数に対応付けることができる．

6.4 リスク管理で有用な数理最適化手法

災害の内容を事前に細部まで予想することは原理的に不可能である．応答行動においては，供給・需要の急な発生や変動は不可避であり，これらに俊敏に対応する必要がある．したがって，途絶発生下でのサプライチェーン管理では，確率的な（＝将来の情報が変動する）問題を考える必要がある．これに加えて，情報の不確実性の問題がある．災害発生後，どこにどのような需要が発生しているかの十分な情報が得られるとは限らない．これは，通常時に使用していた通信手段が災害によって使用不能になるケースがあるからである．このような状況は，得られるデータが確率的であるとして扱うことが可能である．たとえば，ある被害地点の詳細な需要量は分からなくとも，その地点の人口から需要量の平均値と分散を評価し，それに対して支援計画を立てる，というようなことができる．このように，途絶状況下のサプライチェーンでは，確率的な問題を扱うことが有用である．

数理計画で確率的な状況を扱うための方法は，いくつか提案されている．その中から，ローリング・ホライズン方式，再最適化，事前最適化，ロバスト最適化について述べる．

6.4.1 ローリング・ホライズン方式

ローリング・ホライズン (rolling horizon) 方式は，多期間の確率的な問題に対してよく用いられる．この方式は，多期間の確率的な問題を，多期間の確定的な問題を解くことによって近似的に解くための方式である．いま，期 $t = 1, 2, \ldots, T$ の計画を作成したいとする．期1において，$1, 2, \ldots, T$ におけるデータはひとまず分かっているものの，時間とともに変動する可能性があるとする[4]．また，期 $t = 1, 2, \ldots, T$ のデータが確定的であれば，$1, 2, \ldots, T$ での最適な計画を求めることができる方法 M があるとする．いま，期1であるとする．ここで，現在得られているデータに対して方法 M を用いて最適化を行う．これにより，期 $1, 2, \ldots, T$ の計画がひとまず得られる．その計画のうち，期1の計画のみを実行する．その後，期2になり新たに得られた情報を用いて，確定的方法 M により期 $2, \ldots, T$ の計画が得られる．その計画のうち，期2の計画のみを決定・実行する．以降は同様にして，1期進むごとに，新しい情報が得られたら確定的方法 M を用いて最適化する．これ

[4] たとえば，数期先の需要は，水準の目安はつくものの，具体的な量はその期になってみないと分からない．

を T 期まで繰り返す．

期 1 の計画を得るのに，期 1 の情報を用いただけでは近視眼的な計画しか得られない．つまり，期 1 から期 T までの全体のコストとしては，それほど良いものにならない可能性がある．そこで，不確実ではあっても現在得られている将来（期 2 から期 T）の情報を用いることで，短期の意思決定に長期的な視点を取り込もうとするのである．

6.4.2 再最適化

数理計画モデルを実際に用いる場合，問題の構造は同じであるが，その入力データが時刻に従って変動する問題を解く場面に遭遇する．このような場合に有効なアプローチの 1 つが，**再最適化** (reoptimization) である．これは，問題のデータが変化するたびに変化後のデータを用いて再び最適化問題を解くものである．このとき，前の時刻で求めた解のうち，変更が難しいものは固定することもある．たとえば，生産量や段取りを決定するモデルに再最適化を用いる場合，あまり近い将来の生産量や段取り計画は変更することが難しいので，これらの変数は固定し，それ以外の変数を最適化する．一方で，すべての解を新たに決めなおしてもよい場合は，変数は固定せずに最適化を行うとよい．たとえば，比較的狭い地域での配送計画は，データが変わった時点ですべての計画を作りなおしても，それほど問題は起こらない．

再最適化の利点は，現在得られているデータに対して最適な解が得られることである．その一方で，再最適化は計算時間が多くかかる可能性がある．サプライチェーンにおける数理計画モデルでは，$\mathcal{NP}$–困難な問題も多く存在する．このような問題は，たった 1 つのデータに対してその解を求めるのにも長い計算時間がかかる可能性がある．再最適化の枠組みでは，複数のデータに対してこのような難しい問題を繰り返し解くのであるから，場合によっては計算時間が非常に長くなる．この点には注意する必要がある．

6.4.3 事前最適化

問題の構造は同じであるが，入力データが少しずつ違う数理計画に対するアプローチの 1 つとして，**事前最適化** (a priori optimization) が存在する．このような問題の例として，小包の配達業務が挙げられる．ある地域を担当する配送車が，毎日その地域の商店を巡って小包を配達しているとする．商店の位置は日付が変わっても変わらない．したがって，すべての商店を巡る最も効率的な経路は求めることができる．しかし，毎日すべての商店を巡る

わけではない．臨時休業の商店や，その日に届ける小包のない商店には訪問する必要はないからである．

このような訪問計画を作成するにはどうすればよいだろうか．1つの方法は，毎日，各商店に届ける小包が確定した時点で最適化問題を解くことである（先に述べた再最適化にあたる）．こうすれば毎日最適な経路が得られるが，その一方で毎日全く異なる経路になる可能性があり，配達ドライバーにとっては混乱のもとである．また，データの規模や条件の複雑さによっては計算時間がかかりすぎて実用にならないかもしれない．もう1つの方法は，事前に経路を1つ作成しておき，毎日その経路に沿って配達をするというものである．ただし，経路の途中でその日に配達する必要のない商店は，スキップすることとする．この方法だと，最適化の計算は最初に1度するだけでよく，また配達ドライバーも混乱しない．その一方で，毎日の配達経路は必ずしも最適なものではない．この2番目の方法のアイデアを一般化したものが，事前最適化である．

事前最適化の一般的枠組みは，Bertsimasらによって与えられている[7]．Bertsimasらは，ネットワーク上の4つの組合せ最適化問題[5]に対して，ある仮定の下で，事前最適化による解は漸近的には再最適化による解と同程度に良いものとなることを示している．

ここで，事前最適化の解を求めるのに必要な計算量が問題となる．巡回セールスマン問題や配送計画問題は元々$\mathcal{NP}$-困難であり，1つの問題例であっても多項式時間で最適解を求めることはできない（と予想されている）が，ヒューリスティックな計算により多項式時間で十分精度の良い解を得ることは期待できる．このようなヒューリスティックスを用いることにより，事前最適化の解も得ることができる．では，こうして得られた事前最適化の解はどの程度良いものなのであろうか．Bertsimasらは，巡回セールスマン問題に対して，空間充填ヒューリスティックスによって求めた事前最適解の目的関数値と，再最適化によって得られる解の目的関数値との関係式を与えている．また，確率的巡回セールスマン問題に対して数値実験を行い，空間充填ヒューリスティックスと2-opt，3-optを組み合わせる方法により，十分に良い事前最適解が得られたことを報告している．

5) 確率的巡回セールスマン問題，確率的配送計画問題，確率的最小木問題，確率的巡回セールスマン施設配置問題．

6.4.4 ロバスト最適化

数理計画の実際の応用場面を考えたとき，問題を定めるすべての値が正確に分かっていることはむしろ少ない．分かるのは，それらの値が入る領域程度であることがある．すなわち，実際のデータはこの領域の中のある値を実

現する，と考えるのである．このような確率的な情報のもとで，様々な条件を満たす意思決定をする必要が生じる．たとえば，災害発生後の需要に応えるための物資の配送量を決定することを考える．計画の時点では需要の正確な値は分からず，実際の現地を訪問した際にそれが判明するとする．現場到着時に判明する需要量が想定よりかなり大きなものであっても，かなりの確率でそれをカバーできるような配送量を決定したい．このように，データに不確実性があるときにも制約条件を満たすような意思決定をするためのモデルとして，**ロバスト最適化** (robust optimization) がある．

(1) ロバスト線形計画問題

例として，制約条件が不等式で書かれた次の線形計画問題を取り上げる．

$$
\begin{array}{ll}
\text{最小化} & \sum_{j=1}^{n} c_j x_j \\
\text{制約条件} & \sum_{j=1}^{n} a_{ij} x_j - b_i \geq 0 \quad \forall i \in \{1, 2, \ldots, m\}
\end{array}
\tag{6.1}
$$

ロバスト線形計画問題では，不確実なデータ $\boldsymbol{A} = [a_{ij}], \boldsymbol{b} = [b_i], \boldsymbol{c} = [c_j]$ のとりうる範囲 $\mathcal{U}$ をあらかじめ想定する．そして，$\boldsymbol{A}, \boldsymbol{b}, \boldsymbol{c}$ が $\mathcal{U}$ の中のどのような値をとっても制約を満たす $\boldsymbol{x}$ の中から，最も良いものを見つけることを目的とする．

$\boldsymbol{A}, \boldsymbol{b}, \boldsymbol{c}$ が集合 $\mathcal{U}$ の中に値をとるとすると，ロバスト線形計画問題は，$(\boldsymbol{A}, \boldsymbol{b}, \boldsymbol{c}) \in \mathcal{U}$ という条件の下で (6.1) を解く問題となる．もし $\mathcal{U}$ が有限集合であるなら，制約式は，有限個の不等式制約として表すことができる．しかし，$\mathcal{U}$ が無限個の要素から成る場合には，問題は無限本の制約式をもつことになり，問題はずっと難しくなる．問題が効率的に解けるかどうかは，不確実性集合の形によって定まる．効率的に解を求めることができる $\mathcal{U}$ として，矩形や，楕円形が知られている[5]．

いま，制約式

$$\sum_{j=1}^{n} a_{ij} x_j - b_i \geq 0 \quad \forall i \in \{1, 2, \ldots, m\}$$

を定めるデータ $(a_{i1}, a_{i2}, \ldots, a_{in}, b_i)$ は楕円 E_i の中に値をとり，$(c_1, c_2, \ldots, c_n)$ は楕円 E の中に値をとるとする．このとき，不確実性集合 $\mathcal{U}$ は次のように書ける．

$$
\begin{aligned}
\mathcal{U} = \{ & (\boldsymbol{a}_1, b_1; \boldsymbol{a}_2, b_2; \ldots; \boldsymbol{a}_m, b_m) \mid \\
& \exists \boldsymbol{u}_i, \forall i \in \{0, 1, 2, \ldots, m\}, \boldsymbol{u}_i^\top \boldsymbol{u}_i \leq 1 \\
& \boldsymbol{c} = \boldsymbol{c}_* + \boldsymbol{P}_0 \boldsymbol{u}_0 \\
& \begin{bmatrix} \boldsymbol{a}_i \\ b_i \end{bmatrix} = \begin{bmatrix} \boldsymbol{a}_i^* \\ b_i^* \end{bmatrix} + \boldsymbol{P}_i \boldsymbol{u}_i, \forall i \in \{1, 2, \ldots, m\} \}
\end{aligned}
$$

このとき，ロバスト線形計画問題は，二次錐計画問題として定式化できることが知られている[6]．実際，i 番目の制約式は，次のように書くことができる．

$$0 \leq \underset{\boldsymbol{u}_i:\boldsymbol{u}_i^\top \boldsymbol{u}_i \leq 1}{\text{最小化}} [\boldsymbol{a}_i^\top \boldsymbol{x} - b_i]$$

$$= (\boldsymbol{a}_i^*)^\top \boldsymbol{x} - b_i^* + \underset{\boldsymbol{u}_i:\boldsymbol{u}_i^\top \boldsymbol{u}_i \leq 1}{\text{最小化}} \boldsymbol{u}_i^\top \boldsymbol{P}_i^\top \begin{bmatrix} \boldsymbol{x} \\ -1 \end{bmatrix}$$

$$= (\boldsymbol{a}_i^*)^\top \boldsymbol{x} - b_i^* - \left\| \boldsymbol{P}_i^\top \begin{bmatrix} \boldsymbol{x} \\ -1 \end{bmatrix} \right\|$$

これは二次錐制約そのものである．また，目的関数に対して新たに変数 t を導入する．この t を目的関数とし，制約式 $\boldsymbol{c}^\top \boldsymbol{x} \leq t$ を追加する．すると，同様な考察により，$\boldsymbol{c}$ の不確実性を考慮したときの制約式は次のように書くことができる．

$$\boldsymbol{c}_*^\top \boldsymbol{x} + \|\boldsymbol{P}_0^\top \boldsymbol{x}\| \leq t$$

これも二次錐制約そのものである．このように，ロバスト線形計画問題は二次錐計画問題として定式化できる．

(2) ロバスト最短路

最短路問題は，最も基本的な最適化問題の 1 つである．それは，点集合 V，枝集合 A から定義されるネットワーク $G = (V, A)$ 上で定義される．枝 $(i, j) \in A$ には距離 c_{ij} が与えられている．枝 (i, j) は，点 i から点 j への移動を表している．点集合 V の中に始点 s と終点 t が与えられたとき，G 上での s から t への最も短い経路を求めるのが最短路問題である．枝 (i, j) を用いるとき 1, そうでないとき 0 をとる変数 x_{ij} を導入すると，最短路問題は次のように定式化することができる．

$$\text{最小化} \quad \sum_{(i,j) \in A} c_{ij} x_{ij}$$

$$\text{制約条件} \quad \sum_{j \in V} x_{ij} - \sum_{k \in V} x_{ki} = \begin{cases} 1 & i = s \\ -1 & i = t \\ 0 & \text{それ以外} \end{cases}$$

$$x_{ij} \in \{0, 1\} \qquad \forall (i,j) \in A$$

通常の最短路問題では，枝 (i, j) の距離 c_{ij} は確定値とみなす．これに対してロバスト最短路問題では，距離 c_{ij} が確定値ではない状況を扱う．具体的には，距離 c_{ij} は，起こるシナリオに応じて様々な値をとるものとみなす．シナリオの集合を S とし，シナリオ $r \in S$ のとき，枝 (i, j) の距離は c_{ij}^r とな

るとする．このとき，次のように2つのロバスト最短路問題を定義することができる[19, 26]．

1) **絶対的ロバスト最短路問題** (ARSP: absolute robust shortest path problem)

$$\text{最小化} \quad \underset{r \in S}{\text{最大化}} \left\{ \sum_{(i,j) \in A} c_{ij}^r x_{ij} \right\}$$

$$\text{制約条件} \quad \sum_{j \in V} x_{ij} - \sum_{k \in V} x_{ki} = \begin{cases} 1 & i = s \\ -1 & i = t \\ 0 & \text{それ以外} \end{cases}$$

$$x_{ij} \in \{0, 1\} \qquad \forall (i,j) \in A$$

x を定めることは，s から t への経路を定めることと等しい．経路を定めたとき，起こるシナリオ r に応じてその総距離 $\sum_{(i,j) \in A} c_{ij}^r x_{ij}$ が決まる．最大化$_{r \in S} \left\{ \sum_{(i,j) \in A} c_{ij}^r x_{ij} \right\}$ は，x に対して最も悪い（＝総距離が長くなる）シナリオに対する総距離を表している．この値が最小になるような経路 x を求めるのが ARSP である．

2) **ロバスト偏差最短路問題** (RDSP: robust deviation shortest path problem)

すべてのシナリオに対して，s から t へのすべての経路と最短路との偏差の最大値が最小になるように x を決定する．シナリオ r における最適解を x^{r*} とする．

$$\text{最小化} \quad \underset{r \in S}{\text{最大化}} \left\{ \sum_{(i,j) \in A} c_{ij}^r x_{ij} - \sum_{(i,j) \in A} c_{ij}^r x_{ij}^{r*} \right\}$$

$$\text{制約条件} \quad \sum_{j \in V} x_{ij} - \sum_{k \in V} x_{ki} = \begin{cases} 1 & i = s \\ -1 & i = t \\ 0 & \text{それ以外} \end{cases}$$

$$x_{ij} \in \{0, 1\} \qquad \forall (i,j) \in A$$

いずれの場合も最悪の場合の値[6]を最小化する問題である．

ロバスト最短路問題に対する異なるアプローチも存在する．ARSP, RDSP は，すべての枝の距離が変動することを想定し，それらの最悪の場合を考えていた．最悪のケースが起こる可能性が小さいとすると，このアプローチは保守的すぎるとも考えられる．そこで，「保守的である度合い」をパラメータとして導入し，その値に応じたロバストな解を求めるための方法が，Bertsimas–Sim らにより提案されている[8]．このアプローチでは，各枝の距

---

[6] ARSP では経路の長さの最大値，RDSP では最短路とすべての経路との偏差．

離が，区間 $[c_{ij}, c_{ij} + d_{ij}]$ 内の値をとると想定する．すなわち，想定値 c_{ij} から偏差 d_{ij} だけ離れる可能性があるとする．ただし，枝の中で距離が不確定なのは Γ 本までであり，それ以外の $|A| - \Gamma$ 本の枝の距離は，想定値 c_{ij} をとるとする．このとき，ロバスト最短路問題は，次のように定式化できる．

$$
\begin{aligned}
\text{最小化} \quad & \left\{ \sum_{(i,j) \in A} c_{ij} x_{ij} + \max_{\{S \mid S \subseteq A, |S| = \Gamma\}} \sum_{(i,j) \in S} d_{ij} x_{ij} \right\} \\
\text{制約条件} \quad & \sum_{j \in V} x_{ij} - \sum_{k \in V} x_{ki} = \begin{cases} 1 & i = s \\ -1 & i = t \\ 0 & \text{それ以外} \end{cases} \\
& x_{ij} \in \{0, 1\} \quad \forall (i,j) \in A
\end{aligned}
\tag{6.2}
$$

ここで，Γ が「保守的である度合い」を表す整数パラメータである．目的関数の第 2 項は，枝集合 A のうち Γ 本がその最悪の距離 $c_{ij} + d_{ij}$ をとるときの，最大の偏差の値を表している．

最短路問題は，たとえばダイクストラアルゴリズムにより効率的に（多項式時間で）解ける．ロバスト最短路問題 (6.2) は，ダイクストラアルゴリズムよりも計算時間は多くかかるものの，ダイクストラアルゴリズムを枝の数（$|A|$）回程度実行することによって解けることが分かっている．

6.5 通常時のサプライチェーンモデル

途絶状況下ではない，通常時のサプライチェーンに対しては，様々な数理モデルが提案されている．途絶状況下のサプライチェーンは，通常時のサプライチェーンとは異なる特徴をもっているが，根底にある数理的構造には共通するものが多い．そこで，通常時のサプライチェーンを変更・拡張することで，途絶状況下のサプライチェーンに対する数理モデルを構築しようという考えが生まれる．実際，これまで提案されている途絶状況下での数理モデルは，通常時のモデルを下敷きにしたものが多い．ここでは，通常時のサプライチェーンに対する数理モデルのうち主要なものを述べる．

6.5.1 配送計画モデル

サプライチェーンの目的は，原料を調達・加工することによって最終製品を製造し，それを顧客まで届けることである．そのチェーンの最終局面における計画モデルが**配送計画モデル** (**VRP**: Vehicle Routing Problem) である．

具体例としては，最終製品を保管してある物流センターから，トラックによって小売店または顧客宅に輸送する状況を考えるとよい．このような場面で，最適な配送経路を求めるための数理モデルが，配送計画モデルである．

配送計画モデルでは，複数の車両によって複数の顧客に荷物を配送する問題を考える．各車両は，デポと呼ばれる特定の地点で荷物を積み，配送に出発する．顧客を順に訪問して荷物を届け，すべての荷物を届け終えたら，デポに戻る．このとき，1 台の車両がデポを出発してからデポに再び戻るまでの顧客の訪問順序のことを，配送経路と呼ぶ．

(1) 最も基本的な VRP

配送計画モデルは，以下の仮定をもつ．

- 配送に使用できる運搬車の種類および荷物の積載可能量は既知である．
- 顧客の位置は既知であり，各顧客へ輸送する荷物の量は与えられる
- 地点間の移動時間，移動距離，移動コストは既知である．

VRP は，タクティカル・レベルとオペレーショナル・レベルの両方で用いられる．通常時の配送計画モデルの目的は輸送コストの最小化とすることが多く，これまでの研究はこの輸送コスト最小化を前提として行われてきた．途絶状況下の配送計画モデルは，通常時のモデルをベースとして開発することができるが，目的関数は輸送コスト最小化以外のものに設定することが望ましい．

(2) 制約条件

実際の配送計画問題では様々な制約条件を考慮する必要がある．それらの代表的なものとして，容量制約と時間枠制約がある．

通常，配送に用いる運搬車には積載重量の上限がある．したがって，1 つの経路で訪問する顧客への荷物の総重量は，この上限を超えてはいけない．また，重量と併せて容量の最大値の制約を課すこともある．これらの制約は「容量制約」と呼ばれる．

一方，各顧客への訪問時刻が個別に設定されている場合がある．顧客ごとに，「最早訪問時刻」と「最遅訪問時刻」が設定されており，訪問はこの時刻間に行わなければならない，という状況である．このような条件を「時間枠制約」と呼ぶ．

(3) 解法

配送計画モデルの研究は歴史が古く，理論的性質が研究されるとともに，メタヒューリスティクスによって高速に近似解を得るための研究もさかんに

行われてきた．その結果，現在では，実務規模の配送計画を解くためのメタヒューリスティクスが存在する．それらの解法として，セービング法，ルート先・クラスター後法，最適分割法，空間充填曲線法，クラスター先・ルート後法などが挙げられる[22]．

実際の配送計画を作成しようとすると，容量制約と時間枠制約だけでは十分でないことが多い．その場合は問題に応じて新たな制約条件を追加する必要がある．制約条件を追加するときには，それに応じてメタヒューリスティクスの計算手順を修正する必要がある．メタヒューリスティクスでは，実用的な時間で十分に良い解を得るために，制約条件の特徴を生かしたチューニングが施されている場合があるので，その効果を減じないようにうまく修正する必要がある．

(4) 集合分割問題への帰着

配送計画モデルは，混合整数計画問題として定式化することができる．定式化には様々な方法がある．例として，品種流定式化（多品種流定式化，単品種流定式化，2 品種流定式化），運搬車移動定式化，Miller–Tucker–Zemlin タイプの定式化が挙げられる．詳細は，久保[21] を参照してほしい．実務規模の問題を解こうとするなら，問題の規模や構造に注意して適切な定式化を選択する必要がある．

配送計画問題を**集合分割問題** (set partitioning) に帰着する方法が知られている．この方法は，制約条件をある程度柔軟に設定することができるので，実用上は便利である．

集合分割問題は，ある集合 $M = \{1, 2, \ldots, m\}$ に対して定義される．集合 M に対して，その部分集合 S_j が n 個与えられているとする（$j = 1, 2, \ldots, n$）[7]．部分集合 S_j にはそのコスト c_j が定義されているとする．このとき，添え字の部分集合 $X \subseteq \{1, 2, \ldots, n\}$ が $\cup_{j \in X} S_j = M$ を満たし，かつ各 S_j は共通の要素をもたないとき，$\{S_j \mid j \in X\}$ は M の分割という．集合分割問題は，コストの総和が最小になる M の分割を求める問題である．

要素 i が部分集合 S_j に含まれるとき 1，そうでないとき 0 とする定数 a_{ij} を導入する．また，部分集合 j が採用されるとき 1，そうでないとき 0 をとる 0–1 変数 x_j を導入する．このとき，集合分割問題は，次のように 0–1 整数計画問題として定式化できる．

[7] ここでの n は顧客数ではなく，分割の個数を表す．

$$\text{最小化} \quad \sum_{j=1}^{n} c_j x_j$$

$$\text{制約条件} \quad \sum_{j=1}^{n} a_{ij} x_j = 1 \quad \forall i \in \{1, 2, \ldots, m\}$$

$$x_j \in \{0, 1\} \quad \forall j \in \{1, 2, \ldots, n\}$$

この定式化における行列 $\boldsymbol{A} = (a_{ij})$ の第 j 列は，集合 S_j に対応しており，$S_j = \{i \mid a_{ij} = 1, i \in M\}$ と表すことができる．

配送計画問題を集合分割問題として定式化するには，まず，集合 M を顧客の集合とする．そして，その部分集合 S_j を運搬車の配送経路の候補と対応付ける．より具体的には，配送経路の候補 j で顧客 i を訪問するなら，i を S_j の要素とする．このとき，S_j のコストはその経路候補 j のコストで定義すればよい．配送経路の候補としては，容量制約，時間枠制約，およびそれ以外に付加した制約条件を満たすものを用いる．こうして定義した集合分割問題を解くことで，最適解 $\boldsymbol{x}$ が得られる．この最適解で 1 となっている要素に対応する配送経路を採用すれば，コストが最小の配送経路が得られるのである．

実務規模の配送計画問題では，実行可能な配送経路は膨大になり，したがって，部分集合 S_j の数（=制約行列の列の数）が膨大になる．そこで，実行可能なすべての経路候補を列挙するのではなく，効率の良い候補だけを生成して用いるとよい．こうすることで，集合分割問題のサイズは十分に小さくなり，市販の混合整数計画ソルバで十分高速に解けることが期待できる．

6.5.2 施設配置モデル

施設配置モデル (facility location model) は，ある地域に配置する施設の場所を決定する問題である．サプライチェーンにおいては，工場や倉庫の位置や数を決定する際に用いられる．たとえば，ある行政区域に病院を設置する場所を決定することを考える．その場所は，地域の住民からできるだけアクセスしやすい場所にあることが望ましい．「アクセスのしやすさ」としては，たとえば 30 分以内に到達できる人数がもっとも多いこと，最も長いアクセス時間を最小にすること，などが考えられる．

施設配置モデルの研究の歴史は古く，その問題設定によっていくつかに分類される[24]．分類の基準としては，(1) 施設候補地のかたち，(2) 単一期間か複数期間か，(3) 需要割当が施設の配置場所に依存するか否か，などが考えられる．たとえば，施設候補地のかたちによって分類する場合，候補地を平面上の任意の点とするものを連続モデル（または解析的モデル），離散的な点とするものを離散モデルと呼ぶ．

需要割当が施設の配置場所に依存するかどうかは，施設の提供するサービスを，需要者が移動することで受けるのか，あるいは供給者が移動することで受け取るのか，による．前者の例として病院，後者の例として小包の物流センターが挙げられる．病院のサービスを受けるには，需要者（患者）自らが病院まで移動する．これに対して，物流センターのサービスは，物流センターから小包を運び出し，各需要点（小包の届け先）を巡ることで実現される．

(1) 連続モデル

連続モデルの代表例は，ウェーバー問題である．これは，複数の需要点からのアクセス距離の重み付き和を最小にする位置1カ所に，1つの施設を配置する問題である．需要点の集合をIとし，需要点$i \in I$の位置を(a_i, b_i)，iから施設への距離を$d_i(x, y)$，iの重みをw_iとする．施設の位置を(x, y)とすると，次のように与えられる．

$$\text{最小化} \quad \sum_{i \in I} w_i d_i(x, y)$$
$$\text{制約条件} \quad d_i(x, y) = \sqrt{(x - a_i)^2 + (y - b_i)^2} \quad \forall i \in I$$

ウェーバー問題の拡張に，複数ソースウェーバー問題がある．複数ソースウェーバー問題は，需要点からの重み付き和を最小化するように，p個の施設を配置する問題である．p個の施設の位置を(x_j, y_j)，$j = 1, 2, \ldots, p$とする．また，需要点iが施設jに割り当てられたとき1，それ以外0をとる変数z_{ij}を導入する．この問題は，$\mathcal{NP}$-困難であり，次のように非線形混合整数計画問題として定式化できる．

$$\text{最小化} \quad \sum_{i \in I} \sum_{j=1}^{p} (w_i d_i(x_j, y_j)) z_{ij}$$
$$\begin{aligned}
\text{制約条件} \quad & \sum_{j=1}^{p} z_{ij} = 1 && \forall i \in I \\
& z_{ij} \in \{0, 1\} && \forall i \in I,\ \forall j \in \{1, 2, \ldots, p\} \\
& x_j \geq 0 && \forall j \in \{1, 2, \ldots, p\} \\
& y_j \geq 0 && \forall j \in \{1, 2, \ldots, p\}
\end{aligned}$$

(2) 離散モデル

離散モデルでは，離散的な点における利用者と施設配置候補地を扱う．

1) p-メディアン問題

離散モデルの1つが，p-メディアン問題である．p-メディアン問題では，施設の配置とともに，各需要点の配置施設への割り当ても定める．利用者の

割り当てられた施設までの移動距離の総和が最小になるように，施設の配置と需要者の割り当てを求める問題が，p–メディアン問題である．

需要点 $i \in I$ での需要量を w_i，需要点 i から施設配置候補地 $j \in J$ への距離を d_{ij} とする．また，候補地 j に施設を配置するとき 1，それ以外のとき 0 をとる 0–1 変数 y_j，需要点 i が施設 j に割り当てられたとき 1，それ以外のとき 0 をとる変数 z_{ij} を導入する．これらを用いて，p–メディアン問題は次のように定式化される．

$$\begin{aligned}
\text{最小化} \quad & \sum_{i \in I} \sum_{j \in J} w_i d_{ij} z_{ij} \\
\text{制約条件} \quad & \sum_{j \in J} y_j = p \\
& \sum_{j \in J} z_{ij} = 1 && \forall i \in I \\
& z_{ij} \leq y_j && \forall i \in I,\ \forall j \in J \\
& y_j \in \{0, 1\} && \forall j \in J \\
& z_{ij} \in \{0, 1\} && \forall i \in I,\ \forall j \in J
\end{aligned}$$

目的関数は，利用者の割り当てられた施設までの移動距離の総和を表す．最初の制約式は，施設は p 箇所に設置されることを表す．2 番目の制約式は，各需要者はいずれかの施設に割り当てられることを表す．3 番目の制約式は，施設 j が設置されていなければ，いずれの需要者 i も施設 j には割り当てられないことを表す．

2) p–センター問題

p–メディアン問題は全利用者の移動距離の総和を最小にするものであった．p–センター問題は，利用者の移動距離のうち最大のものを最小にする問題である．p–メディアン問題は，利用者個々の移動距離は目的関数でも制約条件でも勘案されていないため，ある利用者の移動距離が他の利用者と比べて不公平に大きくなる可能性がある．これに対して，p–センター問題は個々の利用者の移動距離を勘案しているので，極端に不利な利用者をなくすことが期待できる．p–センター問題は，利用者の中の最大距離を表す変数として t を導入すると，次のように表される．

$$\begin{aligned}
\text{最小化} \quad & t \\
\text{制約条件} \quad & \sum_{j \in J} d_{ij} z_{ij} \leq t && \forall i \in I \\
& \sum_{j \in J} y_j = p \\
& \sum_{j \in J} z_{ij} = 1 && \forall i \in I \\
& z_{ij} \leq y_j && \forall i \in I, \forall j \in J \\
& y_j \in \{0,1\} && \forall j \in J \\
& z_{ij} \in \{0,1\} && \forall i \in I, \forall j \in J
\end{aligned}$$

目的関数は，利用者の中の最大移動距離を表す t の最小化である．また，最初の制約式以外は，p-メディアン問題と同じ制約式である．

(3) カバー型モデル

ある地域内に需要の発生する点が点在しているとする．この地域内に，サービスを提供する施設を配置するとする．配置した施設 i によって，需要点 j がサービスを受けることができるとき，施設 i は需要点 j を「カバーする」という．「カバー」の仕方は様々なものが考えられる．たとえば，配置する施設が消防署であれば，消防署から一定時間内に到達することのできる点は，消防署によってカバーされると考えることができる．もし，配置する施設が病院であれば，その病院まで一定の時間内で到達することができる需要点（＝通院を必要とする人の所在地）は，その病院によりカバーされるとみなすことができる．

1) 集合カバー問題

まず，カバー型の施設配置問題の1つである，集合カバー問題を述べる．需要点の集合を I，施設配置の候補地の集合を J とする．ここで，カバー半径 r を導入する．施設からの距離がこのカバー半径内にある需要点は，この施設によってカバーされるとみなす．これらの候補地の中に，すべての需要点をカバーするように施設を配置したい．いま，需要点 i と施設 j の距離がカバー半径内にあるときに1を，それ以外のときに0をとる定数 a_{ij} を定義する．また，候補地 j に施設を配置するときに1，それ以外の時に0をとる0–1変数を y_j とする．すると，すべての需要点をカバーするために必要な施設数の最小値を求める問題は，次のように定式化できる．

$$\begin{aligned}&\text{最小化} && \sum_{j\in J} y_j \\ &\text{制約条件} && \sum_{j\in J} a_{ij} y_j \geq 1 && \forall i \in I \\ & && y_j \in \{0,1\} && \forall j \in J\end{aligned}$$

2) 最大カバー問題

集合カバー問題は，需要点をすべてカバーすることを条件としていた．これは場合によってはかなり強い条件である．施設配置のための資源が需要の大きさに比べて十分でない場合，集合カバー問題には実行可能解がなくなってしまう．

集合カバー問題の条件を緩めて，カバーする需要点の数をできるだけ多くするような施設配置を求めることを目的とするのが，最大カバー問題である．需要点 $i \in I$ がいずれかの施設でカバーされるときに 1，それ以外のときに 0 をとる 0–1 変数 z_i を導入する．最大 p 個の施設を配置するとして，カバーする需要量を最大にする施設配置を求める問題は，次のように定式化できる．

$$\begin{aligned}&\text{最大化} && \sum_{i\in I} w_i z_i \\ &\text{制約条件} && \sum_{j\in J} a_{ij} y_j - z_i \geq 0 && \forall i \in I \\ & && \sum_{j\in J} y_j = p \\ & && z_i \in \{0,1\} && \forall i \in I \\ & && y_j \in \{0,1\} && \forall j \in J\end{aligned}$$

6.5.3　在庫管理モデル

サプライチェーンにおけるモデルとして重要なものに，**在庫管理モデル** (inventory management model) がある．在庫管理モデルは，サプライチェーンの各段階において，適切なサービスレベルを保つために適切な場所に適切な量の在庫をもっておくためのモデルである．各在庫地点の適正在庫量は，サプライチェーン全体を見て決める必要がある．単一の在庫地点だけを見て在庫量を決めると，前工程，後工程に大きな悪影響が起こりうる．その一例は，鞭効果として知られている[21]．

在庫管理は，サプライチェーンのいたるところで適切に行う必要がある．在庫は，輸送中在庫（パイプライン在庫），サイクル在庫，ロットサイズ在庫，作り置き在庫，安全在庫などに分けられる．数理モデルの研究も古く，数多くのモデルが提案されている[22]．

6.5.4 複数の要素を含むモデル

通常時のサプライチェーンモデルとして，配送計画，施設配置，在庫管理を紹介してきた．実際のサプライチェーンにおいては，これらの要素は完全に分離できるとは限らない．その場合は，複数の要素を同時に考慮する必要が生じる．以下では，複数の要素を含むモデルを紹介する．

(1) 在庫配送計画モデル

在庫配送計画モデル (IRP: Inventory Routing Problem) は，在庫管理の要素と配送計画の要素を併せ持ったモデルである．配送計画モデルでは，顧客の需要は与えられるものと仮定していた．これに対して，在庫配送計画問題では，顧客先の需要は与えられておらず，配送する側がいつどれだけの量を各顧客に配送するかまで決めてよいと仮定する．つまり，配送計画を作成すると同時に，顧客先での在庫管理も併せて行うことになる．このとき通常は，各顧客で在庫切れがおきてはいけないという条件を課す．この状況下では，配送は 1 回きりではなく，繰り返し行うことになる．そこで，ある程度中期～長期の期間での運用コスト（＝配送コスト＋在庫コスト）を最小にするような計画を求めることが，在庫配送計画問題の目的となる．在庫配送計画問題は，自動販売機の在庫管理・補充，暖房用油の周期的な補充などの応用がある．

1) 基本モデル

IRP の基本的なモデルを述べる．ここでは，簡単のため，目的関数は輸送コストのみからなるとする．これは，供給者側と顧客側での在庫コストが同じ程度であるときに有効である．顧客側では在庫切れがおこってはならず，運搬車には容量制約が課されているとする．I を顧客の集合，T を期の集合，R を経路の集合とする．顧客 i での在庫量を Z_i，期 t における経路 r の顧客 i への配達量を x_{ir}^t とする．期 t に経路 r を使うときに 1 を，それ以外のときに 0 をとる変数を y_r^t とする．また，顧客 i が経路 r で配達を受けるときに 1，それ以外のときに 0 とする定数として a_{ir} を定める．さらに，c_r を経路 r のコスト，q を運搬車の容量，顧客 i でのタンク容量を C_i とする．また，ℓ_i^t で，期 t までに顧客 i に運ぶ必要のある量を表し，u_i^t で，期 t までに顧客 i に運ぶことのできる量の上限を表す．具体的には，

$$\ell_i^t = \max(0, -Z_i + tu_i)$$
$$u_i^t = C_i - Z_i + tu_i$$

で定める．このとき，在庫配送計画問題は，次の混合整数計画問題として定

式化される.

$$\text{最小化} \quad \sum_{t\in T}\sum_{r\in R} c_r y_r^t$$
$$\text{制約条件} \quad \sum_{i\in I} x_{ir}^t \leq q y_r^t \qquad \forall t \in T, \forall r \in R$$
$$x_{ir}^t \leq q a_{ir} \qquad \forall i \in I, \forall t \in T, \forall r \in R$$
$$\ell_i^t \leq \sum_{s=1}^{t} x_{ir}^s \leq u_i^t \qquad \forall i \in I, \forall t \in T$$
$$x_{ir}^t \geq 0 \qquad \forall i \in I, \forall r \in R, \forall t \in T$$
$$y_r^t \in \{0,1\} \qquad \forall r \in R, \forall t \in T$$

目的関数は,日次の輸送コストの総和を最小化するものである.最初の制約式は,運搬車の容量制約である.2番目の制約式は経路 r で顧客 i に配送するには,経路 r に顧客が含まれている必要があることを表す.3番目の制約式は,顧客に運ぶ量の上下限を表している.残りの制約式は,x_{ir}^t が非負であることと,y_r^t が 0–1 変数であることを表している.

2) 解法の例:2つのフェーズに分割して解く方法

IRP を解く方法として,Campbell らは,2つのフェーズに分割する方法を提案している[9].まず,第1フェーズで配送スケジュールを作成し,その後,第2フェーズで配送経路を作成する,というものである.第1フェーズの問題は整数計画問題として定式化し,第2フェーズは配送計画問題として定式化している.第1フェーズの問題は整数計画ソルバを用いて解き,第2フェーズの問題は,ヒューリスティックスによって近似解を得る.この解法を大規模な問題例に適用する計算実験を行い,その有効性を確認している.

3) 拡張モデルの例:顧客の需要が確率的な場合のモデル

在庫管理を計画の対象とする場合,顧客の需要が確率的にしか分からない場合がある.Bard らは,このような場合を扱う IRP モデルを提案している[4].この問題では,顧客の需要は確率分布が既知のランダム変数であると仮定している.また,顧客の側で在庫切れが発生した場合には,緊急輸送によって補給すると仮定している.この緊急輸送はコストが高いため,できるだけ避けたい.このような設定の中で,(1) その日(または週)に訪問する顧客の決定,(2) 訪問する顧客の車への割り当て,(3) 車の配達経路の決定,という3つの意思決定を行うものとする.

計画を立てるにあたっては,移動距離と「増分コスト」の2つを指標とする.各顧客には,在庫を補充する最適な日がある.在庫を補充する日がこの最適な日からずれると,その分だけ余計にコストがかかる.この余計にかかるコストのことを,増分コストと呼ぶ.このモデルは2目的の整数計画問題

として定式化されるが，これに対する非劣解（6.6.2 項 (1) を参照）を求めるための方法が提案されている．このモデルでは，顧客を 2 つの集合に分けている．すなわち，その日に補給を受ける必要のある顧客の集合と，受ける必要はないが，コストが下がるなら補給を受けてもよい顧客の集合である．具体的な計画としては，各日に補給する顧客を決めて，それらを巡る経路を作成すればよい．まず，計画期間を 1 週間とする．そして，その計画期間内に最適補給日が入る顧客を特定する．ここで特定された顧客へ補給を行うのだが，その補給日はその顧客への最適補給日にできるとは限らない．というのは，運搬車には積載容量と時間枠の制約があるからである．そこで次に，運搬車の積載容量と時間枠制約を考慮しつつ増分コストが最小化されるように，顧客を計画期間内の日に割り当てる．こうして，各日に補給を受ける顧客を決定する．この時点では，各日に割り当てられた顧客をどの順序・タイミングで訪問するかは決まっていない．そこで，時間枠付き配送計画問題を解くことによって，各日の実際の配送経路を決定する．この時間枠付き配送計画問題の目的関数は，配送距離の最小化である．こうして，ひとまず各日の配送経路を得ることができる．

こうして得られた解を，さらに近傍探索で改善することを試みる．具体的には，経路間で顧客を入れ替えたりすることで計画の改善を試みる．このような近傍評価の過程で得られた増分コストと移動距離を記憶しておき，適宜，非劣解集合の要素として加える．最終的には，これらの非劣解集合の中からもっとも望ましいものを意思決定者が選んで採用する．

(2) 施設配置配送計画

施設配置と配送計画の要素を併せもつのが，**施設配置配送計画問題** (LRP: Location Routing Problem) である．このモデルでは，通常，（複数の）デポの場所の決定，顧客のデポへの割り当て，顧客を巡る配送経路の決定を行う．これらすべてを同時に最適化するのは一般には難しい．そこで，問題全体を部分的な問題に分割する．よく行われるのは，(1) 施設配置，(2) 需要割り当て，(3) 配送計画，の 3 つに分解する方法である．このうち，施設配置と配送計画を併せて最適化する方法を，Wu らの提案したモデル[18] を例にとって述べる．Wu らは先に述べた分解を用いて，複数のデポ，非均質の運搬車に対する施設配置配送計画モデルを与えている．コストとして考慮するのは，デポの設置コスト，運搬車の輸送コスト，車を出発させるコストである．基本方針は，施設配置と顧客の**割当問題** (LAP: Location-Allocation Problem) と，配送計画問題に分割して解くことである．LAP に対しても配送計画問題に対しても，過去の研究によって効率的なヒューリスティックスが得られているので，それらを用いて（近似）解を求めることができる．LAP の解と配

送計画の解は互いに依存しているので，両方の問題を繰り返し解きながら良い解に近づこうとする．具体的には，まず LAP の何らかの解を得る．この解によって，デポの配置が決まり，それらに顧客が割り当てられる．これらを所与の条件として，今度は配送計画問題を解く．その段階で設置されているデポの数は，たいていの場合，多すぎる．そこで，いま得られている各経路を 1 つのノードとみなし[8]，LAP を解く．これにより，デポの数をより少なくすることを目指す．こうして得たデポの配置を入力として，再び配送計画問題を解く．このプロセスを，与えた収束条件が成り立つまで繰り返す．

施設配置はストラテジックな（すなわち長期の）意思決定であるのに対して，配送計画はオペレーショナルな（すなわち短期の）意思決定である．したがって，施設配置を配送計画の結果に基づいて行うことは果たして合理的か，という疑問がありうる．この点については，Salhi らがシミュレーションに基づいた解析を行っている．彼らは，配送計画の結果を併せて考慮することは，より良い施設配置のためには有用である，としている[15]．

6.6　途絶状況下での評価指標

通常時のサプライチェーン最適化モデルでは，コストの最小化を目的とする．しかし，途絶状況下では，コストの最小化以外の目的を設定したい．また，その目的は単一とは限らず，複数の目的のバランスをとりながら最適化する必要が生じる．この節では，配送計画モデルにコスト最小化以外の目的を設定する研究を紹介したのち，複数の目的を扱うための方法を述べる．

6.6.1　配送計画問題の目的関数

配送計画は，途絶発生直後の応答活動においては，被害地に最終的に物資を届けるために重要な役割を果たす．通常時のサプライチェーンにおいては，配送計画の目的としてコストの最小化が設定される．しかし，応答行動においては，コストの最小化ではない目的を設定する必要がある．Campbell らは，(1) 運搬車が各需要地点（被害地）へ到着する時刻の平均値の最小化，(2) すべての需要地点が運搬車の訪問を受け終わる時刻の最小化，のそれぞれを目的関数とする配送計画を考察している[10]．具体的には，これらの目的関数から得られる配送経路が，コストの最小化を目的としたモデルとどのように異なるかを理論的に考察するとともに，コスト最小化モデルに対して提案されているヒューリスティックスの変更版を提案している．ヒューリス

[8] 各ノードはその経路に含まれる顧客の需要の合計とする．

ティックスの変更版は，異なる目的関数を設定したことに合わせて計算手順を変更したものであり，数値実験による解析結果も与えている.

ここで，各目的関数の具体的な表現を与える．実行可能な配送経路の集合を R，その要素 $r \in R$ のコストを c_r，r を採用するときに 1，それ以外のとき 0 をとる 0-1 変数を y_r とすると，通常時の配送計画で最小化される総コストは，$\sum_{r \in R} c_r y_r$ と表される．また，被害地の集合を I，配送経路 r での被害地 i への到着時刻を u_{ir}，経路 r で被害地 i を訪問するときに 1，それ以外のときに 0 をとる変数を s_{ir} とすると，Campbell らの提案した (1) の目的関数は，$\sum_{i \in I} \sum_{r \in R} u_{ir} s_{ir} / |I|$ と定義される．また，(2) の目的関数は，$\min \max u_{ir} s_{ir}$ と定義される.

Huang らは，Campbell らの考察した目的関数を拡張し，より広範な解析を行っている[12]．この解析では，**効率性** (efficiency) 以外に，**迅速性** (efficacy)，**公平性** (equity) を目的関数として設定したときに得られる配送経路が，総コストの最小化を目的とするときとどう異なるかを考察している.

配送計画の数理モデルとしては集合分割問題としての定式化を用いる．配送経路 r で被害地 i が訪問されるときに 1，それ以外のとき 0 をとるパラメータ a_{ir} を導入する．また，運搬車の集合を V，被害地 i での需要量を d_i，運搬車の積載容量を q と表す．ここで，配送する物資は 1 種類だとし，x_{ir} は配送経路 r で被害地 i に配送される物資の数を表す変数，y_r は経路 r を使うときに 1，それ以外のとき 0 をとる変数とする．このとき，Huang らが考察の対象としたモデルは，次のように表される.

$$
\begin{aligned}
&\text{最小化} \quad Z_f(x, y) \\
&\text{制約条件} \quad \sum_{r \in R} y_r \leq |V| \\
&\quad x_{ir} \leq d_i a_{ir} y_r \quad \forall i \in I, \forall r \in R \\
&\quad \sum_{i \in I} x_{ir} \leq q \quad \forall r \in R \\
&\quad \sum_{r \in R} x_{ir} = d_i \quad \forall i \in I \\
&\quad x_{ir} \text{は非負の整数} \quad \forall i \in I, \forall r \in R \\
&\quad y_r \in \{0, 1\} \quad \forall r \in R
\end{aligned}
$$

最初の制約式は，使用する配送経路の数は利用可能な運搬車の数を超えないことを表している．2 番目の制約式は，被害地 i が配送経路 r において物資の供給を受けるには，被害地 i が配送経路 r の訪問地点に含まれていなければならないことを表している．3 番目の制約式は，運搬車の容量制約を表している．4 番目の制約式は，各被害地に配達される量は，その被害地の需要量に等しいことを表している．ここで，目的関数は目的に応じて設定できる

ように，$Z_f(x,y)$ と表している．その具体的な形は，目的によって次のように定義する．

(1) 効率性

効率性を目的とするときの目的関数 $Z_1(x,y)$ は，

$$Z_1(x,y) = \sum_{r \in R} c_r x_r$$

と定義する．このとき，上記の問題は，分割配送計画問題 (Split Delivery Vehicle Routing Problem) と呼ばれる問題と等しくなる．

(2) 迅速性

初期応答では，物資輸送の迅速さが被害軽減のために重要である．Huang らは，迅速性として各被害地への訪問時刻をその配送量で重み付けしたものを提案している．このときの目的関数 $Z_2(x,y)$ は，

$$Z_2(x,y) = \sum_{i \in I} \sum_{r \in R} u_{ir} x_{ir}$$

と定義する．これは，配送経路 r における被害地 i への到着時刻とそこへの配達量の積を足し合わせたものである．言うなれば，需要で重み付けした到着時刻である．これは，Campbell らが用いた，各顧客への訪問時刻の平均値の拡張になっている．この指標は，被害地に十分な量の物資が迅速に配送されたかどうかを表すものである．

(3) 公平性

被害地が多数に及ぶ場合には，各被害地への応答活動の公平性を確保する必要がある．このための指標を定義するために，負の効用 (disutility) を定義する．w が未だ満たされていない需要の割合とし，その凸関数である負効用関数 (disutility function) を導入し，$f(w)$ と表すことにする．また，計画期間を離散化し，$1,2,\ldots,T$ と表す．時刻 t における被害地 i の需要のうち満たされていないものの割合 w_{it} は $w_{it} = \left(1 - \sum_{r:u_{ir}<t} x_{ir}/d_i\right)$ と定めることができる．これを用いて，時間重みを付けた負効用関数は，次のように定めることができる．

$$\begin{aligned} w_{it} &= \left(1 - \sum_{r:u_{ir}<t} x_{ir}/d_i\right) \\ Z_3(x,y) &= \sum_{t=1}^{T} \sum_{i \in I} f(w_{it}) \end{aligned}$$

Huang らは，Z_1, Z_2, Z_3 を目的関数として設定した問題の理論的性質，および数値実験による解析結果を与えている．

6.6.2　多目的計画としての定式化

複数の目的関数を同時に考慮する必要がある場合は，**多目的計画問題** (multiobjective optimization problem) として定式化することが有効である．多目的計画問題では，複数の目的関数を同時に扱う．ここでは，k 個の目的関数を扱うとする．いま，実行可能解の集合を X と表すと，その各要素 $x \in X$ に対して，k 個の目的関数の値 $(f_1(x), f_2(x), \ldots, f_k(x))$ が定まるとする．このとき，多目的計画問題は，次のように書くことができる．

$$
\begin{aligned}
&\text{最小化} \quad (f_1(x), f_2(x), \ldots, f_k(x)) \\
&\text{制約条件} \quad x \in X
\end{aligned}
$$

目的が 1 つの計画問題と異なり，多目的計画問題の最適解は 1 つに定まるとは限らない．この問題では，目的関数を k 次元のベクトル $(f_1(x), f_2(x), \ldots, f_k(x))$ として定義しているが，k 次元のベクトルの間の大小関係を定めないと，「最小」の k 次元ベクトルということの意味が定まらないからである．例として $k = 2$ の場合を挙げる．$f_1(x)$ は実行可能解 x の実行にかかるコスト，$f_2(x)$ は x の実行にかかる時間とする．いま，ある実行可能解 x に対して 2 次元の目的関数ベクトルが $(f_1(x), f_2(x)) = (5, 10)$，別の実行可能解 y に対して $(f_1(y), f_2(y)) = (7, 3)$ であるとする．これは，x はコストは安いが時間が長くかかり，y はコストは高いが時間が短くてすむ，ということを表している．さて，x と y のどちらが望ましいだろうか．それは一概に決めることはできない．コストの安さを重視する場合には x が，時間の短さを重視する場合には y が望ましい．このように，$(f_1(x), f_2(x))$ と $(f_1(y), f_2(y))$ のどちらが「小さい」かは，必ずしも決められないのである．

(1) 非劣解（またはパレート解）の定義

多目的計画問題において，解 $\bar{x} \in X$ に対して，すべての $i \in \{1, 2, \ldots, k\}$ について $f_i(x) \geq f_i(\bar{x})$ であり，かつ少なくとも 1 つの i について $f_i(x) > f_i(\bar{x})$ となるような実行可能解 $x \neq \bar{x}$ が存在しないとき，$\bar{x}$ は**非劣解** (nondminated solution) またはパレート最適解と呼ばれる．多目的計画問題の目的は，単一の最適解を求めることではなく，非劣解の集合を見つけることである．

非劣解の総数は，入力サイズの指数オーダーになることがある．したがって，すべての非劣解を生成するのは計算時間と記憶量の観点から望ましくない．そこで，非劣解集合の要素の一部分を生成するアプローチが有効となる．

非劣解集合の要素を生成するための方法として，各目的関数に重み付けして足すことで，単一の目的関数にするものがある（スカラー化という）．様々な異なる重みに対してこの単一の目的関数を最適化し，そうして得られた解から非劣解のみを保存しておくのである．目的関数 $f_i(x)$ の重みを λ_i とすると，スカラー化した目的関数を最適化する問題は，次のように表される．

$$\begin{aligned}
\text{最小化} \quad & \sum_{i=1}^{k} \lambda_i f_i(x) \\
\text{制約条件} \quad & x \in X \\
& (\lambda_1, \lambda_2, \ldots, \lambda_k) \in \Lambda
\end{aligned}$$

ここで，

$$\Lambda = \left\{ (\lambda_1, \lambda_2, \ldots, \lambda_k) \mid \lambda_i \geq 0, \sum_{i=1}^{k} \lambda_i = 1 \right\}$$

である．

一般に，単一の目的関数の最適化問題は多目的なものに比べて比較的解きやすい．したがってこの方法によって多数の非劣解を容易に得ることが期待できる．ただし，この方法では「支持解 (supported solution)」しか得られず，「非支持解 (unsupported solution)」は得られないことに注意する必要がある．

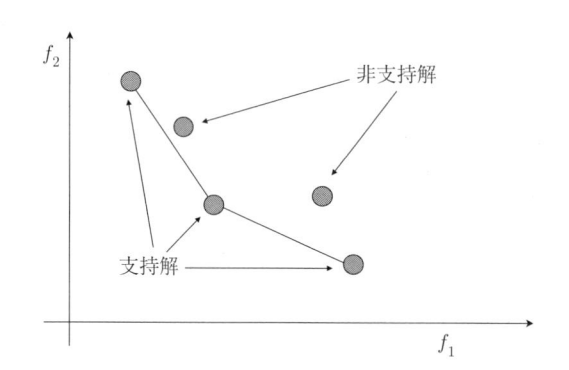

図 6.1: 非劣解（$k = 2$），支持解と非支持解の区別を併せて示している．

(2) 事例：ヘリコプターによる支援物資輸送計画

実際の問題を扱う場合，組織をまたがって意思決定をする必要が生じる場合がある．このようなときの目的関数は，各組織の方針が異なるために 1 つに設定することが難しい．そこで，問題を多目的計画として定式化し，その

複数の実行可能解（非劣解）を生成し，その中から合意できるものを選択する，という方法がある．ここでは，Barbarosoğluらによる，ヘリコプターによる支援物資輸送計画に対する数理モデル[3]を述べる．

　ここで扱われている支援物資輸送は次のようなものである．まず，災害が発生すると，救援活動用の基地が1つ設置される．この基地から支援物資を発送し，また負傷者をこの基地に運び込む．この活動を，迅速にかつコストができるだけかからないように行いたい．この活動のためには，従事するヘリコプターとパイロットの編成，ヘリコプターの飛行経路の決定，ヘリコプターの荷役計画を定める必要がある．数理モデルとしての定式化にあたり，具体的な決定事項として，(1) 空軍基地から救援活動基地へのヘリの割り当て，(2) パイロットのヘリへの割り当て，(3) 各ヘリの飛行回数，(4) 基地を始点・終点とする飛行ルートの決定，(5) 各ルートでの荷役計画，(6) 燃料補給計画を定めている．これら6つのうち，(1)(2)(3)の3つは比較的長期の（＝タクティカルな）意思決定であるのに対し，(4)(5)(6)は比較的短期の（＝オペレーショナルな）意思決定である．そこで，問題全体を，(1)(2)(3)を扱うトップレベルの問題と，(4)(5)(6)を扱う基盤レベルの問題に分割する．トップレベルの問題は，軍全体の運用に関わることであり，軍の本部にいる上位の意思決定者が扱う．これに対して，基盤レベルの問題は部隊規模の運用であり，支援基地にいる下位の意思決定者が行う．ここで，トップレベルの問題と基盤レベルの問題とは目的が互いに衝突することになってしまうことが問題である．トップレベルの意思決定では，支援活動にかかるコストをできるだけ小さくしようとするため，ヘリコプターの数を最小化するとともに，1台のヘリコプターにできるだけたくさんの運行をさせようとする．これに対して，基盤レベルの意思決定では，支援活動にかかる時間を最小化しようとするため，ヘリコプターの数を多くし，各ヘリコプターへの運行の割当数はできるだけ少なくしようとする．全体の運用計画作成には，これらの相反する目的の妥協点を見つけることが必要である．そのために，トップレベルの問題と基盤レベルの問題を交互に繰り返し解く方法が提案されている．交互に繰り返し解くこの方法のメリットは2つある．トップレベルでの意思決定の内容は，基盤レベルの意思決定の前提条件となるわけだが，トップレベルの意思決定の内容によっては基盤レベルの問題が実行不能になることがある．この方法では，基盤レベルの問題の暫定的な解を参照しながらトップレベルの問題を再度解く，という仕組みになっているため，多くの場合に実行可能解を得ることが期待できる．これが1つ目のメリットである．もう1つのメリットは，2つの目的の非劣解が生成できることである．交互に問題を解く際に，問題をリンクする役割を果たす数として，支援基地に割り当てるヘリコプターの数を用いている．このヘリコプターの数を更新しながら，トップ

レベルの問題と基盤レベルの問題を繰り返し解く．この各段階で，基盤レベルの問題の目的関数値（Z_1 とする）と，トップレベルの問題の目的関数値（Z_2 とする）の組 (Z_1, Z_2) が得られる．各反復において，この組が非劣解であるか否かを確認し，非劣解であれば記憶しておく．そうして得られた非劣解の集合を，問題全体の最終的な解の候補とすればよい．Barbarosoğlu らは，この過程において，意思決定者の選好を取り入れる方法も述べている．それは，次のようなものである．まず，ある適当な時点までに生成した非劣解の集合を，問題全体の意思決定者に提示する．それらの中に，意思決定者の納得するものがあればそれを採用する．意思決定者が採用したい解がない場合は，トップレベルの問題の目的関数の目標値を提示する．その値を前提条件として，基盤レベルの問題を再度解く．そうして得られた目的関数値の組が非劣解なら，非劣解集合に加える．この方法により，問題全体の意思決定者の選好を反映した解を得ることが期待される．

6.7 途絶状況下でのサプライチェーン最適化モデルの例

6.7.1 World Food Programme のアンゴラへの食料の緊急配送モデル

　Angelis らは，2001 年に戦争を原因として起こったアンゴラでの食糧危機に対し，その支援計画のためのモデルを与えている[1]．これは，応答行動を効率化するための事前配置用倉庫の設置場所と数を決定し，その効果を検証することを目的とするものである．応答行動の際には，他国・他地域からアンゴラ内の港町に運ばれた食糧および支援物資を，航空機を用いて各地域に周期的に輸送する．

　支援物資の調達にあたっては，支援対象地域周辺からの調達と，国際的な調達先からの調達の 2 通りが考えられる．支援対象地域周辺からの調達は，地域の文化になじんだ物資が迅速に手に入る，地域の経済を刺激する，という利点がある．その一方で，調達量や調達時期が不安定になるという欠点がある．また，大規模で国際的な調達先からの調達は，規模の経済による効率化と安定した調達が可能である，という利点がある．

　応答行動の際に物資を輸送する方法として，国際的な供給者からの直接輸送がある．この輸送は比較的時間がかかる．そこで，事前配置用倉庫に前もって物資を移動・保管しておくことによって，輸送時間を短縮したい．事前配置用倉庫には，応答行動で用いる支援物資をあらかじめ保管しておく．これにより，応答行動の際の物資調達にかかる時間が節約でき，また輸送計画もあらかじめ立てておくことができる．このモデルは，事前配置用倉庫の

位置と数を決め，さらに各倉庫に備蓄する物資の量を決めるものである．また，倉庫の設置と備蓄に関する意思決定のみを扱い，運用コストは考察の対象としていない．

このモデルは，**在庫配置問題** (inventory location problem) として定式化され，混合整数計画問題として表される．このモデルでは，潜在的な需要地点（＝支援対象地域となる可能性のある地点）の集合を設定し，これらの需要に対して平均応答時間が最小になるような物資供給ネットワークを求めることが目的である．

6.7.2 ラストマイル輸送

災害発生後の物資輸送においては，供給地から何カ所かの倉庫または中継地点を経て，最終的に被害者に届けられる．ここで，被害者に届けられる1段階手前の倉庫のことを「**地域配送センター** (LDC: Local Distribution Center) と呼ぶ．物資をLDCから最終的に被害地まで届ける輸送のことを，**ラストマイル輸送** (last mile distribution) と呼ぶ．Balcikらは，ラストマイル輸送に対する数理モデルを提案している[2]．

ラストマイル輸送は，多期間の在庫配送計画問題の一種である．この問題では，2つのことを決定する．1つは，LDCから各被害地へ配送する物資の量と種類の割り当て，もう1つは，割り当てた物資の各被害地への配送経路である．LDCの設置場所はラストマイル輸送への影響が大きいが，ここでは計画の対象とはせず，あらかじめ与えられているとする．

輸送する物資は，タイプ1とタイプ2の2種類に分類する．タイプ1の物資は，被害発生後に大量に必要になる物資[9]，タイプ2は，しばらくの間，定期的に必要になる物資[10]に相当する．このとき，タイプ2の物資は，被害地において在庫することができるとする．これが，在庫管理の要素である．災害支援においては，在庫切れの被害は在庫をもつことのデメリットに比べて遥かに大きいと考えられる．そこで，在庫のコストは無視する．

災害発生後，どの地域にどれくらいの需要があるかは，災害発生後にNGOの担当者が現地に赴いて評価することとする．

災害発生直後は，使用できる運搬車の数に限りのある一方で，被害地への配送需要は大きくなる．したがって，配送需要はすべて満たすことはできない可能性がある．そこで，需要を満たすことは制約条件ではなく，目的関数に取り入れることにしている．また，効率性も同時に考慮するため，配送コストの最小化も目的関数に取り入れている．目的関数は，具体的には次のように定義されている．

9) 例：テント，医薬品．

10) 例：水，食糧．

$$\text{最小化} \sum_{r}\sum_{t}\sum_{k} c_{rk}X_{rtk} + \sum_{t}\sum_{e} W_t^e$$

X_{rtk} は，期 t に運搬車 k による経路 r が使われたとき 1 を，それ以外のとき 0 をとる変数，W_t^e は期 t のタイプ $e(\in\{1,2\})$ の物資の需要のうち満たされなかった部分のコストを表す．

ラストマイル輸送問題においては，どの程度の期間の計画を作成すればよいかは前もっては分からない．支援活動期間をとおして様々な予測不能な要素が影響してくるからである．たとえば，中央倉庫から LDC への物資の輸送量・タイミングが変動することが考えられる．この場合，LDC における在庫量は，短期間のものしか信用できないことになる．また，利用可能な運搬車の数・性能も時間につれて変動する．これに対処するために，まず，災害初期に取得した災害状況データを適宜更新するようにし，また計画作成の対象期間は十分長くとり，ローリング・ホライズン方式を採用している．

6.7.3　水配布地の決定と配送計画

災害発生直後の被害地では，その地の住民の生活に必要な物資が不足する場合がある．水は，生活必需品の中でももっとも欠くことのできないものの1つである．Nolz らは，災害発生後の応答行動として，被害地の住民に水を配布する計画を立てるための数理モデルを提案している[14]．

このモデルの目的は，水タンクの設置場所を決定することと，それら設置場所を巡って水を補充するための経路を決定することである．水タンクは，いくつかの候補地点の中から選んだ地点に設置する．周辺の住民は，設置された水タンクまでみずから出向き，水を得ると想定している．設置候補点としては，1 つの地理的な地域およびその地域で水を必要としている人々を代表する点を採用する．これを人口中心点と呼ぶ．

このモデルでは，陸路による水輸送を扱っているが，被害地の道路セグメントは，破壊や水没により使えなくなる可能性があると想定している．輸送に用いる経路は，複数の道路セグメントからなるが，それらの中に使用不能になったものが含まれていると，その経路は使えない．このモデルでは，ある経路が使用不能になる度合いをその経路の「リスク」として定量的に評価し，実際に用いる輸送経路を決定する際に用いている．経路のリスクを評価するために，その経路に含まれる各道路セグメントのリスクを評価する．各道路セグメントのリスク評価には，地理的データ，地質的データ，海抜のデータを用いる．

この計画問題では，考えるべき要素が 3 つある．1 つは輸送経路のリスク，

1つはコスト（=総移動時間），もう1つは水タンク設置場所が被害者をカバーする度合い，である．このモデルでは，これら3つの目的をもつ多目的最適化問題としてのモデル化を採用している．

数理モデルとしては，多目的ツアーカバー問題として定式化している．ここでの「ツアー」は，ある特定の点を出発し，いくつかの点を巡ったあとで出発した点に戻る経路を表す．また，ある点が「カバー」されるとは，ツアーの中で訪問されるいずれかの点に，特定の距離以内で到達できることをいう．ツアーカバー問題とは，すべての点がカバーされるようなツアーの中で，目的関数を最適化するものを求める問題である．ここでは目的関数は多目的としているので，最適なツアーはたった1つに決まるのではなく，パレート最適解を複数提示するのが目的となる．

具体的な応答計画を得る方法として，2フェーズのアプローチをとっている．第1フェーズでは，3つの目的関数に対するパレート最適解の候補を生成する．具体的には整数計画問題として定式化したものに，メタヒューリスティクスを適用する．ここで見つけたパレート最適解での水タンクの位置は固定する．第2フェーズでは，第1フェーズで見つけた解での経路を，局所探索によって改善することを試みる．すなわち，第2フェーズでは総移動時間とリスクのみを目的とする．第1フェーズで見つけた経路を複数取り出し部分的に交換することで良い解が得られるかどうかを試す．部分的に交換することで，2点間の移動距離とリスクの評価値が変化する．もしその3つの目的関数値を優越する解がすでに得られたパレート解の中になければ，新たなパレート解として記憶しておく．そして再び第1フェーズを実行する．この手続きを，新たなパレート最適解が得られなくなるまで繰り返す．

6.7.4 CARE Internationalにおける事前配置倉庫位置決定

CARE Internationalは災害被害地で支援が必要な人々に救援を提供する人道支援機関の中で最も大きなものの1つである．救援活動のためには，支援物資の獲得およびそれらの輸送にかかる時間を改善することが重要である．この改善のための数理モデルが，CAREとジョージア工科大学の人道支援ロジスティクスセンターにより開発されている[11]．開発されたモデルは，災害発生前に支援物資を事前配置しておく倉庫の場所と数を決定するものである．そして，このモデルで決定した倉庫への支援物資の事前配置が，災害時の物資輸送時間の短縮にどの程度効果があるかが数値実験によって検証されている．

応答行動の際に物資を輸送する方法として，物資提供者から直接輸送する

方法があるが，それを補完するものが，事前配置倉庫からの輸送である．事前配置倉庫には，応答行動の際に被害地に輸送する物資をあらかじめ在庫しておく．事前配置によって，応答行動の際に調達にかかる時間を節約でき，また物資提供者を急かす必要がなくなる．このモデルは，事前配置倉庫の数と場所を決め，さらに各設置倉庫に備蓄する物資の量を決めるためのものである．このとき，備蓄する物資の総量はあらかじめ与えられているとする．目的は，平均応答時間の最小化とする．ここで，「応答時間」とは，災害発生後，初期物資が被害地に到達するまでの時間のことを指す．

災害発生後の応答行動では，事前配置倉庫からの輸送と，物資供給者からの直接輸送がなされる．物資提供者からの直接輸送には 2 週間かかるが，事前配置倉庫からの輸送はそれよりも短い時間で可能である．したがって，事前配置倉庫の場所と備蓄量を適切に設定すれば，応答時間を短くすることが可能となる．

このモデルでは，倉庫の候補地は世界中の 12 の場所としている．数値実験では，様々な需要に対して，設置する倉庫の最大値を，1,2,...,9 とした場合にそれぞれどういう解が得られるかを解析している．

CARE International は，このモデルによる解析結果に基づいて，2008 年〜2010 年にかけて，ドバイ，パナマ，カンボジアに事前配置倉庫を配置した．2010 年のハイチ地震に対する応答行動では，パナマに設置された事前配置倉庫の物資が活用されたということである．

参考文献

[1] Angelis, V. De, Mecoli, M., Nikoi, C., and Storchi, G.: Multiperiod integrated routing and scheduling of World Food Programme cargo planes in Angola, *Computers and Operations Research*, Vol. 34, pp. 1601–1615, 2007.

[2] Balcik, B., Beamon, B., and Smilowitz, K.: Last mile distribution in humanitarian relief, *Journal of Intelligent Transportation Systems*, Vol. 12(2), pp. 51–63, 2008.

[3] Gülay Barbarosoğlu, Linet Özdamar, and Ahmet Çevik: An interactive approach for hierarchical analysis of helicopter logistics in disaster relief operations, *European Journal of Operational Research*, Vol. 140(1), pp. 118–133, 2002.

[4] Bard, J., Huang, L., Jaillet, P., and Dror, M.: A decomposition approach to the inventory routing problem with satellite facilities, *Transportation Science*, Vol. 32(2), pp. 189–203, 1998.

[5] Ben-Tal, A. and Nemirovski, A.: Robust solutions of uncertain linear programs, *Operations Research Letters*, Vol. 25(1), pp. 1–13, 1999.

[6] Ben-Tal, A. and Nemirovski, A.: *Lectures on Modern Convex Optimization: Analysis, Algorithms, and Engineering Applications (MPS-SIAM Series on Optimiza-*

tion), Society for Industrial and Applied Mathematics, 2001.

[7] Bertsimas, D., Jaillet, P., and Odoni, A.: A priori optimization, *Operations Research*, Vol. 38(6), pp. 1019–1033, 1990.

[8] Bertsimas, D. and Sim, M.: Robust discrete optimization and network flows, *Mathematical Programming Series B*, Vol. 98, pp. 49–71, 2003.

[9] Campbell, A. and Savelsbergh, M.W.P.: A decomposition approach for the inventory-routing problem, *Transportation Science*, Vol. 38(4), pp. 488–502, 2004.

[10] Campbell, A., Vandenbussche, D., and Hermann, W.: Routing for relief efforts, *Transportation Science*, Vol. 42(2), pp. 127–145, 2008.

[11] Duran, S., Gutierrez, M., and Keskinocak, P.: Pre-positioning of emergency items for CARE international, *Interfaces*, Vol. 41, pp. 223–237, 2011.

[12] Huang, M., Smilowitz, K., and Balcik, B.: Models for relief routing: Equity, efficiency and efficacy, *Transportation Science*, Vol. 42(2), pp. 127–145, 2008.

[13] McLachlin, R., Larson, P., and Khan, S.: Not-for-profit supply chains in interrupted environments- the case of a faith-based humanitarian relief organisation, *Management Research News*, Vol. 32(11), pp. 1050–1064, 2009.

[14] Nolz, P., Semet, F., and Doerner, K.: Risk approaches for delivering disaster relief supplies, *OR Spectrum*, Vol. 33, pp. 543–569, 2011.

[15] Salhi, S. and Nagy, G.: Local improvement in planar facility location using vehicle routing, *Annals of Operations Research*, Vol. 167(1), pp. 287–296, 2009.

[16] Savvaidis, P., Lakakis, K., and Ifadis, I.: Organization of emergency response after a major disaster event in an urban area with the help of an automatic vehicle location and control system, *GPS Solutions*, Vol. 5(4), pp. 70–79, 2002.

[17] Socioeconomic Data and Applications Center: Global rural-urban mapping project (grump), v1. http://sedac.ciesin.columbia.edu/data/collection/grump-v1.

[18] Wu, T. H., Low, C., and Bai, J. W.: Heuristic solutions to multi-depot location-routing problem, *Computers & Operations Research*, Vol. 29, pp. 1393–1415, 2002.

[19] Yu, G. and Yang, J.: On the robust shortest path problem, *Computers and Operations Research*, Vol. 25(6), pp. 457–468, 1998.

[20] 茨木俊秀：『データ構造とアルゴリズム』，昭晃堂，1989.

[21] 久保幹雄：『サプライ・チェーン最適化ハンドブック』，朝倉書店，2007.

[22] 久保幹雄：『ロジスティクスの数理』，共立出版，2007.

[23] 久保幹雄：『サプライチェーン最適化の新潮流』，朝倉書店，2011.

[24] 田中健一：数理最適化入門 (4)：施設配置の数理モデル，『応用数理』，Vol. 23(4), pp. 34–39, 2013.

[25] 広中平祐（編集代表）：『第 2 版 現代数理科学事典』，丸善出版，2009.

[26] 藤澤克樹，梅谷俊治：『応用に役立つ 50 の最適化問題』，朝倉書店，2009.

[27] 柳浦睦憲，茨木俊秀：『組合せ最適化——メタ戦略を中心として——』，朝倉書店，2001.

索 引

【数字・欧文】

2段階確率計画法 two-stage stochastic programming, 242,244

ARSP absolute robust shortest path problem, 250

BCM Business Continuity Management, 40
BOM Bill Of Materials, 21,57

CAB Civil Aviation Bureau, 181
CBA cost benefit analysis, 9
CIQ Custom, Immigration, Quarantine, 191
CPM Critical Path Method, 102,105
CRED Center for Research on the Epidemiology of Disasters, 168
CRP Continuous Replenishment Planning, 19
CSCMP Council of Supply Chain Management Professionals, 170
CSR Corporate Social Responsibility, 56,147
CVaR Conditional Value at Risk, 62,78,129

DfE Design for Environment, 149
DMAT Disaster Medical Assistance Team, 185
DP Dynamic Programming, 73

EDLP Every Day Low Pricing, 20,129
EM-DAT, 168
EPR Extended Producer Responsibility, 148
ERT Emergency Response Team, 41

FEMA Federal Emergency Management Agency, 171
FIHS Flight Service Information Handling System, 187
FMEA failure mode effect analysis, 9

GSMP Generalized Semi-Markov Process, 15

HRD Humanitarian Response Depot, 172

IRP Inventory Routing Problem, 259
ISO International Organization for Standardization, 147
ISO14001, 147

JHLSCM Journal of Humanitarian Logistics and Supply Chain Management, 173
JIT Just-In-Time, 160
Journal of Humanitarian Logistics and Supply Chain Management, 173

LAP Location-Allocation Problem, 261
LCA Life Cycle Assessment, 147
LDC Local Distribution Center, 269
LRP Location Routing Problem, 261

MAS Multi Agent System, 222
MDP Markov Decision Process, 153
MRP Materials Requirements Planning, 150,160
MTO Make To Order, 17

OCHA Office for the Coordination of Humanitarian Affairs, 172

PERT Program Evaluation and Review Technique, 102
POS point of sale, 4

RBA risk benefit analysis, 9
RDSP robust deviation shortest path problem, 250
ReliefWeb, 172
RoHS Restriction on Hazardous Substances, 148

SC-BOM Supply Chain Bill Of Materials, 23
SCM supply chain management, 3,145
SCRM supply chain risk management, 4,13,51
SCU Staging Care Unit, 185
SOS Special Ordered Set, 94

VaR Value at Risk, 62
VRP Vehicle Routing Problem, 251

WEEE Waste Electrical and Electronic Equipment, 148
WFP World Food Programme, 172

【あ行】

アローダイアグラム arrow diagram, 103
安全在庫 safety inventory, safety stock, 68

運航情報提供システム Flight Service Information Handling System, 187

枝上活動図式 activity-on-arc diagram, 102

応答 response, 56,60,171,238,240
応答段階 response, 170,176,178
オペレーショナル operational, 65
オンライン・スケジューリング on-line scheduling, 102

【か行】
回送 deadhead, ferry flight, 120
拡大生産者責任 Extended Producer Responsibility, 148
確定的スケジューリング deterministic scheduling, 101
確率計画 stochastic programming, 242
確率制約条件計画法 probabilistically constrained problem, 242,243
確率的スケジューリング stochastic scheduling, stochastic shop scheduling), 101
活動 activity, 100
環境配慮設計 Design for Environment, 149

機械 machine, 100
機械スケジューリング問題 machine scheduling problem, 100
企業の社会的責任 corporate social responsibility, 56,147
基在庫レベル base stock level, 75
基スケジュール base schedule, 63,102,103
帰宅困難者 stranded commuters, 210
強靱化 resilience, 16,169
緊急時対応計画 contingency plan, 58,90
緊急輸送道路 urgent transportation road, 218
緊急ロジスティクス emergency logistics, 174

グラスエリア grass area, 190
クリティカルパス法 Critical Path Method, 102,105

経済発注量モデル economic ordering quantity model, 69
減災 mitigation, 171
減災計画 mitigation plan, 58

広域搬送拠点臨時医療施設 Staging Care Unit, 185
公平性 equity, 263,264
効率性 efficiency, 263,264
国際標準化機構 International Organization for Standardization, 147
国土交通省東京航空局 Civil Aviation Bureau, 181
コストセンター cost center, 3

【さ行】
災害時運用管理 disaster operations management, 174
災害時物資輸送シミュレータ simulator for relief supply transportation in disaster situations, 222
災害派遣医療チーム Disaster Medical Assistance Team, 185
サイクル在庫 cycle inventory, 67
在庫 inventory
　安全— safety—, 68
　サイクル— cycle—, 67
　作り置き— seasonal —, 67
　投機— speculative —, 69
　途絶— disruption —, 68
　パイプライン— pipeline —, 66
　輸送中— transit —, 66
　ロットサイズ— lot size—, 67
再構築 reconfiguration, 16
在庫管理モデル inventory management model, 258
在庫配送計画モデル Inventory Routing Problem, 259
在庫配置問題 inventory location problem, 269
在庫保管比率 holding cost ratio, 93
再最適化 reoptimization, 246
サプライチェーンマネジメント supply chain management, 3,145
サプライチェーンリスク管理 supply chain risk management, 4,51
参照価格 reference price, 133

時間延期 postponement, 17
資源 resource, 100
資源制約付きスケジューリング問題 resource constrained scheduling problem, 100
施設配置配送計画問題 Location Routing Problem, 261
施設配置モデル facility location model, 254
事前最適化 a priori optimization, 246
実験的解析 experimental analysis, 51
ジャストインタイム Just-In-Time, 160
収益管理 revenue management, 122
集合分割問題 set partitioning, 253
重複災害 overlapping disaster, 179
受注生産 Make To Order, 17
主問題 master problem, 121
準備 preparedness, 171
準備段階 preparedness, 170,174,178
条件付き VaR Conditional Value at Risk → CVaR, 62
正味補充時間 net replenishment time, 94
ジョブ job, 100
迅速性 efficacy, 263,264
人道支援物資備蓄庫 Humanitarian Response Depot, 172

索引

人道支援ロジスティクス humanitarian logistics, 167
人道問題調整事務所 Office for the Coordination of Humanitarian Affairs, 172
新聞売り子モデル newsboy problem, 73
信頼できない供給地点 unreliable supplier, 90
信頼できる供給地点 reliable supplier, 90

酔歩 random walk, 84
スケジューリング問題 scheduling problem
　機械— machine—, 100
　資源制約付き— resource constrained—, 100
ストラテジック strategic, 65
スポットアサインメント spot assignment, 188

生産時間 production time, 93
世界食糧計画 World Food Programme, 172
世界大恐慌 the great recession, black Thursday, 4
絶対的ロバスト最短路問題 absolute robust shortest path problem, 250
先行順序図式 precedence diagram, 103
前線基地 forward bases, 183

即時決定変数 here and now variable, 57,61

【た行】

タクティカル tactical, 65
タスク task, 100
多目的計画問題 multiobjective optimization problem, 265

地域配送センター Local Distribution Center, 269
地域防災計画 regional disaster prevention plan, 218
地上枝 ground arc, 120
遅発性 slow on-set, 170
中央防災会議 central disaster prevention counil, 215
陳腐化資産 perishable asset, 122

作り置き在庫 seasonal inventory, 67

適応性 adaptability, 60
点上活動図式 activity-on-node diagram, 102

同化性 assimilation, 16
投機在庫 speculative inventory, 69
動的価格付けモデル dynamic pricing model, 122
動的計画 dynamic programming, 73
特殊順序集合 Special Ordered Set, 94
途絶 disruption, 52
途絶確率 disruption probability, 74
途絶管理 disruption management, 119
途絶在庫 disruption inventory, 68
途絶最適化 disruption optimization, 58
突発性 sudden on-set, 170

【な行】

入庫リード時間 inbound lead time, 94

【は行】

配送計画モデル Vehicle Routing Problem, 251
廃電気・電子機器回収指令 Waste Electrical and Electronic Equipment, 148
パイプライン在庫 pipeline inventory, 66
ハザードマップ hazard map, 55

非劣解 nondminated solution, 265
便 flight, trip, 119

複数調達 dual sourcing, 60,90
復帰確率 recovery probability, 74
復旧 recovery, 171
プッシュ型輸送 push-type logistics systems, 212
部品展開表 Bill Of Materials, 21,57
プル型輸送 pull-type logistics systems, 212
プロスペクト理論 prospect theory, 134
プロセッサ processor, 100
プロフィットセンター profit center, 3

米国緊急事態管理庁 Federal Emergency Management Agency, 171
変動係数 coefficient of variation, 127

防災基本計画 basic disaster prevention plan, 215
補充リード時間 replenishment lead time, 94
保証リード時間 guaranteed lead time, guaranteed service time, 93

【ま行】

マーシャラー marshaller, 188
マルコフ決定過程 Markov Decision Process, 153
マルチエージェントシステム Multi Agent System, 222

もしこうなったら分析 what if analysis, 57

【や行】

矢線図式 arrow diagram, 103

有害物質使用制限指令 Restriction on Hazardous Substances, 148
輸送中在庫 transit inventory, 66

予防 proactive, 56

【ら行】

ライフサイクルアセスメント Life Cycle Assessment, 147
ラストマイル輸送 last-mile transport, 176,269

ランダムウォーク random walk, 84

リード時間 lead time
　補充— replenishment—, 94
　保証— guaranteed—, 93
リコース付き確率計画法 stochastic programming with recourse, 244
リコース変数 recourse variable, 57,61,244
リスク回避 risk averse, risk aversion, 62,136
リスク共同管理 risk pooling, 110
リスク多様化 risk diversification, 110
リスク中立 risk neutral, 61
離接点 disjunctive node, 96

レジリエンス resilience, 4,15,43
列生成法 column generation method, 122
連結点 conjunctive node, 96

ローリング・ホライズン方式 rolling horizon, 245
ロジットモデル logit model, 124
ロス回避 loss averse, 134
ロス選好 loss seeking, 134
ロス中立 loss neutral, 134
ロットサイズ在庫 lot size inventory, 67
ロバスト最適化 robust optimization, 248
ロバスト偏差最短路問題 robust deviation shortest path problem, 250

【わ行】
割当問題 Location-Allocation Problem, 261

著者紹介 （五十音順）

久保　幹雄（くぼ　みきお）

　専門は，サプライチェーンならびに組合せ最適化．早稲田大学理工学研究科卒，博士（工学）．早稲田大学助手，東京商船大学助教授，ポルト大学招聘教授などを歴任，現在 東京海洋大学教授．
　代表的な著書として，『離散構造とアルゴリズム IV』（近代科学社），『巡回セールスマン問題への招待』（朝倉書店），『組合せ最適化とアルゴリズム』（共立出版），『ロジスティクス工学』（朝倉書店），『実務家のためのサプライ・チェイン最適化入門』（朝倉書店），『ロジスティクスの数理』（共立出版），『メタヒューリスティックスの数理』（共立出版），『サプライ・チェイン最適化ハンドブック』（朝倉書店），『サプライチェーン最適化の新潮流—統一モデルからリスク管理・人道支援まで—』（朝倉書店）などがある．
　第 2 章執筆．

小林　和博（こばやし　かずひろ）

　専門は，数理工学，特に数理最適化．東京大学大学院工学系研究科修了．日本アイ・ビー・エム（株），東京工業大学大学院博士課程を経て，海上技術安全研究所 主任研究員．博士（理学）．
　第 6 章執筆．

中島　健一（なかしま　けんいち）

　専門は，生産システム工学，品質・環境マネジメント．名古屋工業大学大学院工学研究科博士後期課程修了．博士（工学）名古屋工業大学，博士（経営学）東北大学．大阪工業大学助手，講師，准教授を経て，現在，神奈川大学工学部教授．
　著書として『経営工学のエッセンス』（編著，朝倉書店），『新版 生産管理システム』（共著，朝倉書店），*Reverse supply chains: Issues and Analysis*（共著，CRC Press）など．
　第 3 章執筆．

花岡　伸也（はなおか　しんや）

　専門は，交通開発学，国際物流，航空政策．東北大学大学院情報科学研究科博士課程修了．博士（情報科学）．（財）運輸政策研究機構運輸政策研究所研究員，英国リーズ大学交通研究所客員研究員，タイ王国アジア工科大学院助教授を経て，現在，東京工業大学准教授．
　主著に『プロジェクトマネジメント入門』（朝倉書店）など．
　第 4 章執筆．

間島　隆博（まじま　たかひろ）

　専門は，シミュレーション，マルチエージェントシステム．名古屋工業大学機械工学科卒，東京工業大学大学院博士課程修了，博士（工学）．海上技術安全研究所，物流研究グループ長．

　第 5 章執筆．

松川　弘明（まつかわ　ひろあき）

　専門は生産管理および SCM（サプライチェーンマネジメント）．中国清華大学経済管理学院大学院修了，東京工業大学総合理工学研究科経営工学専攻博士（工学）．中国清華大学経済管理学院助教，東京工業大学助教，専任講師，准教授，オリンパス光学工業深釧工場部門長，工場長助理を歴任，現在慶應義塾大学理工学部教授．

　代表的な著書として，『生産マネジメント』（朝倉書店），『サプライチェーンマネジメント入門』（朝倉書店）など．

　第 1 章執筆．

サプライチェーンリスク管理と
人道支援ロジスティクス

© 2015 Mikio Kubo, Hiroaki Matsukawa,
Kazuhiro Kobayashi, Kenichi Nakashima,
Shinya Hanaoka, Takahiro Majima
Printed in Japan

2015年9月30日　初版第1刷発行

編　者　久保幹雄・松川弘明
著　者　久保幹雄・小林和博
　　　　中島健一・花岡伸也
　　　　間島隆博・松川弘明
発行者　小　山　　透
発行所　株式会社 近代科学社
　　　　〒162-0843　東京都新宿区市谷田町2-7-15
　　　　電話 03-3260-6161　振替 00160-5-7625
　　　　http://www.kindaikagaku.co.jp

藤原印刷　　　　　ISBN978-4-7649-0491-0
　　　　　　　　　定価はカバーに表示してあります。

緊急事態のための情報システム
―多様な危機発生事例から探る課題と展望―

編者：バーテル・バンドワール他
監訳者：村山 優子
B5判・上製・440頁
定価：本体8,000円+税

　3.11の東日本大震災時に経験したように，緊急事態（災害時）には日常とはまったく違う情報システムが必要となる．それは，いわゆる情報系だけではなく，人的リソース，行政活動，ボランティアなど様々なことが複合的に絡み合う形で動的に変化しながら形成されていく．

　本書は，米国を中心にこれらについて研究された成果が整理されてまとめられている数少ない邦訳書である．実践的なケーススタディが多数盛り込まれており，我国の今後の取組みへ向けての貴重な指針となろう．

■主要目次
1. 緊急事態管理情報の領域

第Ⅰ部：基礎
2. 災害対応システムのユーザインタフェース設計における問題空間の構成
3. 公衆の保護と個人の権利の取扱い

第Ⅱ部：個人と組織の意味合い
4. 危機的状況における不適応な対脅威反応硬直性の緩和
5. 危機発生初期対応におけるツールの効果的利用法

第Ⅲ部：事例研究
6. STATPack微生物臨床検査とコンサルテーションのための緊急対応システム
7. 緊急事態対応のコーディネーション
8. 人道的情報管理システムが直面する課題
9. 利用者の視点から見たミネソタ州組織間メーデー（Mayday）情報システム

第Ⅳ部：EMISの設計と技術
10. シミュレーションと緊急事態管理
11. 災害管理における地理的共同作業のためのユーザサポートタスクの構造の概念化
12. 国際人道緊急事態対応における宇宙技術の運用アプリケーション
13. 準リアルタイムな地球災害影響分析
14. 緊急事態管理時のためのリソース管理システムの標準化に向けて
15. 環境リスク管理情報システムの要件とオープンアーキテクチャ
16. 緊急事態対応情報システム―過去，現在，そして未来